DES CONDITIONS
(De Conditionibus)

BIBLIOTHÈQUE DES TEXTES PHILOSOPHIQUES

Fondateur : Henri GOUHIER — Directeur : Jean-François COURTINE

G. W. LEIBNIZ

DES CONDITIONS
(De Conditionibus)

Introduction, traduction et notes par

Pol BOUCHER

Ouvrage publié avec le concours de la fondation Lucien Dupont de l'Académie des Sciences Morales et Politiques

PARIS
LIBRAIRIE PHILOSOPHIQUE J. VRIN
6, Place de la Sorbonne, V^{e}

2002

Imprimé en France

ISSN 0249-7972

ISBN 2 - 7116 - 1578-2

Pol Boucher a publié la *Doctrina Conditionum* de Leibniz dans la collection *Thesaurus de Philosophie du droit* de l'Institut Michel Villey.

Il a reçu le prix "Lucien Dupont" de l'Académie des Sciences Morales et Politiques pour la publication du *De Conditionibus* et prépare une édition du *De Casibus Perplexis*.

REMERCIEMENTS

Ce livre est le résultat d'une succession d'interventions qui ont permis de vaincre les divers obstacles interdisant à l'origine, non seulement sa parution, mais aussi sans doute, sa rédaction.

L'intervention de Monsieur Jean-Louis Gardies a été décisive sur ce dernier point pendant de nombreuses années. Qu'il veuille bien trouver ici l'expression de toute ma reconnaissance.

La parution du manuscrit serait également restée impossible si un concours remarquable de volontés n'avait permis de trouver une solution par l'octroi du Prix Lucien Dupont de L'Académie des Sciences Morales et Politiques.

Enfin, toute ma gratitude va à Madame Simone Goyard-Fabre et Monsieur André Robinet pour leur soutien indéfectible.

INTRODUCTION

Les deux études que Leibniz consacre en 1665 et 1669[1] à l'élaboration progressive d'une théorie des conditions juridiques, posent au moins trois problèmes redoutables au lecteur moderne dépourvu des clefs d'interprétation que fournissait à ses contemporains la pratique régulière du Droit Romain. Le premier relève tout simplement de la lecture. Quel sens peut-on effectivement donner au maquis d'abréviations abstruses qui envahissent le *De Conditionibus* et la *Doctrina Conditionum* si l'on ne parvient pas à en décrypter les conventions d'écriture ? Le second met en jeu la connaissance du droit Romain qu'on doit avoir pour comprendre la portée juridique de certaines affirmations masquées par la littéralité des formulations. Ainsi en est-il par exemple du concept de retard (*mora*) dont font état les théorèmes 64, 66, 70, 73 et 74, auquel une lecture inattentive conférerait le sens ordinaire de dépassement d'un délai, alors qu'il correspond en réalité à la situation juridique consacrée d'un débiteur ou d'un créditeur qui ne s'est pas exécuté sur sommation de l'autre partie[2]. Le troisième, encore plus considérable, provient du niveau d'abstraction des thèses leibniziennes. En effet, à partir d'un matériau juridique fourni par la compilation de Justinien, Leibniz élabore un système de propositions abstraites à visée démonstrative dont seul l'appareil de notes révèle les incidences et la signification concrètes. Le lecteur moderne du *De Conditionibus* est par là même confronté à cette gageure de devoir réunir en un tout la somme de ces notes et l'ex-

1. *Disputatio juridica (prior) de Conditionibus* et *Disputatio juridica (posterior) de Conditionibus* (1665), *Deutsche Akademie der Wissenchaften zu Berlin* (désignée ensuite par AK), VI.1. p. 97 à 150. *Doctrina Conditionum, Specimina Juris* 1667-1669, VI.1. p. 369 à 430. (Traduction et commentaire dans le *Thesaurus de Philosophie du Droit*, Institut Michel Villey, Duchemin, 1998.)

2. Cf. Girard, *Manuel élémentaire de droit Romain*, huitième édition, p. 688, 689 : « La demeure *(mora, cessatio, frustratio)* est un retard coupable. C'est la situation du débiteur qui se trouve en faute de n'avoir pas accompli son obligation sur la sommation du créancier (*mora creditoris*). Mais c'est aussi la situation du créancier qui se trouve en faute de n'avoir pas accepté l'exécution de l'obligation sur l'offre du débiteur *(mora creditoris)*. »

pression abstraite qu'en donnent les définitions et théorèmes. Faute de cela, il ne voit peut-être dans cette étude, qu'un système de propositions plus ou moins arbitraires, alors qu'elle représente en réalité une synthèse d'un aspect du droit positif romain.

Lorsque ces difficultés qui font obstacle à la compréhension immédiate du texte ont été levées et que l'on commence à comprendre comment Leibniz tente de construire une théorie abstraite des conditions juridiques à partir du matériau concret des *Digestes*, *Codex* et *Institutes*, on est insensiblement confronté aux difficultés inhérentes à la rencontre d'un projet complexe et d'un matériau composite. On est alors conduit à s'interroger sur la nature même des travaux leibniziens pour mieux les définir et en surmonter la complexité. Représentent-ils un résumé des thèses du droit romain ou un dépassement, voire une dénaturation de celles-ci ? Comment peut-on relier le contenu du *De Conditionibus* aux réflexions jusnaturalistes de 1670-1671 alors qu'on a affaire d'un côté à un traitement technique des conditions introduites dans les obligations contractuelles et de l'autre, à des combinaisons de concepts ? Faut-il enfin donner aux textes de 1664-65 le sens d'une rupture d'avec la doctrine justinienne et les thèses jusnaturalistes ou faut-il y voir au contraire l'écho de la première et l'anticipation des secondes ? Toutes ces questions devront être abordées car toutes influent sur la perception qu'on peut avoir des études leibniziennes. Pourtant, en dépit de leur légitimité, elles peuvent avoir pour inconvénient de laisser penser qu'il serait possible de réduire le foisonnement des travaux leibniziens en dissociant les thématiques et en séparant les périodes. Elles peuvent ainsi empêcher de comprendre que la complexité polyphonique du *De Conditionibus* traduit en premier lieu celle des sources romaines et qu'en combinant les différents droits, Leibniz ne fait au fond que suivre l'exemple du Corpus justinien. Quelle autre conclusion pourrait-on en effet tirer de l'existence dans le *Digeste*, de lois semblables à D.50.17.32[1] affirmant que « du point de vue du droit civil, les esclaves sont tenus pour inexistants, mais [qu']il n'en est pas de même du point de vue du droit naturel, car tous les hommes sont égaux du point de vue du droit naturel » ? Et comment pourrait-on expliquer autrement la présence de ces lois injustifiables en droit naturel, que l'on trouve dans le Corpus[2] et que Leibniz intègre dans

1. Conformément à l'usage établi, les textes du Digeste seront cités selon l'ordre des livres, chapitres et lois, précédés de la lettre D, ceux du Codex le seront avec la lettre C en préfixe, ceux des Institutes, avec la lettre I et ceux des Décrétales Extravagantes, avec l'abréviation « Extra. ».

2. Cf. *Doctrina Conditionum*, th. 49 : « Nous ne pouvons donner la raison de ce théorème car si je considère le Droit strict, il est manifeste qu'il n'y a aucun privilège du cohé-

sa doctrine des conditions ? Au lieu donc de séparer radicalement les droits positif et naturel, il convient d'adopter au contraire une démarche plurielle dans l'étude du *De Conditionibus* pour mieux traduire la complexité du matériau juridique qu'utilise Leibniz et mieux exprimer ainsi la correspondance des raisons qu'il y découvre. Cela implique évidemment qu'on suive pas à pas son étude minutieuse de la doctrine romaine et que l'on comprenne la manière dont il en exprime et systématise les conclusions. Mais cela suppose avant tout qu'on sache reconnaître son apport personnel dans ce qui pourrait être perçu autrement comme une simple compilation. Pour y parvenir, il faut bien sûr éviter de considérer le *De Conditionibus* comme une copie du *Digeste* parce qu'il en reprend certaines propositions[1] et reconnaître au contraire dans l'identité des notions, le signe le plus clair d'une raison commune[2]. Mais il faut par dessus tout savoir découvrir les manifestations d'un système raisonné et harmonieux du droit des conditions sous la diversité des dispositifs juridiques.

Le lecteur du *De Conditionibus* est ainsi convié à suivre Leibniz quand il tente de montrer à quel point le droit romain contient une rationalité dont la généralité le dépasse et qui s'exprime de manière différentielle, selon qu'il s'agit de normes jusnaturalistes, de maximes dérivées de ces normes ou des mécanismes de leur mise en œuvre. Il est par là même invité à évaluer la cohérence d'un système de termes et de propriétés, de définitions et de théorèmes en interconnexion, où s'équilibrent les diverses contraintes du droit positif. Il est en outre conduit à mesurer la pertinence des conclusions en analysant la texture logique de démonstrations toujours informelles et parfois implicites. Il doit par conséquent tenter de maîtriser à la fois la matière spécifiquement juridique du Corpus justinien que Leibniz dominait en véritable spécialiste, le contenu rationnel ou rationalisable de cette matière et sa mise en forme logique où transparaît déjà le projet de réduire la connaissance à

ritier dans ce cas ; mais j'estime que l'équité doit secourir même un étranger. Mais le Jurisconsulte l'a voulu ainsi. » … « Par opposition à ce stratagème, on demande si quelque remède est à la disposition de Maevius et l'on répond que non en D.35.1.57, où ce stratagème est déclaré être utilisé sagement (je crois, tout comme le Christ le déclare, que les fils du monde sont plus habiles que les fils de lumière)… » Voir également le même texte dans le *De Conditionibus*, aux notes 120 du th. 28 et 131 du th. 51.

1. Cf. D.50.17.174 qu'on retrouve au th. 79 : « Qui peut faire en sorte qu'il puisse obéir à la condition, est considéré comme pouvant déjà. »

2. Il en serait de même si l'on comparait notre Code Civil aux versions romaines et leibniziennes. Voir en particulier les articles 1168 *sq.* qui reprennent la tripartition romaine des conditions en casuelle, potestative et mixte. Voir également les articles concernant les conditions impossible, suspensive et résolutoire.

un enchaînement de définitions. Il lui faut donc *1)* savoir quel est en Droit le sens précis de la notion de condition et dans quelles circonstances on peut ou non en introduire dans une disposition. *2)* Questionner l'idée d'une rationalité des droits naturel et positif pour y reconnaître celle d'un fondement jusnaturaliste de toute norme ou pour préserver au contraire l'originalité du droit positif, car le *De Conditionibus* (et de manière plus générale, la *Doctrina Conditionum*) n'est pas seulement une étude des conditions énoncées par certaines dispositions juridiques, mais aussi une méthode d'exposition tendant à harmoniser les exigences respectives du droit et de la logique. Et questionner cette rationalité en tâchant de préciser le sens qu'y prend la dimension harmonique de l'analogie et le rôle qu'elle joue dans la communication des raisons. *3)* Résoudre cette difficulté considérable qu'est la présence de démonstrations apparemment circulaires dans un système déductif du droit conditionnel. Quel sens en effet doit-on donner à l'existence d'une telle anomalie ? Peut-on prouver qu'il n'y a pas réellement faute logique de la part de Leibniz ou doit-on au contraire conclure à l'incohérence de sa théorie des obligations conditionnelles ?

Telles sont les questions majeures qu'il nous faudra soulever en poussant la logique de l'argumentation leibnizienne jusque dans ses dernières conséquences et telles sont en définitive les réponses qu'il faudra obtenir si l'on veut enfin révéler le caractère profondément novateur de son effort de systématisation du droit des conditions.

I. LA MATIÈRE DU *DE CONDITIONIBUS* : LA THÉORIE DES CONDITIONS JURIDIQUES

Celui qui veut comprendre le sens, la généralité et par dessus tout l'actualité des thèses leibniziennes, peut trouver avantage à comparer ce qu'il lit dans le *De Conditionibus*, aux articles que notre Code Civil consacre aux divers aspects des conditions[1]. Il lui est alors facile de voir pourquoi la condition, qui dans la simplicité de sa notion est un événement futur et incertain suspendant l'attribution d'un droit, peut être considérée comme un élément accessoire des obligations conventionnelles naissant entre parties par l'intermédiaire de contrats formels ou informels. Il saisit ainsi tout l'intérêt de ce thème pour une philosophie

2. Code Civil, articles 1168 à 1184.

reliant intimement le droit à la logique, puisqu'une condition est en définitive la concrétisation juridique d'une inférence établissant ou annulant une relation d'obligation convenue entre parties. Il peut alors aboutir au tableau suivant où la mise en parallèle des définitions et théorèmes du *De Conditionibus* et des articles de notre Code Civil suit l'ordre que ce dernier propose, en distinguant les types de conditions, les éléments du droit où les conditions peuvent être introduites, et enfin les modalités d'extinction des obligations conditionnelles.

Types de conditions	*Art. Du Code Civil*	*Def. et Th.*
– Les diverses conditions	art. 1168 à 1180	Def. 10, 16 à 33, 38 à 40, 46 à 50, 53, 64, 65, 107, 108, 111 à 117, 120 à 125, 128 à 133, 138 à 140, 147, 148, 153, 156 à 158.
– Le terme (obligations à terme)	art. 1185 à 1188	Def. 41, 44, 45, 58 à 60. th. 197.
– Les obligations alternatives	art. 1189 à 1186	th. 95, 134.
– Les obligations solidaires	art. 1197 à 1216	th. 74, 96 à 97, 117, 124, 132, 133.
– Les obligations divisibles	art. 1217 à 1225	th. 70, 98 à 102, 104, 106, 108 à 111, 113 à 116, 118, 122, 123, 125, 134, 201, 336, 337.
– Les obligations indivisibles	art. 1217 à 1225	th. 95 à 97, 101, 103, 105, 107, 112, 120 à 122, 126 à 131.
Eléments du droit où les conditions peuvent être introduites :		
– Contrats de mariage	art. 1387 à 1581	Def. 36, 50, 115, 116, th. 60. th. 348.
– Vente :		
choses qui peuvent être vendues ou aliénées	art. 1598 à 1601	
garantie	art. 1625	th. 158, 215, 248, 316, 318.
garantie d'éviction	art. 1626 à 1640	th. 312.
garantie des défauts	art. 1641-1649	th. 312.
nullité et résolution de la vente	art. 1658 à 1685	th. 195, 196, 311, 312, 316, 318, 320, 322 à 328.

– Société	art. 1832 à 1873	th. 252.
– Prêt	art. 1874 à 1914	
– Dépôt et séquestre	art. 1915 à 1963	
– Contrat aléatoire	art. 1964 à 1983	th. 219.
– Cautionnement		def. 97, th. 109, 215, 248, 260.
– Privilèges et hypothèques		
– Hypothèques conventionnelles et rang des hypothèques :		[ces points sont traités dans le *De Casibus perplexis*]
– Prescription et possession.		th. 179, 250, 251.

Extinction des obligations

– Paiement	art. 1235 à 1264	th. 134, 290.
– Novation, remise de dette, compensation,	art. 1271 à 1288	th. 261.
– perte de la chose due.	art. 1289 à 1299	th. 261.

La comparaison de ces deux listes permet de retrouver rapidement dans les définitions et théorèmes de 1665, les grandes lignes de la classification moderne des obligations conditionnelles, mais il serait en même temps illusoire de prétendre saisir l'originalité du *De Conditionibus* à partir d'un tel tableau, car seules ces grandes lignes peuvent être reliées à leurs équivalents leibniziens. Deux raisons expliquent cela : 1) si l'on peut inclure un nombre élevé de définitions et de théorèmes sous le titre « types de conditions », la corrélation qu'on obtient est très superficielle car là où Leibniz distingue de multiples conditions, conformément à une tradition initiée par les grands commentateurs du Droit Romain[1] et conformément à son principe de tout réduire à des définitions, le droit moderne se contente d'opérer à la manière romaine en distinguant simplement les conditions casuelle, potestative, mixte, impossible, suspensive et résolutoire. 2) Peu de définitions et de théorèmes trouvent leurs équivalents exacts quand on passe aux rubriques « éléments du droit où les conditions peuvent être introduites » et « extinction des obligations », pour une raison manifeste : si l'on excepte les ventes sous conditions suspensive et résolutoire dont la nature logique est telle qu'elles doivent être nécessairement détaillées dans une théorie des inférences juridiques, les modes de constitution ou d'extinc-

1. Voir par exemple les commentaires de Douaren sur D.35.1, *Opera Omnia*, II, p. 180 à 201. Lucques, ed. J. Roch, 1765, et ceux de Cujas sur le même titre : *Paratitla in libros quinquaginta Digestorum seu Pandectarum Imperatoris justiniani.* I, col.829, 830, Köln, 1570.

tion des obligations mentionnés après l'article 1225, ne peuvent qu'être effleurés dans le *De Conditionibus* du fait qu'ils représentent seulement le cadre institutionnel du droit conditionnel et jamais ses critères de validité. Or l'intention des dissertations leibniziennes n'est pas de décrire les éléments de ce cadre à la manière d'un traité de droit, mais de déterminer les règles de validité et d'invalidité des dispositions conditionnelles afin d'asseoir le jugement par la révélation des raisons fondatrices du droit. Elles ne pouvaient donc éviter d'être en grande partie différentes d'une approche thématique du droit des conditions, puisqu'elles sont avant tout jurisprudentielles. Il faudrait cependant reconnaître qu'en recherchant dans les travaux leibniziens l'écho des divisions classiques du droit et en tout premier lieu, la tripartition : droit des personnes, droit des choses et droit des actions, on serait *a priori* excusable puisqu'on suivrait ainsi une tradition séculaire[1] respectée par notre code civil et dont Gaius[2] faisait déjà état en son temps.

Les raisons qui ont pu pousser un civiliste de la qualité de Leibniz à ne pas utiliser cette tripartition (et ses conséquences sur le droit conditionnel), alors qu'elle est acceptée par les autorités les plus éminentes, doivent donc être impérieuses et il importe avant tout de comprendre pourquoi sa théorie des conditions juridiques ne suit pas l'ordre d'exposition qu'on trouve aussi bien chez ses contemporains que dans notre Code Civil. De même, il nous faut impérativement savoir si l'on peut expliquer une telle originalité par le caractère éminemment logique de son approche ou s'il existe des raisons d'un ordre supérieur qui la rendait inévitable.

C'est dans la deuxième partie de la *Nova Methodus discendae docendaeque jurisprudentiae*[3] que Leibniz explique le mieux pourquoi sa méthode d'exposition du droit se distingue de la méthode classique. En effet, il souligne au § 10 que la classification justinienne des droits à partir de la distinction factuelle des personnes, des choses et des actions, est imparfaite[4] en ce que « les actions proviennent aussi bien du droit des

1. Cf. Girard, *op. cit.* p. 9 : « Cette division, qui a eu une très grande fortune dans l'enseignement et dans la doctrine, et qui est encore dans les lois françaises, où le code civil correspond au droit des personnes et au droit des choses, et le code de procédure au droit des actions, a été de nos jours très fortement critiquée, non seulement dans le détail de ses subdivisions qui est injustifiable, mais dans son principe même ; et elle a été abandonnée pour des plans bien autrement savants par plusieurs interprètes modernes. »

2. *Ibid.*, p. 9, note 1.

3. *Deutsche Akademie der Wissenchaften zu Berlin*, VI.1. voir en particulier les § 10 à 17.

4. § 10. « Mais contre les vices de la méthode justinienne, nous expliquerons de notre côté, l'utilité d'une nouvelle méthode. En premier lieu, le travail est multiplié par deux

personnes que du droit des choses » et en ce qu'elle aboutit à des intersections de catégories puisqu'une personne peut devenir ou cesser d'être une chose quand elle devient ou cesse d'être *alieni juris*. Une classification correcte du droit ne doit donc pas être établie à partir d'éléments factuels, « origine de toutes les confusions », mais à partir des éléments du droit, constitutifs de l'obligation. Mais puisque l'obligation naît d'un rapport conforme à une norme qu'entretiennent des puissances égales ou inégales, une véritable exposition des éléments du droit doit par conséquent mettre en évidence le jeu dynamique[1] des puissances et les normes qui le régulent, soit dans l'exercice actuel quand le droit est pur et plein, soit dans l'exercice futur quand une condition s'interpose. Elle doit donc mettre l'accent sur les processus, les mécanismes et les normes de constitution, de transformation et d'élimination du droit conditionnel. Tout ceci supposera en premier lieu la définition d'un vocabulaire précis

dans la méthode justinienne du fait que la méthode des Institutes est différente de celle des Digestes et du Codex. Premièrement, la méthode des Institutes qui distingue les personnes, les choses et les actions est superflue car les actions proviennent aussi bien du droit des personnes que du droit des choses, et ces mêmes personnes, à savoir les esclaves et les fils de famille sont considérés comme des choses, en effet, l'action en revendication [qui porte sur une chose corporelle] n'est pas moins donnée dans le cas d'un esclave que dans celui d'un cheval. Et il existe également un droit de propriété portant sur les fils de famille, mais qui est limité à certains modes par l'Etat. Et afin que je le dise brièvement, cette méthode est constituée, non à partir des éléments du Droit mais à partir de ceux du Fait. En effet, les Personnes et les Choses sont les termes du Fait, la Puissance et l'Obligation, etc. sont les termes du Droit. Et si quelqu'un a voulu choisir une bonne fois pour toutes la méthode du Fait, pourquoi n'a-t-il pas continué, pourquoi n'a-t-il pas subdivisé les Personnes et les Choses à partir des physiques et des morales, à savoir, les Personnes en : sourdes, muettes, aveugles, hermaphrodites, parfaites, masculines, féminines, impubères, mineures, adultes, riches, pauvres, nobles, exerçant une magistrature, paysannes, pérégrines, hérétiques, schismatiques, etc. Et les Choses en : divises, indivises, précieuses, viles, meubles, immeubles, qui se meuvent, de grande valeur, de faible valeur, fongibles, quadrupèdes, équines, sauvages, etc. On a reconnu aisément que de cette façon des répétions infinies s'ensuivraient et que l'affaire ne pourrait être ramenée à des choses universelles. C'est comme si un arpenteur divisait sa discipline non en considération de la forme, mais en considération de la matière et traitait de la dimension des champs, des pâtures, des plaines sablonneuses, argileuses, pierreuses. Qui ne se moquerait pas de ce nouvel Euclide ? De même par conséquent la division de la jurisprudence considérée à partir du concret est à l'origine de toutes les confusions… »

1. L'influence de ce « dynamisme » juridique est visible dans le contexte théorique de la *Nova Methodus* où la puissance des sujets de droit qui s'exprime dans leurs actions, est fréquemment évoquée (cf. § 14 : « La jurisprudence est la science des actions en tant qu'elles sont dites justes ou injustes. » § 14 [a] : « Mais la moralité, autrement dit la justice ou l'injustice de l'action provient d'une qualité de la personne agissant dans l'ordre conforme à l'action, qui provient elle-même des actions précédentes et qu'on appelle qualité morale. Cependant, de même que la qualité réelle dans l'ordre conforme à l'action est double, à savoir le pouvoir d'agir et la nécessité d'agir, de même le pouvoir moral est

portant sur les parties en présence, les types de conditions et leur valeur inférentielle, et dans un second temps, la formulation des règles rationnelles du droit qu'ont pu énoncer les Jurisprudents et que peuvent résumer le logicien et l'Homme Bon.

II. LA RATIONALITÉ DES DROITS NATUREL ET POSITIF

1. Continuité ou discontinuité des approches civilistes et jusnaturalistes de Leibniz ?

– Une continuité certaine

Le *De Conditionibus* fait partie d'un ensemble de travaux rédigés entre 1663 et 1669[1] où le Droit est abordé sous des angles aussi divers que la classification des parties respectives du droit naturel et du droit positif, la théorie des conditions et la résolution des antinomies juridiques par la délimitation de l'étendue des droits particuliers. Il s'inscrit par conséquent dans une histoire qu'achèvent les *Elementa Juris Naturalis* de 1671 et l'on peut se demander si ce passage du droit positif romain au droit naturel représente une rupture, une identité ou une évolution de la pensée leibnizienne conjuguant mutations et continuité.

La première hypothèse supposerait l'existence d'une séparation totale entre les textes de jeunesse consacrés à la résolution académique de problèmes techniques du droit positif et les travaux classiques où la clarté du droit naturel aurait éliminé le verbalisme scolastique. Cette hypothèse peut être définitivement rejetée pour deux raisons majeures. 1) Leibniz n'aurait pas souligné à ce point l'erreur des jusnaturalistes qui cherchaient dans le droit naturel de nouvelles solutions pour des problèmes que le droit positif romain avait déjà résolus ou pouvait résoudre,

appelé Droit et la nécessité morale est dite obligation. » § 16 : « Le droit portant sur mon corps considéré comme sujet est appelé liberté, le droit portant sur la Chose est appelé faculté » … «Le droit portant sur la Personne est appelé puissance et varie de multiples façons, il est parfois droit de vie et de mort, parfois droit de châtiment, parfois droit de réprimande, etc. L'obligation est de ne pas empêcher la liberté, la faculté et le pouvoir d'autrui »), mais elle est également évidente dans le contexte pratique du *De Conditionibus* et de la *Doctrina Conditionum* où le théorème *« concursu fiunt partes »* revêt à ce titre une grande importance.

1. 1663-1664 : *Notes à Jacob Thomasius*. 1664 : *Specimen quaestionum philosophicarum ex jure collectarum*. 1665 : *De Conditionibus 1 et 2*. 1666 : *De Casibus Perplexis in jure*. 1667 : *Nova methodus discendae docendaeque jurisprudentiae*. 1667-1669 : *Doctrina Conditionum*.

s'il n'avait pas estimé que ces droits sont en partie communs[1] et qu'en appliquant le second, on s'appuie en même temps sur le premier. 2°) Les travaux jusnaturalistes de Leibniz ne se sont pas constitués contre ou à côté du droit positif justinien, mais en prolongement de celui-ci, par un mécanisme d'abstraction progressive de ses propriétés fondamentales. Et ils ont pu le faire parce que les processus de fondement jusnaturaliste et de révélation d'une rationalité juridique grâce auxquels Leibniz établit la validité des lois positives, sont déjà utilisés dans la compilation justinienne. En effet, prenons la règle 179[2] énoncée dans les « *Diverses règles de l'Ancien Droit* »[3] que Leibniz emploie lorsqu'il aborde la question de l'affranchissement du *statuliber*[4], ou prenons l'exemple de la norme interdisant de tirer profit du dommage infligé à autrui, à chaque fois la validité des règles positives est assurée par l'application d'une norme originelle issue du Droit Naturel et qui donne à l'esclave vocation à la liberté dans le premier cas ou définit la notion de profit légitime dans le second. Examinons d'un autre côté les règles de D.50.17 et en particulier les formules 51 : « On n'estime pas que quelqu'un prenne possession de ce qu'il est contraint de restituer à un autre », 55 : « Celui qui fait usage de son droit n'est pas considéré comme réalisant un dol », 88 : « On considère qu'il n'y a pas mise en demeure là où il n'y a pas réclamation », ou 121 : « Qui ne fait pas ce qu'il doit faire, est considéré comme faisant contre parce qu'il ne le fait pas. Et qui fait ce qu'il ne doit pas faire, n'est pas considéré comme faisant ce qu'il a l'ordre de faire »[5]. On se trouve ici manifestement en présence d'énoncés dont la validité n'est pas tributaire du droit naturel ou d'un droit positif déterminé. Elle n'est même pas suspendue à l'existence réelle des mécanismes de prise de possession, d'exercice du droit ou de mise en demeure. Elle ne dépend en réalité que de la possibilité de substituer le *definiens* au *defi-*

1. Cf. lettre à Hobbes du 13/22 juillet 1670 : « … par dessus tout, j'ose soutenir que la moitié du Droit Romain est de pur Droit Naturel et qu'il est évident que presque toute l'Europe se sert de ce Droit lorsqu'on n'y a pas expressément dérogé par des coutumes locales. »

2. D.50.17.179 : « On doit favoriser l'accession à la liberté quand la volonté d'affranchir est obscure. »

3. D.50.17.

4. Voir entre autres, def. 31 note 26 et 27, def. 109 note 61, def. 145 note 90 et 91, th. 51 note 132, th. 75 note 141, th. 80 note 147, th. 118 note 182, th. 206 note 235, th. 222 commentaire de D.35.1.89, th. 289 note 289, th. 297 note 295, th. 309 note 305 et th. 355 note 355.

5. Il est particulièrement significatif de ce point de vue que cette règle soit reprise mot à mot par le *De Conditionibus* dans la note 35 de la def. 47 et par la *Doctrina Conditionum* dans ce qui correspond à la note 584.

niendum et de valider logiquement un énoncé juridique en le réduisant à l'identique. Or ceci serait évidemment impossible si la raison et le droit ne se rencontraient pas pour former ces « maximes fondamentales qui constituent le droit même » … « qui lorsqu'elles sont enseignées par la pure raison et ne viennent pas du pouvoir arbitraire de l'Etat, constituent le droit naturel »[1].

Mais il ne suffit pas d'affirmer l'harmonie de principe de ces deux droits pour en donner la preuve. Il faut encore accorder la diversité des lois positives à la généralité des principes du droit naturel en y révélant les manifestations d'une rationalité commune. Car si les normes juridiques sont indépendantes de la « norme du vrai » énoncée par la raison, la validité de leur affirmation est contestable. Et inversement, si « le juste est ce qui est conforme à la loi et ce qui respecte l'égalité »[2], la proposition parfaitement conforme aux conclusions de la règle calculant l'égalité est dotée d'une validité absolue. C'est donc parce qu'il considère que le droit pris dans sa globalité ne se limite pas à l'énonciation des normes mais traite aussi et avant tout de leur soubassement rationnel, que Leibniz développe l'approche estimative des Jurisprudents et qu'il en accepte la complexité et parfois l'ambiguïté. Et ceci explique que le *De Conditionibus* soit, à quelques propositions près consacrées à la formulation directe de normes[3], constitué d'énoncés portant sur les normes et dont l'intention est d'en révéler la nécessité. Or toute la difficulté tient au fait que la rationalité juridique qu'il exhume s'exprime de trois manières différentes et complémentaires puisqu'elle peut résulter de la nécessité logique, de la nécessité normative ou de la nécessité matérielle. En effet, une théorie consistante des obligations indivisibles et divisibles ou une théorie de la solidarité parfaite ou imparfaite, s'appuie inévitablement, en raison même de leur homologie, sur les propriétés logiques de la conjonction et de la disjonction[4] pour justifier les décisions de justice. Toute conclusion juridique dans chacune de ces théories sera par conséquent valide et logiquement nécessaire quand elle aura respecté les règles d'usage de ces deux connecteurs. D'un autre côté, certains énoncés sont dotés d'une nécessité qui n'est pas strictement logique, bien que leur contraire implique contradiction, du seul fait qu'elle est subordonnée à l'acceptation préalable de normes précises. Tel est en effet le cas des règles de D.50.17 dont on retrouverait facilement l'écho dans le texte

1. *Nouveaux essais sur l'entendement humain*, 4, 7, § 19.
2. Aristote, *Éthique à Nicomaque*, V.2. 1129b.
3. Cf. le th. 26 par exemple.
4. Cf. les th. 95 à 134. Voir également les th. 201, 264 et suivants.

leibnizien, et qui ressemblent à : « Personne ne peut transférer à un autre plus de droit qu'il n'en possède lui-même » (54)[1], ou « Toutes les choses qui sont contractées en vertu d'un droit sont défaites par un droit contraire » (100)[2], car en dépit de leurs composantes mathématiques ou logiques, leur évidence dépend avant tout de l'acceptation de normes fondamentales concernant l'origine et la balance des droits. D'autres énoncés enfin peuvent être également considérés comme nécessaires lorsque leur contraire implique contradiction, alors même que cette contradiction n'a qu'une origine matérielle comme dans le cas des règles 135 : « les choses qui sont impossibles ou qui n'existent pas dans la nature, sont tenues pour non ajoutées. » ou 185 : « L'obligation de l'impossible est nulle »[3]. Il était donc inévitable que l'entreprise leibnizienne aboutisse à une énonciation systématique des raisons du droit où s'expriment et parfois se mêlent ces trois types de nécessité. Mais il était également inévitable, compte tenu du caractère concret du droit positif, que l'évaluation du poids des raisons[4] introduise progressivement la considération des contraintes propres à un système de lois positives où la probabilité l'emporte souvent sur la certitude. Ainsi s'explique que l'accord des droits naturel et positif dans l'expression d'une rationalité commune passe aussi par la computation des degrés intermédiaires de validité et qu'une théorie du probable complète l'examen des nécessités.

Un point cependant reste contestable dans cette exhumation de la rationalité du droit des conditions et justifie à lui seul qu'on parle d'ambiguïté du projet leibnizien. En effet, la possibilité d'une déduction du droit positif à partir des normes fondamentales du droit naturel n'implique nullement la rationalité intégrale de ces dernières. Certes, la règle 188 de D.50.17 déclare : « Les choses qui sont interdites par le droit de la nature, ne sont autorisées par aucune loi » et tente de fonder l'impossibilité juridique absolue sur l'idée d'une interdiction naturelle. De même, Leibniz affirme dans le *De Casibus Perplexis* que tous les cas juridiques sont rationnellement décidables lorsqu'ils sont totalement déterminés[5]. Mais la rationalité des propositions du droit positif établies

1. Cf les théorèmes 264, 288, 298 et suivants.

2. Voir en particulier tous les théorèmes où sont examinées les propriétés antagonistes des conditions résolutoire et suspensive et en premier lieu le th. 307

3. Cf. def. 111.

4. Cf. *Doctrina Conditionum*, chapitre 10, définition 76 : « … de même le droit conditionnel reçoit différentes mesures et passe du mode pur au mode nul par divers degrés, chose dont nous livrerons bientôt au th. 66, les fondements que personne n'a envisagés à partir des principes de la Philosophie. »

5. *De Casibus Perplexis*, chap.11 : « Il devient ainsi évident que même Bachoff von

à partir des normes naturelles ou la rationalité des propositions de droit naturel établies par simple combinaison de normes[1] implique-t-elle automatiquement la rationalité des normes en question ? Peut-on vraiment le suivre quand il tente de justifier l'interdiction de tirer profit du dommage d'autrui en déclarant dans les *Nouveaux essais sur l'entendement humain*[2] : «… il y a des maximes fondamentales qui constituent le droit même et forment les actions, exceptions, réplications, etc. qui lorsqu'elles sont enseignées par la pure raison et ne viennent pas du pouvoir arbitraire de l'Etat, constituent le droit naturel, et telle est la règle dont je viens de parler qui défend le profit dommageable » ? Et peut-on également le suivre dans le cas du *statuliber* auquel la loi confère un privilège d'affranchissement[3] quand la notion de profit légitime et la vocation naturelle de l'esclave à la liberté ne sont pas en elles-mêmes des vérités de raison et ne pourraient le devenir que si l'eschatologie qui les contient s'avérait elle-même entièrement rationnelle ?

– Mais une continuité fragmentée

Est-il au moins possible de conclure à l'identité de portée de ces deux droits à partir de leur continuité et de la similarité de leurs préoccupations ? Là encore, l'idée peut difficilement être soutenue car elle s'oppose au fait que le *De Conditionibus* ne contient aucune des définitions du juste, du bien, du droit, de la justice, etc. qui caractérisent les *Elementa Juris Naturalis*. Il est vrai que la notion justinienne d'*Homme Bon* y reçoit une importance centrale dans les cas de lois trop générales ou de vide juridique et semble préfigurer le thème du *Prudent* dont la bonne volonté éclairée permet d'exprimer la règle[4]. Mais on doit accorder en même temps que le *De Conditionibus* utilise le concept justinien sans le définir, alors que les *Elementa Juris Naturalis* en précisent au

Echt reconnaîtra que tous les cas dans lesquels rien n'est incertain, peuvent toujours être résolus dans l'effet à partir du simple droit de la nature et des gens. »

1. Cf. les *Elementa Juris Naturalis* de 1670-1671.

2. 4, 7, § 19.

3. Cf. la règle 179 : « On doit favoriser l'accession à la liberté quand la volonté d'affranchir est obscure. »

4. Cf. Définition 119 du *De Conditionibus* : « Le jugement de l'Homme Bon est ce que n'importe quel Homme Bon estimerait être équitable à l'examen de l'affaire. » Et *Elementa Juris Naturalis*, VI.I. p. 465 : « Le droit est le pouvoir de l'Homme Bon et les qualités que Grotius appelle morales, ne sont rien d'autres que les qualités de l'Homme Bon. » « Le juste, le licite ; l'injuste, l'illicite ; l'équitable, le dû ; le non-dû, est tout ce qu'il est possible, impossible, nécessaire, contingent, que l'Homme Bon fasse. D'où il s'ensuit que les jurisconsultes romains disent très sagement qu'en matière de lois, les expressions vagues doivent être rapportées au jugement de l'Homme Bon. »

contraire le sens par l'énonciation régressive de la chaîne des définitions qui font de l'Homme Bon, celui qui aime ses semblables et se délecte de leur bonheur[1]. Enfin, comment une théorie des conditions du droit positif pourrait être entièrement jusnaturaliste quand elle se désintéresse presque totalement les questions essentielles du fondement du droit et de la hiérarchie des normes ?

La seule solution conforme à l'ensemble des faits qu'on vient d'énumérer consiste par conséquent à voir dans les travaux juridiques de la période 1663-1671, un développement polyphonique où se conjuguent très tôt[2] les approches analytique, architecturale et jusnaturaliste. Car si la pensée leibnizienne s'était formée en allant du droit positif à l'architecture de ce droit puis au droit naturel, la *Doctrina conditionum* qui généralise les thèses du *De Conditionibus*, aurait été écrite avant la *Nova Methodus*. De même, l'analyse des mécanismes du droit positif aurait été menée avant la classification du droit et la définition des normes. Or c'est le contraire qui se produit puisque la *Nova methodus* précède la *Doctrina conditionum* et est elle même précédée par les ébauches jusnaturalistes de certaines *Notes à Jacob Thomasius*.

Pourtant ce développement pluriel des travaux leibniziens n'empêche nullement d'y reconnaître la présence d'un fil conducteur. Car même si les trois lignes de force des approches analytique, architecturale et jusnaturaliste s'expriment dès ses premières œuvres, leurs importances respectives varient au fil des ans dans des proportions souvent inverses, comme le feraient les différentes composantes d'un système de forces en recherche d'équilibre. Il y a donc à la fois évolution et continuité de sa pensée et l'on peut deviner au sein de chaque ligne, l'action atténuée des deux autres du fait que l'analyse du droit positif des conditions contient une classification implicite et certaines notions de droit naturel, tandis que la classification de la *Nova Methodus* fait état du droit et de certaines thèses jusnaturalistes[3] et que les *Elementa Juris Naturalis* proposent une

1. « Est un Homme Bon, tout homme qui aime tous les hommes. Nous aimons celui du bonheur duquel nous nous délectons », VI.I. p. 466.

2. Dès 1663-1664, certaines notes adressées à Jacob Thomasius délimitent les parties du droit positif au moyen d'un emboîtement de définitions inspirées d'Aristote et de Grotius, mais aussi de Felden, Pufendorf ou Hobbes. Cf. par exemple la table 49 (« *De la division de la majesté en parties* ») : « La doctrine du droit de la nature et des gens postule des écrits particuliers qui ne doivent pas être insérés ici de manière maladroite. En effet cette doctrine ne peut être transmise sans la connaissance antérieure des sociétés humaines, et par dessus tout, celle de la Cité et de la République. Et Hugo Grotius écrivant le « du droit de la guerre et de la paix » est tout entier contenu en quelque sorte dans cet argument » (VI.1. p. 66).

3. Voir à ce propos le § 14 de la seconde partie où l'on trouve la définition suivante :

classification de normes dont le soubassement est issu en définitive du droit positif[1]. D'un autre côté cependant, chacune de ces orientations de la pensée leibnizienne conserve une originalité propre au sein de cet objet unique qu'est le Droit, puisque les définitions des mécanismes du droit ne sont pas identiques à celles d'une classification de ses parties, ou à celles de ses normes. Quels que soient par conséquent les points de convergence entre le *De Conditionibus* ou la *Doctrina Conditionum* et les divers travaux jusnaturalistes, certaines divergences fondamentales demeurent et expliquent qu'on ne trouve aucune définition de la notion de juste ou d'injuste dans les deux premiers textes alors qu'elle forme le socle des suivants, ou que la hiérarchie des normes énoncée dans les *Elementa juris naturalis* diffère radicalement de la classification des parties du droit formulée dans la *Nova Methodus*.

« Le juste et l'injuste sont tout ce qui est utile ou dommageable au public. « Au public » voulant dire en premier lieu au monde, c'est-à-dire à Dieu, son guide, et en second lieu au genre humain, puis à l'État. Du fait de cette subordination, la volonté, autrement dit l'utilité de Dieu si l'on préfère parler ainsi, est préférée en cas de conflit à l'utilité du genre humain, et celle-ci à l'utilité de l'État, et cette dernière à la sienne propre. De là viennent la jurisprudence divine, humaine et civile. » (*Deutschen Akademie der Wissenchaften zu Berlin*, VI.1. p. 300). Si l'on compare cette définition de 1667 à celles qu'on trouve dans les différentes *Recherches* de 1670-1671, on voit apparaître la définition « classique » du juste, par élimination progressive des intérêts égoïstes et introduction corrélative des intérêts supramondains que résume le personnage de l'Homme Bon. C'est ainsi que les *Recherches* 12_3 diront : « l'injuste est ce qui est dommageable au public sans nécessité privée », « le juste est ce qui n'est pas injuste » (VI.1.p.455), tandis que dans les *Recherches* 12_5 et 12_6, le juste deviendra « tout ce qu'il est possible que l'Homme Bon fasse » et l'injuste : « tout ce qu'il est impossible que l'Homme Bon fasse. » (VI.1. p. 465). Mais comme cette personnification de la droite raison appliquée aux affaires morales que représente le personnage de l'Homme Bon est une conception du droit positif romain (cf. V.I.1 p. 465 : « D'où il s'ensuit que les jurisconsultes romains disent très sagement à propos des lois, qu'une loi imprécise doit être rapportée au jugement de l'Homme Bon. »), on ne doit pas donner à cet élargissement le sens d'un abandon du droit positif au profit du droit naturel, mais seulement celui d'un approfondissement et d'une mise en relation de ses présupposés. Sur l'élimination progressive du *« hobbisme de la Nova Methodus »*, voir R. Sève : *Leibniz et l'école moderne du droit naturel*, P.U.F. 1989, p. 124.

1. Les *Recherches* 12_3 (VI.1. p. 433) contiennent un exemple parmi d'autres du procédé leibnizien de constitution des normes jusnaturalistes par généralisation des règles du droit positif romain. Cet exemple suffit à montrer que le droit naturel n'est pour lui, ni une création de la raison détachée de la réalité du droit effectif, ni une pure synthèse des détails de la jurisprudence, mais une généralisation du droit positif où la combinatoire systématique des raisons permet le dépassement de sa contingence. La compréhension de ce passage, suppose cependant qu'on parvienne à relier en une suite de raisons, deux extrêmes et un moyen terme. Les extrêmes sont d'un côté les définitions jusnaturalistes du juste et de l'injuste qu'on lit au début de 12_3 et de l'autre la théorie des obligations régissant les ventes pures ou conditionnelles (acceptation du risque, obligation de délivrance et garantie d'éviction du côté du vendeur, paiement du prix convenu du côté de l'acheteur) qu'on retrouve dans la théorie de la *mora* énoncée par le *De Conditionibus* (th.64 à 74) et la *Doctrina*

2. Exigences et problèmes d'une approche évaluatrice et jurisprudentielle du Droit

– L'existence d'une raison instituante et instituée et l'harmonisation analogique

La polyphonie des droit naturels et positifs, rationnels et civils, que souligne Leibniz, suppose non seulement l'existence d'une communauté de propriétés, mais aussi celle de leur commune mesure. Peut-on cependant évaluer le Droit sans le dénaturer et à quelles conditions ? Telle est la difficulté qu'il faut maintenant aborder pour tenter de mettre à jour les fondations ultimes de l'édification leibnizienne.

Quand on revient à la définition du droit naturel qu'en donne les sources romaines, sous la version « naturaliste » des Institutes de Justinien[1], ou sous la version « rationaliste » de celles de Gaius (où le terme

Conditionum (def. 79, th. 60 et 70). Le moyen terme étant quant à lui constitué par la suite du texte de 12_3.

Dans leur abstraction, les premières définitions que propose Leibniz semblent bien plus exprimer des exigences morales que certains aspects de la théorie justinienne de la vente. En effet Leibniz écrit : « Le juste est : mon profit accompagné du non-profit d'autrui ; l'indemnité ; mon absence de dommage accompagnée du dommage d'autrui ; ma nécessité accompagnée du sacrifice de celle d'autrui. L'injuste est : mon profit accompagné du dommage d'autrui ; mon absence de dommage accompagnée du sacrifice de la nécessité d'autrui ; mon absence de gain accompagnée de l'absence de profit d'autrui. J'appelle ici « profit », toute obtention d'un bien positif faisant défaut ou tout enlèvement d'un mal positif présent. J'appelle dommage, tout éloignement d'un bien positif présent, ou toute arrivée d'un mal positif absent ; indemnité, l'enlèvement d'un dommage ; nécessité, l'évitement d'un malheur. » Mais il suffit de sauter quelques lignes pour que le juriste commence à comprendre qu'on est passé insensiblement de préceptes généraux du droit naturel aux règles précises de la théorie justinienne de la garantie, car Leibniz déclare : « s'ensuivent les cas dans lesquels quelqu'un cause un dommage à un autre en vertu d'une faute, puisque dans ce cas on ne considère pas l'empêchement du profit, mais seulement s'il se prépare simplement à causer un dommage au salut ou aux biens, c'est-à-dire s'il le causerait si le hasard n'intervenait pas, autrement dit, ne réalisait pas ce qui doit être. Mais dans un tel cas, il doit 1) prouver autant qu'il le peut son innocence, 2) garantir qu'il fera attention. Bien plus, s'il ne peut pas faire état d'une excuse ou du moins ne pas rendre vraisemblable qu'il fera attention, il est tenu de garantir sa future bonne volonté à l'instar de celui a causé un dommage par sa faute. » Comme aucune citation du Corpus justinien ne vient soutenir le propos, contrairement à ce qui se produit dans le cas du *De Conditionibus* ou de la *Doctrina Conditionum*, le lecteur inattentif peut se croire en face d'une simple construction où se mêlent la morale et le droit. Mais il méconnaît alors ce que lui révélerait l'insertion dans ce passage, des lois citées dans les théorèmes ci-dessus. Le droit naturel que formule Leibniz et le droit positif sont dans ce cas, une seule et même chose au degré de généralité près.

1. Inst. 1.2 : « Le Droit Naturel est ce que la nature enseigne à tout animal. Car ce droit n'est pas le propre du genre humain, mais celui de tous les animaux qui naissent dans le ciel, sur la terre et dans la mer. »

« droit des gens » a le sens de « droit naturel »)[1], on voit immédiatement qu'il existe une certaine ambiguïté sur ce que doit être le contenu du droit naturel. Car « ce que la nature enseigne à tout animal » selon les Institutes, ne peut qu'être la tendance infra-rationnelle des êtres vivants à défendre leur territoire et leur progéniture. Par conséquent, tout énoncé du droit positif qui viserait à réaliser cette tendance serait *a priori* conforme au droit naturel et la raison à l'œuvre dans la définition des droits personnels et réels tendant vers ce but ne serait jamais qu'un instrument au service d'une finalité qui lui est extérieure. Pourtant la définition de Gaius ne conduit pas aux mêmes conclusions puisque « ce que la raison naturelle établit entre tous les hommes » peut aussi bien désigner les normes du droit positif que la « norme du vrai ». Or, si le rapport de la raison à la norme juridique est un rapport de subordination analogue dans son principe à celui qu'entretiennent la raison et la tendance (au caractère inconditionnel de la norme juridique près) du fait que la première est dans les deux cas l'instrument d'actualisation de la seconde, il diffère quand la norme est celle du vrai puisque la raison reconnaît alors la nécessité de son objet. Cette raison se voit alors attribuer dans ce cas, les deux fonctions très différentes d'énonciation (ou de reconnaissance) du vrai et de réalisation du vrai. Il lui faut ainsi en exprimer la nécessité et vouloir en même temps cette dernière. C'est cela même que représente le personnage emblématique de l'Homme Bon[2] où la jurisprudence romaine voit un Prudent de type aristotélicien définissant la règle applicable aux cas perplexes[3] et où Leibniz voit un sage possédant la connaissance des vérités nécessaires (et en définitive, celle des contingentes), qu'il veut parce qu'il les sait nécessaires. C'est cela par dessus tout que traduit l'image du « prophète » que Leibniz introduit dans la *Doctrina Conditionum*[4] afin de justifier l'utilisation de l'antériorisation dans les stipulations conditionnelles, à partir de la connaissance

1. Gaius, 1.1 : « Ce que la raison naturelle établit entre tous les hommes, est respecté exactement de la même manière par tous les peuples et est appelé droit des gens comme pour désigner le droit que tous les gens utilisent. »

2. Cf. *Elementa juris naturalis,* V.1. 125 p. 470 : « Théorèmes dans lesquels les modalités de droit se combinent aux modalités juridiques, autrement dit, le juste avec le possible » : « Tout ce qui est dû est possible, car tout ce qui est dû est juste » … « tout ce qui est impossible est indu, c'est-à-dire doit être omis par l'Homme Bon, conversion par contraposition du théorème précédent. Tout ce qui est nécessaire est dû car ce qui est nécessaire est tout simplement ce qui est nécessaire à l'Homme Bon. En effet le nécessaire est ce qui existe dans tous les cas et par conséquent, dans le cas présent. »

3. Voir le th. 80 du *De Conditionibus* et par exemple les lois D.18.1.7, D.30.75, D.31.1.1, D.32.11.7.

4. *Doctrina Conditionum*, def. 79.

de la réalisation de la condition. En effet, dans une disposition conditionnelle en général, l'obtention du conditionné est suspendue à l'existence de l'événement futur et incertain qu'est la condition. Elle est donc subordonnée au fait que cet événement ne soit plus futur et incertain, autrement dit, que les incertitudes qui portent sur son existence et/ou sur la connaissance qu'on en a, aient été levées. On sait que la manière classique de résoudre la difficulté est d'aborder le problème du point de vue de l'existence en considérant fictivement que la condition a vraiment existé afin d'attribuer immédiatement le droit en suspens, quitte à modifier rétroactivement cette décision et ses conséquences sur les fruits de la chose s'il s'avère ensuite qu'elle a en réalité fait défaut. Leibniz propose une solution opposée très révélatrice de son réalisme rationaliste où l'usage d'une fiction temporelle est rendu inutile par le fait que le constat empirique de l'existence devient secondaire relativement à la connaissance de la vérité. Les raisons d'un pareil choix sont multiples, mais il en existe au moins deux qu'on peut d'ores et déjà souligner. La connaissance que l'on a de l'existence de la condition remplace le procédé de la fiction temporelle parce que cette connaissance est possible, et cette dernière est possible parce que la connaissance des futurs contingents (dont font partie les conditions) est à ses yeux aussi certaine que celle des vérités nécessaires [1]. D'autre part, si la légitimité du « prophète » tient au fait qu'il possède une connaissance vraie du futur [2], son audience repose quant à elle sur le fait qu'on reconnaît ses déclarations pour vraies.

1. *Ibid.* : « … quand on dit » […] « que la condition est antériorisée, on n'a pas besoin de son existence et la certitude suffit. » […] « On explique d'ordinaire l'antériorisation dans les conditions, par le pouvoir de faire comme si la condition, là où elle a existé, était considérée comme ayant déjà existé depuis le début de la disposition, mais ceci est superflu, en effet le conditionné est dû aussitôt pourvu que la condition existe, vu qu'ici les termes mêmes qui promettent « 100 purement et simplement et sans retard si un navire vient d'Asie », sont importants : J'imagine par conséquent qu'il existe dans l'État un prophète réputé, infaillible dans ses prédictions et auquel le Magistrat a eu souvent recours pour éclairer ses doutes relatifs à des questions de fait sans aucun risque d'être induit en erreur » […] « j'imagine donc, pour prendre un exemple qui manifeste la nature de l'antériorisation, qu'un tel prophète dont l'autorité est éprouvée prédise la venue d'un navire et parce que ses paroles sont tenues pour équivalentes au fait, une action [en revendication] me sera dès lors accordée. Et c'est en ceci que [consiste le fait] d'antérioriser la condition, c'est-à-dire [le fait de] faire dépendre le conditionné, non du temps, mais de la vérité de la condition. On aura en effet le syllogisme : si un navire vient d'Asie, j'aurai 100, en vertu de la disposition du conditionnateur, mais ceci est vrai avant en vertu des paroles du Prophète et par conséquent je peux ensuite le réclamer. »

2. *De Conditionibus*, def. 30 : « La condition nécessaire est ainsi appelée soit en raison du conditionné, def. 10, soit en raison de la disposition, th. 49, soit en soi et alors à nouveau du point de vue de la réalité, auquel cas toute condition dès le départ est nécessaire ou impossible. »

Vérité et légalité sont donc ainsi étroitement solidaires pour Leibniz, car dire le droit c'est dire le vrai[1].

Une divergence fondamentale apparaît alors entre la conception que se fait Leibniz du droit naturel et celle de « l'Ecole moderne du droit naturel »[2]. Elle provient de ce que Leibniz aborde le problème central de l'obligation juridique en utilisant la définition qu'en donne le droit Romain, autrement dit, en développant une approche que l'on pourrait qualifier de relationnelle et d'évaluatrice, au contraire de l'approche légaliste moderne, beaucoup plus individualisante. En effet, le fait de choisir la notion de condition juridique pour en dégager la rationalité traduit une approche relationnelle du droit puisque la condition fait partie des éléments accidentels des contrats et qu'il ne peut y avoir contrat sans une multiplicité de parties et leurs relations. De plus, l'utilisation des énoncés justiniens où l'obligation est définie comme un lien juridique entre parties permettant de contraindre l'une d'entre elles à réaliser une prestation au bénéfice de l'autre[3], conduit Leibniz à s'interroger sur le mode de détermination de la juste mesure des devoirs et des obligations qui naissent entre des parties dont les relations ne sont pas strictement verticales et unilatérales comme dans les rapports de subordination hiérarchiques, mais horizontales comme dans les contrats[4] et souvent bila-

1. Cf. Couturat, *Opuscules et fragments inédits*, Alcan, 1903, p. 504 : « Le juge est celui dont la charge est de se prononcer de manière efficace à propos des controverses des hommes (autrement dit, à propos des opinions qui s'affrontent), c'est-à-dire de telle façon que le prononcé soit tenu pour vrai. D'où il s'ensuit qu'on dit en Droit Romain que la chose jugée est tenue pour vérité. » ... « Le jugement est l'enchaînement des actions qui tendent à faire en sorte que ce qui est juste, devienne vrai c'est-à-dire existant, grâce au juge. »

2. Cf. R. Sève : *Leibniz et l'Ecole moderne du droit naturel*, P.U.F, 1989. p. 64 : « On constate ici le décalage caractéristique de la lecture de Leibniz qui parle à la manière antique de Justice là où l'Ecole a en vue le Devoir. »

3. Cf. Girard, *op. cit.* p. 415 : « L'obligation est, dit-on en résumant deux définitions données par Justinien et par Paul*, le droit d'une personne (créancier, *creditor*, *reus credendi*) en face d'une autre (débiteur, *debitor*, *reus debendi*) à un acte ou à une abstention, sanctionné par une action... » *[Inst. 3.13 : « L'obligation est un lien de droit, par la nécessité duquel nous sommes contraints au paiement de quelque chose selon les lois de notre cité. » *D.44.7.3* : « La substance de l'obligation ne consiste pas en ce qu'elle rende nôtre quelque corps ou quelque servitude, mais en ce qu'elle oblige un autre à nous fournir quelque chose, ou à faire quelque chose ou a réaliser une prestation en notre faveur. »].

4. Ceci explique que les théorèmes et définitions du *De Conditionibus* (def. 70, th. 34, 38, 46, 247, 288) et de la *Doctrina Conditionum* (def. 55, 58, th. 15, 30 et 56) qui introduisent la notion d'obligation, le font dans le cadre des obligations conditionnelles où deux parties sont toujours en présence et où l'obligation est le lien qui les unit, soit de manière unilatérale (stipulation par exemple), soit de manière bilatérale (contrats consensuels : vente, louage, société, mandat).

térales comme dans les obligations synallagmatiques[1]. Il ne pouvait donc envisager d'exprimer d'un côté la complexité du droit qui établit la balance des prétentions contraires et accepter de l'autre un modèle de l'obligation la réduisant à la simplicité d'une relation de soumission inconditionnelle à la loi intérieure du devoir ou aux lois extérieures de la Cité. Il le pouvait d'autant moins que la plus simple obligation unilatérale de type horizontal possède déjà une complexité supérieure à celle d'une relation de soumission car elle contient cette dernière du fait qu'elle consiste en une relation R pourvue de conditions au moins implicites, établie entre deux parties a et b, portant sur un contenu déterminé p et assortie d'une sanction en cas d'inexécution[2]. Sa légitimité découle par conséquent de l'adéquation de tous ces facteurs empiriques et n'est pas entièrement déterminée par le respect inconditionnel d'une règle puisqu'il faut savoir[3] en outre si le contenu de l'obligation et les conditions apposées sont licites[4], moraux[5] et possibles[6], et si les personnes concernées ont la capacité juridique[7] de s'obliger directement ou indirectement. Bien plus, l'existence d'obligations bilatérales renforce l'importance des rapports horizontaux qu'entretiennent les parties. En effet, les moments d'une vente sous condition résolutoire[8] équivalent en défi-

1. Il faut souligner ici à quel point la perspective de Leibniz est par essence celle d'un civiliste et non d'un pénaliste et à quel point son approche est différente de celle d'un positiviste comme Kelsen. La manifestation la plus immédiate de cette différence d'attitude est visible dans le fait que les relations verticales de pouvoir et de soumission nécessitées par l'application des sanctions ne sont pas analysées bien qu'elles soient inhérentes à l'obligation juridique. Les seules relations hiérarchiques à être vraiment abordées dans le *De Conditionibus* et la *Doctrina Conditionum* sont d'une part celles qui relient les *alieni juris* et leurs maîtres respectifs et d'autre part, celle qu'implique la théorie de la *mora*. Mais dans chacun de ces cas, l'intérêt de Leibniz se tourne vers la détermination des droits et obligations respectifs des parties et non vers la hiérarchie des pouvoirs coercitifs rendus nécessaires par leur mise en œuvre, car la connaissance du juste doit précéder à ses yeux celle des conditions empiriques d'effectuation. Conformément à la tradition justinienne, le personnage de l'Homme Bon n'a donc pas le sens d'une entité politique ou juridique dotée d'un pouvoir effectif, mais simplement celui d'une personnification du jugement que peut énoncer tout homme faisant usage de sa raison. (cf. *De Conditionibus*, def. 119 : « Le jugement de l'Homme Bon est ce que n'importe quel Homme Bon estimerait être équitable à l'examen de l'affaire »).

2. Cf. l'étude des foncteurs à n arguments nominaux et n arguments propositionnels dans : J.-L. Gardies : *Les fondements sémantiques du discours naturel*, Vrin, 1994, p. 42.

3. Cf. Girard, *op. cit.* p. 472 *sq.*

4. Cf. *De Conditionibus* : def. 112, 113 et 114, th. 151, 152, 157, 176 à 188.

5. Def.114a, 115, 116, th. 148, 149.

6. Def.83 à 90 et 111, th. 144, 146, 147, 153 à 156, 157.

7. Cf. les théorèmes traitant en général des *alieni juris* et en particulier du *statuliber*.

8. Voir dans le *De Conditionibus*, les def. 154 à 156 et les th. 195 et 295 à 328.

nitive[1] à la conjonction d'une relation *R* établie sous une condition *c*, entre deux parties *a* et *b* et portant sur un contenu déterminé *p*, et d'une relation *R-1* de rétrocession établie sous la condition inverse de *c* (le mode) entre ces mêmes deux parties et portant sur le même contenu, sachant que des sanctions spécifiques s'appliquent à chaque fois en cas de manquement. Pour cette raison, le juge qui doit apprécier la légitimité d'un droit et y reconnaître l'expression plus ou moins directe d'un droit naturel, ne peut se contenter d'examiner ce qui est second, à savoir l'obéissance ou la sanction, mais doit étudier ce qui les justifie. Il doit par conséquent apprécier les causes en prenant également pour règle de reconnaître le vrai et de poursuivre le bien par l'évaluation précise des interactions entre les composantes de l'obligation.

La caractéristique de la position de Leibniz est ainsi de refuser toute séparation absolue entre norme et vérité, au nom d'un principe énoncé dans le droit justinien d'une communauté de nature biologique ou rationnelle entre l'homme, le monde et Dieu. Les normes ne doivent donc pas être arbitraires, car la volonté humaine n'est pas autofondatrice. Bien au contraire, elles expriment une réalité qui dépasse l'arbitraire des décisions humaines en ce qu'elle révèle une correspondance des raisons.

1. Toute la question est cependant de savoir si la vente sous condition résolutoire est pure ou conditionnelle. Leibniz voit clairement les enjeux du problème et tranche nettement dans le « débat illustre » dont fait état le th. 56 de la *Doctrina Conditionum* puisqu'il déclare : « … mais le problème doit être entendu plus précisément de la manière suivante. Au moment même où le vendeur transfère le fonds, il transfère par le fait même la propriété, mais une propriété modifiée de telle sorte par le pacte, qu'il garde pour lui-même une propriété conditionnelle et qu'il attribue à l'autre la propriété pure, mais jusqu'à une condition, autrement dit, [une propriété] non encore pleine. Lorsque la condition [résolutoire] existe, il est manifeste que la propriété chez le vendeur, qui jusqu'alors était incertaine, devient pure et pleine. » La vente sous condition résolutoire n'est donc pas à ses yeux une vente pure et simple à laquelle s'ajouterait une convention de restitution dont le non respect permettrait au vendeur d'exercer ensuite une action personnelle contre l'acheteur et de récupérer la chose vendue, mais bien une vente conditionnelle où la chose vendue continue à appartenir au vendeur tant que la condition n'existe pas et lui donne le droit d'exercer une action réelle pour récupérer ce qui n'a jamais cessé de lui appartenir. Il faut cependant souligner que la traduction logique de la vente sous condition résolutoire n'est complète que lorsqu'on fait intervenir la totalité des états qui la caractérise. Il ne suffirait donc pas d'en résumer le principe en disant : « *a* est obligé envers *b* à ce que *p* jusqu'à la condition *c* ET *b* est obligé envers *a* à ce que *p* à partir de la condition *c* », car cette proposition descriptive d'états correspond seulement au résultat qu'on obtient dans l'hypothèse où la condition résolutoire existe et n'exprime pas ce qui se produirait si la condition résolutoire n'existait pas. Il faut au contraire la penser comme une fonction d'une pluralité d'états où l'on distinguerait l'état antérieur où *a* ne serait pas encore obligé envers *b*, l'état actuel où il le serait, et deux états futurs et potentiels où soit *a* ne serait plus obligé envers *b* car la vente serait devenue parfaite, soit *b* serait obligé envers *a* car la condition résolutoire aurait existé. (Sur ce type de foncteurs, voir J. L Gardies, *op. cit.* p. 125.)

Celle-ci devient évidente quand on aborde les théorèmes élaborés à propos des problèmes de représentation, de corréalité et de détermination des parts en cas de concours[1] puisque Leibniz introduit la thèse centrale : « les parts sont déterminées en concours », en rappelant au th. 27_1 de la *Doctrina Conditionum*, qu'elle a été « déduite subtilement du droit de la nature lui-même, par les Anciens Jurisconsultes » et que « cette affaire contient une sorte de principe physique tiré de la nature du mouvement »[2]. Or la démonstration aboutit à cette conclusion suivante : «… de même que dans le mouvement l'inclinaison se répartit entre plusieurs concurrents et que lorsque l'impulsion qui existe est uniforme, le mouvement de la partie qui est poussée reçoit du mouvement des parties qui poussent une inclinaison et un angle égaux de part et d'autre, de même en Droit, quand plusieurs sont conjoints pour une même chose en égale raison, la chose se divise en sorte qu'une part égale est assignée de chaque côté. » Il existe donc une homologie fonctionnelle entre certaines lois physiques et certaines lois juridiques, qui permet de relier le « droit naturel » *stricto sensu*, au « droit de la nature » car les parties d'un procès peuvent être assimilées à des corps et les mêmes propriétés s'y manifestent aussi bien dans la détermination de l'équilibre des droits que dans celle de la résultante. La comparaison des Mathématiques et du Droit permettrait également d'énoncer d'autres cas d'homologies parmi lesquels celui des règles « mathématico-juridiques » en matière d'obligations divisibles et indivisibles est sans doute le plus manifeste[3]. Pourtant, c'est quand on aborde les modalités, que se manifeste le mieux cette

1. *De Conditionibus*, th. 95 à 134 ; *Doctrina Conditionum*, th. 23 à 31.

2. Cf. *Doctrina Conditionum* th. 271 (et dans une moindre mesure, *De Conditionibus*, th. 103).

3. En comparant les lois justiniennes appelées en référence, ou même les articles 1217 à 1225 de notre actuel Code Civil, aux théorèmes 98 à 107 du *De Conditionibus* et 27_2 à 29 de la *Doctrina Conditionum*, on voit aisément comment la mathématisation des raisons du droit permet d'en révéler la simplicité. Voir par exemple le th. 29 de *Doctrina Conditionum* : « La chose peut être illustrée par la comparaison avec les Nombres, en effet les Nombres sont reliés soit comme deux parties d'un même tout : 2+3, à savoir 5, pour constituer une addition (il en est de même de la soustraction), soit comme deux facteurs d'un même fait $2 \frown 3$, à savoir 6, pour constituer une multiplication (il en est de même de la division) ; par conséquent si 0 est ajouté à un nombre, comme par exemple 2 + 0, le produit est le nombre 2. En revanche, si un nombre est multiplié par 0, le produit est 0, $2 \frown 0$ fait 0. Cependant une circonstance se joint d'habitude à une circonstance, comme le multiplicateur au multiplicande, non par apposition, mais de telle sorte qu'elles s'affectent et se pénètrent mutuellement. Ceci tient à ce que, si une condition est imposée à plusieurs, il n'est pas nécessaire que chacun attende les autres (ce qui n'est pas non plus nécessaire lorsqu'une condition existe, voir l'explication du th. 26), mais si quelqu'un paye sa part, il reçoit [sa] part de conditionné… »

homologie du seul fait que le droit qu'on y constitue devient intemporel. On rencontre alors ces combinaisons de modalités ontiques, déontiques et temporelles qui forment le cœur des *Elementa juris naturalis*[1], mais dont les linéaments sont déjà présents au niveau du *De Conditionibus*[2] et de la *Doctrina Conditionum*[3] où Leibniz estime qu'on doit établir un certain nombre de liens entre le vrai, l'être et le devoir-être si l'on ne veut pas réduire le droit naturel à l'arbitraire d'une volonté législatrice autonome. Ainsi, lorsqu'il déclare [est une condition] « illicite, celle qui est impossible par le droit même que répète constamment la raison » (def. 113) ou : « ce qui est impossible en vertu de la loi, est rendu équivalent en matière morale à ce qui est impossible par nature » (th. 147), il établit une connexion entre les domaines du fait, de la vérité et de la norme que les *Elementa juris naturalis* 12_5 se borneront à systématiser[4].

La situation est maintenant claire. Leibniz propose en définitive un fondement en grande partie extra-juridique du droit, parce qu'il répond négativement aux trois questions suivantes : peut-on définir le droit comme une norme accompagnée de sanction sans définir en même temps le contenu de ce droit, sinon positivement, du moins négativement en précisant quelles sont les limites au delà desquelles il devient une simple oppression[5] ? Peut-on définir ce contenu sans définir en même temps les modalités de sa possession[6] ? Peut-on enfin définir les modalités de sa possession sans tenir compte des considérations spatio-temporelles qui la conditionnent[7] ? Et la validité de ses réponses dépend

1. Voir dans les *Elementa* 12_5 (VI.1. p. 470), les « théorèmes dans lesquels les modalités de droit se combinent aux modalités logiques, autrement dit le juste avec le possible » (« tout ce qui est juste est possible », « tout ce qui est dû est possible », « tout ce qui est nécessaire est dû », « tout ce qui est nécessaire est juste », etc.).

2. Voir en particulier les définitions 30, 111 et 113 et les théorèmes 147 et 256 du *De Conditionibus*.

3. Voir également les définitions 9, 46 et 76 et les théorèmes 23, 28, 38, 62, 63, 65 et 69.

4. VI.1. (p. 466) : « est possible (impossible ; nécessaire ; contingent), tout ce qui peut (ne peut pas ; ne peut pas ne pas ; peut ne pas) être réalisé, autrement dit, tout ce qui est vrai dans un certain cas (dans aucun cas, c'est-à-dire non quelque cas ; tout cas, c'est-à-dire non quelque cas non ; quelque cas non). »

5. Cf. entre autres, les définitions concernant les conditions illicites (def. 112, 113, 114, 116), contraires aux mœurs (def. 115), impossible en droit (def. 31, 54, 55, 80, 86, 111).

6. Cf. les définitions concernant les dispositions accessible (def. 121 à 124), vaine (def. 139), remise (def. 147) et dérisoire (def. 148).

7. Cf. les définitions portant sur les conditions impossible (« si tu touches le ciel du doigt »), négative (def. 16), temporelle (def 23 à 25, 40) et sur les mécanismes temporels des conditions suspensive et résolutoire (def. 158 à 160). Voir également sur tous ces points, l'ensemble des théorèmes concernés.

à la fois de l'existence d'une correspondance effective des raisons juridiques, logiques, mathématiques et physiques, qu'on retrouve dans le cas de la détermination des parts en concours[1], et de leur correspondance analogique qu'on reconnaît dans le cas de l'évaluation du poids[2] des droits pur et conditionnel, ou dans celui de la représentation[3].

– Vers une dilution de l'originalité du normatif ?

La solution leibnizienne a l'avantage de rendre totalement intelligibles les phénomènes juridiques en supposant que la raison instituante est aussi une raison instituée[4]. Elle a cependant pour inconvénient de paraître dissoudre la séparation du fait et du droit. En effet, puisque certaines relations juridiques ont une structure logique, mathématique ou physique, leurs critères de validité sont identiques à ceux de ces disciplines. Mais le caractère incorporel et imputatoire du droit semble alors s'évanouir au bénéfice exclusif d'une évaluation des conditions de possibilité matérielle et intellectuelle de l'acte juridique, car une norme du droit naturel vaudra dans l'exacte mesure où l'on aura démontré sa nécessité. Est-il possible malgré tout de concilier dans un système jusnaturaliste, ces deux extrêmes que sont d'un côté le caractère d'imputation du droit qui rend la norme indépendante de la nécessité naturelle et de l'autre, la considération de ses conditions de possibilité ?

Toute la question est en définitive de savoir si l'évaluation de la validité des énoncés juridiques (*arbitrium*, *judicium*)[5], n'a pas conduit Leibniz à assimiler abusivement le droit à ses conditions de possibilité et à confondre ainsi l'obligation et la nécessité de ses déterminants empiriques ou intellectuels. La réponse à cette question qui est d'autant plus complexe qu'il existe une « indécision sémantique du concept de droit

1. *De Conditionibus*, th. 106 et suivants; *Doctrina Conditionum*, th. 27_1.

2. *De Conditionibus*, th. 256.

3. *De Conditionibus*, th. 97 *sq.*

4. Cf. A. Robinet: *G. W. Leibniz, le meilleur des mondes par la balance de l'Europe*, P.U.F, 1994, p. 91.

5. Leibniz utilise presque uniquement le premier terme quand il introduit la notion de jugement de l'Homme Bon et n'emploie le second que dans le cadre technique de la procédure *in judicio*, où un procès, « lié *in jure* par la *litis contestatio*, se dénoue *in judicio* par la prononciation de la sentence que la formule prescrit au juge de rendre » (Girard, *op. cit.* p. 1099); cf. le th. 342 du *De Conditionibus* et le th. 53 de la *Doctrina Conditionum*. Mais pris dans leur acception commune et indépendamment des discussions portant sur la différence ou l'identité des actions *judicia bonae fidei* et *arbitria* (cf. Girard, p. 1070, note 4), ces deux termes ont le même sens, y compris dans le droit romain, et désignent l'appréciation des données et de la solution d'une cause.

naturel »[1], suppose qu'on s'accorde sur deux points. 1) L'énonciation par un pouvoir souverain, d'une norme source d'obligation future, doit être distinguée des raisons et conditions de son énonciation et de son application. 2) Le fait empirique accompagné de toutes ses raisons et modalités de mise en œuvre, doit être également distingué de l'effet juridique qui suivra la réalisation du fait en vertu de la norme.

En effet, une norme est une proposition qui établit qu'un fait donné devra être obligatoirement suivi d'un effet juridique donné. Le caractère obligatoire de cette liaison et la constance qui en résulte lorsque l'obligation est respectée, expliquent ainsi qu'on puisse lui donner analogiquement le sens d'une nécessité de type causal[2]. Pourtant cette identification reste partielle car les propriétés de l'obligation juridique et de la nécessité empirique ne sont pas identiques. Elles ont bien sûr en commun de se distinguer toutes les deux de la nécessité logique par le fait que leurs contraires respectifs n'impliquent pas contradiction. On pourrait en effet imaginer un monde où les lois physiques et juridiques seraient différentes. Mais elles diffèrent entre elles par une propriété fondamentale: les comportements contraires aux lois font l'objet d'énoncés juridiques traitant des infractions, crimes et délits, tandis que les événements contraires aux lois physiques ne peuvent être intégrés au corpus de la Physique sans contradiction. En d'autres termes, le crime est une violation du droit, mais n'en est pas pour autant une contradiction. Et il ne le deviendrait qu'en supprimant la part de liberté que suppose l'obligation et en transformant le droit en fait et les conditions de possibilité en nécessité. Par conséquent, toutes les raisons qui doivent

1. Cf. S. Goyard-Fabre: *Pufendorf et le droit naturel*, P.U.F. 1994, p. 246. Cf. également p. 251 : « Il appartient à la nature du concept de droit naturel d'être multivalent – non pas parce que, au cours d'une longue histoire, les philosophes en ont cherché les racines dans les ordres divers de la cosmologie, de la théologie ou de l'anthropologie, mais parce qu'en lui se conjuguent les acceptions diverses du terme droit et les vertiges sémantiques attachés à la notion de naturalité qui renvoie à une profusion de références: cosmos, nature des choses, essence d'un être, nature générique, spécificité d'une espèce dans un genre, nature humaine, déterminité nécessitante, raison commune, etc. »

2. Cf. M. Virally, *La pensée Juridique*, L.G.D.J, 1998, p. 14: « La succession fait-effet juridique peut être considérée comme véritablement causale parce qu'elle est constante et nécessaire, mais une analyse plus attentive met à jour ses anomalies. Elle lie deux éléments qui ne sont pas du même ordre, puisque l'un relève de l'histoire et l'autre du normatif. Il est donc exclu que le premier puisse produire le second par une de ses qualités propres, même s'il présente des aspects psychologiques et résulte d'une opération mentale ou d'une décision. Rien de cela ne lui permet de s'arracher au plan de l'histoire pour émerger à celui des normes. Il est nécessaire qu'intervienne une détermination extérieure, surajoutée, assignant l'effet de droit au fait, lui conférant le caractère de cause et appartenant elle-même à l'ordre juridique. »

être considérées pour justifier l'obligation (modalités temporelles et spatiales, types de personnes et de relations, etc.) ne sont jamais absolument déterminantes puisqu'elles ne peuvent opérer le passage de la nécessité matérielle à l'imputation juridique, c'est-à-dire, du fait au droit.

Il est ainsi évident qu'en élaborant une théorie des dispositions conditionnelles où un conditionné est suspendu à la réalisation d'un événement futur et incertain selon des modalités calculables, Leibniz se situe aux antipodes d'un questionnement portant sur le caractère inconditionnel de l'imputation. Il ne pouvait sans doute pas en être autrement dans une philosophie où la raison instituante et la raison instituée communiquent dans l'expression d'un même droit, et cela d'autant plus que l'optique inférentielle d'une doctrine des conditions inclinait à rechercher constamment le fondement objectif du droit. A deux moments pourtant du *De Conditionibus* et de la *Doctrina Conditionum*, Leibniz avait en main les arguments nécessaires à la formulation du principe d'imputation. Mais à chaque fois, l'orientation jusnaturaliste et inférentielle de son analyse l'ont empêché de donner toute son importance au caractère non factuel de l'obligation et de s'affranchir ainsi nettement d'une approche comptable où les normes risquent d'être réduites à la somme de leurs conditions. En effet, en traitant des actes légitimes, inconditionnels par nature[1] procédant du pouvoir souverain d'obliger et de s'obliger, Leibniz introduit inévitablement, même de manière très fugace, l'idée d'une rupture entre les conditions matérielles de l'obligation et son existence juridique. Mais il le fait de façon très maladroite en confondant la conséquence de l'impossibilité de conditionner la formation d'un pouvoir souverain tel que l'émancipation, c'est-à-dire la possession instantanée du droit pur et plein qui l'accompagne, et la constitution également instantanée de l'obligation par l'énonciation des paroles consacrées ou la réalisation des actes officiels. Il parvient sans doute à percevoir l'originalité de l'imputation quand il déclare au th. 184: « les actes légitimes n'admettent pas de condition. En effet les actes légitimes n'ont lieu qu'une fois. Mais les actes conditionnels ont lieu en quelque sorte deux fois, lorsqu'ils sont établis et lorsqu'ils sont achevés. » Mais on voit également qu'en rapportant l'immédiateté de l'imputation à l'absence de condition, il considère a contrario que les

74. Ces actes sont énumérés en D.50.17.77 (« Les actes légitimes qui ne supportent pas de terme ou de condition, comme l'émancipation, l'*acceptilatio* [la remise de dette], l'adition d'hérédité, le choix de l'esclave, l'imposition d'un tuteur, sont intégralement viciés par l'ajout d'un temps ou d'une condition ») et sont abordés dans le *De Conditionibus* à partir du th. 184.

dispositions conditionnelles engendrent une obligation qui se forme progressivement par compilation d'événements factuels. Il s'approche donc de la notion d'imputation quand il s'agit d'actes juridiques inconditionnables et s'en éloigne radicalement dans le cas contraire.

De même, en développant au th. 53 de la *Doctrina Conditionum*[1] les conséquences d'une analyse classique du rôle des performatifs[2] dans une doctrine de l'évaluation des dispositions conditionnelles à propos du

1. « Ici se présente une question théologique quant au sujet et juridique quant au prédicat, mais comme l'affaire devra également être jugée à partir de la nature du prédicat, on nous permettra de l'examiner, c'est-à-dire (de chercher à savoir) si le baptême est conditionnable. Les Canons décidaient qu'un enfant trouvé et dont on doutait du baptême, devait être baptisé ainsi : « si tu as été baptisé, je ne te baptise pas, si au contraire tu n'as pas été baptisé, je te baptise au nom de, etc. » … « Les théologiens de notre parti décident le contraire » … « Et l'ajout d'une condition est considéré comme non nécessaire du fait que la condition est incluse en vertu du Droit, de par le th. 17. En effet, le baptême réitéré est invalide, en vertu de la sentence des Canonistes (d'après laquelle le baptême imprime un caractère indélébile), mais parce qu'ils craignent le péché, ils ajoutent cette condition lorsque l'intention est bonne, car bien que le second baptême n'ait pas d'effet bénéfique sur le baptisé, il en a cependant un mauvais sur celui qui baptise. Mais sur ce point, parce qu'on est dans un état d'ignorance et afin qu'un enfant ne soit pas laissé sans baptême en raison d'une crainte vaine, on considère qu'on n'a pas besoin d'avoir des scrupules. En effet aux yeux de Dieu qui scrute les cœurs, si l'on agit franchement avec lui, les déclarations mentales et verbales s'équivalent.

2. Le droit canonique a ceci de particulier qu'il reprend à son compte l'essentiel des distinctions romaines en matière de conditions puisque celles-ci peuvent y être casuelles, potestatives, mixtes, suspensives, résolutoires, *de futuro*, *de praesentis* ou *de praeterito*, mais qu'il en modifie les règles d'usage conformément aux traits spécifiques des contenus juridiques qui sont les siens. En effet, alors que le droit justinien a progressivement atténué le caractère formaliste de certains actes juridiques et en est venu à reconnaître l'existence de contrats informels et innommés, le droit canonique a maintenu plus fermement ce caractère formaliste des actes juridiques sur lesquels il statue, pour mieux en manifester la valeur rituelle et sacramentelle. Les règles d'interprétation des dispositions conditionnelles en ont par conséquent subi le contrecoup et la possibilité qu'offrait le Corpus juris civilis de réputer inexistantes les conditions impossibles, illicites ou contraires aux bonnes mœurs afin de maintenir la validité des dispositions qui les contiennent s'en est trouvée réduite. Certes, l'interprétation des termes utilisés et/ou la considération de raisons supérieures pouvaient encore aboutir à la simple suppression de ces conditions quand aucun doute légitime ne peut être soulevé à propos de la rectitude de la volonté, mais elle devait également aboutir à l'annulation totale de la disposition quand la présence de ces conditions traduit une volonté délibérée de porter atteinte à la nature d'un sacrement ou l'ampute d'une partie essentielle. On comprend ainsi que les Décrétales de Grégoire IX (I. IV. tit5. dernier chap.) attribuent au mariage une faveur semblable à celle qui était conférée à l'affranchissement dans le droit romain et réputent non écrites les conditions immorales ou impossibles qui peuvent l'affecter, afin que l'exercice d'un droit naturel ne dépende pas de l'arbitraire d'un droit positif. Et l'on comprend également qu'il en soit de même dans le cas d'une condition *de praesentis* ou *de praeterito* car l'ignorance de l'officiant n'affecte pas l'existence ou l'inexistence actuelle de ce type de condition. Elle a seulement pour effet de retarder le moment où l'on sera certain, soit que le sacrement était valide depuis le début, soit qu'il

problème « théologico-juridique » de la validité du baptême réitéré, il semble sur le point de souligner le fait qu'un énoncé comme le baptême devient instantanément une norme quand les conditions de son énonciation sont réunies, sans être pour autant la conséquence matérielle de leur réunion. Mais là encore, la nature évaluative et inférentielle de sa démarche l'empêche de mesurer l'importance de cette distinction et de dire clairement en quoi les normes se distinguent des faits. Elle lui interdit par conséquent d'essayer de synthétiser dans un système jusnaturaliste, l'inconditionnalité de l'imputation et la conditionalité de l'effectivité des énoncés juridiques.

Si la recherche leibnizienne des raisons du droit dans le *De Conditionibus* (et la *Doctrina Conditionum*) occulte en partie le sens de l'imputation, elle a malgré tout le mérite extrême de souligner à quel point la production d'un effet juridique n'est pas séparable de ses conditions de possibilité, bien que sa nature normative ne soit pas la conséquence matérielle d'une compilation de données factuelles. Bien plus, même si les obligations concrètes que considère le juriste ont une nature normative indépendante des faits, elles ont également chacune une effectivité qui dépend à la fois de leur position dans le système des normes et de contraintes intellectuelles et matérielles conditionnant le sens, la forme et l'extension de ce système. En effet, considérons les mécanismes de l'antériorisation et de la postériorisation[1] qu'on voit à œuvre dans les

était dépourvu de valeur depuis le début parce que la condition faisait défaut. Ce déterminant matériel du performatif qu'est la condition étant présent (ou absent) avec les autres au moment de l'énonciation de la formule, le sacrement est par conséquent valide (ou invalide), indépendamment de la connaissance qu'on a de l'événement de la condition. Et c'est pour cette raison, comme le rappelle incidemment Leibniz, que les canons 732 et 749 permettent de réitérer conditionnellement un baptême en disant : « si tu n'es pas baptisé, je te baptise au nom du Père… », ou qu'il est possible d'après les canons 747 à 752, de baptiser conditionnellement des adultes en présumant leur consentement actuel à partir de leurs intentions passées. Mais on comprend surtout que la situation est très différente dans le cas d'une condition *de futuro* puisque cette dernière invalide l'énoncé dans lequel elle est introduite du seul fait que la validité d'un sacrement, comme celle de tout performatif, est la conséquence immédiate de la réunion de tous ses déterminants matériels et formels en un instant donné et que l'introduction d'une telle condition a évidemment pour effet d'en faire une conséquence médiate et de séparer dans le temps des événements qui doivent être contemporains (sur ce point, voir l'article « condition » dans le Dictionnaire de Droit canonique (IV.1), Paris, ed. Walzer, 1888).

1. Dans le *De Conditionibus*, voir pour l'antériorisation, la def. 159 et les th. 246, 255, 268, 269, 327, 346, 350, 351, 353, 357, 362, 363, 366 et pour la postériorisation, la def. 160 et les th. 268, 352 et 359. Dans la *Doctrina Conditionum*, voir pour l'antériorisation les def. 48, 64, 78, 79 et les th. 57, 62, 67, 68 et pour la postériorisation, le th. 62.

obligations naissant par contrats ou dans les successions testamentaires, c'est-à-dire dans toutes les relations entre parties où le droit positif s'appuie sur la linéarité du temps pour distinguer les deux moments du *dies cedit* et du *dies venit*. Prenons par exemple le cas d'un fonds produisant des fruits et qui a fait l'objet d'une aliénation conditionnelle. La question, classique en Droit Romain[1] et que Leibniz reprend à son compte, est de savoir à qui appartiennent ces fruits pendant la période intermédiaire entre la conclusion de la vente et l'événement de la condition suspensive (ou résolutoire). Appartiennent-ils au vendeur jusqu'au moment où la condition existe du fait que l'acheteur ne posséderait encore qu'un droit hypothétique, ou appartiennent-ils déjà à l'acheteur (sous réserve que son droit soit confirmé par la suite), du fait qu'un droit conditionnel confirmé ultérieurement, constitue rétroactivement un droit pur ? Deux solutions extrêmes sont alors possibles. La première est nominaliste d'inspiration et consiste à dire que seuls les droits actuels sont effectifs, car les potentiels sont purement idéaux. Les fruits de la chose appartiennent donc au vendeur jusqu'au moment où l'événement de la condition rendra la vente parfaite. La seconde solution est quant à elle, d'inspiration réaliste, puisqu'elle présuppose que des droits potentiels ultérieurement confirmés, ont une existence réelle. Leur contenu est par conséquent défini de manière rétroactive pour toute la période intermédiaire. Il est ici manifeste que l'étendue des droits respectifs des parties dépend, non de considérations internes au droit, mais d'un choix philosophique portant sur l'existence effective du possible[2]. De même, la constitution rétroactive de l'étendue des droits de l'acquéreur n'est permise que parce qu'il y a linéarité du temps écoulé. Il en résulte par conséquent, que l'étendue des droits de chaque partie est fonction de contraintes intellectuelles et matérielles qui n'en créent pas la valeur normative mais qui en déterminent totalement la forme et le contenu. Un législateur pourrait évidemment choisir des modalités n'entraînant pas la distinction de ces deux moments. Mais une fois qu'il les a choisies, il lui est impossible de s'en affranchir sans rendre contradictoires les obligations qu'il en déduit. Ainsi quand Leibniz apporte une nouvelle solution au problème de la vente sous condition résolutoire et de l'action réelle ou personnelle qui lui correspond[3], ou parle du « prophète »[4], il justifie un certain usage du

1. Voir également l'article 1652 du Code Civil.

2. Voir en particulier les théorèmes 352 et 354 du *De Conditionibus* et le th. 68 de la *Doctrina du Conditionum*:

3. *Doctrina Conditionum*: th. 56.

4. *Doctrina Conditionum*: def. 79.

mécanisme d'antériorisation, à partir d'une certaine conception philosophique des rapports qu'entretiennent la linéarité temporelle et la récursivité du savoir. Ce mécanisme conserve évidemment sa position subalterne de simple instrument du droit permettant l'expression d'une norme et ne devient jamais lui-même une norme, mais il impose en même temps sa propre cohérence et ses propres contraintes au Droit.

S'il y avait par conséquent un regret à formuler de manière rétrospective à propos du *De Conditionibus* (ou dans une moindre mesure, à propos de la *Doctrina Conditionum*), ce ne serait pas en définitive d'avoir négligé les implications du principe d'imputation, pour évaluer les conditions de validité du droit conformément aux exigences d'une approche de type civiliste. Mais ce serait peut-être d'avoir limité l'analyse du droit conditionnel à la synthèse du matériau justinien et de ne pas l'avoir poursuivie, soit jusqu'à la mise en évidence de la correspondance radicale des raisons, soit même jusqu'à la formulation des conditions de possibilité d'un droit en général. En effet, rechercher dans le concept ambigu de « nature humaine » les conditions de possibilité du droit, ne conduit pas à réduire cette nature à la sphère de la seule raison, sous prétexte que la définition naturaliste des Institutes[1] est erronée en raison de l'inexistence des obligations entre animaux. En d'autres termes, ce n'est pas parce que l'expression des normes est une spécificité humaine, que les caractéristiques d'une nature commune aux êtres vivants ne conditionnent pas cette expression. Soutenir cela, serait encore une fois confondre l'imputation et les conditions d'effectivité des normes. Ce serait également croire que la raison qui deviendrait le « propre de l'homme », constituerait sinon la source des normes, du moins la source unique de leurs conditions de possibilité. Or la nature humaine s'inscrit dans le temps et l'espace et subit les contraintes inhérentes aux organismes[2] qui doivent entrer dans une relation d'échange avec d'autres organismes pour se reproduire et subsister. Le droit, analysé par la raison, mais non réduit aux déterminations rationnelles de cette dernière, devrait par conséquent s'efforcer d'établir la synthèse des conditions de possibilité matérielles et intellectuelles de toute législation possible. C'est ce que Leibniz pressent quand il souligne l'équivalence entre un système de relations juridiques entre parties et le système dynamique des forces où l'équilibre est atteint par la balance des prétentions (cas de

1. Inst. 1.2 : « Le Droit Naturel est ce que la nature enseigne à tout animal… »

2. Voir aussi le concept de « droit personnalissime », chez A. Robinet : *G. W. Leibniz, le meilleur des mondes par la balance de l'Europe*, p. 134 *sq.*, P.U.F, 1994.

3. Cf. les théorèmes sur le concours et la représentation (*De Conditionibus*, th. 95 *sq.*,

concours) et des prestations (cas de transferts)[3]. Mais c'est aussi ce qu'il ne parvient pas à formuler de manière systématique faute d'avoir généralisé le concept d'échange à partir des systèmes particuliers d'échanges juridiques, économiques et énergétiques[1]. Et c'est ce qu'il ne peut penser faute de concilier ces deux extrêmes que semblent être la tendance naturelle de chaque composant vers son maximum[2] qu'il reconnaît déjà dans les problème de concours, et la norme du meilleur, instrument et fin des lois.

III. LA MISE EN FORME LOGIQUE DU CONTENU JURIDIQUE DU *DE CONDITIONIBUS* : LES DÉMONSTRATIONS

1. La signification générale de cette mise en forme

Un système déductif du droit des conditions se reconnaît évidemment à la présence d'un ensemble de thèses apparaissant sous forme de définitions et de théorèmes et qui constituent en quelque sorte la substance de ce système. Il se reconnaît également à l'existence d'énoncés dont l'intention est de définir, non le contenu de cette substance (car tel est l'objet des définitions et théorèmes), mais sa forme, autrement dit, la

Doctrina Conditionum, th. 26 *sq.* Voir également les chap.19 et suivants du *De Casibus Perplexis* sur les cas de concours perplexes.

1. Comparer par exemple les théorèmes et les notes portant sur les mécanismes de représentation et de fente pour les sociétés et les transmissions héréditaires, à ceux qui portent sur l'évaluation des dommages et intérêts ou sur le montant des garanties en cas de vente sous condition résolutoire, et enfin à ceux qui traitent du concours.

2. Cf. M. Guéroult, *Leibniz, dynamique et métaphysique*, p. 181 *sq.* Aubier, 1967. Voir également dans Couturat, *La logique de Leibniz*, ed. Georg Olms, 1961, p. 226 *sq.*, le très important passage où sont reliées d'une part les liens qu'entretiennent le Droit, la Mécanique et la Métaphysique dans l'expression d'une règle commune de composition, et d'autre part, deux expressions du principe de raison fondateur de cette règle : l'axiome de l'équilibre et l'axiome d'économie. Voir enfin Couturat, *Opuscules et fragments inédits*, ed. Alcan, 1903, p. 348 et surtout p. 545 où les lois du concours entre corps physiques (et par analogie comme le permettent le *De Conditionibus* et la *Doctrina Conditionum*, entre parties juridiques), sont déduites d'une « proposition insigne de l'analyse métaphysique » déduite du principe de raison et voulant qu'il existe toujours un rapport calculable entre deux quantités données quand il n'existe pas de terme intermédiaire entre elles et qu'elles constituent de ce fait un système isolé. Comme cette proposition permet de déduire que l'accroissement de la vitesse d'un corps percuté est proportionnel à la diminution de celle du corps percutant, sans avoir à connaître les lois physiques du choc, elle devrait également permettre de déterminer les règles applicables en cas de concours des parties, sans avoir à consulter les lois du droit positif.

manière dont les thèses doivent être obtenues, et les caractères structurels qu'elles doivent avoir pour être considérées comme valides. Mais il existe un troisième niveau dans la construction d'un système déductif, qui a pour particularité d'apparaître seulement de manière indirecte dans la succession des thèses puisque sa fonction ne consiste ni à les produire par l'usage d'un formalisme logique, ni à définir les conditions d'application de ce formalisme, mais à énoncer les conditions de possibilité de cette application. Ce niveau met en jeu par conséquent les raisons permettant de justifier le sens qu'on doit donner aux différents termes (fonction, arguments nominaux, arguments propositionnels) pour que les énoncés produits soient non seulement logiquement valides, mais aussi empiriquement consistants. Ce niveau est donc celui de la justification de l'instrument logique à partir d'une appréciation philosophique de ce qu'il doit exprimer. Or la tripartition classique du Droit en personne, chose et action, a l'avantage (au moins apparent) de la cohérence puisqu'elle revient à distinguer le sujet du droit, l'objet du droit et l'instrument du droit. Mais elle présente également l'inconvénient de considérer implicitement que la réalité des relations juridiques exprimées dans les actions et obligations et traduites par les connecteurs, est de même nature que celle des éléments en relation. Doit-on cependant accepter l'idée que les actions et les obligations existent vraiment au même titre que les personnes et les choses, sous prétexte qu'elles ont des formes et des effets institutionnels ? Ou faut-il au contraire adopter une position conceptualiste, voire nominaliste et donner aux relations, la valeur de simples prédicats attribués à des substances premières ? Il est évident que les réponses à ces questions influeront en définitive sur le type de logique applicable au droit, car si les obligations juridiques sont définies par convention et réduites à des affections de la personne, la traduction logique d'une relation d'obligation entre parties devrait utiliser de préférence la prédication où l'état d'obligation de *A* envers *B* est défini comme une propriété de *A*. Inversement, l'adoption d'un point de vue d'inspiration réaliste conduirait à exprimer l'état d'obligation de *A* envers *B*, sous la forme d'une fonction propositionnelle énonçant une relation *R* dont l'origine est extramentale[1] et qui est non réflexive, asymétrique et intransitive. On pourrait ainsi souhaiter découvrir dans les énoncés de la théorie leibnizienne des conditions, soit l'expression directe d'un tel choix, soit plus généralement, les indices permettant de le deviner et l'on pourrait également chercher à savoir en quelle mesure

1. Cf. J. L. Gardies, *Les fondements sémantiques du discours naturel*, Vrin, 1994, p. 36.

ce choix convient aux principes de la future métaphysique leibnizienne. Y a-t-il continuité ou au contraire rupture entre la philosophie de la logique appliquée au droit positif et les principes fondamentaux de cette métaphysique ?

Poser cette question revient en réalité à soulever celle de la cohérence d'une philosophie du droit positif inspirée de la compilation justinienne, qui s'achèverait en monadologie. En effet, une philosophie de la monade trouve dans une logique de la prédication, l'instrument par excellence d'expression de la réalité substantielle car les affections et les relations de celle-ci sont autant de prédicats contenus dans sa définition complète[1]. En revanche, le transfert d'un bien entre parties (purement et simplement ou sous condition, comme dans le *De Conditionibus* et la *Doctrina Conditionum*), implique la double existence de ces parties et du droit qui les réunit, car il en est le plus souvent détachable par donation, cession, compensation, abandon, transmission héréditaire ou aliénation contractuelle. Il y a donc incompatibilité entre ces deux termes. Faut-il alors conclure à l'existence d'une rupture radicale entre le réalisme implicite du Droit Civil romain et le nominalisme que paraît exiger une philosophie de la monade ? Certains passages semblent l'autoriser et en particulier ceux où Leibniz affirme l'inhérence du prédicat dans le sujet et défend ce que Russell appellera le principe des relations internes, pour mieux rejeter en retour l'hypothèse d'une existence externe des relations. En effet, il déclare à la p. 401 des *Philosophische Werke* de l'édition Gerhardt[2] : « La raison ou proportion entre deux lignes L et M. peut être conçue de trois façons : comme une raison de la plus grande L à la plus petite M ; comme une raison de la plus petite M. à la plus grande L ; et, finalement, comme quelque chose d'abstrait à partir des deux, c'est-à-dire comme la raison entre L et M, sans qu'on considère quel est l'antécédent ou quel est le conséquent, quel est le sujet et quel est l'objet… Dans la première façon de les considérer, c'est L la plus grande, et dans la seconde, M. la plus petite qui est le sujet de cet accident que les philosophes appellent relation mais laquelle d'entre eux sera le sujet dans la

1. Cf. Couturat, *Opuscules et fragments inédits*, *op. cit.* p. 16 : « Le vrai est l'affirmatif dont le prédicat est compris dans le sujet ; c'est pourquoi dans toute proposition vraie affirmative, nécessaire ou contingente, universelle ou singulière, la notion du prédicat est contenue d'une certaine façon dans la notion du sujet ; de telle manière que celui qui comprendrait parfaitement chacune des deux notions de la même manière que Dieu les comprend, s'apercevrait par le fait même que le prédicat est compris dans le sujet. »

2. Cité par Russell dans *The principles of Mathematics*, p. 221, 2e édition, 1938, New-York, Norton, et commenté par J. Vuillemin dans ses *Leçons sur la première philosophie de Russell*, p. 100, ed. A. Colin, 1968.

troisième façon de les considérer? On ne peut pas dire que les deux ensemble, L et M, sont le sujet d'un tel accident; sinon, en effet, nous aurions un accident dans deux sujets, avec un pied dans l'un et l'autre dans l'autre, ce qui est contraire à la notion des accidents. Nous devons donc dire que cette relation, dans cette troisième façon de la considérer, est en réalité en dehors des sujets; mais n'étant ni une substance, ni un accident, elle doit être une chose purement idéale, dont la considération n'est jamais utile. » Il faudrait donc en conclure qu'une relation d'obligation contractuelle entre deux parties conçue de manière nominaliste, ne devrait pas supposer l'existence indépendante d'une fonction propositionnelle à deux arguments nominaux *a* et *b* et deux arguments propositionnels « être créancier », « être débiteur » et qui prendrait la forme: « *a* est débiteur de *b* dans la mesure où *b* est créancier de *a*. » Et il faudrait également en conclure qu'une théorie générale des contrats ne pourrait être conséquente sous ce point de vue qu'à condition de réduire le droit des sujets à la somme des prédicats qui peuvent leur être effectivement attribués. Dans ce cas, les prédicats « être débiteur de *b* » et « être créancier de *a* » seraient respectivement compris dans les notions de a et de b, de telle manière qu'une analyse idéale de ces derniers pourrait les en déduire[1]. Il résulterait évidemment de cette solution que la compossibilité des droits particuliers, c'est-à-dire le Droit en général, relèverait de l'harmonie préétablie. En effet, au lieu de traduire logiquement le lien juridique qu'entretiennent un créancier *a* et un débiteur *b* sous la forme d'une seule et même relation *R* dotée d'une existence indépendante et telle que si l'on a aRb, alors on a $bR^{-1}a$, une représentation nominaliste de cette relation conduirait à énoncer deux prédicats individuels en laissant au principe métajuridique de l'harmonie préétablie le soin d'assurer leur non-contradiction.

On pourrait bien sûr envisager de maintenir l'idée d'une continuité entre les principes du droit positif et ceux de la métaphysique leibnizienne en rappelant qu'un traitement unique des classes et des relations est possible dans une théorie des fonctions propositionnelles où l'on hiérarchise les types de foncteurs d'après le nombre de leurs arguments

1. Cf. Vuillemin, *op. cit.* p. 167 citant Russell (*Histoire de mes idées philosophiques*, N.R.F, paris, 1961, p. 54, 55): « Supposons que A et B soient des événements et que A soit antérieur à B, je ne pense pas que cela implique quoi que ce soit en A, en vertu de quoi, indépendamment de B, il doive avoir un caractère que nous exprimons de façon impropre en mentionnant B. Leibniz donne un exemple extrême. Il dit que si un homme vivant en Europe a une femme aux Indes et que cette femme vienne à mourir sans qu'il l'apprenne, l'homme subit un changement intrinsèque au moment de cette mort. »

2. Cf. J.-L. Gardies, *op. cit.* p. 42.

nominaux et propositionnels[2]. Mais ce serait oublier que la possibilité d'un calcul commun n'enlève rien à l'impossibilité d'établir une continuité quelconque entre les fonctions propositionnelles qui n'introduisent pas un ordre dans leurs arguments et celles qui le présupposent par définition[1]. On pourrait également souligner le fait que l'issue de cette discussion n'a en définitive aucun effet sur la cohérence du droit et sur l'élaboration d'une théorie logique des conditions, puisque le problème de l'existence d'une référence extra-mentale des signes est indépendant de celui de la cohérence interne des signes qu'on emploie. Leibniz pouvait donc parfaitement utiliser les représentations réalistes du droit positif dans un sens conceptualiste, car les énoncés portant sur les rapports entre parties d'une obligation contractuelle ou entre corps d'une relation spatiale, sont identiques, que leur références soient extra ou intra-mentales, quand l'organisation des signes que nous utilisons correspond aussi bien à la nature des choses que nous désignons qu'à celle des notions que nous pensons. C'est ce que Couturat résumera parfaitement en disant[2] : « A l'analogie logique des signes et des idées répond l'analogie métaphysique des idées et des choses ; la connaissance ne consiste pas dans l'identité de la pensée et de l'être, mais dans leur correspondance ou leur parallélisme : « Il n'est pas nécessaire que ce que nous concevons des choses hors de nous leur soit parfaitement semblable, mais qu'il les exprime, comme une ellipse exprime un cercle vu de travers » *Lettre à Foucher, 1686 (Phil., I. 383).*

Mais il n'en demeure pas moins étrange de voir à quel point Leibniz, non seulement fait sienne la tendance réaliste du droit romain, mais en augmente encore souvent les effets. Bien sûr, dans certaines situations, cette acceptation pourrait être en définitive dépourvue de portée ontologique et correspondre seulement à l'énonciation de thèses dont la validité est indépendante de la nature extra-mentale ou intra-mentale de leurs références. Tel est par exemple le cas en matière de succession testamentaire car le droit romain y assure la continuité de la propriété en postulant la permanence de la personnalité juridique du défunt[3], séparant

1. J. Vuillemin, *op. cit.* p. 101 : « Si la théorie leibnizienne des relations paraît devoir être rejetée, si l'idée de relation enveloppe celle du sens ou de l'ordre, absente de l'idée de classe, une théorie extensionnelle peut toutefois être maintenue à condition que l'idée d'ordre soit stipulée au principe de l'idée de couple. En d'autres termes, la difficulté signalée par Russell porte peut-être non pas sur l'opposition des relations aux classes qui recouvrirait l'opposition de l'intension à l'extension, mais sur la différence fondamentale entre les fonctions propositionnelles à deux arguments et à un argument. »

2. Couturat, *op. cit.* p. 105, note 2.

3. Cf. Girard, *op. cit.* p. 843 : « Mais, qu'il ait ou non besoin de faire adition, l'héritier

par là même la personne physique, limitée dans le temps, de la personne juridique intemporelle qui survit à la disparition de la première. Tel est également le cas en matière de succession *ab intestat* où un texte de Paul[1] nous apprend que les *sui heredes* « sont considérés comme succédant moins à des biens nouveaux qu'ils ne continuent une propriété préexistante, comme étant plutôt les héritiers d'eux-mêmes (*heredes sui*) que d'un tiers (*heredes ejus*) »[2], comme si les ruptures temporelles de la mort et de l'absence de testament étaient annulées par la perpétuation d'une personnalité juridique susceptible d'incarnations différentes. Tel est enfin le cas en matière de gratification différée, puisque comme le rappelle le th. 82 du *De Conditionibus* : « si le maître est gratifié par un *statuliber*, on sous-entend : lui vivant ou ses successeurs. En effet c'est en lui la puissance même du maître prise de manière abstraite qui est réputée gratifiée et qui passe à ses successeurs »[3]. En effet dans tous ces exemples, on empêcherait aussi bien une hérédité d'être jacente ou un bien d'être sans possesseur, en soutenant la thèse ontologique de la continuation réelle de la personne du maître, qu'en s'appuyant sur le mécanisme pratique de l'antériorisation qui permet d'assurer rétroactivement cette continuation en étendant fictivement le droit du nouveau détenteur, jusqu'au moment où le premier est décédé. Il est donc évident que l'équivalence pratique des deux procédés permet d'affranchir le résultat juridique de ses présupposés ontologiques et permet de voir dans les propositions leibniziennes d'apparence réaliste, de simples manières de parler dépourvues de portée ontologique. Et l'on y serait d'autant plus facilement conduit, que la manière dont Leibniz traite le problème du

[du droit] des XII Tables est déjà un véritable continuateur de la personne, prenant la place du défunt à la tête de son patrimoine tout entier, succédant aux choses incorporelles transmissibles comme aux choses corporelles, au passif comme à l'actif. »

1. D.28.2.11 : « Il apparaît très évidemment que la perpétuation de la personne du maître continue dans le cas des héritiers siens [héritiers d'un *sui juris* devenant eux-mêmes *sui juris* à son décès], de telle sorte qu'on considère qu'il n'y a pas héritage, comme si ceux qui étaient en quelque sorte comptés pour des maîtres du temps où vivait le père, étaient autrefois les maîtres, de telle sorte que le fils de famille est appelé en justice comme l'est le père de famille, sachant qu'on ajoute seulement ce qui distingue le géniteur de celui qui est engendré. C'est pourquoi on ne considère pas qu'ils reçoivent l'héritage après la mort du père, mais plutôt qu'ils continuent l'administration libre des biens. Et pour cette raison, ils sont les maîtres, même s'ils ne sont pas les héritiers institués. »

2. Girard, p. 895.

3. La même idée est exprimée dans le th. 19 de la *Doctrina Conditionum*, « le *statuliber* qu'un ordre rend libre à condition qu'il donne 10 à l'héritier, ou même à l'héritier de l'héritier, à plus forte raison à son maître à qui l'héritier l'a vendu, accède à la liberté par ce don, parce que la puissance même du maître considérée abstraitement est réputée gratifiée en lui, laquelle passe aux successeurs… »

statuliber qu'on affranchit en lui imposant de réaliser à titre de condition un acte juridique qu'il ne peut effectuer qu'en étant déjà libre, est conforme à ce moment à une conception non réaliste des entités juridiques. En effet, plutôt que de suspendre la validité de cet acte à la thèse ontologique de l'existence de droits subjectifs[1] faisant du *statuliber* un homme potentiellement libre, Leibniz préfère s'appuyer dans le th. 43[2] sur le mécanisme de la fiction et constituer une personne juridique en

1. En s'appuyant sur le droit civil justinien pour en dégager la rationalité, Leibniz en adopte également dans une large mesure les contraintes. La première se reconnaît au fait qu'une doctrine où l'esclave n'a pas de personnalité juridique propre et par conséquent pas de droits subjectifs, interdit de donner au lien unissant l'esclave à son maître, le sens moderne de la représentation parfaite où le représentant agit dans l'intérêt du représenté qui conserve la pleine possession de son droit. La fiction devient alors la seule solution possible d'une situation où un être pourvu d'une existence matérielle et dépourvu d'existence juridique doit accomplir des actes officiels devant lui conférer cette existence alors que leur réalisation exige déjà qu'il en soit pourvu. La seconde résulte du caractère à la fois pragmatique et formaliste du droit romain qui l'empêche d'une certaine manière de traduire en un corps juridique, les finalités et potentialités qu'expriment les droits subjectifs. Et l'on ne peut opposer à cela les maximes et les lois imposant de faciliter l'affranchissement du *statuliber*, car cette liberté naturelle propre aux être vivants a un contenu déterminé matérialisé par l'existence des animaux, alors que les droits subjectifs sont indéfinis. C'est pour cela sans doute, que les droits personnalissimes énoncés par Leibniz à partir de 1693, relèveront de la « loi naturelle » et constitueront une « manifestation fondamentale de la liberté » (A. Robinet, *op. cit.* p. 134). On peut cependant souligner qu'il est *a priori* étrange qu'un système du droit prétende associer le principe des relations internes lié à l'inhérence du prédicat dans le sujet et l'ignorance des droits subjectifs héritée du droit romain. On s'attendrait plutôt à ce qu'il fasse le contraire puisque les droits subjectifs peuvent être définis comme la somme des prédicats possibles et légitimes d'un sujet dans un état de droit idéal. Le principe des relations internes associé au dynamisme substantiel pourrait par conséquent être interprété dans un sens favorable au développement des droits subjectifs, puisqu'ils constitueraient ainsi une actualisation des potentialités de la personne. En réalité il n'en est rien car les droits subjectifs sont dépourvus de substance du fait qu'il n'existe pas de monde meilleur que l'actuel dans lequel ces droits seraient des prédicats possibles pour un sujet. En d'autres termes, la formulation de droits subjectifs est plus le signe de notre ignorance de la perfection de notre monde, que celui d'une amélioration du système des lois. La liaison fiction-relations internes est donc parfaitement justifiée, mais elle l'est du point de vue d'une connaissance parfaite de la valeur des mondes possibles. On retrouve encore une fois ici, la liaison vérité-connaissance de la vérité typique de la position leibnizienne (cf. *De Conditionibus*, def. 30). Sur la relation entre droit subjectif, personne juridique, représentation et fiction, voir M. Virally, *op. cit.* p. 63 et 125 *sq.*

2. « Le *statuliber* conditionnaire n'est personne au début [de l'affranchissement], et lui-même dans l'acte. Car si quelqu'un au début était conditionnaire, ou bien lui-même serait l'esclave, mais tout ce qu'acquiert l'esclave, il l'acquiert pour le maître, il devrait donc être libre avant de devenir libre pour pouvoir acquérir pour lui-même la liberté, ce qui est impossible ; ou bien un autre le serait, mais il en serait de même de celui-là, il ne serait donc pas libre. Par conséquent il devient libre par l'affranchissement de personne, dans l'acte du premier occupant : mais chacun occupe le premier la possession vide de soi-même. »

transformant rétroactivement ses actes matériels en actions juridiques justifiées par le droit naturel. Et il est en définitive assuré de pouvoir le faire pour la raison très évidente que la vérité des futurs contingents permet de s'affranchir de l'irréversibilité de l'écoulement temporel puisque ce qui existera ultérieurement, à savoir l'affranchissement de l'esclave consécutif à la réalisation de la condition, est actuellement vrai puisque vrai de manière intemporelle, et confère rétroactivement une valeur juridique à ses actes matériels.

Pourtant il existe aussi d'autres passages où Leibniz ne se contente pas de fonder le droit sur l'intemporalité du vrai, et entreprend au contraire de le faire à partir de la considération de l'être lui-même. Prenons en effet le thème de l'Homme bon qu'il utilise en particulier dans la résolution des difficultés propres à l'antériorisation du droit et à l'évaluation des présomptions juridiques. Quand il déclare que le jugement de l'Homme Bon est une référence parce que celui-ci sait évaluer la valeur de vérité des propositions conditionnelles qu'il examine, la portée de l'affirmation reste limitée à la sphère de l'épistémique. Mais lorsqu'il ajoute que l'avis de l'Homme Bon doit donc être suivi parce que le droit conditionnel « établit quelque chose dans l'être » (th. 66) et qu'ainsi sa mesure est proportionnée à celle du savoir qu'on peut en obtenir et des événements qui peuvent le conditionner, la thèse change de nature et vise à fonder la vérité de nos connaissances sur la nature des choses[1]. L'Homme Bon peut apprécier la valeur de vérité des propositions conditionnelles parce que celle-ci résulte de leur existence même. La situation serait identique si l'on considérait à présent le système de correspondances énoncé au th. 256 du *De Conditionibus* et repris dans la def. 76 de la *Doctrina Conditionum*, et si l'on ajoutait ensuite les théorèmes postérieurs au th. 256 qui portent sur l'évaluation du poids des conditions, ou encore les th. 56 et 65 à 68 de la *Doctrina Conditionum*. On y verrait à chaque fois les effets d'une liaison de l'épistémique et de l'ontologique et la mise en correspondance harmonique des raisons juridiques, des choses matérielles et des signes mathématiques dont parlait Couturat lorsqu'il disait : « à l'analogie logique des signes et des idées répond l'analogie métaphysique des idées et des choses »[2]. Comme l'in-

1. Cf. la définition 30 du *De Conditionibus* : « La condition nécessaire est ainsi appelée soit en raison du conditionné, d.10, soit en raison de la disposition, th. 49, soit en soi et alors à nouveau du point de vue de la réalité, auquel cas toute condition dès le départ est nécessaire ou impossible ; soit de notre point de vue, auquel cas est nécessaire celle dont il est certain qu'elle est vraie. »

2. Couturat, *La logique de Leibniz*, p. 105, note 2.

détermination du possible n'existe que pour une connaissance imparfaite, l'approche leibnizienne pourrait être à ce moment totalement réaliste si l'équivalence des raisons épistémiques et ontiques ne permettait de transformer toute thèse réaliste en son équivalent conceptualiste et ne sauvegardait ainsi la cohérence générale du système.

2. *Les particularités du traitement leibnizien de la logique du droit positif*

En essayant de comprendre, parfois avec difficulté, la façon dont les thèses du *De Conditionibus* se succèdent et se confortent, on finit par distinguer cinq caractéristiques majeures qui confèrent à ce texte son originalité.

1 – Il introduit fréquemment le procédé de démonstration par substitution des équivalents dont la généralisation future aura pour intention de réduire tout énoncé à une chaîne de définitions, au principe d'identité et aux vérités empiriques.

2 – Il utilise une logique composite, dont les propriétés oscillent entre celles de la logique formelle et celles de la « logique » des institutions. C'est ainsi qu'on retrouve des éléments du calcul des propositions, du calcul des prédicats ou de la logique des modalités dans la démonstration de certaines thèse, mais aussi des propriétés obtenues par transformation analogique (choc physique et concours juridique, degré de conditionnalité et degré d'obligation, représentation et composition arithmétique ou algébrique[1]).

3 – Il fait état d'un contenu juridique dont la complexité est telle que non seulement la démarche d'exposition devient en partie classificatoire, mais qu'il existe aussi des cas où elle ne parvient pas à déduire le détail des propriétés secondaires à partir des éléments fondamentaux du droit.

4 – Cette démarche aboutit à une classification en partie déductive et en partie inductive où l'hétérogénéité des données du droit positif exprimée par la multiplicité des chaînes indépendantes de raisons, aboutit à la connexion de ces dernières.

5 – Cette connexion de raisons indépendantes complexes engendre fréquemment des démonstrations apparemment circulaires.

1 – Quand Couturat déclarait : « L'analyse des idées consiste dans la définition, l'analyse des vérités consiste dans la démonstration. C'est

1. Cf. th. 97 à 103.

pourquoi Leibniz propose de remplacer toutes les règles de Descartes par ces deux-ci : « N'admettre aucun mot sans définition, et aucune proposition sans démonstration ». Or la démonstration elle-même, on vient de le voir, s'effectue par la décomposition des termes de la proposition à démontrer, de sorte que l'analyse des vérités se ramène à l'analyse des concepts, c'est-à-dire en somme à la définition » [1], il résumait parfaitement la fonction et l'importance relative des 160 définitions et des 375 théorèmes du *De Conditionibus*. En effet, là où le droit romain traitait les conditions de manière empirique en dénommant à peu près les seules conditions casuelle, potestative, mixte, négative, suspensive et résolutoire, et en désignant les autres par leur contexte, Leibniz multiplie les définitions et leur donne le statut d'abrégés de pensées. Il est sans doute d'autant plus enclin à conférer à son approche une dimension lexicale, qu'il en trouve les premières manifestations chez d'éminents commentateurs tels que Cujas ou Duaren [2]. Mais ce qui le rend complètement original tient à trois faits majeurs. Il transforme en définitions nominales toutes les dénominations directes ou indirectes qu'il trouve dans les dispositions conditionnelles, alors que ses prédécesseurs se bornaient à compiler les dénominations directes du Corpus Juris Civilis [3]. Les soixante types de conditions qu'il définit ont la valeur opératoire d'outils de pensée inscrits dans une démarche d'exposition cumulative où chaque proposition d'un degré déterminé doit utiliser seulement les concepts des propositions qui la précèdent. Enfin, l'intention de son analyse est démonstrative et au lieu d'exposer les propriétés du droit conditionnel à la manière des commentateurs, il en démontre la validité en les réduisant aux définitions initiales par substitution du *definiens* au *definiendum*.

2 – Le caractère composite et non strictement vérifonctionnel de sa logique apparaît immédiatement lorsqu'on examine le sens de certains de ses connecteurs. En effet, l'exemple des th. 1, 2, 3, 9 et 10 montre clairement que les contraintes d'une traduction empirique de l'implication se confondent en partie dans l'esprit de Leibniz avec celles de sa valeur logique. C'est pour cette raison qu'elle reçoit ainsi de manière

1. Couturat, *La logique de Leibniz*, p. 184.

2. Cujas : *Paratitla in libros quinquaginta digestorum seu Pandectarum Imperatoris Justiniani* in *Opera Omnia*, ed. Fabroli, Paris, 1658. Duaren : *Volumen secundum quo in quintam et sextam partem Digestorum et in justinianei codicis titulos aliquot commentarii continentur* in *Opera Omnia*. Lucques, ed. J. Roch, 1765.

3. Cf. Cujas, *op. cit.* col. 830. (conditions de faire, de donner, potestative, casuelle, mixte, accessible, intrinsèque, extrinsèque, immédiatement vraie ou fausse).

abusive le sens d'une liaison empiriquement nécessaire où la présence (absence) de l'antécédent entraîne nécessairement la présence (absence) du conséquent. Il y a ici manifestement une confusion entre conditions empiriques d'effectuation et conditions logiques de validité qui tient au fait que Leibniz prend les propriétés des inférences juridiques comme modèles de celles de l'inférence logique, sans véritablement s'apercevoir qu'elles n'en sont que la partie matériellement réalisable.

Dans d'autres cas malgré tout, la mise en relation des propriétés logiques, déontiques ou empiriques n'a pas pour effet d'en réduire la portée, mais au contraire d'en révéler les correspondances analogiques. Pourtant, et à supposer même qu'une comparaison soit une raison, toute l'insuffisance de la position leibnizienne tient au fait qu'il ne songe pas à formuler dans une règle spécifique le principe de réunion des raisons analogues que son entreprise de mise en ordre du droit conditionnel romain utilise constamment. En effet, que représentent des théorèmes comme le th. 29 ou le th. 256 sinon la réunion par dualité de deux séries de propriétés ou la réunion par graduation de trois séries ? Si le système du droit que nous propose Leibniz remplissait les exigences minimales d'une construction axiomatique, il contiendrait une règle de formation des expressions qui autoriserait à réunir en une même proposition des énoncés ayant entre eux une relation de dualité ou de correspondance graduelle. Tout indique évidemment qu'on ne trouve pas une telle règle dans le *De Conditionibus* et qu'il était finalement difficile de la trouver. En effet, puisqu'une comparaison n'indique pas toujours l'existence d'une véritable raison, il était impossible de formuler une règle générale applicable à toute relation de ressemblance entre *n* propriétés dont l'une au moins appartient au registre du droit conditionnel. Il fallait par conséquent, soit procéder à la manière de Leibniz et se contenter d'énoncer les relations de ressemblance dont on estime qu'elles sont assurées, soit, ce qui est beaucoup plus complexe et relève de la *Science Générale*, formuler le *criterium* permettant de séparer les ressemblances accidentelles de celles qui ne le sont pas.

3 – Le caractère composite de sa logique se manifeste encore plus nettement lorsqu'on s'interroge sur la nature, et non plus seulement sur le sens des théorèmes du *De Conditionibus*, car on s'aperçoit alors qu'il regroupe sous ce terme, quatre types d'énoncés différents. En effet, il l'utilise pour désigner dans certains cas des thèses d'un degré donné obtenues à partir de thèses qui leur sont antérieures dans l'ordre déductif, au moyen de schémas d'inférence. On obtient alors ce que réalise le

th. 3 dans son transfert explicite des lois de la logique classique aux concepts juridiques. Il l'applique également à des énoncés obtenus à la suite de déductions informelles. Mais il se sert aussi de ce terme pour désigner un ensemble de propositions issues de sources différentes dont le principe d'union est déterminé par une règle de correspondance ou d'analogie semblable à celle qu'on voit à œuvre dans l'évaluation du poids des conditions. Et il l'applique enfin à des thèses qu'on serait tenté d'appeler axiomes du fait qu'elles apparaissent dans la succession des énoncés, sans être liées à celles qui les précèdent.

On s'attendrait naturellement à ce que Leibniz utilise le mot « théorème » pour désigner seulement le premier des quatre types de propositions. Mais le fait est qu'il n'en est rien, car sur les 366 théorèmes du *De Conditionibus*, 178 ne sont pas explicitement déduits de thèses antérieures (que l'antériorité soit à la fois logique et chronologique, ou simplement logique). Deux explications sont alors possibles : soit ces théorèmes ou certains d'entre eux sont malgré tout le résultat de déductions informelles, soit ils constituent autant d'énoncés indépendants. Dans le premier cas, on pourrait reprocher à Leibniz de ne pas avoir standardisé et formalisé les procédures de démonstration que les juristes utilisent classiquement et d'avoir ainsi relégué au second plan l'idéal de simplicité déductive. Pourtant cette critique n'affecterait en rien la possibilité du caractère entièrement déductif de son système, car elle prouverait seulement qu'il aurait pu mieux formaliser ses expressions. Dans le second cas, on devrait se contenter de souligner le fait que la recherche d'un système minimal trouve une limite intrinsèque dans l'hétérogénéité effective du Droit. Mais cela n'empêcherait pas le système d'être en lui même déductif, car un système est déductif quand toute thèse est soit le maillon initial d'une chaîne, soit un maillon intermédiaire ou final obtenu à partir de maillons antérieurs. L'importance du nombre des chaînes n'aurait donc aucune incidence sur la nature déductive du système puisqu'il suffit que chacune d'entre elles respecte le critère qu'on vient d'énoncer pour assurer ce caractère déductif. En d'autres termes, la recherche d'un nombre aussi faible que possible de chaînes n'est qu'une exigence esthétique des systèmes déductifs et non un impératif de leur formation. Il en résulte par conséquent, que l'on pourrait très bien construire un système déductif valide conforme à la règle leibnizienne de n'admettre « aucun mot sans définition, et aucune proposition sans démonstration » (à condition évidemment d'en excepter le langage naturel et d'y ajouter les symboles primitifs et les règles de construction des expressions bien formées), où la longueur des « chaînes » déductives serait limitée à quelques propositions et où leur nombre serait presque égal à celui des définitions. Mais entre cette atomisation du système des énoncés, et le déroulement presque entièrement linéaire d'une axiomatique, il existe un moyen terme : celui où un ensemble de 160 définitions produisant déductivement 375 théorèmes, constitue par son hétérogénéité, une véritable classification des propriétés du droit conditionnel.

En traitant de manière identique des thèses correspondant indifféremment à ces quatre conceptions, Leibniz s'éloigne évidemment de l'idéal de simplicité axiomatique alors qu'il aurait pu s'en approcher par la codification des raisonnements. Cependant, si l'utilisation systématique d'une écriture formelle pouvait permettre de montrer à quel point certaines propositions apparemment indépendantes sont en fait d'authentiques théorèmes, elle n'aurait pas pour autant supprimé l'hétérogénéité des sources du Droit que traduit l'existence d'authentiques propositions indépendantes. Elle n'aurait donc pas transformé l'unité thématique d'exposition en linéarité déductive, pour la simple raison que l'exigence première de Leibniz n'est pas la simplicité mais l'exhaustivité et que les lois positives sont effectivement hétérogènes. Son approche ne pouvait donc prétendre atteindre la simplicité d'une compilation de propositions juridiques par combinaison de termes initiaux et application de règles d'inférence. Et elle en était d'autant plus incapable que trois raisons précises l'en empêchaient.

La première, finalement assez mineure, résulte du nombre des propositions indépendantes. Plus ce nombre est important dans un système et plus grandes sont les chances de le voir correspondre à la complexité des relations juridiques concrètes. Plus grandes sont également les chances de le voir s'éloigner d'une démarche d'exposition strictement linéaire.

La seconde est une conséquence de l'imprécision du concept de définition que Leibniz emploie dans le *De Conditionibus*. En effet, lorsqu'il tente de réaliser son projet consistant à ramener l'analyse du discours juridique à « l'analyse des concepts, c'est-à-dire en somme à la définition »[1], il énumère 160 propositions où le mot « définition » prend deux sens bien différents. Le premier correspond aux énoncés dont la fonction est purement descriptive car ils indiquent un élément du droit conditionnel n'ayant pas en lui-même de valeur normative. Ainsi en est-il par exemple des définitions initiales qui servent à fixer le sens de termes tels que : condition, conditionné, terme, connexion..., etc. Le second corres-

1. Couturat, *La logique de Leibniz*, p. 184.

pond au contraire à l'ensemble des énoncés semblables à la définition 115, dont la fonction est à la fois descriptive et normative en ce qu'ils fixent en même temps le vocabulaire et la valeur normative de l'élément décrit. Ils sont donc très différents des premiers du fait qu'ils énoncent une norme implicite lorsqu'ils affectent une modalité à une notion pour définir des mots tels que « prohibée », « illicite », « honteuse ». Or ces définitions à composantes modales représentent la plus grande partie des 160 définitions du *De Conditionibus*. Elles forment donc en principe, autant de normes indépendantes introduites dans la démonstration des théorèmes et augmentent ainsi l'hétérogénéité du système.

La troisième tient au fait que ce n'est pas la considération de la validité formelle des énoncés qui importe avant tout pour Leibniz, mais bien celle de la composition des normes du Droit positif. Or cette dernière ne peut être appréciée à partir des considérations de la logique car l'existence effective d'un énoncé dans le corps d'un système juridique, n'est pas équivalente à la valeur de vérité de cet énoncé. En effet, la validité de la conjonction $p.q$ entraîne en logique celle de l'implication $p \rightarrow q$. Mais l'existence conjointe dans le Droit de deux normes p et q telles que : « on doit favoriser l'affranchissement de l'esclave dans l'interprétation des dernières volontés » et « on doit favoriser le conditionnateur dans les contrats », ne signifie pas que l'une implique juridiquement l'autre. Toutes deux peuvent être en effet, soit d'authentiques normes indépendantes, soit les applications d'une norme plus générale imposant de favoriser celui dont la situation est précaire. Il est vrai que dans ce dernier cas le droit semble être intimement lié à la logique puisque les normes p et q peuvent être déduites de la norme générale comme autant d'applications particulières inévitables que seul le mécanisme de l'exception juridique, c'est-à-dire l'ajout d'une norme supplémentaire, permettrait d'éviter. Mais le fait même qu'on puisse déroger ainsi aux nécessités d'une déduction montre clairement qu'il existe une différence de nature entre la cohérence d'une axiomatique et celle d'un corpus juridique où la distinction des instances et des cas supplée à la présence d'éventuelles contradictions. Ainsi s'explique qu'on trouve même des thèses contradictoires au sein des lois et que Leibniz puisse commenter l'étrange théorème 49[1] de la *Doctrina Conditionum* (« L'héritier et le légataire peuvent s'entendre aux dépens du gratifié, à moins qu'il ne soit cohéritier ») en déclarant : « Nous ne pouvons donner la raison de ce théorème car si je considère le Droit strict, il est manifeste

1. (qui se retrouve dans la note 120 du théorème 28 du *De Conditionibus*.)

qu'il n'y a aucun privilège du cohéritier dans ce cas ; mais j'estime que l'équité doit secourir même un étranger. Mais le Jurisconsulte l'a voulu ainsi », car là où l'analyse logique conclurait à la contradiction de ce dont on ne peut rendre raison et interdirait de parler de « théorème », la composition exhaustive du système des normes aboutit à l'enregistrement d'une simple exception.

4 – Mais dire que le *De Conditionibus* procède à une classification des éléments et propriétés du droit conditionnel est insuffisant tant qu'on ne précise pas s'il s'agit d'une classification de type inductif ou de type déductif. En effet, dans le premier cas les notions sont regroupées à partir d'une relation de ressemblance externe, pour constituer des classes de plus en plus abstraites et générales quand une arborescence est rendue possible par l'organisation même du réel, et une succession de classes de même degré quand elle ne l'est pas. Dans le second cas, elles sont conclues d'un principe fondateur comme autant de conséquences de plus en plus particulières. La certitude de la classification qu'on obtient est donc fort différente dans les deux cas puisqu'elle est suspendue dans le premier à l'hypothèse d'une relation externe de ressemblance qu'on doit sans cesse constater, tandis qu'elle est assurée par définition dans le second. Sa signification proprement normative l'est également puisque la première démarche revient à constituer le Droit par la synthèse de ses contraintes empiriques, tandis que la seconde permettrait dans l'absolu de réaliser une déduction pure de normes.

Quels sont donc les arguments permettant de trancher en faveur de l'une ou l'autre solution ?

Il n'existe en définitive que deux arguments de valeur incertaine pour soutenir l'hypothèse d'une classification totalement inductive. 1) Dans le détail des énoncés, l'ordre d'exposition des propriétés du droit conditionnel relève parfois de la compilation d'éléments initialement désorganisés. 2) Les sous-ensembles de propositions du *De Conditionibus* sont reliés entre eux par leurs énoncés extrêmes, comme si les transitions étaient obtenues par contagion locale et non en vertu d'un plan préétabli. Le premier de ces arguments n'est évidemment pas décisif car il ne permet pas de savoir si la compilation en question provient d'une maladresse d'exposition ou de l'absence réelle d'ordre juridique. De plus, l'importance accordée aux *Prudents* et à *l'Homme Bon* dans la formulation du droit positif, c'est-à-dire à l'exercice d'une droite raison exprimant une nécessité qui lui est extérieure, s'oppose totalement à ce qu'on lui accorde un réel crédit. La situation n'est pas fondamentalement différente dans le cas du second argument où s'exprime un fait singulier que révèle la reconstitution du plan leibnizien. Considérons en effet la suite des propositions qui débutent avec le th. 44. On y trouve une progression ressemblant à une dérivation proximale de concepts puisqu'on relie le thème initial de « l'estimation » (th. 44) au thème final de « l'obéissance » (th. 50), grâce à une succession d'étapes où le sens initial est progressivement infléchi. On obtient en effet la chaîne suivante : « être estimé » (th. 44), « être réputé » (th. 45), « interpréter » (th. 46), « ne pas être réputé » (th. 47), « le contenu implicite ou explicite de ce qui est réputé » (th. 48), « le terme indiquant ce contenu » (th. 49), « l'obéissance comme contenu introduit » (th. 50). On pourrait par conséquent voir dans cette suite d'énoncés la preuve d'une démarche totalement empirique où chaque proposition serait reliée à la suivante par une relation de ressemblance partielle et où l'unité du tout serait uniquement générique. Mais cela ne peut être soutenu pour deux raisons : en dépit de leurs particularismes locaux, ces thèses s'inscrivent dans un plan d'ensemble d'exposition raisonnée du mécanisme et des éléments des dispositions conditionnelles. Dans une chaîne démonstrative de propositions où le prédicat est à chaque fois inclus dans le sujet, chaque proposition est une partie de celle qui la précède et comprend celle qui la suit. La relation de ressemblance partielle n'est donc pas la caractéristique exclusive d'une démarche inductive.

Pourtant l'idée inverse d'une classification déductive et linéaire du Droit ne peut pas non plus être soutenue jusqu'au bout pour une raison majeure : elle s'oppose au fait incontestable qu'il existe des lois contraires à l'équité et semblables à celle dont font état les th. 28 et 51 du *De Conditionibus* et 49 de la *Doctrina Conditionum*[1]. Or toute la question est de savoir ce qu'il faut faire de ces lois dans un système du droit conditionnel positif. On ne peut évidemment pas les éliminer purement et simplement au profit d'une déduction des seules normes rationnellement justifiables car cela reviendrait à supprimer une composante indéniable de ce droit. Et comme on ne peut pas non plus les intégrer sans contradiction dans une théorie unifiée des normes, il ne reste qu'une solution : faire coexister les démarches inductive et déductive en demandant à la première de rechercher les principes subjectifs à l'œuvre dans les exceptions juridiques, et à la seconde, de développer les conséquences de normes rationnellement conçues.

1. Cf. *supra*, p. 10, n. 2.

Il est vrai cependant que là où les raisons juridiques sont identiques aux raisons logiques parce quelles relèvent d'une raison commune, les démarches soit déductive ou inductive, soit analytique ou synthétique, peuvent être suivies indifféremment et aboutir aux mêmes résultats[1]. Il en est de même quand les raisons du Droit sont totalement conformes aux raisons physiques. Ainsi, du fait que le problème juridique de la détermination du juste milieu en cas de concours de parties est homologue au problème physique de la détermination du centre de gravité d'un système de masses, les règles qui s'appliquent dans un cas s'appliqueront également dans l'autre. Il est donc possible de partir de la loi qu'énoncent les théorèmes 106 et 107 pour en déterminer par analyse les applications à des parties juridiques ou physiques précises, comme il serait également possible de procéder de manière inverse en considérant les parties ou corps en présence pour en énoncer synthétiquement la loi de concours par équilibre des tendances individuelles antagonistes. On retrouverait alors les exemples du th. 107 du *De Conditionibus* et du th. 27_1 de la *Doctrina Conditionum*. Mais il ne faudrait surtout pas oublier en faisant ainsi, que la vérité des propositions qu'on obtient par synthèse d'éléments dissociés est suspendue à leur conformité au droit positif et que celles-ci ont une existence effective parce qu'elles ont été choisies par le législateur entre tous les possibles. Analyse et synthèse s'accordent donc en définitive quand le principe d'ordre auquel le législateur a obéi dans l'ordonnancement des lois civiles est initialement établi.

1. Voir sur ce point J.-L. Gardies, *Le raisonnement par l'absurde*, P.U.F, p. 83 *sq.* où sont très fortement soulignés les liens qui unissent le raisonnement apagogique et la procédure synthétique en ce que le premier fournit à la seconde l'intuition qui lui est nécessaire pour se guider. En effet, « la synthèse mise en œuvre par la procédure axiomatique a la caractéristique de rendre essentiellement aveugle sur la direction dans laquelle elle avance : on sait ce dont elle part, on ignore où elle va, on ne connaît que les prémisses sur lesquelles elle peut s'appuyer, sans qu'on ait de véritable moyen d'anticiper les conséquences » (p. 86). L'usage du raisonnement apagogique est ainsi rendu nécessaire par une procédure qui règle l'usage des moyens sans connaître leur finalité démonstrative, car il en donne l'intuition immédiate en procédant à rebours. Or, le raisonnement par l'absurde est absent du *De Conditionibus* en dépit du fait que la démarche d'exposition est apparemment synthétique (des éléments vers les composés, des définitions vers les propositions). Il est donc évident que les théorèmes ne correspondraient pas *in fine* aux propriétés effectives du droit positif si celles-ci n'étaient pas déjà données initialement. La synthèse du *De Conditionibus* est donc, de ce point de vue, totalement empirique.

5 – La complexité du *De Conditionibus* tient en dernier lieu au fait que sur les 188 théorèmes qui ont une démonstration explicite, 60 ont une DÉMONSTRATION APPAREMMENT CIRCULAIRE. Un tel fait est évidemment inadmissible dans une théorie démonstrative des conditions et soulève la question de savoir comment Leibniz pouvait ignorer à ce point dans le *De Conditionibus* une exigence aussi élémentaire de la démonstration, alors qu'il en rappelle le principe au th. 23 de la *Doctrina Conditionum*[1].

La solution la plus simple serait de soutenir que l'inversion de l'ordre déductif n'est qu'apparente. Certes, Leibniz démontre les théorèmes en question grâce à des théorèmes qui leur sont postérieurs, mais cet ordre ne serait que celui de leur rédaction et non celui de leur engendrement rationnel. Il existe pourtant une autre explication de cette irrégularité, beaucoup plus intéressante du point de vue de la logique du droit. En effet, un théorème à démonstration circulaire comme le th. 29 a ceci de commun avec d'autres théorèmes semblables, qu'il réunit en une affirmation unique, des propriétés du droit des dispositions conditionnelles qui ne sont pas les conséquences d'une seule norme fondamentale, mais de plusieurs normes indépendantes. Considérons par exemple l'opposition des intérêts et dépens du couple conditionnateur-conditionnaire qu'il formule. Le seul examen des propriétés de ces personnes, permet d'énoncer certaines propositions relatives à l'opposition de leurs intérêts respectifs. Mais il ne permet en aucune manière de différencier le degré d'exactitude qu'on peut exiger dans la réalisation d'une condition. Or on sait qu'en cette matière, les exigences du Droit Romain sont faibles quand il s'agit d'un affranchissement testamentaire et beaucoup plus strictes dans les contrats. Dans le premier cas on privilégie avant tout l'intérêt du gratifié tandis qu'on oblige le conditionnaire à réaliser scrupuleusement la condition dans le second. Par conséquent, seule l'introduction de normes supplémentaires accordant à la liberté une place éminente dans l'ensemble des gratifications et contraignant le débiteur contractuel a exécution, permet de rendre raison de cette différence de traitement. Et seule l'introduction de ces normes permet d'expliquer l'inégalité des exigences en matière de droits conditionnels dont fait état la fin du th. 29. Ce théorème n'est donc, ni une thèse de degré *n* obtenue à partir d'une ou de plusieurs thèses de degrés inférieurs à *n*, par le jeu habituel des règles d'engendrement, ni une thèse de degré *n* obtenue faussement à partir de thèses de degrés supérieurs à *n* et appartenant à la

1. « … Mais si A concourait avec D, il recevrait seulement une moitié, le tout par le th. 26 lui-même démontré indépendamment de ceci. »

même chaîne de déductions. Il représente en fait une réunion de thèses issues de normes indépendantes. Il serait de ce fait possible de conclure *a priori* à l'absence de circularité de la démonstration d'un théorème de ce genre si l'on pouvait prouver que les théorèmes postérieurs qui sont cités dans sa démonstration, appartiennent à des chaînes de raisons issues de normes indépendantes et que leur réunion est autorisée par une règle donnée. Ainsi justifiée, leur utilisation n'entraînerait pas d'erreur, car l'ordre d'énonciation qui découle d'une reconstruction *a posteriori*, n'est pas équivalent à l'ordre des raisons.

Pour clarifier tout ceci, désignons par *A, B*..., les définitions dont naissent des séries de théorèmes par le jeu des règles autorisées de dérivation. Et par *A1... An*; *B1... Bn...,* les théorèmes dérivés de ces définitions.

a) La démonstration d'un théorème *An* sera correcte quand il sera obtenu par une transformation autorisée (dualité, substitution d'équivalents, *modus ponens*, etc.), à partir de la définition *A* ou d'un (ou de plusieurs) théorème de degré inférieur à *n*, dérivé de cette définition.

b) Elle sera circulaire quand il sera obtenu à partir d'un (ou de plusieurs) théorème de degré au moins égal à *An + 1* dérivé de la même définition que lui.

c) Et elle sera encore correcte quand le théorème sera le produit d'une réunion de propositions *{An, Bn...}* dont chacune obéit dans sa chaîne particulière à la condition *a)* et qu'il existe une norme ou une propriété applicable au Droit, autorisant cette réunion.

La question centrale n'est donc pas de vérifier la validité des démonstrations du *De Conditionibus* en les intégrant dans un cheminement linéaire unique, mais de prouver d'une part que ce cheminement est respecté au sein de chacune des chaînes indépendantes, et de l'autre, que la validité juridique de la norme ou de la propriété grâce à laquelle on réunit deux énoncés issus de deux chaînes indépendantes, est assurée. Or, si le premier de ces objectifs peut être facilement atteint par des moyens purement logiques, comme on le verra plus bas dans l'analyse de quelques démonstrations apparemment circulaires, il n'en est pas de même du second qui soulève le délicat problème du rapport qu'entretiennent chez Leibniz les normes juridiques fondamentales, les axiomes d'un système déductif et les définitions. On connaît en effet son intention de démontrer toutes les propositions, y compris les axiomes, en les réduisant identitairement à un enchaînement de définitions[1]. Mais

1. Cf. Couturat, *La logique de Leibniz* p. 184-185 : « Leibniz n'admet donc à l'origine comme principes premiers que les définitions » ... « Il commence par affirmer que la

comme les définitions strictement nominales sont impuissantes à former d'elles-mêmes des énoncés correspondant aux normes du Droit positif, car rien ne permet par exemple de déduire le privilège d'affranchissement dont bénéficie le *statuliber* à partir de l'examen de sa définition et de celle de la condition, il existe manifestement parmi les autres propositions, et en dépit du fait que Leibniz ne parle jamais d'*axiomes*, des propositions fondatrices qui leur correspondent et dont la fonction est d'énoncer les normes du Droit dont découlent les diverses chaînes de théorèmes. Comme d'autre part la position leibnizienne a pour originalité d'être à la fois une classification des éléments empiriques du Droit des conditions (avec tout ce que cela peut comporter de liaisons factuelles) et une révélation d'un ordre objectif qui est logique (les duaux et les groupes de transformations directes ou analogiques), normatif (les décisions du droit positif), raisonnable (le jugement de l'Homme Bon) et naturel (la mécanique du concours et des relations temporelles accompagnée des contraintes de notre biologie), il était inévitable d'y voir réunis les résultats respectifs des démarches analytique et synthétique dans la reformulation de la multiplicité des propriétés et des normes du droit positif. Et il était enfin inévitable d'y débusquer des propositions où la prolifération de ces propriétés et de ces normes serait telle, qu'on serait inexorablement conduit à reposer la question centrale dans l'œuvre juridique leibnizienne de l'accord des droits positif et naturel ou de l'accord de la liberté individuelle et de la rationalité stoïcienne du Jurisprudent.

Qu'en est-il maintenant des démonstrations circulaires et comment doit-on les aborder ?

L'attitude qu'on doit adopter à leur sujet est évidemment de tenter de prouver qu'elles ne sont pas circulaires en dépit des apparences, parce qu'elles sont issues de propositions qui leur sont en fait antérieures ou parce qu'elles sont le produit d'une réunion autorisée par le droit positif, de thèses issues de chaînes indépendantes dont les validités respectives sont assurées.

démonstration n'est qu'un enchaînement de définitions »... « Mais ici Conring objecte qu'il existe des propositions indémontrables, à savoir des axiomes. Leibniz le nie : il accorde qu'on puisse, qu'on doive même, pour la commodité et le progrès des sciences, admettre des axiomes ou postulats sans démonstration ; mais il soutient que tous les axiomes ainsi admis doivent être démontrables. Et en effet, d'où viendrait leur certitude ? Elle ne peut venir de l'expérience, car l'induction ne saurait justifier aucune proposition universelle et nécessaire. Il faut donc qu'elle repose sur le principe d'identité ou de contradiction (le seul principe *a priori* que Leibniz reconnaisse). »

Prenons ainsi à titre d'exemple le th. 29 dont l'énoncé (où l'ordre des termes « condition », « conditionné », inversés dans le texte latin, a été modifié) et la démonstration sont les suivants : « Tout ce qui, touchant la condition (le conditionné) établi au profit (aux dépens) du conditionnateur (conditionnaire), est vrai dans les (dernières volontés) les contrats (les dernières volontés), est également vrai dans les (contrats) les dernières volontés (les contrats). Car ce qui est aux dépens du conditionnateur est au profit du conditionnaire, th. 37. Le droit conditionnel est plus contraignant dans les contrats, th. 253 et th. 268, la condition est moins rigoureuse dans les dernières volontés, th. 46 ; l'un et l'autre sont au profit du conditionnaire, aux dépens du conditionnateur. C'est déjà le cas là où le droit semblait moindre, par ex. si le droit conditionnel est moindre dans les contrats, il le sera bien plus encore là où il semblait être encore plus petit, c'est-à-dire qu'en pareil cas il sera encore plus petit dans les dernières volontés. »

Il est possible d'en faciliter la compréhension en séparant les couples de termes antagonistes qui le constituent et en générant deux théorèmes subalternes accompagnés chacun de son dual. On obtient ainsi :

1_1 – *Tout ce qui, touchant la condition, établi au profit du conditionnateur, est vrai dans les dernières volontés, est également vrai dans les contrats.* (si l'on favorise le conditionnateur dans les dernières volontés (qui sont établies à ses dépens), on le favorise encore plus dans les contrats (qui sont établis en sa faveur).

1_2 – *(Tout ce qui, touchant la condition, établi au dépens du conditionnaire, est vrai dans les dernières volontés, est également vrai dans les contrats).* (si l'on défavorise le conditionnaire dans les dernières volontés (qui sont établies à son profit), on le défavorise encore plus dans les contrats (qui sont établis à ses dépens).

2_1 – *Tout ce qui touchant le conditionné, établi au profit du conditionnaire, est vrai dans les dernières volontés, est également vrai dans les contrats.* (si l'on favorise le conditionnaire dans les contrats (qui sont établis à ses dépens), on le favorise encore plus dans les dernières volontés (qui sont établies à son profit).

2_2 – *(Tout ce qui, touchant le conditionné, établi au dépens du conditionnateur, est vrai dans les contrats, est également vrai dans les dernières volontés).* (si l'on défavorise le conditionnateur dans les contrats (qui sont établis à son profit), on le défavorise encore plus dans les dernières volontés (qui sont établies à ses dépens).

Son intention devient alors claire : le conditionnateur et le conditionnaire constituent un couple de termes opposés dont les profits et dépens respectifs sont établis par dualité, et les propriétés attribuées à l'un d'eux en vertu du droit des contrats (ou du droit des successions), le sont aussi *mutatis mutandis*, en vertu du droit des successions (ou du droit des contrats).

Qu'en est-il maintenant de la circularité de la démonstration et peut-on montrer qu'elle n'est qu'apparente ? Si cela s'avérait impossible, le th. 29 atteindrait des sommets dans l'inversion de l'ordre véritable d'implication puisqu'il contient à lui seul six cas d'inférences apparemment illégitimes. Leibniz y démontre en effet le théorème 29 à l'aide des théorèmes 37, 253, 268 et 46, sachant que le th. 268 est lui-même démontré à l'aide des théorèmes 350 et 351. On pourrait à la rigueur tolérer une erreur occasionnelle qui relèverait de la pure distraction, mais il est difficile d'accepter qu'il puisse ignorer à ce point ce que sait tout lecteur d'Euclide. Il doit donc y avoir une raison à cette accumulation d'irrégularités. Or nous savons que la circularité d'une démonstration est évitée quand tout énoncé *An* se révèle être soit la conséquence d'un énoncé antérieur et non celle d'un énoncé postérieur comme le ferait croire faussement l'ordre de numérotation, soit la réunion valide de thèses issues de chaînes indépendantes. Et si l'on examine la façon dont Leibniz utilise le th. 37 pour prouver le th. 29, on voit aisément qu'on se trouve dans la première situation. En effet, lorsqu'il fait appel au th. 37 établissant que les intérêts du conditionnaire et ceux du conditionnateur sont opposés dans une disposition quelconque, pour prouver dans le th. 29 que cette opposition d'intérêts s'applique aux dispositions contractuelles et testamentaires, il fait appel à un théorème plus général pour prouver un théorème plus particulier. Le th. 37 est donc bien une règle générale dont le th. 29 n'est qu'un cas particulier. Certes Leibniz aurait eu avantage à énoncer le th. 37 en premier, mais le pouvait-il vraiment compte tenu de sa méthode d'exposition ? Pouvait-il effectivement placer le th. 37 avant le th. 29, quand il utilise un ordre d'exposition en grande partie thématique et que la notion de débiteur éventuel caractéristique du th. 37 n'apparaît qu'à partir du th. 34 ? La réponse est évidemment négative et le serait tout autant si l'on étudiait la façon dont il démontre le th. 37 en faisant appel au th. 38. En effet, nous apprenons par ce théorème que le conditionnateur est le grevé potentiel et par la def. 68, que le conditionnaire est le gratifié. La thèse du th. 37 qui réunit ces deux énoncés dans l'affirmation de l'antagonisme d'intérêts du conditionnateur et du conditionnaire, est donc plus complexe et il n'y a pas faute logique dans l'appel au th. 38 pour démontrer le th. 37, même s'il y a par ailleurs imperfection dans la mise en ordre de ces théorèmes.

Si l'on étudie enfin comment Leibniz peut s'appuyer sur les théorèmes 253, 268 et 46 pour démontrer le th. 29, on voit immédiatement qu'on se trouve en face d'un complexe de chaînes indépendantes. En effet, le dual conditionnateur-conditionnaire du th. 37 peut évidemment fonder toutes les propositions s'appuyant sur l'opposition de leurs intérêts respectifs, mais ne peut en aucun cas justifier celles où est introduite la considération des degrés d'obligation, puisqu'il faudrait pour cela déduire une relation d'ordre à partir d'une simple opposition de termes. Le th. 37 est donc indépendant des th. 253, 268 et 46. De même, les th. 253 et 268 forment une chaîne indépendante du th. 46 parce que le dual formé par les contrats et les dernières volontés est occasionnel et non logique du fait qu'il est possible de concevoir une législation où l'interprétation des clauses aurait la même rigueur dans les deux cas, tandis qu'il n'est pas possible de concevoir une relation d'obligation entre conditionnateur et conditionnaire où l'intérêt de l'une des parties ne se constituerait pas aux dépens de celui de l'autre. La démonstration du th. 29 n'est donc pas invalidée par l'appel à ces théorèmes numériquement postérieurs puisqu'ils constituent autant de chaînes indépendantes.

Il serait sans doute fastidieux de reprendre ici, une à une, toutes les démonstrations apparemment circulaires pour leur appliquer cette démarche et en montrer la validité. Quelques exemples particulièrement intéressants soit par leur complexité, soit par les indications qu'ils fournissent sur les présupposés logiques de Leibniz, devraient suffire à convaincre le lecteur qui pourra poursuivre de son côté la vérification des thèses leibniziennes en s'appuyant sur les précisions de l'ANNEXE II. On y verra que la validité des démonstrations leibnizienne est en général assurée à la fois par la complexité des concepts juridiques qu'il exprime et par celle de la langue dont il se sert à cette fin. Mais on y verra également à quel point ces deux explications sont de valeurs inégales puisque la multiplicité des chaînes de raisons indépendantes est une donnée objective du Droit qui le contraint à procéder à des démonstrations par embranchements et l'excuse en même temps de faire appel à des énoncés numériquement postérieurs pour soutenir des thèses antérieures, tandis que l'absence de langue formelle est un défaut intrinsèque de l'analyse leibnizienne. Certes le caractère peu formalisé des termes utilisés a ceci de commode qu'il permet à l'intuition de s'exprimer indépendamment des pesanteurs d'une écriture précise, et dans le cas de Leibniz, de parvenir à l'expression d'énoncés effectivement valides, mais il est malgré tout regrettable qu'une « écriture de concepts » authentique n'ait pas jeté à ce moment de l'histoire leibnizienne, les bases d'un véritable traitement logique d'une théorie générale des conditions du Droit Positif.

– Démonstration du th. 20 à l'aide du th. 95

La comparaison des th. 95 et 20 montre à quel point les critères de validité des expressions juridiques ont pu influer chez Leibniz sur la définition des critères de validité des expressions logiques. Elle montre également la différence qu'il peut parfois y avoir entre son explication littérale des raisonnements et son intuition de leur valeur de vérité. En effet, quand il appelle « contraires » des propositions « que les scolastiques appellent contradictoires » (note 35 de la déf. 47), il veut dire qu'elles sont respectivement comme p et ¬p puisqu'il n'y a pas entre elles de tierce possibilité. Le fait d'utiliser un autre terme que celui retenu par l'usage moderne n'a donc pas d'importance si leur connotation reste la même. En revanche, quand il déclare dans le th. 20 : « car si ou bien A ou bien B est vrai, un seul d'entre eux est vrai », pour expliquer la notion de disjonction, on voit immédiatement qu'il prend le « ou » dans son sens exclusif, autrement dit dans le sens d'une alternative. Ceci provient du fait que la disjonction est définie dans le th. 95, à partir de son usage juridique qui veut que l'existence d'une et d'une seule des conditions disjointes d'une disposition, valide cette dernière. Mais si l'on traduisait « la contraire de la disjonctive est la conjonctive » par ¬(pwq)≡(¬p.¬q), on n'obtiendrait pas une table de vérité correspondant à un théorème. Pour l'obtenir, il faudrait en réalité écrire ¬(p ou q)≡(¬p.¬q), tout en gardant à l'esprit que la table de vérité de « p ou q » est celle de « p∨q », bien que le « ou » corresponde au sens exclusif de la disjonction empirique et non au sens inclusif de la disjonction logique. Il faudrait par conséquent donner au « ou » tantôt la valeur « ∨ » et tantôt la valeur « w », ce qui est impossible dans une logique formelle où le sens empirique des connecteurs ne vient pas occulter à certains moments le sens logique.

(1) Soit donc à prouver le th. 20 : ¬(p ou q)≡(¬p.¬q), dans lequel le « ou » correspond à la table de vérité du « ∨ ».

(2) Le th. 95 dit en donnant au « ou » le sens d'une alternative :
(p ou q)≡(p.¬q) ou (¬p.q).

(3) Les def. 46 et 47 aboutissent à l'idée que la contraire d'une proposition p est une proposition q qui n'est ni vraie ni fausse en même temps qu'elle.

(4) donc la contraire de (p ou q) est la négation de tous les cas où [(p.¬q) ou (¬p. q)] est vrai.

En d'autres termes, $\neg$(p ou q) $\equiv$ [$\neg$(p.$\neg$q).$\neg$($\neg$p. q)].
Mais on voit alors que [$\neg$(p.$\neg$q).$\neg$($\neg$p. q)] n'est pas équivalent à ($\neg$p.$\neg$q) car dans (1) le « ou » correspond à la table de vérité de la disjonction inclusive, tandis qu'il correspond à celle de la disjonction exclusive dans (4).

La démonstration de Leibniz est donc fausse du point de vue de la logique formelle. On peut cependant en montrer la validité empirique de la manière suivante : si le « ou » de $\neg$(p ou q) est interprété comme un « $\vee$ », $\neg$(p ou q) est équivalent à [$\neg$(p.$\neg$q).$\neg$($\neg$p.q).$\neg$(p. q)] puisqu'il faut ajouter $\neg$(p.q) afin de tenir compte du cas de validité conjointe des deux conditions que l'interprétation juridique du « ou » ignore par principe. Mais dans ce cas, [$\neg$(p.$\neg$q).$\neg$($\neg$p.q).$\neg$(p.q)] devient lui-même équivalent à (p. q) et (4) achève bien la preuve de (1).

Cependant, malgré tous ces défauts qui invalident la démonstration, il reste que l'essentiel est préservé car elle n'est pas circulaire pour cette seule raison que le th. 20 s'appuie sur le th. 95 pour en tirer une conclusion par négation. Il lui est donc chrolonogiquement postérieur.

– Démonstration du th. 121 à l'aide du th. 263 ou du th. 264

La situation du th. 95 se répète ici avec la conjonction comme connecteur principal. La différence la plus notable est que deux démonstrations successives sont proposées au lieu d'une seule, la première mettant en jeu un argument informel de présomption que la seconde justifie par une mise en correspondance hiérarchique des institutions et des degrés de présomption qu'on applique à leurs conditions. Mais le point essentiel est qu'il n'y a pas circularité de la démonstration pour deux raisons principales : 1. la conjonction énoncée par le th. 121 est le résultat d'une présomption. Or les théorèmes postérieurs au th. 121 visent seulement à prouver la légitimité de cette présomption et non la conjonction elle-même. Il suffit par conséquent que les chaînes des raisons qui interviennent dans la justification de la présomption soient indépendantes de celles qui énoncent les propriétés de la conjonction, pour que la démonstration puisse être valide, quel que soit par ailleurs l'ordre d'indexation des théorèmes. 2. L'appel aux théorèmes 263, 264, 118, 119 et 120 n'est pas une démonstration linéaire mais un exposé de chaînes indépendantes où l'on voit qu'une même condition informelle peut être interprétée comme une disjonctive, une incertaine, une unique certaine ou une multiple conjointe, selon qu'elle s'applique aux institutions, aux legs ou aux contrats. Là encore on peut regretter que Leibniz n'ait pas réussi à synthétiser tous ses théorèmes analogues en un groupe de transformations exprimable dans une seule matrice et qu'il ait conservé l'ordre plurilinéaire des embranchements, mais on ne peut lui reprocher d'avoir commis une faute de circularité.

– Démonstration des th. 181 et 204 à l'aide du th. 296

Il est étrange de voir Leibniz démontrer le th. 181 en allant chercher les thèses lointaines des th. 305 et 296, au lieu d'utiliser la loi générale qu'il possède immédiatement en construisant la chaîne def. 63 th. 178 th. 182. Comme les deux procédés sont équivalents dès que l'absence de circularité de la démonstration est assurée par l'indépendance des th. 296 et 305, on se serait attendu à ce qu'il utilise naturellement la démarche la plus simple qui se présentait à lui. Et comme il n'en a rien fait, on est conduit naturellement à penser qu'il doit exister des raisons impérieuses et précises qui l'en ont dissuadé. Pourtant, dès qu'on tente de les définir, on en est empêché par le caractère composite de la démonstration leibnizienne. Certains points sont malgré tout incontestables. Dans la proposition <th. 182→th. 181>, l'inférence est justifiée par le fait que le th. 182 est un cas général dont le th. 181 n'est qu'un cas particulier. On se trouve donc dans une situation de type syllogistique où la considération des rapports d'extension entre concepts est primordiale. Comme on connaît d'autre part l'importance que Leibniz accorde au principe de démonstration par substitution des équivalents[1] et que le centre de sa preuve consiste dans l'analyse des conséquences du terme *sub conditione*, obtenues à partir de celles du terme *ad conditionem*, énoncées par les th. 305 et 296, on est presque tenté d'assimiler sa preuve à une série de substitutions informelles d'équivalents. L'écriture exhaustive de la démonstration interdit pourtant de soutenir cette idée jusqu'au bout. En effet, quand Leibniz déclare explicitement ou implicitement :

(305) Un esclave sous condition serait libre jusqu'à la condition car tant que la condition est en suspens, le conditionnateur qu'il est possède la chose jusqu'à la condition.

1. Cf. Couturat, *La logique de Leibniz*. p. 206 : « Toute démonstration consiste à substituer la définition au défini, c'est-à-dire à remplacer un terme (complexe) par un groupe de termes (plus simples) qui lui est équivalent. Ainsi le fondement essentiel de la déduction est le principe de la substitution des équivalents. C'est lui qui est le principe suprême et unique de la Logique, et non pas le principe du syllogisme (le *Dictum de omni et nullo* d'Aristote), car celui-ci n'est pas, comme on le croit souvent, un axiome identique, mais un théorème qui se démontre au moyen du principe précédent. »

(296) un droit irrévocable ne peut être donné jusqu'à la condition, car ce qui est donné jusqu'à la condition est révoqué lorsque la condition existe.
la liberté est un droit irrévocable,
la liberté ne peut être donnée jusqu'à la condition et la servitude sous condition.
(181) Personne ne peut être esclave sous condition,

il s'appuie effectivement sur les définitions des termes et des propriétés du dual <*sub conditione-ad conditionem*> pour appliquer les th. 296 et 305 au th. 181. Mais il introduit également la notion de liberté en appliquant un syllogisme analogue à celui qu'il aurait utilisé dans la chaîne <th. 182→th. 181>. On ne peut donc conclure qu'il a préféré prouver le th. 181 à l'aide des th. 296 et 305 plutôt qu'à l'aide du th. 182 parce qu'il préférait la démonstration par substitution d'équivalents à la démonstration syllogistique. Et l'on ne peut même pas conclure que sa démonstration soit subjectivement plus convaincante que l'autre, car les rapports des duaux< *sub conditione-ad conditionem*>, <conditionnateur-conditionnaire> sont en définitive énoncés par le th. 42 et non par le th. 305. En fin de compte, la seule conclusion incontestable de tout ceci est peut-être qu'on y voit clairement les limites de l'approche informelle du *De Conditionibus*. Faute du langage standardisé des concepts et des relations que serait une *Caractéristique Universelle* et faute d'un algorithme d'engendrement des théorèmes, l'élaboration d'une théorie des conditions juridiques présente ces défauts des taxinomies empiriques que sont le caractère en partie arbitraire des critères de rangement et l'enchevêtrement des ensembles.

– Démonstration du th. 96 à l'aide des th. 98 et 100

La démonstration du th. 96 appelle un certain nombre de commentaires dont le facteur commun est de souligner le caractère approximatif de la démarche leibnizienne. En effet, si Leibniz avait voulu prouver que « plusieurs connexes sont un indivisible » en utilisant une écriture systématique des temps du raisonnement, il aurait proposé une chaîne de déductions semblable à :

(1) les connexes sont tels que si l'un n'est pas, l'autre ne sera pas (par la def. 6).

(2) si l'une des parties auxquelles le divisible doit être appliqué n'est pas, l'autre est et le divisible est divisé (par le th. 100).

(3) le divisible est tel que si l'un n'est pas, l'autre est (par la prop.2).

(4) si l'un n'est pas et que l'autre n'est pas, c'est un indivisible (par contraposition de la prop.3).
(5) Les connexes sont indivisibles (par les prop.1 et 4).

Le fait que sa démonstration est beaucoup plus approximative, qu'il n'hésite pas à introduire le th. 100 sous une forme très indirecte et que la conclusion portant sur l'estimation des degrés d'unité du divisible et de l'indivisible ne repose sur aucune raison explicite, montre bien à quel point il perçoit mal à l'époque du *De Conditionibus*, quelles sont les contraintes d'une véritable écriture logique. La non-circularité de la démonstration n'est ici qu'une qualité obtenue *a minima* puisqu'elle peut seulement résulter du caractère informel des raisons des th. 98 et 100 qui en font des thèses extérieurement indépendantes.

– Démonstration du th. 337 à l'aide du th. 205 et démonstration du th. 205 à l'aide du th. 337

A première vue, les th. 205 et 337 présentent un cas typique de circularité car la démonstration du premier s'appuie sur celle du second et celle de ce dernier sur celle du premier. Les choses sont en réalité différentes car les relations 307⇒205 et 205⇒307 ne sont pas de même nature du fait qu'il ne s'agit pas d'une implication de l'un par l'autre, mais dans le cas du th. 307, d'une illustration et dans celui du th. 205, d'une généralisation.

Les deux annexes qui suivent ont pour intention de faciliter au lecteur le repérage des embranchements de l'argumentation du *De Conditionibus* et la localisation des démonstrations circulaires. Elles lui permettront ainsi de mieux poursuivre l'étude des fondements du droit conditionnel positif et de mieux évaluer l'apport leibnizien.

ANNEXE I

Théorèmes postérieurs appelés pour démontrer un ou des théorèmes antérieurs

Appelé onze fois

332 pour 11, 256.

Appelé huit fois

329 pour 321, 330.

Appelés sept fois

144 pour 11, 93.

330 pour 16, 35, 153.

Appelé cinq fois

248 pour 246, 32.

Appelés quatre fois

143 pour 35, 16.

305 pour 291, 174, 181.

350 pour 255, 268.

353 pour 246.

Appelés trois fois

249 pour 205, 201.

256 pour 25, 199.

275 pour 264.

276 pour 264.

Appelés deux fois :

95 pour 20, 36.

205 pour 337.

263 pour 121.

264 pour 121.

296 pour 181, 204.

334 pour 88.

337 pour 205.

351 pour 268.

Appelés une fois :

38 pour 37.

85 pour 88.

100 pour 96.

104 pour 99.

105 pour 99.

178 pour 172.

239 pour 245.

244 pour 30.

245 pour 31.

282 pour 41.

309 pour 204.

326 pour 311.

343 pour 310.

349 pour 336.

371 pour 321.

ANNEXE II

LES THÉORÈMES À DÉMONSTRATION CIRCULAIRE

Conventions d'écriture

Afin de mieux représenter l'ossature des démonstrations et mettre ainsi en évidence les arguments où l'enchaînement des théorèmes ne correspond pas à l'ordre déductif linéaire, on respectera les conventions suivantes :

– Le numéro des théorèmes cités dans le *definiens* ou le *definiendum* est écrit en **gras**.

– Le numéro des définitions citées dans le *definiens* est écrit en *italique*.

– L'ordre des différents types de parenthèses traduit l'organisation de l'argumentation.

– Chaque théorème cité est énoncé dans une proposition entre crochets *[]*, qu'il fasse l'objet d'une démonstration de type linéaire ou qu'il ait l'apparence ou la réalité d'une proposition indépendante.

– Les démonstrations seront écrites sur une seule ligne quand elles seront simples et le seront de manière ramifiée quand elles seront complexes, afin de transcrire visuellement les embranchements principaux de l'argumentation.

Ainsi celle du th. 35 qui s'écrit : **35** : **330** [*i.e.* **329** (*80*)], **143** (*66*), voudra dire qu'on démontre le th. 35 en faisant appel au th. 330 dont la preuve met en jeu le th. 329 (qui suppose lui-même la def. 80) et au th. 143 (qui suppose de son côté la def. 66).

En revanche, la transcription de la démonstration du th. 11 s'établira comme suit :

11:
332,
30
144
31

ce qui signifie que la démonstration du théorème **11** s'appuie d'abord sur le th. **332**, puis sur la définition *30*, puis sur le th. **144** et enfin sur la définition *31*. Mais comme la démonstration du théorème **144** contient elle-même celles des théorèmes **9**, **7** et **143** (et que le théorème **9** contient de son côté celles des th. **7** et **1**), il faudrait compléter la succession des chaînes et des embranchements pour donner une idée de la démonstration complète du th. 11. Il faudrait par conséquent ajouter la séquence suivante:

144 {*i.e.* **9** {*i.e.* **7** (*i.e. 63, 68*), *12, 1,*
1 (*i.e. 1. 7*), *8*},
7 (*i.e. 63, 68*)
143 (*i.e. 66*)

qui signifie que le th. **144** est déduit des théorèmes **9**, **7** et **143**, sachant d'une part que le th. **9** est lui-même issu d'un raisonnement ayant relié deux théorèmes: le **7** et le **1**, où le **7** a été obtenu d'un côté à partir des définitions *63*, *68*, puis *12* et *1*, et où le **1** a été obtenu de l'autre, à partir des définitions *1* et *7* puis *8*. Et sachant d'autre part qu'il faut y ajouter les démonstrations du théorème **7** (obtenue à partir des définitions *63* et *68*), et **143** (obtenue à partir de la définition *66*).

Le squelette complet de la démonstration du th. 11 sera dans ce cas:

11: **332**,
30
144 {*i.e.* **9** [*i.e.* **7** (*i.e. 63, 68*), *12, 1,* **1** (*i.e. 1. 7*), *8*],
7 (*i.e. 63, 68*),
143 (*i.e. 66*)},
31.

Le lecteur verra ainsi concrètement l'ossature de l'argumentation et par dessus tout, comprendra immédiatement comment certaines démonstrations apparemment circulaires sont en réalité de purs embranchements (voir par exemple les théorèmes 11, 144 ou 256). Mais il constatera également que cette transcription des thèses leibniziennes a une limite. Elle est exhaustive quand le raisonnement se développe explicitement par substitution simple d'équivalents et ne l'est plus quand il devient implicite ou met en jeu des formes d'inférences complexes. Prenons en effet le cas du th. 121 dont la transcription est la suivante : **121 : 263, 264** (*i.e.* **276**, **275**), **118, 119, 120**, et dont l'intention est de démontrer que les conditions rédigées sans intervalle sont présumées conjointes. Leibniz procède à la manière des géomètres grecs en comparant des proportions entre couples de termes et en concluant par syllogisme. En effet il rappelle d'abord qu'une condition disjonctive (une incertaine) est plus facile à réaliser qu'une conjonctive (qu'une certaine) (*th. 263*) et qu'une conjonctive (une certaine) est plus facile à réaliser que plusieurs conjonctives (plusieurs certaines) (*th. 264*). Il peut ainsi conclure de manière implicite qu'une condition disjonctive (une incertaine) est plus facile à réaliser que plusieurs conjonctives (plusieurs incertaines). Il rappelle ensuite qu'on est moins exigeant dans les institutions d'héritiers que dans les legs (*th. 118*) et moins exigeant dans ces derniers qu'en matière de contrats (*th. 119*). La mise en parallèle de l'ordre des conditions et de l'ordre des dispositifs institutionnels, qu'il justifie en déclarant « il faut garder la proportion entre les éléments plus ou moins favorables », lui permet alors de soutenir que les conditions multiples sont présumées conjointes (et le sont d'autant plus qu'il s'agit de contrats).

Il est évident qu'un raisonnement de ce genre, semblable dans son principe à celui du th. 256, ne pourrait être traduit dans une écriture abrégée que si l'on convenait d'une écriture standardisée excluant radicalement l'implicite. Mais il faudrait pour cela ouvrir le *De Conditionibus* aux développements futurs de la *Caractéristique Universelle*, ce qui dépasse totalement les limites de la présente étude.

Architecture des démonstrations circulaires

11	**332**,	
	30,	
	144, {*i.e.*	**9** [*i.e.* **7** (*i.e. 63, 68*), *12, 1,* **1** (*i.e. 1. 7*), *8*],
		7 (*i.e. 63, 68*),
		143 (*i.e. 66*)}.
	31].	
16	**143, 330** (*i.e.* **329**).	
20	**95,** *46, 47, 28.*	

24	**11** [*i.e.* **332**,			
	30,			
	144, {*i.e.*	**9** [*i.e.* **7** (*i.e. 63, 68*), *12, 1,* **1** (*i.e. 1. 7*), *8*],		
		7 (*i.e. 63, 68*),		
		143 (*i.e. 66*)}.		
	31].			
25	**256** {*i.e.*	**144** {*i.e.*	**9** [*i.e.* **7** (*i.e. 63, 68*), *12, 1,* **1** (*i.e. 1. 7*), *8*],	
			7 (*i.e. 63, 68*),	
			143 (*i.e. 66*)},	
		332,		
		11 [*i.e.*	**332**,	
			30;	
			144, {*i.e.*	**9** [*i.e.* **7** (*i.e. 63, 68*), *12, 1,* **1**
				(*i.e. 1. 7*), *8*],
				7 (*i.e. 63, 68*).
				143 (*i.e. 66*)}.
			31]}.	
29:	**37** {*i.e. 68*, **38** (*i.e. 67, 68, 144b*)},			
	253.			
	268, (*i.e.* **350**, **351**),			
	46 {*i.e.* **34** (*i.e. 70*), **33**}.			
30	**244** (*150*), *144a, 144b.*			
31	**245** (*i.e.* **239**), *144b.*			
32	**248** (*150*), *67.*			
35	**330** [*i.e.* **329** (*80*)], **143** (*66*).			
36	**95**.			
37	**38** (*67, 68, 144b*), *68.*			
41	**282**.			
47	**72**.			
64	**65** (*i.e. 136*).			
76	**108** (*i.e.* **105**), *69.*			
88	**334**, **85**.			
90	**162** (*i.e.* **85**).			
96	*6*, **100**, **98.**			
97	**106.**			
99	*125*, **104**.			
102	**99** (*i.e. 125*, **104**).			
103	**105, 107.**			
121	**263, 264** (*i.e.* **276**, **275**), **118, 119, 120.**			
126	**128** (*i.e.* **100**), *120.*			
153	**330** [*i.e.* **329** (*i.e. 80*)].			
165	*127*, **88** (*i.e.* **334**, **85**).			
172	**178** (*i.e. 63*).			
173	**192**.			

174	**42** [*i.e. 67, 68*, **38** (*67, 68, 144b*)], **305**.			
175	**171, 172** [*i.e.* **178** (*i.e. 63*)].			
181	**305**, **296**.			
199	**256** {*i.e.*	**144** {*i.e.*	**9** [*i.e.* **7** (*i.e. 63, 68*), *12, 1,* **1** (*i.e. 1. 7*), *8*],	
			7 (*i.e. 63, 68*),	
			143 (*i.e. 66*)},	
		332,		
		11 [*i.e.*	**332**,	
			30,	
			144, {*i.e.*	**9** [*i.e.* **7** (*i.e. 63, 68*), *12, 1,* **1**
				(*i.e. 1. 7*), *8*],
				7 (*i.e. 63, 68*),
				143 (*i.e. 66*)},
			31]}.	
201	**95**,			
	36 (**95**),			
	35 {**330** [**329** (*80*)], **143** (*66*)},			
	249.			
203	**255** (**350**).			
204	**296**, **309**.			
205	**337** (**205**, **95**),			
	249,			
	198 {*i.e.*	**9** [*i.e.* **7** (*i.e. 63, 68*), *12, 1,* **1** (*i.e. 1. 7*), *8*],		
		8,		
		1 (*i.e. 1, 7*),		
		7}.		
222	**206** (**119**),			
	121 [*i.e.* **263, 264** (*i.e.* **276**, **275**), **119, 120**],			
	199 {*i.e.* **256** [*i.e.* **144** {*i.e.*			**9** [*i.e.* **7** (*i.e. 63, 68*), *12, 1,* **1**
				(*i.e. 1. 7*), *8*],
				7 (*i.e. 63, 68*),
				143 (*i.e. 66*)}]}.
224	**198** {*i.e.*	**9** [*i.e.* **7** (*i.e. 63, 68*), *12, 1,* **1** (*i.e. 1. 7*), *8*]		
		8,		
		1 (*i.e. 1, 7*),		
		7},		
	16 [*i.e.* **143**, **330** (*i.e.* **329**)].			
246	**248, 353**			
255	**350**			
256	**144** {*i.e.*	**9** [*i.e.* **7** (*i.e. 63, 68*), *12, 1,* **1** (*i.e. 1. 7*), *8*].		
		7 (*i.e. 63, 68*),		
		143 (*i.e. 66*),		
	332,			
	11 [*i.e.*	**332**,		

		30;			
		144, {*i.e.*	**9** [*i.e.* **7** (*i.e. 63, 68*), *12, 1,* **1** (*i.e. 1. 7*), *8*].		
			7 (*i.e. 63, 68*),		
			143 (*i.e. 66*),		
		31].			
257	**11** [*i.e.*	**332**,			
		30;			
		144, {*i.e.*	**9** [*i.e.* **7** (*i.e. 63, 68*), *12, 1,* **1** (*i.e. 1. 7*), *8*].		
			7 (*i.e. 63, 68*),		
			143 (*i.e. 66*),		
	31].				
264	**276**, **275**.				
268	**350**, **351**.				
269	**266**,				
	267 {*i.e. 151*, **202** [*i.e.* **40** (*142*)],				
	268 (*i.e.* **350**, **351**).				
278	**272**,				
	35 {*i.e.* **330** [**329** (*80*)],				
	143 (*66*).				
280	**273**,				
	35 {*i.e.* **330** [**329** (*80*)],				
	143 (*66*)}.				
283	**256** {*i.e.*	**144** {*i.e.*	**9** [*i.e.* **7** (*i.e. 63, 68*), *12, 1,* **1** (*i.e. 1. 7*), *8*].		
			7 (*i.e. 63, 68*).		
			143 (*i.e. 66*)}.		
		332,			
		11 [*i.e.*	**332**,		
			30;		
			144, {*i.e.*	**9** [*i.e.* **7** (*i.e. 63, 68*), *12, 1,* **1**. (*i.e. 1. 7*), *8*].	
				7 (*i.e. 63, 68*).	
				143 (*i.e. 66*)}.	
			31]}.		
284	**253, 246** (*i.e.* **248, 353**)				
286	**246** (*i.e.* **248, 353**),				
	192,				
	9 [*i.e.* **7** (*i.e. 63, 68*), *12, 1,* **1** (*i.e. 1. 7*), *8.*]				
287	**286** {*i.e.* **246** (*i.e.* **248, 353**),				
	192,				
	9 [*i.e.* **7** (*i.e. 63, 68*), *12, 1,* **1** (*i.e. 1. 7*), *8.*]}.				
291	**305**.				
298	**174** {*i.e.*	**42** [*i.e. 67, 68,* **38** (*67, 68, 144b*)],			
		305}.			
310	**343**.				

311	**326**.		
321	**329**, **371**.		
336	**329** (*i.e. 80*), **349, 95**.		
337	**205** [*i.e.*	**337** (**205**, **95**),	
		249,	
		198 {*i.e.*	**9** [*i.e.* **7** (*i.e. 63, 68*), *12, 1,* **1** (*i.e. 1. 7*), *8*]
			8
			1 (*i.e. 1, 7*),
			7}],
	95.		
352	**9** [*i.e.* **7** (*i.e. 63, 68*), *12, 1,* **1** (*i.e. 1. 7*), *8*],		
	160,		
	286 {*i.e.*	**246** (*i.e.* **248, 353**),	
		192,	
		9 [*i.e.* **7** (*i.e. 63, 68*), *12, 1,* **1** (*i.e. 1. 7*), *8*.]},	
	350.		

AVERTISSEMENT

Une traduction des textes leibniziens comme le *De Conditionibus*, la *Doctrina Conditionum* ou le *De Casibus Perplexis*, qui prétendrait à l'exhaustivité devrait retrouver la totalité des ouvrages cités par Leibniz. Or son écriture très approximative en matière de référence bibliographique et la fréquence avec laquelle les titres originaux des œuvres étaient modifiés à son époque soit pour des raisons de publicité, soit pour des motifs frauduleux, s'y opposent souvent. Comme il réunit en plus dans une même argumentation elliptique, des éléments aussi hétérogènes que les commentaires de ces auteurs, l'énoncé des lois romaines et ses propres interprétations, une certaine imprécision était inévitable en dépit des précieuses indications bibliographiques contenues dans le tome 2 des *Philosophische Schriften* de *l'Edition de l'Académie* (p. 659 à 715). Il fallait pourtant trouver une voie moyenne où la référence certaine puisse se distinguer de la référence probable et où le fil conducteur de l'argumentation ne se perdît jamais dans le foisonnement des notes. La manière la plus raisonnable de le faire a paru être la suivante :

– reproduire en caractères **gras** le corps des notes accompagnant les définitions et théorèmes du *De Conditionibus* en s'appuyant sur le texte de la *Deutschen Akadémie des Wissenschaften zu Berlin*, Darmstadt-Berlin : 1990. VI, I, p. 99 à 150),

– introduire en *italique* les textes cités par Leibniz provenant du droit romain ou de ses commentateurs,

– mettre entre crochets [] les ajouts indispensables à la compréhension,

– utiliser les abréviations habituelles *D, C, I* et *Extra*, pour désigner les lois provenant du *Digeste*, du *Codex*, des *Institutes* et des *Décrétales*, et remplacer les titres du Corpus que cite partiellement Leibniz, par le renvoi aux livres, chapitres, lois et paragraphes qui leur correspondent. De cette manière, une référence telle que *« l13 § 1 man test »* (note 7 de la définition 8), qui signifie *« loi 13, chapitre ɪ* [du titre du Digeste] *« De l'affranchissement testamentaire » »*, sera résumée par *D.40.4.13 § 1.*

Enfin, comme dans le cas de la *Doctrina Conditionum*, les ouvrages suivants ont servi à fixer les abréviations :

– *Corpus Juris Civilis Academicum Parisiense,* édité par Janet et Cotelle, Paris, 1836 et comprenant les Institutes, le Digeste, le Codex, les Authentiques, les Édits des Empereurs, les Constitutions, les Canons des Saints Apôtres et les Coutumes des Fiefs.

– *Decretales D. Gregorii Papae IX suae integritati una cum glossis restitutae.* Rome, 1584.

– *Liber sextus decretalium D. Bonifacii Papae VIII, una cum Clementinis et Extravagantibus earumque glossis restitutus.* Rome, 1584.

– *Manuel élémentaire de Droit Romain* de P. F. Girard, 8e édition, 1929, réédité en 1978 par Duchemin, Paris.

Texte
et
Traduction

Q.D.B.V.

DISPUTATIO JURIDICA
De
Conditionibus

Quam

Indultu Amplissimi JCtorum ordinis

PRAESIDE
VIRO

Nobilissimo, Consultissimo atque Excellentissimo,

Dno BARTHOLOMEO LEONHARDO SCHWENDENDÖRFERO,

J.U.D. et Inst. Prof. Publ. celeberrimo Patrono ac Praeceptore suo inprimis Venerando.

Publicae censurae exponit
M. GOTTFREDUS GUILIELMUS LEIBNUZIUS,
Lipsiensis,

AUTOR.

D. XIV. Julii Anno M. DC. LXV.

LIPSIAE,
Typis JOHANNIS WITTIGAU.

QUE DIEU VEUILLE BIEN ACCUEILLIR

LA DISCUSSION JURIDIQUE

des

Conditions

que grâce à

LA BIENVEILLANCE DE L'ORDRE
ILLUSTRE DES JURISCONSULTES

PRÉSIDÉ PAR

MAÎTRE BARTHOLOME LEONHARD SCHWENDENDÖRFFER,

***homme éminent, excellent et d'un savoir extrême*,**
Docteur dans les deux Droits, Professeur Public d'Institutes
respectable par dessus tout comme son très célèbre maître et protecteur,

L'AUTEUR
M. GOTTFRIED WILHELM LEIBNIZ
de Leipzig

soumet à la critique publique,

le dimanche 14 juillet de l'année 1665.

à Leipzig
Impression de JOHANN WITTIGAU.

VIRIS

Magnifico, Nobilissimis, Consultissimis,
Amplissimis, Excellentissimis,

DN. GEORGIO TOBIAE SCHWENDENDÖRFERO;

Facultatis Juridicae Lipsiensis Ordinario, Decretalium Professori Publico,
Supremae Curiae Provincialis Electoralis ac Ducalis Directori Gravissimo,
Canonico Martisburgensi maxime Reverendo;
Collegii Majoris Principium Collegiato,
Academiae Decemviro, et Bavaricae Nationis
Seniori, JC[to] incomparabili,

et

DN. JOHANNI FRITSCHIO

Haereditario in *Neu Scherbitz*
J.U.D famigeratissimo, ejusdem supremae Curiae Provincialis
Lipsiensis Advocato Ordinario Gravissimo, Susceptori suo de se
optime merito,

Patronis, Fautoribus ac Patronis suis
maximis, maximeque colendis et diligendis.

Dat, Dicit, Addicit.

AUTOR.

AUX HOMMES

très grands, très nobles, très avisés,
éminents et excellents

que sont

MAÎTRE GEORG TOBIAS SCHWENDENDÖRFFER

Professeur Ordinaire de la faculté de Droit de Leipzig, Professeur Public de Décrétales, Directeur très influent de la Suprême Curie Provinciale Electorale et Ducale, chanoine très vénérable de Martisburg, membre du Grand Collège des Princes, Decemvir de l'Académie et Senior de la Nation Bavaroise, Jurisconsulte incomparable,

et

MAÎTRE JOHANN FRITZSCH

Détenteur d'une charge héréditaire à *Neu Scherbitz*, Docteur extrêmement réputé dans les deux Droits, avocat ordinaire très influent de la même Curie Provinciale Suprême de Leipzig et qui se rend admirable par son seul mérite,

aux Protecteurs, aux Partisans et à leurs Grands Protecteurs extrêmement honorables et louables,

L'AUTEUR

donne, dit et dédie.

PROEMIUM

Quam libenter a praefatione abstinerem, in reliquis brevitas mea fidem faciet, constantius quam multa de suo afferentem decebat, servata. Nunc cogit me aliquid dicere metus judiciorum, quae vel ex affectu vel festinatione inspicientium mihi imminere, sentio. Alii enim verborum parsimoniam vitio vertent, alii allegationis DD., quibus vulgo paginae turgent; alii curiositatem, ut ipsi vocant, ut ego interpretor, variarum facti specierum copiam: et his quidem hoc ipso responsum esto, at primi reprehensores illud sibi persuadeant, facilius fuisse, dilatatis verbis tractatum, quam compressis disputationem dare. Sed ii, quibus principem sine satellitibus, id est rem sine autoritatibus intueri fastidiosum est, cogitent, quam frequens hoc argumentum sit, quam nulli juris vel compendio Conditiones sileantur. Ita aut omnes citandi erunt, quod infinitum est; aut alii prae aliis, quod invidiosum, aut nullus, nisi cum aliquid, rarissima gloria, veteribus intactum habet, quod expeditum. Neque vero vereor confiteri, quam vulgare argumentum elegerim, plerumque enim quod communissimum, idem utilissimum est, illorum vero gloriae non invideo, qui dum nescio quas inauditas materias jactant, habent in solo titulo raritatem, caeterea inania sunt aut pervulgata. Mihi vero potius ad commendandum laborem meum videtur facere, quod Cl[mi] viri in eo argumento illustrando studium posuerunt. Extat, ut ab incomparabili viro, quem honoris causa nomino, *Johanne Strauchio*, didici, *tractatus de*

AVERTISSEMENT

Ma brièveté dans le reste de ce travail prouvera combien je m'abstiendrais volontiers de préface, brièveté observée avec plus de constance qu'il ne convenait à qui apporte beaucoup du sien. Mais ce qui m'oblige à dire quelque chose est la crainte des jugements qui, je m'en rends compte, me menacent, inspirés par la passion ou la précipitation de ceux qui examineront ce texte. Les uns en effet verront un défaut dans la concision de l'expression, d'autres dans celle des citations* des Docteurs dont les pages ordinairement se gonflent, d'autres dans ce qu'ils appellent vaine curiosité et dans ce que moi je considère comme l'abondance des différents aspects d'un fait; à ces derniers je viens de répondre; quant aux premiers de mes critiques, qu'ils se persuadent qu'il eût été plus facile de fournir un traité en termes redondants qu'une discussion en termes concis. Mais ceux qui estiment qu'il est inintéressant de voir le prince sans sa garde, c'est-à-dire le sujet sans les références, qu'ils considèrent à quel point ce thème est fréquent et à quel point on tait les conditions quand elles sont de droit nul ou qu'on veut abréger. Ainsi il faudra ou bien citer tous les auteurs, ce qui est infini; ou bien les uns de préférence aux autres, ce qui est source de jalousie; ou bien personne, excepté celui qui, honneur rarissime, traite ce que les anciens n'ont pas traité, ce qui est la bonne solution. De fait, je ne crains pas de reconnaître combien est courant le thème que j'ai choisi, car la plupart du temps le plus commun est le plus pertinent et je n'envie pas la gloire de ceux qui, se vantant de je ne sais quels sujets extrêmement nouveaux, n'ont de rareté que dans le titre, tout le reste étant vide ou très commun. Mais il semble que ce qui fait davantage valoir mon travail est au contraire que des hommes très illustres se sont eux-mêmes attachés à éclairer ce sujet. Il existe, comme je l'ai appris de ***Johann Strauch***, homme incompara-

N.B. : Les notes de la traduction française, très développées, ont été reportées à la fin de la traduction, p. 195 et suivantes.

Conditionibus Philiberti Brusselii Caroli V. et Philippi II. Hispaniarum Regis Consiliarii, editus *Lovanii anno 1560*. Prodiit *Leander Galganettus de Cond., Demonstr., Modo, Causa et Poena, Venetiis fol. 1609* et quidam *Paulus Duran de Conditionibus et Modis impossibilibus et prohibitis Contractibus et Testamentis adscriptis*, ed. *Venet. fol. 1616. Jenae* quoque de *Conditionibus Dissertationem* habuit *Oswaldus Hilliger.* Versantur praeterea in manibus *tr. de Conditionibus Lochmanni, de Cond. Sponsalium* Dn. *Bechstad.* et novissime Cl^{morum} Virorum, utriusque Lipsiensis D^{ni} D. *Ziegleri* in *Salana* et D^{ni} D. *Mülleri* in *Varnensi Academia* habitae *dissertationes*. Tales antecessores superare velle insanum esset, stultum vel aemulari. Licebit tamen opinor diversam viam ineunti, alia parte quoque aditum hujus rupis tentare. Atque ita ad Methodum meam venio, quam a reprehensione vindicare peculiaris operae esset. Hic illud saltem praeterire non possum, tanto ingenio tantaque profunditate in reddendo jure versatos esse JC^{tos} veteres, ut in certissimas ac pene mathematicas demonstrationes eorum responsa redigendi laboris potius sit in digerendo, quam in supplendo ingenii. Quam rem praeter summum Virum *Hermannum Conringium praefatione* ad *Hopperum de vera Jurisprudentia* olim *Matthaeus Gribaldus,* et *Ant. Faber* in *Papinianaea Jurisprudentia*, nuperrime Cl^{mus} *Feldenus* in *Elementis Jurisprudentiae* delinearunt ac tentaverunt. Verum ita excusationis satis abundeque est. Nam qui tantorum Virorum nihil tribuunt rationibus, multo minus verbis meis permovebuntur.

ble à qui je tiens à rendre hommage, un *Traité des conditions* de ***Philibert de Bruxelles***[1] conseiller de ***Charles Quint*** et de ***Philippe II***, Roi d'Espagne, édité à Louvain en 1560. ***Leandro Galganetti***[2] a publié [le Traité] *des conditions, des désignations, du mode, de la cause et de la peine,* Venise, in folio, 1609 et un certain ***Paul Duran***[3] a publié *Des conditions et des modes impossibles et prohibés ajoutés aux contrats et aux testaments,* édité à Venise, in folio, 1616. A Iéna, ***Oswald Hilliger***[4] aussi a présenté une *Dissertation sur les conditions.* On dispose en outre du *Traité des conditions* de ***Lochmann***[5], du [Traité] *Des conditions des fiançailles* de Maître ***Bechstedt***[6] et tout récemment de dissertations présentées par Maître ***D. Ziegler*** à Salzbourg et Maître ***D. Müller*** à l'Université de Brunn, hommes très illustres, tous deux de Leipzig. Il serait fou de vouloir dépasser de tels prédécesseurs et même stupide de chercher à les égaler. Il sera néanmoins permis, je pense, en prenant un chemin différent, de tenter par un autre côté l'accès de ce rocher. J'en viens donc à ma méthode, qu'il serait particulièrement à propos de défendre contre les critiques. Ici du moins, je ne peux passer sous silence que les jurisconsultes anciens ont fait preuve, en rendant leurs jugements, d'un tel génie et d'une telle profondeur, que pour donner à leurs consultations la forme de démonstrations très certaines et presque mathématiques, il faut plutôt du travail pour les mettre en ordre que de l'ingéniosité pour les compléter. Cette tâche, outre cet homme supérieur qu'est ***Hermann Conring*** dans sa *Préface* adressée à ***Hoppers***[7] du [Traité] *De la vraie Jurisprudence,* autrefois ***Matteo Gribaldi***[8], et ***Antoine Favre***[9] dans la *Jurisprudence de Papinien*, tout récemment le très illustre ***Felden***[10] dans les *Éléments de Jurisprudence* (par cette méthode qu'il avait autrefois illustrée dans un appendice au manuscrit des *Topiques* d'Aristote, *sur la manière de démontrer)*, l'ont esquissée et entreprise. Mais trêve de justifications ! Car qui n'accorde aucun crédit aux arguments d'auteurs aussi considérables se laissera beaucoup moins encore ébranler par mes propos.

CUM DEO

DEFINITIONES

1. Propositio Conditionalis[1] est, quae hoc continet : Si illa Propositio vera est, haec vera est. 2. Illa Conditio[3] dicitur[2], 3. haec Conditionatum. 4. Terminus est earum alterutra. 5. Conditionalitas[4] est Connexio Termini ad Terminum. 6. Connexio est necessitas unius ad alterum, Connexa[5] sunt, quae ad se invicem requiruntur[6] 7. Illatio est necessitas illati ad inferens, seu ut dato inferente detur illatum. 8. Suspensio[7] est necessitas suspendentis ad suspensum, seu ut dato suspenso detur suspendens, sine suspendente non detur suspensum. 9. Convertibiles sunt Termini, qui se mutuo inferunt et suspendunt.

10. Conditio Extrinseca[8] [9] est, cujus Conditionalitas ex re ipsa[10] est. Ejus species sunt : Conditio necessaria Conditionato[11], quae per rei natu-

1. de conditionibus agitur *tot. titt. D. de Cond. Inst.* (C.J.) *de Cond. et Dem.* (C.D.) *de Statu Liberis* (St. L.) *C. de Inst. et Subst. de Cond. insert. Extra de Cond Appos.*

3. derivo a condendo, id est simul dando, adjiciendo. Uti redditio a reddendo. *Senecae ad Helv. Cons. n.5. : bona conditione conditi sumus. Pand. Florent.* habent : *Condicio.*

2. definitur Modus a *Cujac. Par. C.J.*, Causa, *Vult. J.R.1.7.*, Privatio Puritatis, post *Ant. Fab., Franzk. L. Gall. 11.4.11.*, Qualitas, *Ludw. § 9. J. de H.J.*, Adjectio, *Duareno C.J. c.1.* bene arg. th. 16 et d. 77. 80.

4. haec potius est qualitas, quam ipsa Co.

5. v. th. 96, 97.

6. et th. 198.

7. suspendi dicitur Co, v. not. d. 37., Ctum, vel dispositio *l. 13 § 1. l. 44 man. test. l. 8. l. 37. seqq. de R.C. l. 79 pr. C.D.*, pendere *l. 60 § 1. Cond. ind.*, v. th. 9.

8. DD. inverse hanc vocant intrinsecam scil. rei, eam quae ex dispositione est, extrinsecam. *Negusant. pign. V.3.2.11.*

9. *l. 6. § 1. qu.d.l.c.*

10. *l. 73. pr. V.O. juris l. 21. C.D. vi inest l. 1. pr. C.D.*

11. illa puram, th. 329.

AVEC DIEU

DÉFINITIONS

1. Une proposition conditionnelle[1] est celle dont le contenu est le suivant : si cette proposition là est vraie, celle-ci est vraie. 2. Celle-là est dite[2] la condition[3], 3. celle-ci le conditionné. 4. Un terme est l'une ou l'autre des deux. 5. La conditionnalité[4] est la connexion de terme à terme. 6. La connexion est la nécessité de l'un pour l'autre ; sont connexes[5], les choses qui sont requises[6] l'une pour l'autre. 7. L'implication est la nécessité de l'impliqué pour l'impliquant, c'est-à-dire la nécessité que, une fois donné l'impliquant, soit donné l'impliqué. 8. La suspension[7] est la nécessité du suspendant pour le suspendu, c'est-à-dire la nécessité que, une fois donné le suspendu, soit donné le suspendant, que sans suspendant ne soit pas donné le suspendu. 9. Convertibles sont les termes qui s'infèrent et se suspendent mutuellement.

10. La condition extrinsèque[8] [9] est celle dont la conditionnalité découle de la chose même[10]. Les espèces en sont : la condition nécessaire au conditionné[11], qui le suspend par la nature de la chose ; et la

ram id suspendit; et Conditio, cui Conditionatum necessarium est[12], quae infert. 11. Dispositio est propositio, cujus veritas a voluntate pendet ejus, qui est Arbiter Dispositi, qui si Dispositum aliquo dato verum esse vult, nec aliter declarat suam voluntatem, Dispositio est Conditionalis. 12. Arbiter est Persona, qua efficaciter volente res est, et alias non est. 13. Persona (Res) Conditionalis (Conditionata) est, cujus in conditione mentio est (vel conditionato). 14. Deductum[13] in Conditionem (Conditionatum) est, cujus caetera sunt circumstantiae. 15. Circumstantia[14] deductum ingreditur, qua demta illud vagum est, et quodnam sit, intelligi non potest, estque vel subjectum vel objectum.

16. Ratione Deducti in Conditionem (Conditionatum) conditio (conditionatum) est vel Affirmativa[15], vel Negativa[16], haec mere negativa, quae ante existentiam contrariae aliter quam interitu subjecti non existit. 17. Item indefinita[17], quae inprimis loco et tempore, aut aliis etiam circumstantiis[18] definita non est. 18. Abstracta est, quae vera est, etsi res in mundo omnino nullae essent, v.g. si causa causae est causa causati; si Diagonalis est lateri incommensurabilis. 19. Actualis, quae contra[19], uti: si datur Materia prima. 20. Et haec praesens, praeterita vel futura est. 21. Status item vel Motus. 22. Praeterea vel Continuata, in quam deductum saepius existere debet, ut ipsa existat, 23. quae Continua est, cum per datum tempus semper[20] existit, 24. Discreta, cum per intervalla (utraque vel perpetua vel temporalis); 25. vel Momentanea, ubi semel sufficit. 26. Simplex est, cum est Categorica propositio. 27. Condi-

12. haec nullam, th. 143., facit disp., omne enim per se necessarium est in disp. pro non adjecto.

13. v.g. dare, facere, *l. 60. pr. C.D.*

14. v.g. Titio, Sejo, decem; v. d. 31. de falsa Cond. et d. 17.

15. *l. 22. C.D. § 4. J. de V.O. l. 7. V.O.*

16. v. th. 24. 6. 277. 314. 365.

17. *l. 91.C.D.*

18. deductum non ingredientibus.

19. Causa in praeteritum est, poena in futurum, *l. 12. C.D. l. 2. de his quae poen.* Demonstratio praeteriti esse solet, Co futuri, *l. 34. § 1. C.D. l. 6. § 1. de L. 1.*, sed ut demonstratio in futurum esse potest, *l. 34. de aur. et arg. leg.*, v. th. 192. not., ita Co in praeteritum, th. 194. *l. 16. de inj. test. l. 122. § 4. V.O. l. 51. § 1. de man. test.* arg. *Pauli in l. 28. de Judic.* Nam etiam propositiones de futuro certo verae sunt aut falsae, v. th. 241. Obst. *§ 6. J. de V.O. l. 3. § 13. de bon. quae lib. l. 37. l. 39. de R.C. l. 10. § 1. C.J. l. 34. § 1. l. 37. C.D. l. 69. H.J. l. 100. l. 120. V.O.* Resp. JC[ti] negant Cnem in praeteritum conferri posse, quia illa proxime accedit purae, nam jus ex ea transmittitur (quia ipsa non differt, *l. 100. V.O.*) et retrotrahitur, th. 357., add. *d. l. 16.*

20. etsi non exacte, *l. 4. § 5. de St. L.*

condition à laquelle le conditionné est nécessaire[12], qui l'implique. 11. Une disposition est une proposition dont la vérité dépend de la volonté de celui qui est l'arbitre du disposé, et qui est tel que s'il veut que quelque chose une fois donné, le disposé soit vrai, et qu'il ne manifeste pas autrement sa volonté, alors la disposition est conditionnelle. 12. L'arbitre est la personne par la volonté efficace de qui, la chose est et sans la volonté efficace de qui elle n'est pas. 13. La personne (chose) conditionnelle (conditionnée) est celle dont il est fait mention dans la condition (ou le conditionné). 14. Ce qui est introduit[13] dans la condition (dans le conditionné) est ce dont les autres choses sont les circonstances. 15. Ce qui est introduit commence par la circonstance[14], par la suppression de laquelle il devient indéterminé et l'on ne peut comprendre ce qu'il est; et il est sujet ou objet.

16. En raison de ce qui est introduit dans la condition (le conditionné), la condition (le conditionné) est soit affirmative[15], soit négative[16]; celle-ci est purement négative, qui avant l'existence de sa contraire n'existe pas autrement qu'à la mort du sujet. 17. De même est indéfinie[17] celle qui n'est pas définie surtout par le lieu et le temps ou même par d'autres circonstances[18]. 18. Est abstraite celle qui est vraie même si absolument rien au monde n'existait, par ex. si la cause de la cause est cause du causé; si la diagonale est incommensurable avec le côté. 19. Est actuelle celle qui est dans la situation contraire[19], comme: si une matière première est donnée. 20. Et celle-ci est présente, passée ou future. 21. De même pour l'état ou pour le mouvement. 22. En outre elle est soit continuée, si ce qui est introduit en elle doit exister plus souvent pour qu'elle-même existe, 23. celle qui est dite continue l'est quand elle existe constamment[20] pendant un temps donné, 24. elle est dite discrète, quand elle existe par intervalles (dans l'un et l'autre cas elle est soit perpétuelle, soit temporaire); 25. soit momentanée, là où il suffit d'une seule fois. 26. Elle est simple, quand la proposition est catégo-

tionalis[21]. 28. Disjunctiva (Conjunctiva), cum talis propositio est, partes autem (Conjunctae vel) Disjunctae dicuntur. 29. Conjunctiva[22] (Disjunctiva[23]) cum ordine est, cum una Conjunctarum[24] (Disjunctarum) ante vel post alteram existere vel deficere non debet.

30. Conditio necessaria dicitur vel Conditionati, d. 10., aut dispositionis, th. 49., ratione, vel in se et sic iterum a parte rei, sic omnis conditio ab initio est necessaria vel impossibilis ; aut a parte nostri, ita necessaria[25] est, quam veram esse certum est, 31. Impossibilis[26], quam falsam[27], et vel omnino, vel dato tempore, ea est impossibilis impraesentiarum[28]. 32. Certum est, quod scimus necessario tale esse, quale apparet. 33. Certa Conditio est, cujus eventus est (idque in Actualibus) certus. 34. Eventus est, cum 35. Existit, id est illo tempore, quo existere dicitur, praesens est, vel 36. Deficit[29] seu illo tempore, quo solo esse potest, praesens non est. 37. Pendet[30] ante Eventum. 38. Incertissima est, cujus contraria aeque certa est. 39. Ignoranda[31], cujus veritas aut falsitas sciri non potest.

40. Temporaria[32] est, in qua mentio est temporis aut diei. 41. Dies[33] hoc loco est, quando, seu momentum temporis. 42. Tempus est, quamdiu, seu spatii durativi tractus. 43. Tempus certum vel incertum est a diebus, quibus includitur. 44. Dies tanquam terminus temporis, est vel a quo, seu ex quo, vel ad quem, illic dicitur Ex Die, hoc Ad Diem. 45. Dies certus aut incertus est[34], an vel quando, vel an et quando.

21. v.g. *si navis venerit, Titius haeres esto, ea institutio si valida erit, Sejus haeres esto.* Ibi ipsa Co est Clis.

22. v.g. substitutio continuata seu duplex (*l. 1 § 1 de V. et P.S.*) uti *l. 3. § 5 de lib. et post. h.l. 31. § 1 de V. et P.S.*

23. v.g. *Titius haeres esto, si non erit, Sejus haeres esto* ; v. demonstr. th. 337.

24. conjunctam vocat Comitivam *Corset. verb. geminat. n.8.*

25. v. th. 332.

26. th. 144.

27. ejus species est falsa stricte dicta, *l. 72. § 7. C.D.*, cum aliqua circumstantia non est in rerum natura, v. *l. 104. § 1. de L. 1. l. 6. § 1. l. 45. C.D. l. 41. § 16. fideic. lib. l. 26. § 1. St. L.*

28. revera est possibilis, *l. 58. 59. 104. C.D.*, adde tamen th. 365.

29 v. *l. 31. C.D.*

30. *l. 16. Cond. ind. l. 36. R.C. l. 34. pr. de usufr. l. 38. § 2. 4. H.J. l. 8. qu.d.l.c. l. 14. quib. ex c. in poss.*, etiam *suspenditur, l. 72. § 4. C.D. l. 34. famil. hercisc.*, add. d. 8.

31. *l. 38. R.C.*

32. *l. 6. H.J. l. 6. C.J. l. 1. in d. add.*, v. th. 84. seqq.

33. hoc sensu coeptus habetur pro impleto.

34. Dn. *Hahn. ad Wes. C.D. n. 3.*

rique. 27. Conditionnelle[21]. 28. Disjonctive (conjonctive) ; quand la proposition est telle, les parties alors en sont dites (conjointes ou) disjointes. 29. La conjonctive[22] (disjonctive[23]) est pourvue d'un ordre, quand l'une des parties conjointes[24] (disjointes) ne doit pas exister ou faire défaut avant ou après l'autre.

30. La condition nécessaire est ainsi appelée soit en raison du conditionné, d. 10, soit en raison de la disposition, th. 49, soit en soi et alors à nouveau du point de vue de la réalité, auquel cas toute condition dès le départ est nécessaire ou impossible ; soit de notre point de vue, auquel cas est nécessaire[25] celle dont il est certain qu'elle est vraie, 31. *[et]* impossible[26] celle *[dont il est certain]* qu'elle est fausse[27], et elle est impossible pour le moment[28], soit absolument, soit pour un temps donné. 32. Est certain ce que nous savons être nécessairement tel qu'il apparaît. 33. La condition certaine est celle dont l'événement (et ceci dans l'actuel) est certain. 34. L'événement est, quand 35. elle existe, c'est-à-dire est présente en ce temps où elle est dite exister, ou 36. fait défaut[29], autrement dit, n'est pas présente dans le temps où elle peut seulement être. 37. Elle est en suspens[30] avant l'événement. 38. La plus incertaine est celle dont la contraire est pareillement certaine. 39. A ignorer[31], celle dont la vérité ou la fausseté ne peut être connue.

40. Est temporelle[32] celle dans laquelle mention est faite d'un temps ou d'un terme. 41. Le terme[33] dans ce cas, est *[l'expression du]* « quand », c'est-à-dire le moment du temps. 42. Le temps est *[l'expression du]* « pendant combien », c'est-à-dire l'écoulement linéaire de ce qui dure. 43. Le temps est certain ou incertain du fait des dates qui le limitent. 44. Le terme, en tant que limite du temps, est soit celui duquel c'est-à-dire à partir duquel, soit celui jusque auquel ; le premier est dit terme initial *[suspensif]*, le second, terme final *[extinctif]*. 45. Le terme

46. Conditio Conditioni aut tantum Opposita est, id est incompatibilis; 47. aut etiam Contraria[35], ut inter eas tertia non detur. 49*. Conditio, quae Conditionato eadem est ratione alicujus termini communis, dicetur Communicata, ejus species est: 50. Demonstrativa[36], cum idem Terminus est, isque vel subjectum, vel objectum (seu res vel persona) utrobique, ac ipse quidem incertus, Conditio vero demonstratio est, v.g. si quis filiam Titii ducet, ei 100 do lego. 51. Res vel Persona incerta est, quae est individuum vagum. 52. Demonstratio est proprium loco subjecti positum. 53. Conditio Identica[37], quae prorsus eadem est cum Conditionato. 54. Circularis[38] Dispositio, cujus termini sunt sibi mutuo Conditio et Conditionatum. 55. Si Conditio Conditionato opposita est, dicitur Propositio Perplexa[39], cujus Conditio et Conditionatum non possunt simul existere vel non existere.

56. Conditionalitas vel est Veritatis, et diem habet, id est, nihil aliud dicit quam juxta d. 1.: si Conditio vera est, verum est Conditionatum; vel est Existentiae, cum tempus existentiae Conditionati adjectum est, definitum existentia Conditionis, seu hoc dicit: si Conditio existit, tum etiam existet Conditionatum, ea dicitur diem habere[40]. 57. Propositio continet diem, cum Conditionalitas, seu veritas ejus diem habet. 58. Dies inest ipsi. 59. Adest Conditioni, cum diem ipsa continet. 60. Inest Conditioni, cum dies ejus adest Conditionato. 61. Id est: ejus existentiam differt.

62. Propositio est Conditionalis (Pura) figura[41], id est sola dispositione verborum, vel expresse et figura[42] et sensu, vel tacite[43] solo sensu.

35. *l. 86. pr. H.J. l. 8. de stip. praetor. l. 121. de R.J.*, quam Scholastici contradictoriam vocant. Sumitur tamen, horum more, *l. 13. § 3 de reb.d.*

36. demonstrata, *l. 41. § 3. V.P.S.*, v. th. 192.

37. v.g. *si haeres eris, haeres esto.* Ita Germani: *warte biss du gehest*, id est: *gehe erst, wenn du schon gehest. Si socius bonorum meorum manseris, l. 4., si servum haereditarium manumiseris, l. 20. § 1. C.J.* (quae te haeredem esse supponunt), *haeres esto. Datum si petieris* (petere autem antequam habeas non potes), *l. 85. C.D. l. 48. V.O.* Tale mero jure nullum est, sed aequitate in *l. 4.* fit modus, *l. 20.* actus eventualis, v. th. 210; *l. 85.* vox *petendi* benignius explicatur.

38. *l. 16. C.J. Mutua substitutio, l. 4. § 2. l. 41. § 1. V.P.S.*, huc non pertinet, quia simul pure instituuntur Substituti.

39. *l. 16. C.J.*, d. 53. 54. Si quis sibi substituatur: Si non habebis, habeto. *l. 10. § 7.* (v. tamen *l. 48. § 1) V.P.S. l. 88. ad L. Falc.*, quam Dn. *Rebhan. Hod. J. p. 290.* in Syllogismos redegit, add. nostr. *Specimen Quaest. Philos. ex jure, q.12.*

40. v. *l. 49 § 2. de L. 1. l. 8. V.O.*

41. figura (verba) et vis (sensus), *l. 69. H.J.*, aut potestas, *l. 39. R.C.*, opponuntur.

42. Figura Cnum absolvitur verbis formalibus, ea sunt Copula, in U.V. ut plurimum: esto, testator enim pro imperio loquitur, et Signa: si, cum, quis etc., quorum plenam tractationem a Dn. *Strauchio* in *Particularis Juris* expectamus. Si proprie facit Cnem (v. *l. 22.*

est certain ou incertain[34] du point de vue du « si » ou du « quand », ou du « si » et du « quand ».

46. Une condition est ou bien seulement opposée, c'est-à-dire incompatible à une autre condition ; 47. ou bien encore contraire[35], en sorte qu'il n'y ait pas entre elles de tierce possibilité. 49*. La condition qui est la même que le conditionné en raison de quelque terme commun sera dite communiquée ; une espèce en est : 50 la désignative[36], quand le terme est le même, et qu'il est soit sujet, soit objet (c'est-à-dire chose ou personne) de part et d'autre, et s'il est lui-même incertain, la condition est vraiment une désignative, par ex. si quelqu'un épouse la fille de Titius, je lui donne, je lui lègue 100. 51. Une chose ou une personne est incertaine quand c'est un individu indéterminé. 52. La désignation est le propre mis à la place du sujet. 53. La condition identique[37] est celle qui est absolument la même que le conditionné. 54. La disposition circulaire[38] est celle dont les termes sont mutuellement l'un pour l'autre condition et conditionné. 55. Si la condition est opposée au conditionné, la proposition est dite *[une proposition]* perplexe[39], dont la condition et le conditionné ne peuvent ni exister ni faire défaut en même temps.

56. La conditionnalité ou bien porte sur la vérité et comporte un terme, c'est-à-dire qu'elle ne dit rien d'autre que conformément à d. 1 : si la condition est vraie, le conditionné est vrai ; ou bien porte sur l'existence lorsque le temps de l'existence est apposé au conditionné et est défini par l'existence de la condition, c'est-à-dire qu'elle dit ceci : si la condition existe, alors existera aussi le conditionné ; on dit alors que celle-ci comporte[40] un terme. 57. La proposition contient un terme, quand la conditionnalité, c'est-à-dire sa vérité comporte un terme. 58. Le terme est inhérent à la proposition. 59. Il s'applique à la condition, quand elle même contient un terme. 60. Il est inhérent à la condition, quand le terme de celle-ci s'applique au conditionné. 61. C'est-à-dire : diffère son existence.

62. La proposition est une forme[41] conditionnelle (pure), c'est-à-dire

63. Conditionatum Morale est, in quod deductum est jus aliquod, subjectum autem deducti persona. 64. Conditio Moralis est a Conditionato, 65. Logica[44], quae non est moralis, quam nos inposterum a nostra tractatione removemus, et cum hactenus etiam Logicis Conditionibus communia dixerimus, nunc ad morales pertractandas accingimur.

66. Propositio Conditionalis Moralis, cujus nempe Conditio et Conditionatum sunt Moralia, dicetur a nobis inposterum Dispositio in specie. 67. Disponens Persona est Conditionator, cujus ultimo actu voluntatis declarativo valida est dispositio. 68. Conditionarius est subjectum deducti in Conditionatum, seu persona, cui jus, quod Conditionatoris fuit, Dispositione tribuitur. 69. Uterque Persona Principalis in hoc argumento, alius ab his Tertius dicitur. 70. Debiturus est, qui esset obligatus, si nunc existeret Conditio[45].

71. Jus ipsum praecise sumtum dicitur Jus Conditionatum. 72. Cum conditione, Jus Conditionale. 73. Purificari est ex jure vel dispositione Conditionali puram fieri. 74. Dispositio recipit Conditionem, cui inseri ea potest. (75. Inseri est partem verborum fieri). 76. Cui adjici Conditio potest, Jus Conditionabile est. 77. Adjici est eorundem cum alterius verbis verborum partem fieri. 78. Adesse quid dicitur juri sensu et vi seu effectu. 79. Inesse Dispositioni. 80. Pro non adjecto[46] est, quod adjectum est, sed quia juris effectu caret, non adjectum intelligitur. 81. Intelligitur quod non ita est, sed juris effectu perinde est, ac si ita esset. 82. Juris effectum habet, quod, quantum ad jus attinet, pro nihilo non habetur. 83. Jus, quod juris effectum non habet, Nullum[47] est, 84. Actus Invalidus[48]. 85. Quod Juris effectum habet, sed non et exercitii, inutile[49]. 86. Jure

qu.d.l.c. l. 45. § 1. l. 46. § 2. 3. V.O.); ab eo Cum dicitur nihil differre *d. l. 45.*, significat tamen potius Cnem cum die *d. l. 22.*, add. *l. 48. Cond. ind.*, quemadm. duo ablativi, *l. 18. l. 109. C.D.*, Tum, *l. 4.C.D.* et ibi *Goth.*, et Postea, *l. 9. § 14.* et *§ 18. H.J.*; Qui facit Demonstr. (et per eam Cnem, *Bal.* ad *l. 1.*, v. *l. 10. C.J.*), Si quis Dem. et Cnem, *l. 17. § 1. de L. 1. l. 5. pr. l. 11. de reb. d.*, Quisquis Cnem, *l. 3. l. 6. de L. 1.*, Quoad Cnem resolut. *l. 3. § 7. de susp. Tut.*

43. add. th. 237. seqq. *Grot. J.B.P. XI. 6. Henr. IV. R. Gall.* apud *Forstner. ad Tac. lib. Omiss. pag.10.* (vel *Maria Scotica* apud *Joh. de Laët. Hist. Un. p. 405.*) ajebat omnes promissiones Principum esse sub tacita Cne: si utile est.

44. *secundum dici, Bachov. ad Tr. II. 27. 6. d.*; v.g. qui sub Cne minatus est, is verus est diffidator, *Moller.* ad *P. IV. Const. Elect. 15.*

45. *l. 81. § 1. C.D.*

46. *tot. tit. D. de his quae pro non script.*

47. v. *Vant. tr. de Nullit.*

48. v. DD. de Invaliditate, *Br.* ad *l. si expressim. D. de appellat.*

49. in effectu aequipollet invalido, *l. 112. de R.J.*

par la seule disposition des termes, soit expressément par la forme[42] et par le sens, soit tacitement[43] par le seul sens.

63. Le conditionné moral est celui dans lequel ce qui est introduit est un certain droit, et le sujet de ce qui est introduit, une personne. 64. La condition est morale en vertu du conditionné, 65. la condition logique[44] est celle qui n'est pas une condition morale et que nous écartons par la suite de notre développement ; et quoique nous ayons dit jusqu'ici des choses communes aussi aux conditions logiques, nous nous préparons maintenant à étudier à fond les conditions morales.

66. La proposition conditionnelle morale, dont bien sûr la condition et le conditionné sont de nature morale, sera dite par nous par la suite dans son espèce, disposition. 67. La personne qui dispose est le conditionnateur, par le dernier acte déclaratif de volonté duquel, la disposition est valide. 68. Le conditionnaire est le sujet de ce qui est introduit dans le conditionné, c'est-à-dire la personne à qui le droit qui a été celui du conditionnateur, est attribué par la disposition. 69. L'un comme l'autre est appelé en ce domaine personne principale, tout autre qu'eux est appelé tiers. 70. Le débiteur éventuel est celui qui serait obligé si la condition[45] existait présentement.

71. Le droit lui-même au sens restreint est dit droit conditionné. 72. Pris avec la condition, il est dit droit conditionnel. 73 Etre purifié signifie pour une disposition, devenir pure à partir d'un droit ou d'une disposition conditionnels. 74. Une disposition reçoit une condition, quand celle-ci peut être insérée en elle. 75. (Etre inséré c'est devenir partie des termes). 76. Est un droit conditionnable, celui auquel une condition peut être apposée. 77. Etre apposé signifie devenir partie des mêmes termes *[d'une expression]* avec les termes d'une autre *[expression]*. 78. On dit que quelque chose participe du droit, par le sens et par la puissance, c'est-à-dire par l'effet. 79. *[On dit]* qu'il appartient à la disposition. 80. Est tenu pour non apposé[46], ce qui est apposé mais est réputé non apposé parce que l'effet du droit lui fait défaut. 81. Est réputé, ce qui n'est pas tel, mais par l'effet du droit est comme s'il était tel. 82. A l'effet d'un droit, ce qui pour tout ce qui touche au droit, n'est pas tenu pour néant. 83. Un droit qui n'a pas l'effet d'un droit est nul[47]. 84. Un acte *[qui n'a pas l'effet d'un acte est]* invalide[48]. 85. Ce qui a l'effet d'un droit mais pas celui de son exercice, est inutile[49]. 86. Est juridiquement impossi-

impossibile[50] est, quod juris effectum existentia sua habere non potest. 87. Vitiatur[51], quicquid combinatione et appositione ad alterum perdit Juris effectum. 88. Utrum horum in culpa est, vitiat. 89. Perimitur[52] jus, quod fit nullum. 90. Infirmatur[53] Actus, qui invalidus. 91. Eliditur[54], quod inutile fit. 92. Convalescit[55], quod nullum vel invalidum esse desinit. 93. Evanescit, quod initio subsistens postea est pro non adjecto. 94. Actus natura conditionalis[56] est, qui esse non potest sine aliqua vel hac Conditione. 95. Ea dicitur Actui Necessaria. 96. Substituere est dare secundo, si primus non acquiret. 97. Fidejussio est promissio solvendi debitum principalis, si ille non solvet. 98. Votum est promissio Deo facta sub Conditione.

99. Persona necessaria est, qua non existente Conditio existere non potest. 100. In quem collata est Conditio aut ex quo suspensa est, 101. id est, qui potest impedire, *l. 9. qui pot. in pign.*, vel 102. in cujus factum collata est, id est, cujus facto existit, vel 103. potestatem, id est, qui potest, seu cujus voluntate efficaci existit: 104. In ejus vero potestate est, qui et efficere, d. 103., et impedire, d. 101., potest[57]. 105. Impletur, quae in aliquem collata est et existit. 106. Factum, si Conditio in id collata est, est vel naturale seu facti[58], vel morale, seu juris. (107. Conditio autem Juris est, quae Conditionatum Morale esse potest, per d. 63.) 108. Est item[59] vel Dandi[60], quum directe aliquid honorati bonis accedit existentia Conditionis, vel Faciendi. 109. Offerre est Exhibere[61] sub specie dandi. 110. Mixta[62] hoc loco Conditio est, quae simul dandi et faciendi est.

50. add. d. 111.; ita quod facto imposs. *Virgilius* vocat *nefas, l. 7. Aen.: quem neque fas igni cuiquam nec sternere ferro.*

51. si Co vitiatur, dispositio est pura; si vitiat, nulla, dicitur tamen: reprobari quod sub Cne relictum est, cum reprobetur Co, *l. 8. C.J.*

52. *l. 43. § 3. O.A.*

53. etiam initio invalidus infirmari dicitur *l. 15. C.J.*

54. *l. 27. § 2. de pact.*

55. *l. 20. § 1. C.J. l. 29. R.J.*, th. 153. not.

56. v. th. 49. 214. seqq.

57. generaliter arg. *l. 33. de Tutel.*

58. aliter *l. 21. C.D.* ubi Co extrinseca dicitur *juris*, ex dispositione veniens *facti*.

59. *l. 60. C.D.*, etiam qui dat, facit, *l. 218. V.S.*

60. Dedisse fingitur (*l. 45.C.D.*), qui obtulit, v. th. 45., cui acceptum fertur, *l. 81. § 5. L. 1.*, qui compensat, *l. 20. § 2. St. L.*, statu liber, qui pecuniam consignatam deponit, *l. 4. pr. St. L.*, qui repudiavit, frustra poenitet, *l. 7. C. de Cond. ins.* Dare significat ipsum actum dandi, *l. 44 pr. C.D.*, etiam illi, qui rem suam facere non potest, *l. 55. C.D.*

61. id est apprehendendi copiam facere, *l. 3. § 8. tab. exh.*

62. v.g. rationes reddendi, *l. 6. § 7. St. L.* Obst. *l. 32. C.D.* Resp. rationes tamen exhibere est praeliminare.

ble[50] ce qui ne peut avoir par son existence, l'effet d'un droit. 87. Se vicie[51], tout ce qui par combinaison et apposition à autre chose perd l'effet d'un droit. 88. Celui des deux éléments qui est en faute, vicie. 89. Se périme[52], le droit qui devient nul. 90. S'infirme[53], l'acte qui devient invalide. 91. Se supprime[54], ce qui devient inutile. 92 Se rétablit[55], ce qui cesse d'être nul ou invalide. 93. S'évanouit, ce qui subsistant au début est ensuite tenu pour non apposé. 94. L'Acte conditionnel[56] par nature, est celui qui ne peut être sans quelque condition en général, ou bien sans telle condition. 95. Celle-ci est dite nécessaire à l'acte. 96. Substituer, c'est donner à un second si le premier n'acquiert pas. 97. La fidéjussion est la promesse d'acquitter la dette du débiteur principal, si celui-ci ne l'acquitte pas. 98. Le vœu est une promesse faite à Dieu, sous condition.

99. La personne nécessaire est celle sans l'existence de qui la condition ne peut exister. 100. A qui est confiée la condition ou dont elle dépend, 101. c'est-à-dire qui peut empêcher, l. *9. qui pot. in pign.*[*], ou encore, 102. au fait duquel elle est soumise, c'est-à-dire, par le fait duquel elle existe, ou encore, 103. au pouvoir *[duquel elle est soumise]*, c'est-à-dire *[au pouvoir de celui]* qui peut, ou encore par la volonté efficace de qui elle existe : 104. de fait, elle est au pouvoir de celui qui peut[57] aussi bien réaliser d. 103, qu'empêcher d. 101. 105. Est accomplie, celle qui est soumise à quelqu'un et existe. 106. Le fait, si la condition y est soumise, est soit naturel c'est-à-dire de fait[58], soit moral, c'est-à-dire de droit. (107. Mais la condition de droit est celle qui peut être un conditionné moral, par d. 63.) 108. De même[59], il est soit de donner[60], quand quelque chose s'ajoute directement aux biens du gratifié par l'existence de la condition, soit de faire. 109. Offrir, c'est présenter[61] sous la forme du don. 110. La condition mixte[62] sur ce point est celle qui est à la fois de donner et de faire.

111. Conditio jure impossibilis[63] est, quae et si existat, jure non existere fingitur, et sic nunquam ita existere potest, ut extitisse censeatur; vid. d. 86. 112. Prohibita[64] est, quae Lege, id est expresso jure, est impossibilis. 113. Illicita[65], quae eo ipso jure, quod ratio dictitat. 114. In fraudem Legum adjecta[66], quae eum effectum habet, quem habet aliquod ob eum ipsum effectum prohibitum, et proinde jure eadem cum illo ipso intelligitur esse, per d. 81., ac si procederet, Lex finem suum non assequeretur. 114a. Turpis[67] est, quae laedit implentis existimationem. 115. Contra bonos mores[68] est, quae cum nihil in se habeat illicitum, censetur tamen moribus civitatis aut ex usu reipublicae inhonesta. 116. Captatoria, quae eo fine adjecta praesumitur, ut quis alicui aliquid ultima Voluntate relinquat.

117. Conditio in potestatem collocata[69] vel intrinseca[70] (et aut voluntatem dicit, estque haec ipsa: si voluero[71], vel si voluerit, aut si Titius

63. *l. 15. C.J. l. 79. § 1. de j. dot.*, Principis enim consensum impetrare DD. habent pro impossibili, *Zas.* ad *l. cum. serv. § fin. de L. 1. n. 6.*

64. *l. 14. C.J. v. contra Leges*, v.g. *l. 88. pr. ad L. F.*

65. *d. l. 14. v. legis vicem l. 15. v. pietatem l. 9. C.J. l. 20. C.D.*

66. *l. 7. C.J. l. 37. C.D. l. 97. § 2. V.O. l. 2. C. de inst. et subst.* v. th. 335. not.

67. *d. l. 15.* Non semper illicita, per *l. 144. de R.J.*, ita Co jurej. turpis, *l. 26. C.D.*, impletur licite, *l. 62. acqu. haer.*

68. late sumta includit caeteras, *d. l. 15.*, strictius pro illicita etiam et turpi, *d. l. 9.* arg. *Paul. Sent. III. 4.15.*, strictissime, *l. 14. C.J.*, pro ea quae est *contra mores hominum, c.1. Extr. de Cond. Appos.*, ejus Reip. *Cornel. Nep. praef. vit.*

69. suum haeredem facit voluntar. *l. 69. H.J. l. 12. C.J.*

70. Dn. *Ziegl. n.40. de Cond.* Extrinseca (*si feceris*) intrinsecam (*si volueris*) continet, alias differunt ut tacita et expressa, *l. 68. H.J.*, sed permiscet *l. 46. § 2 fideic. lib. l. 1. pr. L. 2. l. 52. C.D.*

71. per modum Cnis adjicitur: aut voluntas Ctoris, d. 67., (ut Testatoris, tum dispositio nulla est ejus, a quo relinquit Testator, v.g. haeredis, *l. 46. pr. fid. lib. l. 43. § pen. L. 1. l. 24. L. 2. l. 27. reb. d., l. 11. § 7. L. 3.*; nisi noluerit, fideic. valet, *l. 11. § 5. L. 3.*; si voluerit haeres, Libertas potest dari, *d. l. 46.*, Rei promittendi, *l. 7. contr. Emt. l. 13. C. eod. l. 8. O. et A. l. 17. l. 46. § 2. l. 108. V.O.* Obst. *§ pen. J. de Emt. Vend.* Resp. Co ibi est non simpliciter: *si volueris*, sed: si *rem volueris*); aut Crii (ut: *si volueris*, Haeres esto, pura est, *l. 69. H.J. l. 12. C.J.*, similiter: liber esto, *d. l. 46. § 1. fid. lib.*; sed: si volueris, tibi lego, disp. est Clis, *l. 65. § 1. de L. 1. l. 69. C.D.*; si volueris, spondeo, idem juris fore ait *Cujac.* ad *l. 17. V.O.*); aut Tertii (ut: si Tertius voluerit, Institutio est nulla, *l. 68. l. 32. H.J.* Item Legatum, *l. 52. C.D.*, neque enim ibi Maevius designat haeredem, JCti enim in casibus formandis, si cui nomen imponunt, tertium intelligunt, nisi aliud expresse significarint. Non obst. *l. 1. de L. 1* (ib. alterius id est Crii) neque *l. 43. § 2. L. 1.* (aliena id est Crii) neque *l. 11. § 5. de L. 3.* (quemadmodum aliud est: Titius haeres esto, *si voluero*, quod non valet, et *nisi noluero*, quod valet) neque *l. 46. § 2. fid. lib.* (procedit enim favore libertatis). *Utri voluerit*, Tutor esto, non valet; quid enim, si nolit constituere, *l. 23. pr. de Test. Tut.*; at: *utri haeres voluerit*, dato, cogitur constituere, *l. 16. de L. 2.* Tutor si voluerit, Testamento

111. La condition impossible[63] en droit est celle qui, même si elle existe, est supposée ne pas exister en droit et ainsi ne peut jamais exister de telle sorte qu'elle soit censée avoir existé, voir d. 86. 112. Est prohibée[64], celle qui est impossible par la loi, c'est-à-dire par droit exprès. 113. Illicite[65], celle qui est impossible par le droit même que répète constamment la raison. 114. Apposée[66] en fraude des Lois, celle qui a l'effet même de quelque chose d'interdit précisément pour cet effet et qui par conséquent est réputée en droit lui être identique, par d. 81, et si elle entrait en jeu, la loi n'atteindrait pas sa fin. 114a. Est honteuse[67], celle qui porte atteinte à la réputation de celui qui l'accomplit. 115. Est contre les bonnes mœurs[68], celle qui, bien qu'elle n'ait rien d'illicite en elle-même, est cependant jugée malhonnête selon les mœurs de la Cité ou d'après l'usage de l'Etat. 116. Captatoire, celle qui est présumée apposée à cette fin, que quelqu'un laisse quelque chose à quelqu'un par sa dernière volonté.

117. La condition laissée au pouvoir[69] est soit intrinsèque[70] (et elle exprime, ou bien la volonté et est telle que : si je veux[71], ou s'il veut, ou

voluerit; 117a; aut intellectum: si putaverit, si arbitratus[72] fuerit; 118. Arbitrium vel Conditionato adjectum est, et est deductum in Conditionem, uti d. 117., vel est adjectum Conditioni velut quaedam modificans circumstantia, v.g. si Titii arbitratu nupserit; 119. Boni Viri arbitrium est, quod quivis vir bonus re perspecta aequum esse judicaret), vel extrinseca: si fecerit. 120. Casualis[73] Conditio est, quae in solius DEI potestatem collata est. 121. Exposita, quae in hominis potestatem collata est. 122. Qui si est ipsemet Conditionarius, potestativa dicitur. 123. Difficilis est, quae cum labore impletur. 124. Operosa, quae sine magna mutatione praesentis status existere non potest. 125. Dividua[74] est, quae habet partes homogeneas, seu quam si plures impleant, videntur singuli sed pro parte implevisse; v.g. si 10 nummos dederint Titius et Sempronius Cajo; et Titius et Sempronius singuli nummos dabunt, sed quinque; uterque etiam 10 dabit, sed dimidios nummos. Sed si monumentum fecerint, vel domum, singuli non dicentur fecisse eam, quia domus pars domus non est. 126. Pro parte impleri est parte Conditionis existente partem Conditionati existere. 127. Relevat[75] pars Conditionis, quae si separatim existit, superveniente residuo postea repetenda non est. 128. Indivisibilem voco, quae partes vel nullas habet, vel ita comparatas ipsa sui natura, ut si in partibus quidem praeliminaribus desistatur, nihil actum iis sit, et partes eae non relevent, verum si ad ipsas essentiales perventum sit frustra, desistatur, et actus seipso deinde perficiatur, v.g. si hominem occisurus inter eundum animum mutet, nihil actum est; at cum semel lethale

dari potest, *l. 23. § 1. de Test. Tut.*, neque enim Ctor proprie est, neque Crius, nullum enim jus ipse amittit aut pupilli acquirunt. *Si cum morietur voluerit*, pro U. V[te] est voluntas viventis non retractata, *l. 77. § 10. de L. 2. Cum voluerit* v.g. haeres aut debiturus, temporis arbitrium tantum datum est, et dies cedit morte, *l. 41. § 13. l. 11. § 6. L. 3.*, add. *l. 17. l. 46. § 4. fid. lib.*).

72. v. th. 80.

73. Divisio in Casual., Potest., Mixtam extat *l. un. § 7. C. de cad. toll.* Sed cum ea conferri possit, *l. 60. pr. C.D.*, vel in hominem (quam Expositam voco), vel in casum, et illa vel in tertium aut debiturum, vel accipientem, *l. 23. § 2. H.J.*, Potestativa (al. *promiscua, l. 11. § 1. C.D.*) proprie sit, quae in accipientem, *d. l. un. § 7. l. 78. § 1. C.D.*; igitur in factum alterius collata interdum refertur ad potestativam, ut cum DD. dicunt potestativam non retrotrahi, arg. *l. 11. qui pot. in pign.*, quae tamen est collata in debiturum; interdum ad casualem, arg. *d. l. un. § 7.* et *l. 6. C. de necess. serv.*, ne eam speciem plane omissam putemus. Quae autem sit potestativa, est facti, *l. 4. § 1. H.J.*, pro circumstantiis, *l. 28. C.J. l. 10. C. de inst. et subst.*, et a voluntate Testatoris, *l. 84. C.D.*; si se filium meum probaverit, non est potest, *l. 83. C.D.*

74. *l. 80. § 1. ad L. F. l. 112. C.D. l. 11. § 23. L. 3.*, quia talium partium ratio invicem et ad totum iniri potest.

75. seu *ad aliquid proficit, l. 74. § 1. de acq. haer.*, et *residuae non est impedimento, l. 23. § 4. fid. lib.*

si Titius veut ; 117a. ou bien l'entendement : s'il pense, s'il juge[72] ; 118. le jugement, ou bien est ajouté au conditionné et il est introduit dans la condition, comme d. 117, ou bien est ajouté à la condition comme une sorte de circonstance modifiante, par ex : si elle se marie selon le jugement de Titius ; 119. le jugement de l'Homme Bon est ce que n'importe quel homme bon estimerait être équitable à l'examen de l'affaire), soit extrinsèque : s'il fait. 120. La condition casuelle[73] est celle qui est au pouvoir de DIEU seul. 121. Accessible, celle qui dépend du pouvoir de l'homme. 122. Si celui-ci est lui-même conditionnaire, la condition est dite potestative. 123. Est difficile, celle qui est remplie avec peine. 124. Laborieuse, celle qui ne peut exister sans un grand changement de l'état actuel. 125. Est divisible[74], celle qui a des parties homogènes, c'est-à-dire que si plusieurs l'accomplissent, chacun est censé l'avoir accomplie partiellement ; par ex. si Titius et Sempronius donnent 10 écus à Cajus ; Titius et Sempronius pris individuellement donneront des écus mais 5 chacun ; ou encore chacun des deux donnera 10, mais des demi-écus. Mais s'ils construisent un monument, ou une maison, chacun des deux pris à part n'est pas dit l'avoir faite, parce qu'une partie de maison n'est pas une maison. 126. Etre accomplie partiellement, c'est le fait d'exister pour une partie du conditionné, quand existe une partie de la condition. 127. Décharge[75], la partie de la condition qui, si elle existe séparément, n'a pas ensuite à être recommencée quand le reste survient. 128. J'appelle indivisible, celle qui ou bien n'a aucune partie, ou bien a des parties ménagées de telle sorte par sa nature même, que si l'on renonce, du moins dans les parties préliminaires, rien ne résulte d'elles et ces parties ne déchargent pas, mais que si l'on est parvenu aux parties essentielles elles-mêmes, on renonce en vain* et l'acte s'accomplit ensuite de lui-même ; par ex. si quelqu'un désireux de tuer un homme change d'intention en cours de route, rien n'est fait ; mais une fois qu'il a infligé la bles-

vulnus inflixit, frustra poenitebit. 129. Mixta[76] Casualis[77] est, quae an exposita futura sit in casu est. 130. Mixta Potestativa[78], quae an casualis futura sit ex hominis potestate suspensum est. 131. Exemta est, quae ex exposita casualis, vel ex possibili impossibilis impraesentiarum facta est[79]. 132. Copia ejus facta, quae contra. 133. Conditio Voluntatis est, quae requirit obedientiam. 134. Obedientia est voluntas efficax, seu summus conatus faciendi quod jussum est, quia jussum est, seu Parendi[80]. 135. Jussum[81] est conditio voluntatis[82], quae obedientia contenta est. 136. Summus Conatus in jure nostro sic effertur[83], si per aliquem non stet quo minus fiat. Stat autem non solum per eum, qui impedit, sed et qui non facit, quantum se posse intelligit[84]. 136a. Persona Activa (objectiva) est, quae active (passive) concurrit. 137. Honoratus[85] (Gravatus) est Tertius, cujus vi dispositionis interest Conditionem (non) existere. 138. Ambulatoria[86] (Personae cohaeret[87]) est, quae existere (non) potest mutatis personis Conditionalibus. 139. Vana, quam nullius interest extra Dispositionem existere vel non, uti : si riseris. 140. Onerosa, quam extra Dispositionem Conditionarius mallet non existere. 141. Compellatus est, quem alloquitur Conditionator in Conditione, seu ad quem deductum in conditionem in secunda persona accommodatum est.

142. Transmitti est transire ad haeredes. 143. In pendenti[88] est jus, quod non alterius pure est ad Conditionem, alterius sub Conditione, sed interim utriusque sub Conditione alterius Conditioni contraria, eventu tamen alterutrius. 144. Actus Eventualis[89] est, ubi ipsum factum quidem existit pure et plene, sed effectus juris, ut nempe pro tali habeatur,

76. alia ad Potest. spectat, alia ad Cas., *Angel. a Gambell. tr. de Testam. gl. 58. n. 12.*

77. *l. 4.*

78. *l. 1. C. de inst. et subst.*

79. potest tamen restitui, *l. 104. C.D.*

80. *l. 23. § 2. H.J.*

81. *l. 62. § 1. acq. haer.* in genere neutro.

82. add. *l. 44. pr. § 1. C.D.*

83. v. th. 51.

84. *l. 13. ann. leg. l. 34. § 1. St. L. l. 50. 83. V.O.*

85. alias dicitur ipse Crius, *l. un. § 7. C. de cad. toll.*

86. *l. 34. pr. St. L.* ut *l. 6. § 7. St. L. l. 94. C.D.*

87. *l. 24. adim. leg.* ut *l. 23. l. ult. C.J. l. 5. l. 6. H.J. l. un. § 9.* v. *quid enim C. de cad. toll.*

88. Duo sunt Domini disjunctim, unus incertus ; ita res litigiosa, res legata pendente Cne, *l. 3. pr. ut leg. c. cav.* Interdum interim sequestratur, ut illa ; interdum est penes alterum, haeredem, ut haec ; v. *l. 3. 6. § 7. St. L. l. 84. acq. haer. l. 19. manum. test.* et th. 180. not.

89. ita Litis contestatio, *P.1. Const. El. 13. Appellatio, etc.*

sure mortelle, il se repentira en vain. 129. La mixte[76] casuelle[77] est celle dont il dépend du hasard qu'elle devienne accessible. 130. La mixte potestative[78] est celle dont il dépend de la puissance de l'homme qu'elle devienne casuelle. 131. Est supprimée, celle qui d'accessible est devenue casuelle ou encore de possible, est devenue[79] impossible pour le moment. 132. Redevient accessible, celle qui évolue en sens inverse. 133. La condition de volonté est celle qui requiert l'obéissance. 134. L'obéissance est la volonté efficace, c'est-à-dire l'effort suprême de faire ce qui a été ordonné parce que cela a été ordonné, c'est-à-dire d'obéir[80]. 135. L'ordre[81] est la condition de la volonté[82], qui se satisfait de l'obéissance. 136. Dans notre Droit, l'effort suprême se produit[83], quand il ne dépend de personne qu'on en fasse moins *[que prévu]*. Cependant cela dépend non seulement de celui qui empêche, mais aussi de celui qui ne fait pas tout ce qu'il sait[84] pouvoir faire. 136 (a). La personne active (objective) est celle qui concourt activement (passivement). 137. Gratifié[85] (grevé) est le tiers à qui il importe en vertu de la disposition, que la condition (n)'existe (pas). 138. Est ambulatoire[86] (s'attache[87] à la personne), celle qui (ne) peut exister quand les personnes conditionnelles sont changées. 139. Elle est vaine, quand indépendamment de la disposition, il n'importe à personne qu'elle existe ou non, par exemple : si tu ris. 140. Est onéreuse, celle que le conditionnaire, indépendamment de la disposition, préférerait ne pas voir exister. 141. Est apostrophé celui auquel le conditionnateur s'adresse dans la condition, c'est-à-dire à l'adresse de qui, ce qui est introduit dans la condition est exprimé à la seconde personne.

142. Etre transmis, c'est passer aux héritiers. 143. Est en suspens[88], le droit qui n'appartient pas à l'un purement et simplement jusqu'à la condition et à l'autre une fois la condition remplie, mais qui dans l'intervalle appartient à chacun des deux sous la condition contraire à la condition de l'autre, et appartient cependant par l'événement à l'un ou à l'autre. 144. Un acte est éventuel[89], quand le fait lui-même certes existe purement et simplement, mais que l'effet du droit, pour qu'il soit vrai-

suspensus est Conditione. 144a. Conditionator Primus est, cujus actu voluntatis declarativo incipit Dispositio, 144b. Secundus, cujus tali actu perficitur, id est tribuit jus quaesitum. 145. Statu liber[90] est servus[91] testamento[93] immediate manumissus[92] sub conditione[94]. 146. Relictum est, quod ultima voluntate datur. 147. Conditio remissa[95] est, quae natura et jure possibilis habetur pro non adjecta. 148. Derisoria[96] est, qua Conditionario illuditur. 149. Impeditur Conditionatum, cum deficit Conditio.

150. Jus Quaesitum est, quod facto alterius auferri non potest[97]. 151. Revocabile, quod convalescit, si ab autore non revocetur. 152. Purum Jus est, quod caret Conditione. 152a. Non plenum, quod aliquo extrinsecus existente perimitur. 153. Id si ab eo, qui tale jus dedit, cautum est, dicitur Conditio Resolutiva[98] et jus ipsum 154. ad conditionem[99] datum. 155. Modus[100] est contrarium Conditionis resolutivae, v.g. do tibi donec fias Consul, hic si Consul eris Conditio resolutiva est, ne Consul fias Modus. 156. Causa finalis dandi, hoc loco est Modus collatus in potes-

90. Libertas data Testamento opponitur et differt a Legato, *l. 12. § 2. famil. herc. l. 47. 51. 81. 86. 87. C.D. l. 8. m.c.don. l. 19. l. 20. § 3.* et *t.t. St. L.*

91. Haeredis pure, *l. 9. l. 15. St. L. l. 11. L. 2.* (unde statu libera servum parit, *l. 16. St. L.*), sed ad Cnem seu non plene arg. *l. 38. § 3. Sol. et Lib. l. 63. Cond. ind.* (statu liberum solvens, si servum promisit, non liberatur; non obst. *d. l. 9.*) *l. 9. § f. de Poen. l. 14. de quaestion.* (punitur ut liber; obst. *l. 29. St. L.*).

92. excluditur libertas fideicommissaria arg. *l. 2. pr. v. orcini. St. L.*

93. excluditur servus institutus cum libertate, *l. 2. § 3. St. L.*, nam a se ipso accipit libertatem (non a testatore, transit enim in personam testatoris), *l. 6. § 4. H.J.* Unde: Stichus liber, et postea, vel si liber erit, haeres esto; Postea, detrahitur, *l. 9. § 14. l. 51. H.J.*

94. *l. 1. pr. St. L.*

95. quam praetores improbant, *l.* 14. C.J., ita jurejurandi Co est turpis, *l. 20. C.D.*, impletur tamen licite, *l. 27. C.J.*

96. *l. 14. C.J.*, ut si 100 dederis, 100 do lego, *l. 65. ad L. F.*; ita si aliquid impossibile factum erit: ut si quis borea Athenis Lemnum veniret, *Corn. Nep. Milt. c.1.*, si mulus apud Medos regnabit, *Herod. l. 1.* Ita oraculum erat, Florentiam posse capi, si boves circa muros volitarent, quod factum est, cum obsessores in vexillis insignibus bovem expressissent. Ita Sylvester Papa se Diabolo obstrinxit, si missam Hierosolymis celebraret. Oraculum erat Constantinopolin non nisi per Angelum capi posse, quod factum est, cum hostes per turrim Angeli dictam irrumperent. Cum Philippus (R. Galliae) Valesius Casletum obsideret, oppidani gallos e lana factos in muris proposuerunt, tum capturum dictitantes, cum canerent, *Frossard. l. 1.*

97. *l. 11. de R.J.*

98. sub Cne resolvi, *l. 2. pr. in d. add.*, finiri, *l. 3. quib. m. pign.*

99 *l. 4. de servit.*, aliter accipitur *l. 8. V.O.*

100. v. *tot. tit. de Cond. caus. dat. C. de his quae sub mod. de Don. quae sub mod. si mancip. ita ven.*, aliter sumitur: *l. 44. § 3. O et A.* Datur modus talis: quamdiu hoc erit, illud esto, et cum non erit, non esto, et cum iterum erit, iterum esto. Ita simul modus est et Co. *l. 45. § 1. de Excus.*

ment tenu pour tel, est suspendu à une condition. 144a. Le premier conditionnateur est celui par l'acte déclaratif de volonté duquel, commence la disposition. 144b. Le second est celui par l'acte identique duquel, elle est parfaite, c'est-à-dire qui attribue le droit distingué. 145. Le *statuliber*[90] est un esclave[91] affranchi[92] immédiatement par testament[93] sous condition[94]. 146. Ce qui est laissé en héritage, c'est ce qui est donné par dernière volonté. 147. La condition remise[95] est celle qui, possible selon la nature et le droit, est tenue pour non apposée. 148 La dérisoire[96] est celle par laquelle on se moque du conditionnaire. 149. Le conditionné est empêché quand la condition fait défaut.

150. Le droit distingué est celui qui ne peut[97] être enlevé par le fait d'autrui. 151. Révocable, celui qui est valide s'il n'est pas révoqué par son auteur. 152. Est un droit pur et simple, celui qui est sans condition. 152a. N'est pas plein, celui qui est périmé par quelque chose d'extérieur. 153. Ce quelque chose lui-même, s'il a été prévu par celui qui a donné un tel droit, est appelé condition résolutoire[98], et le droit lui-même 154. *[est dit]* donné jusqu'à la condition[99]. 155. Le mode[100] est le contraire de la condition résolutoire, par ex. je te donne jusqu'à ce que tu deviennes consul ; ici, si tu es consul est la condition résolutoire ; que tu ne deviennes pas consul, le mode. 156. Dans ce cas, la cause finale de la

tatem accipentis. 157. Causa impulsiva[101] est, quam si nesciremus, quod agimus, non ageremus. 158. Conditio suspensiva est, de qua nobis inprimis sermo, ante cujus existentiam Conditionatum non subsistit. 159. Retrotrahitur[102] Conditionatum, quod purum (nullum) esse intelligitur statim cum verum fuit, antequam actu extitit. 160. Protrahitur, quod intelligitur tum demum purum, cum extitit.

THEOREMATA CUM DEMONSTRATIONIBUS

1. Conditio infert Conditionatum. Nam ea posita id ponitur, d. 1., id autem est inferre, d. 7.

2. Conditionatum suspendit Conditionem. Nam ea posita id ponitur, th. 1. Ergo remoto hoc removetur illa, conversione per contrapositionem, id est suspenditur, d. 8.

3. Co Cnis est Co Cti. Si posito A ponitur B, et posito B ponitur C; etiam posito A ponetur C, per fig. 1. Syllog.

4. Co nihil ponit[103]. Nam propositio Conditionalis[104] abstracta est, nihil aliud dicens, quam terminorum Connexionem, per d. 1., abstracta autem propositio vera esse potest, etsi termini non existant, per d. 18.

5. Propositio Clis moralis est dispositio[105], per d. 11. junct. d. 63.

6. CTUM MORALE est affirmativum. Nam subjectum est persona, praedicatum jus, d. 63., quod de ea prius negabatur, nunc affirmatur, d. 65.

7. In potestate Conditionatoris[106], nam deductum in Ctum est jus, d. 63., quod est in potestate habentis Conditionatoris, d. 68.

101. *l. 12. C.D.*

102. v. *Joh. Bapt. Costa tr. de Retrotr. l. 16. Sol. et Lib. l. 8. pr. peric. r.v.*

103. Quod positum est in Cne, id vel ejus contrarium non statim positum est in dispositione, arg *l. 19. H.J. l. 8. si quis om. caus. l. 2. § 5. V.P.S.* (si quod nunquam datum est adimitur sub Cne, non statim datur sub Contraria, *l. 59. § 2. Man. Test.*; si Pamphilum non dederis, tantum dare spondes? peti is non potest, *l. 115. § 2. V.O.*; circularis dispositio non esset perplexa, si utrique pure datum subintelligi posset), nisi in Test. mil., *l. 7. C. de test. mil.*

104. et demonstratio, *l. 72. § 8. C.D.*

105. U. Voluntas regit Cnes, *l. 19. pr. § 1. l. 84. l. 91. l. 101. pr. l. 107. l. 27. l. 36. l. 55. C.D. l. 1. § 6. Depos. l. 2. de his quae poen. l. 16. l. de fideic.* v. tamen *l. 9. § 5. H.J.*

106. in rerum natura, *l. 135. R.J.*, in commerc., *l. 34. § 2. contr. Emt. l. 83. § 5. V.O.*, v. n. th. 153.

donation est le mode soumis au pouvoir de celui qui reçoit. 157. La cause impulsive[101] est celle qui est telle que si nous ne savions pas ce que nous faisons, nous n'agirions pas. 158. La condition suspensive, dont nous avons à parler principalement, est celle avant l'existence de laquelle, le conditionné n'a pas de subsistance. 159. Le conditionné qui est antériorisé[102], c'est celui qui est réputé être pur (nul) aussitôt qu'il a été vrai, avant qu'il n'ait existé en acte. 160. Celui qui est postériorisé, c'est celui qui n'est réputé être pur que lorsqu'il a existé.

THÉORÈMES AVEC DÉMONSTRATIONS

1. La condition implique le conditionné. Car celle-ci une fois établie, celui-là est établi, d. 1., or c'est cela impliquer, d. 7.

2. Le conditionné suspend la condition. Car celle-ci une fois établie, celui-là est établi, th. 1. Donc celui-là une fois écarté, celle-ci est écartée, par conversion par contraposition, c'est-à-dire est suspendue, d. 8.

3. La condition de la condition est condition du conditionné. Si, une fois que A est établi, B est établi et une fois que B est établi, C est établi ; alors, A une fois établi, C sera aussi établi, par la première figure du syllogisme.

4. La condition n'établit[103] rien. Car la proposition conditionnelle[104] est abstraite, n'exprimant rien d'autre qu'une connexion de termes, par d. 1., or une proposition abstraite peut être vraie, bien que les termes n'existent pas, par d. 18.

5. Une proposition conditionnelle morale est une disposition[105], par d. 11, jointe à d. 63.

6. Le CONDITIONNÉ MORAL est affirmatif. Car le sujet est une personne, le prédicat, un droit, d. 63, qui était d'abord nié de cette personne, et maintenant est affirmé, d. 65.

7. Est au pouvoir du conditionnateur[106], car introduit dans le conditionné, le droit, d. 63, qui est au pouvoir du conditionnateur qui le détient, d. 68.

8. Potest in potestatem Conditionarii transferri[107], d. 68.

9. Co Moralis suspendit Ctum[108] Nam Ctum est in potestate Ctoris, th. 7., verum igitur non est nisi eo volente, d. 12. Is autem vult verum esse si vera Co sit, d. 1. et th. 1. Ergo si Co vera non sit, verum non est, seu Co suspendit, d. 8.

10. Ctum M. infert Cnem. Nam si A non est, B non est, th. 9., E. si B est, A est; convers. per contraposit.

11. Co M. est incerta[109]. Nam si certum est veram esse, dispositio pura est, th. 332. et d. 30., si falsam, nulla, th. 144. et d. 31.

12. Potest tamen certificari moraliter[110], seu probari.[111], alioqui etsi existeret Co, frustra peteretur Ctum[112], et esset Dispositio inutilis, d. 85.

13.Co M. ET CTUM differunt[113]. Esse enim Ctum non potest nisi sit Co, per th. 9., id est nisi ipsum sit, si supponamus ipsum sui ipsius Cnem esse, ipsum autem antequam sit esse non potest.

14. Sunt simul tempore; alterum enim alterum ponit et suspendit, th. 12. 9. 10.

15. Natura vero ut prius et posterius, seu ut Causa et Effectus. Prius enim Co existere incipit, etsi simul perficiantur.

16. Co est accessorium, Ctum principale. Nam si Ctum pro non scripto est, per th. 143., dispositio nulla est; si Co, dispositio pura est, th. 330.

17. Dispositio Multiplicata est simplex inter extremos terminos. Nam multiplicata est v.g. si A est, B est, si B est, C est, d. 29. Ergo, th. 3.

107. etsi tum, cum testamentum conditur, non sit capax, *l. 4. Reg. Caton. l. 41. § 2. L. 1. l. 59. l. 104. C.D.*

108. *l. 22. mand. l. 43. aedil. ed. l. 8. l. 37. l. 39. R.C. l. 4. 5. 13. 21. 25. qu.d.l.c. l. 16. 18. 56. Cond. ind. l. 8. § 6. C.J. l. 14. L. 3. l. 26. C.D. l. 19. constit. pec. l. 13. pignor. l. 16. § 5. fidej. l. 61. § 1. 2. fid. lib. l. 23. recept. arb. l. 40. § 2. l. 41. C.D. § 4. J. de V.O. l. 116. V.O. l. 169. R.J. 213. V.S. l. 7. § 14. quib. ex c. in poss. l. 3. C. de Cond. ins. l. 1. C. de inst. et subst. l. un. § 2. C. cad. toll. l. 42. O.A.*; seu valet in Cnibus arg. a contr. sensu, *Everh. Loc. Leg. ib. n. 36.*, et cessante causa cessat effectus, *Tiraq. tr. de hoc pec.* Unde quod Cliter debetur, nec novat nisi eventualiter, *l. 14. pr. de Novat.*, nec novari potest, *l. 8. § 1 eod.*

109. *l. 1. 7. 8. 18. C.J. l. 9. § 1. de Novat.*

110. Quae in sensum non incurrunt, non possunt deduci in Cnem moralem, etsi certissima, uti: continuum esse divisibile in infinitum. Nemo enim hoc juramento confirmabit, v. *Cic. 4. Acad. Qu. p. m. 48.* De quo autem jurari non potest, non potest moraliter probari.

111. Crius debet Cnis existentiam probare, *Bellon. Cons. 50. n. 3.*, et ipse scire debet, *l. 21. C.D.* Non obst. *l. 21. § 3 aq. haer.* Nam hic sermo est de Cne hac in specie: *si haeres primo gradu haeres non erit.* Co ἄσημος quoque certificari non potest: v.g. spondeo sub Cne, neque ullam exprimo, arg. *l. 36. H.J. l. 8. C. de Inst. et Subst.*

112. *l. 38. R.C.*

113. v. d. 53. Non obst. *l. 16. C.J.* Ibi enim interpungendum: *si Titius haeres erit, Sejus haeres esto. Si Sejus haeres erit, Titius haeres esto.* Neque *l. 10. § 1. C.J.*

8. Il peut être tranféré [107] au pouvoir du conditionnaire, d. 68.

9. La condition morale suspend le conditionné [108]. Car le conditionné est au pouvoir du conditionnateur, th. 7; il n'est donc vrai que s'il le veut, d. 12. Or celui-ci veut qu'il soit vrai si la condition est vraie, d. 1 et th. 1. Donc si la condition n'est pas vraie, il n'est pas vrai, c'est-à-dire la condition le suspend, d. 8.

10. Le conditionné moral implique la condition. Car si A n'est pas, B n'est pas, th. 9. Donc, si B est, A est; conversion par contraposition.

11. La CONDITION MORALE est incertaine [109]. Car s'il est certain qu'elle est vraie, la disposition est pure, th. 332 et d. 30; s'il est certain qu'elle est fausse, la disposition est nulle, th. 144 et d. 31.

12. Elle peut cependant être assurée moralement [110], c'est-à-dire être prouvée [111]; sinon, même si la condition existait, on réclamerait en vain le conditionné [112] et la disposition serait inutile, d. 85.

13. LA CONDITION MORALE ET LE CONDITIONNÉ DIFFÈRENT [113]. En effet, le conditionné ne peut être sans que la condition soit, par le th. 9., c'est-à-dire sans que lui même soit, si nous supposons qu'il est à lui-même sa propre condition, or lui-même ne peut être avant qu'il ne soit.

14. Ils sont ensemble par le temps; en effet, l'un établit et suspend l'autre, th. 12. 9. 10.

15. Par la nature ils sont comme avant et après, c'est-à-dire comme cause et effet. En effet la condition commence à exister d'abord, même s'ils s'accomplissent en même temps.

16. La condition porte sur l'accessoire, le conditionné sur le principal. Car si le conditionné vaut comme non écrit, par le th. 143, la disposition est nulle; si c'est la condition, la disposition est pure, th. 330.

17. La disposition multipliée est simple entre les termes extrêmes. Car la disposition multipliée est par ex. si A est, B est, si B est, C est, d. 29. Donc th. 3.

18. Co Clis est juris, d. 107.,

19. et Co dandi, per d. 108., quod enim in bonis nostris est, ad id jus habemus.

20. Cnis Disjunctivae contraria est Conjunctiva[114]. Nam si aut A aut B verum est, unum horum solum verum est, th. 95. Disjunctivae igitur contraria non est quae unum negat, d. 46., sed quae utrumque singulatim, d. 47., talis autem est Conjunctiva, d. 28.

21. Necessariae Impossibilis[115]. Nam non posse non esse, et non posse esse sunt contraria.

22. Co Continuata est conjunctiva cum ordine. Nam pars parte tempore prior.

23. Co status est negativa[116]. Quies enim motus privatio est.

24. Co Negativa[117] est universalis[118]: si Titius Consul non fiet. Si enim hoc vellet: si Titius aliquando Consul non fiet, esset necessaria (omnibus enim momentis Consul fieri et esse non potest), contra th. 11.

25. Quicquid in dispositione pura locum habet, habet in Cli, per th. 256., in majore enim minus continetur.

26. Qui Testamenti aut pacti factionem activam, vel passivam non habet (habet), Conditionator vel Conditionarius esse (non) potest.

27. Honorari[119] potest is, et in tantum, cui et in quantum Legari potest, ne fiat fraus Legibus, d. 114.

28. In Cne dandi, quia alicui dandum est, ille est per d. 137. Honoratus[120].

29. Quicquid circa (Cnem) Ctum (Crio) Ctori utile (damnosum) verum est in (Ultimis Voluntatibus) Contractibus (U.V.), id in (Contractibus) U.V. (Contractibus) verum est. Nam quod Ctori damnosum est,

114. *l. 13. § 2. reb. d., l. 85. H.J. l. 6. pr. C. de inst. et subst.*

115. *l. 7. V.O.*

116. add. th. 315. ex. *l. 42. C.D.*

117. adjecta libertati impletur, cum contrarium commode fieri potuit, et factum non est, *l. 17. § 1. man. test.*, quia servus non potest cavere. DD. applicant ad pias causas quoque.

118. contra *Sabin. l. 115. § 1. 2. V.O.*

119. *l. 9. de M.C.Don.*, non obst. *l. 55. C.D.*, ubi: *Maevio lego, si Callimacho det 100.* Hic non habet testamenti factionem passivam cum illo, id est simul ei legari non potuisset. Capit igitur, sed non fit ejus, et apud eum solum ponitur velut in mari. Objicit *Meyerus C.A.C.D. n. 14.* absurde credi, sensisse JC^{tum}, debere pecuniam in mare abjici. Resp. in eo conveniunt, quod utrumque est possibile, differunt, quod alterum remittitur (nempe abjicere in mare, v. *Eman. a Costa Com. ad L. Gall. § 5. n. 20.*), E. alterum faciendum est, quia pecunia ex mari repeti non potest, ab hoc vindicari.

120. possunt haeres et legatarius colludere in fraudem honorati, *l. 57. C.D. l. 3. § 3. St. L.*, non, si is sit cohaeres, *d. l. 3. § 4.*

18. La condition conditionnelle est condition de droit, d. 107,

19. ainsi que la condition de donner, par la d. 108 ; en effet, ce qui fait partie de nos biens, nous avons un droit pour le posséder.

20. La contraire d'une condition disjonctive est une conjonctive[114]. Car si ou bien A ou bien B est vrai, un seul d'entre eux est vrai, th. 95. Donc la contraire d'une disjonctive n'est pas celle qui en nie un, d. 46, mais *[celle qui nie]* l'un et l'autre individuellement, d. 47. Or telle est la conjonctive, d. 28.

21. *[La contraire]* d'une nécessaire est une impossible[115]. Car ne pas pouvoir ne pas être et ne pas pouvoir être sont contraires.

22. Une condition continuée est une conjonctive pourvue d'un ordre. Car une partie est antérieure à l'autre dans le temps.

23. La condition de l'état est négative[116]. En effet, le repos est privation de mouvement.

24. La condition négative[117] est universelle[118]: si Titius ne devient pas consul. En effet, si cela voulait dire : si un jour Titius ne devient pas consul, elle serait nécessaire (en effet, à tous les moments il ne peut pas à la fois devenir et être consul), ce qui est contraire au th. 11.

25. Tout ce qui a sa place dans une disposition pure, a sa place dans une conditionnelle, par le th. 256, en effet, le moins est contenu dans le plus.

26. Qui n'a pas (a) la capacité active ou passive soit de tester, soit de contracter, ne peut être (peut être) conditionnateur ou conditionnaire.

27. Peut être gratifié[119], celui à qui l'on peut léguer, dans la mesure où l'on peut le faire et autant qu'on puisse lui léguer, sans qu'il y ait de fraude vis à vis des lois, d. 114.

28. Dans la condition de donner, puisqu'il faut donner à quelqu'un, ce dernier est par la d. 137, le gratifié[120].

29. Tout ce qui, touchant la condition* (le conditionné) établi au profit (aux dépens) du conditionnateur (conditionnaire), est vrai dans les (dernières volontés) les contrats (les dernières volontés), est également

Crio est utile, th. 37. Jus Cle majus est in contractibus, th. 253. et th. 268., Co minus gravis est in U.V., th. 46., quorum utrumque Crio commodum, Ctori damnosum est. Jam quod est ubi minus esse videbatur, v.g. si Jus Cle sit minus in contractibus, multo magis erit ubi magis esse videbatur, seu multo magis in tali casu erit parvum in U.V.

30. In Institutione Haeredis Testator est Ctor primo et secundo gradu. Nam statim initio ipse loquitur, et dispositio valida est, sed revocabiliter. At cum moritur, tribuit jus quaesitum, th. 244. Ergo, per d. 144a. et 144b., illic est primo gradu, hic secundo.

31. In Legato ipse in primo gradu est, in secundo haeres. Ille demonstr. praeced., hic th. 245. et d. 144b.

32. In Contractibus Reus Promittendi est Ctor primo et secundo gradu, th. 248. Nam nisi Stipulanti respondeat, aut Contrahenti consentiat, nullus est Actus, Ergo per d. 67. (Reus Stipulandi Crius est).

33. Testator et Reus Stipulandi et Magistratus sententiam ferens proponunt. Hi enim in ipso actu incipiunt loqui.

34. Haeres in legato, Reus Promittendi et Subditus[121] sunt debituri, d. 70. Haeres enim si vult succedere in eis, quae testamento disposita sunt, est velut subditus Testatoris, subditi autem jus et persona in magistratu est, haeres igitur hypothetica necessitate, subditus absoluta, reus promittendi voluntarie obligantur.

35. Co Ctoris, Ctum Crii causa adjectum est. Nam si Co non adest, Ctor debet pure, th. 330. Si Ctum, Crio nihil debitur, th. 143.

36. Electio in Disjunctivis ejus est, cujus causa sunt adjecta. Alter enim nisi unum eorum incertum postulare non potest, th. 95., certitudo igitur et determinatio quia a postulante non est, erit a praestante.

121. Nam verba judicis sententionantis censentur verba partis, id quod sibi injunctum est promittentis, *Bl. ad l. 74. § 1. Evict.*

vrai dans les (contrats) les dernières volontés (les contrats). Car ce qui est aux dépens du conditionnateur est au profit du conditionnaire, th. 37. Le droit conditionnel est plus contraignant dans les contrats, th. 253 et th. 268, la condition est moins rigoureuse dans les dernières volontés, th. 46; l'un et l'autre sont au profit du conditionnaire, aux dépens du conditionnateur. C'est déjà le cas là où le droit semblait moindre, par ex. si le droit conditionnel est moindre dans les contrats, il le sera bien plus encore là où il semblait être encore plus petit, c'est-à-dire qu'en pareil cas il sera encore plus petit dans les dernières volontés.

30. Dans l'institution d'un héritier, le testateur est conditionnateur au premier et au second degré. Car dès le début c'est lui-même qui parle et la disposition est valide, quoique révocable. Et quand il meurt, il attribue le droit distingué, th. 244. Donc, par d. 144a et 144b, il est dans la premier cas conditionnateur au premier degré, et dans ce dernier cas au second.

31. Dans le legs c'est lui-même qui est conditionnateur au premier degré, et l'héritier au second. Le premier cas s'établit par la démonstration précédente; le second par le th. 245 et la d. 144b.

32. Dans les contrats la partie qui promet est le conditionnateur au premier et au second degré, th. 248. Car à moins qu'il ne réponde au stipulant ou qu'il ne soit d'accord avec le contractant, l'acte est nul. Donc par la d. 67. (La partie qui stipule est le conditionnaire).

33. Le testateur, la partie qui stipule et le magistrat prononçant la sentence proposent. Car ce sont eux qui dans l'acte même commencent à parler.

34. L'héritier dans le legs, la partie qui promet et le remplaçant[121] sont des futurs débiteurs, d. 70. En effet si l'héritier veut succéder dans les choses qui sont disposées par testament, il est comme le remplaçant du testateur; or le droit et la personne du remplaçant sont au pouvoir du Magistrat; donc l'héritier est obligé par une nécessité hypothétique, le remplaçant par une nécessité absolue, la partie qui promet par sa volonté.

35. La condition est ajoutée en faveur du conditionnateur, le conditionné en faveur du conditionnaire. Car si la condition fait défaut, le conditionnateur doit purement et simplement, th. 330. Si c'est le conditionné, rien n'est dû au conditionnaire, th. 143.

36. Le choix entre des disjoints est le fait de celui en faveur de qui ils ont été ajoutés. L'autre en effet n'a qu'une créance indéterminée sur l'un d'eux, th. 95, donc la certitude et la détermination, puisqu'elles ne procèdent pas du demandeur, procéderont du prestataire.

37. Quod debituro damnosum est in dispositione, Crio utile est, et contra, th. 38. et d. 68.

38. Debiturus est Ctor. Nam cum sit obligatus (saltem existente Cne inposterum) et sine consensu suo nemo possit obligari, consensum declaratum esse necesse est, E., d. 67. et 68., et in secundo gradu, quia jus quaesitum est Crio, d. 144b., cum poenitere debiturus non possit.

39. Potestativa[122] est finis (medium) Ctori primi gradus (Crio), Ctum Crio (Ctori primo), quia neque Ctum verum est sine Cne, th. 9., neque Crius Cnem impleturus est sine Cti spe.

40. Si jus Cle transmitti potest, (Ctor) Crius est expressus; aut ejus haeredes, seu uno verbo expressi familia, per d. 142.

41. Item Substitutus in eandem causam, per th. 282.

42. Ctor seu dans (Crius vel accipiens) ad Cnem est Crius (Ctor) sub Cne. Puta: ego (Ctor) do tibi (Crio) Stichum, donec eum vendas (ad conditionem), jam tu (Ctor) videris promittere mihi (Crio) Stichum iterum meum fore (sub Cne), si eum vendas, d. 67. 68. th. 38.

43. Statu liberi Crius initio est nemo, in effectu ipse. Nam si quis initio esset Crius, aut ipsemet servus esset, sed quicquid acquirit, Domino acquirit, deberet igitur liber esse, antequam fieret liber, ut sibi libertatem acquirere posset, quod est impossibile; aut alius, sed sic illius fieret, non igitur liber. Fit igitur manumissione nullius, in effectu primi occupantis: unusquisque autem sui ipsius possessionem vacuam primus occupat.

44. Res Conditionata est ipsum corpus expressum[123], aut ejus, quod culpa Ctoris, existente Cne deest aestimatio[124]. Nemo enim alterius culpa minus habere debet.

45. Deductum in Cnem non intelligitur, quod ab eo cujus causa adjecta est Co impeditur[125].

122. *Vultej. Cons. Marp. T.1. p. 124.*

123. *1.34. famil. herc. l. 8. pecul. l. 32. C.D. l. 10. § 5. J. dot. l. 2. 5. 8. § 1. peric. et c. r. vend.*

124. *1.14. de nov. l. 26. § 1. C.D.*

125. *1.24. C.D.*, quae repetitur *l. 161. R.J. Hottom. 4. obs. 2.* legit: *non fit*, male, arg. verb. *promissorem* in f. Et Cnem impleri debere interest certe Ctoris et Honorati, th. 35.; *l. 161. R.J.* habet *non impleri*, tum ad solum Ctorem pertinet. Si Honoratus impedit (seu non vult accipere), impleta est Co: *l. 6. 84. 101. 45. C.D. l. 3. 11. 23. 20. pr. C.J. l. 1. C. de his quae sub mod. l. 1. C. de inst. et subst. l. 81. § 5. L. 1. l. 5. § 5. qu.d.l.c. l. 30. de us. et usufr. l. 20. § 2. l. 34. 1. St. L.* Si Ctor, seu Debiturus: *d. l. 24. d. l. 161. l. 81. C.D. l. 85. § 7. V.O. l. 39. R.J. l. 3. § 7. l. 34. § 1. l. 38. St. L.* Si tamen in ipsum debiturum collata est, non Cogitur implere, v. tamen th. 75.

37. Ce qui dans la disposition, est aux dépens du futur débiteur, est au profit du conditionnaire et réciproquement, th. 38 et d. 68.

38. Le conditionnateur est un futur débiteur. Car puisqu'il est obligé (du moins dans l'avenir quand la condition existe), et que personne ne peut être obligé sans son consentement, il est nécessaire que le consentement ait été déclaré, donc, d. 67 et 68, et au second degré, car le droit distingué appartient au conditionnaire, d. 144b, puisque le futur débiteur ne peut pas mécontenter.

39. La condition potestative[122] est une fin (un moyen) pour le conditionnateur du premier degré (le conditionnaire), le conditionné est une fin pour le conditionnaire, (un moyen pour le premier conditionnateur), car le conditionné n'est pas vrai sans la condition th. 9, pas plus que le conditionnaire ne remplira la condition sans l'espoir du conditionné.

40. Si le droit conditionnel peut se transmettre, le conditionnaire (le conditionnateur) est exprimé ; ou ses héritiers, c'est-à-dire, exprimés en un seul mot, la famille, par la d. 142.

41. De même le substitué dans la même cause, par le th. 282.

42. Le conditionnateur c'est-à-dire celui qui donne (le conditionnaire ou celui qui reçoit) jusqu'à la condition est conditionnaire (conditionnateur) sous condition. Par exemple : moi (conditionnateur) je te donne à toi (conditionnaire), Stichus, jusqu'à ce que tu le vendes (jusqu'à la condition) ; dès lors on considère que toi (conditionnateur) tu me promets à moi (conditionnaire) que Stichus sera de nouveau mien (sous condition) si tu le vends, d. 67.68. th. 38.

43. Le *statuliber* conditionnaire n'est personne au début *[de l'affranchissement]*, et lui même dans l'acte. Car si quelqu'un au début était conditionnaire, ou bien lui-même serait l'esclave, mais tout ce qu'acquiert l'esclave, il l'acquiert pour le maître, il devrait donc être libre avant de devenir libre pour pouvoir acquérir pour lui-même la liberté, ce qui est impossible ; ou bien un autre le serait, mais il en serait de même de celui-là, il ne serait donc pas libre. Par conséquent il devient libre par l'affranchissement de personne, dans l'acte du premier occupant : mais chacun occupe le premier la possession vide de soi-même.

44. La chose conditionnée est le corps exprimé[123] lui-même, ou le prix[124] de ce qui fait défaut par la faute du conditionnateur, lorsque la condition existe. En effet personne ne doit avoir moins par la faute d'un autre.

45. N'est pas réputé introduit dans la condition, ce qui est empêché[125] par celui en faveur de qui la condition a été apposée.

46. Co in U.V. interpretationem extensivam[126] recipit, non intensivam[127], in Contractibus contra. Contractus enim est cum debituro, th. 34., in quo non praesumitur consensus nisi ad expressum, qua quo plus obligatus est eo magis damnosa ei dispositio est. Verba autem ultimae Voluntatis a Testatore sunt, th. 33., cui existentia Cnis damnosa non est, nam post mortem demum debetur.

47. In Cnem libertatis deductum non intelligitur, quod indirecte deficit[128]. Omnis enim Conditio libertatis habet instar Jussi, quod sola voluntate efficaci impletur ejus in quem collatum est, Jussum autem in servo semper extitisse intelligitur, si non apparet contrarium, th. 72.

48. Si apparet expressum ob certum finem a Ctore ascriptum esse, deductum in Conditionem intelligitur aut ipsum, aut quod efficaciam ad illum finem aequipollet[129] Aeque enim volumus, quod aeque utile est.

49. In Cnem actui necessarium deductum est aut expressum, aut quod ei utcumque simile[130]. Nam quod necessario facimus, inviti facimus ut plurimum. Si igitur Ctor totam Cnem libentius omisisset, quanto magis partem?

50. In Cnem Voluntatis obedientia[131] deducta est, d. 113.

51. In Jussum deductum est aut factum, aut in subsidium obedientia[132]. Nam summus conatus ad factum tendit, et si assequi non potest, in voluntate subsistit, d. 134.

52. Jussum est Co voluntatis, d. 135.

53. Ignorantis non est obedientia, d. 135., neque enim facit, quia jussum est.

54. Neque nolentis, d. 134.

126. extensiva est, per quam pluribus modis impleri potest Co; intensiva, per quam plura ad eam implendam requiruntur, arg. *l. 2. § 4. quib. ex c. in poss.*

127. v. *l. 2. C.J. l. 5. § 1. L. 1.*; restringitur tamen *l. 100. C.D. l. 30. C. de fideic. l. 6. § 1. C. de inst. et subst.*

128. *l. 31. 81. 94. C.D. l. 7. C. de Cond. ins.* Si Co sit partim in casum partim in statu liberum collata, etsi casus deficit, si egerit, quod in se est, liber erit, *l. 20. § 3. l. 39. § 4. et 5. St. L.*, add. *l. 122. R.J.*

129. *l. 21. § f. ann. leg. l. 17. § 7. l. 57. § 1. ad Treb. l. f. C. de post. haer.*

130. arg. *l. 29. de lib. et posth. l. 22. ad Treb. l. 15. qu.d.l.c. l. 3. C. de inst. et subst. l. f. C. de don. quae sub mod.*

131. animus parendi, *l. 2. l. 11. § 1. C.D.*

132. si per jussum non stet, paruisse videtur, *l. 14. 31. 40. 57. 56. 66. f. 78. 6. 84. C.D. l. 18. § 1. l. 20. 23. 27. C.J. l. 50. cont. Emt. l. 38. Loc. Cond. l. 3. § 9. Cond. c. dat. l. 1. § 13. extr. cogn. c. 41. 66. de R.J. in Sext. l. 1. C. de his quae sub mod. l. 1. C. de inst. et subst. l. 54. § 1. 2. L. 1. l. 34. § 4. l. 76. § 6. l. 88. § 3. L. 2. l. 5. § 5. qu.d.l.c.* Unde etsi continuari Co nequeat, continuatur Legatum, *l. 1. l. 8. C. de Leg. l. 92. § 1. L. 1. l. 13. § 1. l. 20. § 3. alim. leg. l. 20. pr. de ann. leg. l. 30. § 5. L. 3.*, v. tamen *l. 84. C.D.*

46. Dans les dernières volontés, la condition reçoit une interprétation extensive[126] et non intensive[127]; dans les contrats c'est l'inverse. Le contrat en effet est passé avec un futur débiteur, th. 34, chez qui on ne présume pas le consentement sauf s'il est exprimé, d'où il découle que la disposition qui le concerne est d'autant plus désavantageuse qu'il est plus obligé. Or les termes exprimant les dernières volontés proviennent du testateur, th. 33, à qui l'existence de la condition ne porte pas préjudice, car la dette n'est effective qu'après sa mort.

47. N'est pas réputé introduit dans la condition de la liberté, ce qui fait défaut[128] indirectement. En effet toute condition de liberté a valeur de commandement, lequel est accompli par la seule volonté efficace de celui au pouvoir duquel il est mis; or le commandement est réputé avoir toujours existé dans l'esclave, si le contraire n'apparaît pas, th. 72.

48. S'il apparaît qu'un terme exprimé a été ajouté par le conditionnateur en vue d'une fin déterminée, ce qui est introduit dans la condition est réputé être soit ce terme lui-même, soit ce qui lui est équivalent[129] pour cette fin. En effet, nous voulons avec la même intensité, ce qui a la même utilité.

49. Ce qui est introduit dans la condition et qui est nécessaire à l'acte, est soit ce qui est exprimé, soit ce qui lui est semblable[130] sous quelque rapport. Car ce que nous faisons par nécessité, nous le faisons tout au plus malgré nous. Par conséquent si le conditionnateur avait renoncé volontiers à la condition toute entière, combien davantage n'aurait-il pas renoncé à une partie?

50. L'obéissance[131] est introduite dans la condition de volonté, d. 133*.

51. Ce qui est introduit dans l'ordre est soit le fait, soit l'obéissance[132] dans ce qui le remplace. Car l'effort suprême tend au fait et s'il ne peut l'atteindre, subsiste dans la volonté, d. 134.

52. L'ordre est la condition de la volonté, d. 135.

53. De la part de celui qui ignore, il n'y a pas obéissance, d. 135, en effet il n'agit pas en raison d'un ordre.

54. Ni de la part de celui qui ne veut pas, d. 134.

55. Neque ejus qui non vult efficaciter, d. 134.

56. Co de praeterito in FACTUM COLLATA est, d. 135. et d. 134., nam in praeterita conatus nullus est.

57. Item Tertio adjecta ; frustra enim ei jubetur qui obstrictus non est.

58. Si apparet factum ob peculiarem utilitatem electum esse[133] ; quisque enim quod utile est prae inutili velle praesumitur.

59. In Contractibus item, th. 46.

60. Si Crius est omnino incertus[134]. Puta : qui filiam meam ducet, haeres esto ; si ea nullum vellet, et Co non in factum sed obedientiam deducta esset, omnes essent haeredes, qui ipsam vellent, th. 51.

61. Si Co prorsus onerosa non est ; ibi enim summum conatum factum necessario sequetur.

62. Omnis Co potestativa in U.V.[135] voluntatis esse intelligitur, potestativa faciendi etiam jussum. Potestativa enim in Crium Collata est, d. 122., ei juberi potest, quia obstrictus est, acquirit enim ex testamento, d. 68. Jussum igitur praesumitur, per th. 46. Co autem dandi obedientia contenta non est, th. 58.

63. Compellatus Jussus praesumitur. Ea enim est forma jubendi, d. 141.

64. Si factum deficit et Jussus in mora aut culpa est, jussum deficit[136]. Nam neque conatus est, th. 65., et nunc frustra conaretur, per Hyp.

65. Qui in culpa est non vult efficaciter. Talis enim vult quantum se posse intelligit, d. 136., sed qui in culpa est, non vult efficaciter, intelligere quantum possit.

66. Qui in mora est non vult[137]. Mora enim est non facere cum scias te posse, et commode quidem ; id autem est non velle.

67. Si tentatum non est, praesumitur mora. Scivit enim se tentare posse, et commode quidem ; nam quid tentare nocebat ?

68. Si facilis Co est. Praesumitur enim hoc intellexisse. Et si tentasset, deprehendisset. Saltem igitur, quod non tentavit, mora est, th. 67.

133. *l. 101. pr. C.D.*

134. non si ex parte, *l. 23. l. 24. C.J.*, v. tamen *l. 10. reb. d.*

135. libertate, *l. 56. man. test.*

136. *l. 7. C. Cond. ins.*

137. mora respondet hic dolo.

55. Ni de celui qui ne veut pas efficacement, d. 134.

56. La condition portant sur le passé DEPEND D'UN FAIT, d. 135 et d. 134; car l'effort de réalisation est nul pour les choses passées.

57. De même *[pour la condition]* attachée à un tiers; en effet on ordonne en vain à qui n'est pas contraint.

58. S'il apparaît que le fait a été choisi[133] en vue d'un intérêt particulier; on présume en effet que chacun veut ce qui est utile plutôt que ce qui est inutile.

59. De même dans les contrats, th. 46.

60. Si le conditionnaire est absolument indéterminé[134]. A savoir: que celui qui épousera ma fille soit mon héritier; si celle-ci ne voulait de personne et si la condition dépendait non du fait mais de l'obéissance, tous ceux qui voudraient d'elle seraient héritiers, th. 51.

61. Si la condition n'est pas entièrement à charge; en effet dans ce cas le fait découlera nécessairement de l'effort suprême.

62. Toute condition potestative dans les dernières volontés[135] est réputée être condition de volonté, y compris la condition potestative de réaliser l'ordre. En effet, la potestative dépend du conditionnaire, d. 122; or on peut lui donner un ordre puisqu'il est contraint, car il acquiert du fait du testament, d. 68. Par conséquent l'ordre est présumé, par le th. 46. Mais la condition de donner ne se contente pas de l'obéissance, th. 58.

63. L'apostrophé est présumé avoir reçu l'ordre. Telle est en effet la forme de l'ordre, d. 141.

64. Si le fait manque et que celui qui a reçu l'ordre soit en retard ou en faute, il y a manquement[136] à l'ordre. Car on ne s'est pas efforcé, th. 65, et on s'efforcerait maintenant en vain, par hypothèse.

65. Qui est en faute ne veut pas efficacement. En effet veut efficacement celui qui veut dans toute la mesure où il comprend qu'il peut, d. 136, mais qui est en faute ne veut pas efficacement comprendre dans quelle mesure il peut.

66. Celui qui est en retard* ne veut pas[137]. En effet, le retard consiste à ne pas faire alors qu'on sait pouvoir faire, et dans des conditions convenables; or c'est cela ne pas vouloir.

67. S'il n'y a pas eu de tentative, on présume le retard. Le sujet en effet savait qu'il pouvait tenter, et dans des conditions convenables; car en quoi nuisait-il de tenter?

68. De même si la condition est facile. On présume en effet qu'il le comprenait. Et s'il l'avait tenté, il l'aurait obtenu. Donc, au moins par le fait qu'il n'a pas tenté, il y a retard, th. 67.

69. In Jusso temporario non est mora. Frustra enim Co ante Tempus existet, si dies adjectus est, ut quo faciendum sit: Sin, ut intra quem faciendum sit, dies est adjectus, non potest praesumi intra parvum tempus factum impossibile fore. Quod autem praesumi non potest num peccavere, culpa non est, ergo nec mora.

70. Si tempus numero determinatum est, extremum ejus est utile, non continuum[138]. Puta: si intra 100 dies feceris. Nam si extremis 10 diebus a latronibus rapiar, cum in mora hactenus non fuerim, per th. 69., 10 dies ultimi dum apud latrones sum, vel praeteriisse censebuntur, sic autem factum quidem defecit, Jussum autem pro impleto habendum erit, th. 51. et 69.; vel non censebuntur praeteriisse, ita ut, cum reversus fuerit, tempus quo apud eos fuit non extitisse censeatur. Atque id satius est, quia magis convenit voluntati Ctoris prorogationem dare, quam prorsus liberare.

71. Sin chronologice tempus determinatum est, et extremum inutile est, jussus videtur paruisse. Puta: si ad Kalendas Majas anni sequentis facies, salvo enim sensu verborum prorogatio nulla esse potest.

72. In servo obedientia praesumitur. In Statu libero enim omnia sic interpretamur in dubio, ut libertas sequatur potius quam deficiat.

73. In pupillo quoque[139] culpa enim et mora in eo praesumi non potest.

74. Si pluribus idem jussum est, atque unus implet, alterius inobedientia id est mora vel culpa praesumitur[140]. Nam eventu manifestum est factum impleri potuisse.

75. Si Co libertatis in haeredem collata est, haeres videtur facere jussus, et iis casibus, quibus in Crium collata deficeret, impleta videtur[141]. Praesumitur enim libertas fideicommissaria pure data esse, quae solum sit figura Clis, per rationem th. 72.

76. Co in Conjunctum collata in tertium collata intelligitur[142]. Alia enim atque alia Conjunctorum Dispositio esse videtur, th. 108, qui autem in eadem dispositione non est Crius, aut Ctor, tertius est, d. 69.

138. *l. 40. C.D.* Obst. *l. 6. C.J.* Resp. ibi est ab initio impossibile; aliter tamen in *St. L., l. 23. § 4. ult. fid. lib.*

139. etsi facto alterius vel casu deficiat jussum ejus, arg. *l. 78. pr. C.D.*, nam si tutoris factum ei non nocet, in quem jam tum habet actionem tutelae, quanto minus alterius?

140. *l. 23. C.J.*

141. *l. 41. § 1. fid. lib. l. 20. § 1. St. L.*

142. Si tamen Co in unum conjunctorum collata est, et ei impleta intelligitur, prodest caeteris, *l. 74. C.D.*, ne ei plus praestet fictio veritate, alioqui enim haberet solus.

69. Dans le commandement temporel il n'y a pas retard. En effet, la condition existera en vain avant le temps, si la date à partir de laquelle on doit faire est ajoutée : au contraire si la date avant laquelle on doit faire est ajoutée, on ne peut présumer dans un bref espace de temps que le fait deviendra impossible. Or puisqu'on ne peut présumer s'il y a désobéissance, il n'y a pas faute, donc il n'y a pas retard non plus.

70. Si le temps est limité par le nombre, c'est son extrémité qui compte, non son écoulement continu[138]. Par exemple : si tu fais dans le délai de 100 jours. Car si les 10 derniers jours, je suis enlevé par des brigands, puisque je n'ai pas été jusque là en retard, par le th. 69, les 10 derniers jours où je suis chez les brigands pourront soit être censés s'être écoulés et alors le fait certes a manqué mais l'ordre devra être considéré comme rempli, th. 59 et 69 ; soit ne pas être censés s'être écoulés, en sorte que, lorsque le sujet sera revenu, le temps où il a été chez eux soit censé ne pas avoir existé. Or ceci est préférable, parce qu'il s'accorde mieux à la volonté du conditionnateur de donner une prorogation, que de libérer entièrement.

71. Mais si le temps est déterminé chronologiquement et que l'extrémité ne compte pas, celui qui a reçu l'ordre est censé avoir obéi. A savoir : si tu le fais avant les Calendes de Mai de l'année suivante ; en effet si l'on préserve le sens des mots, il ne peut y avoir aucune prorogation.

72. L'obéissance se présume chez l'esclave. En effet, en cas de doute, nous interprétons tout chez le *statuliber* de telle sorte que la liberté s'ensuive plutôt qu'elle ne fasse défaut.

73. De même[139] pour le pupille, en effet la faute et le retard ne peuvent se présumer chez lui.

74. Si le même ordre a été donné à plusieurs et qu'un seul l'accomplisse, on présume[140] la désobéissance de l'autre, c'est-à-dire le retard ou la faute. Car il est manifeste par l'événement que le fait pouvait être accompli.

75. Si la condition de la liberté dépend de l'héritier, l'héritier est censé agir sur ordre et la condition est censée[141] remplie dans ces cas où, dépendante du conditionnaire, elle ferait défaut. En effet, la liberté fidéicommissaire qui est seulement une figure conditionnelle en raison du th. 72 est présumée être purement donnée.

76. La condition dépendante d'un conjoint est réputée.[142] dépendante d'un tiers. En effet la disposition des conjoints est réputée multiple, th. 108 ; or celui qui dans la même disposition n'est ni conditionnaire, ni conditionnateur, est un tiers, d. 69.

77. Si quis impleat non interest, Co collata est in expressum[143] aut quemcunque ejus nomine[144]. Quod enim in U.V. aeque utile est, aeque in Conditionem deductum intelligitur, th. 48., quamdiu vivit. Fingitur[145] enim ipse facere, fictio autem terminos habiles requirit.

78. Co quae non relinquit ἀποτέλεσμα collata est in expressum tantum. In ea enim utilitas, nisi quae ipsam personam expressam contingat, intelligi non potest.

79. Qui facere potest, ut possit, jam potest[146]. Causa enim causae est causa causati, quare qui potentia est causa causae, potentia est causa causati.

80. Arbitrium in U.V. est aut expressi aut boni viri[147]. U.V. enim subsistit cujuslibet viri boni arbitrio.

81. Honoratus est expressus[148], aut quicunque ejus nomine dum vivit[149]. Nam quod ipse accipit, dum vivit, donare cuilibet potest. Ejus enim versatur utilitas, d. 137.

82. Si statu liberi honoratus est Dominus, aut praesens aut ejus suc-

143. l. *51. l. 109. C.D. l. 104. § 1. L. 1.* Pupillus parere potest sine tut. aut., *l. 26. C.J. l. 5. C.D.*, add. *l. 11. aut. tut. § 1. J. eod.* (etsi enim ita potest fieri necessarius haeres, th. 345. not., tamen et sic potest abstinere, *l. 1. 2. C. si min. ab haered.*). Qui in potestate est, sine consensu habentis, *l. 5. § 1. C.D.* Obst. *l. 25. C.J. Cujac. 11. obs. 16.* tollit Non. *Alb. Gent. 1. lect. 5.* distinguit inter Legatum et Institutionem, non male. Nam in Institutione praefigitur tempus deliberandi, quod currit a die impletae Cnis; add. *l. 1. pr. de j. delib.*

144. uti dandi et faciendi aliquod opus; v. *l. ult. C.J. l. 15. de Stat. Hom. l. 39. § f. St. L. l. un. § 9. C. de Cad. toll. l. 11. § f. L. 3. l. 44. l. 55. C.D. l. 31. de solut. l. 13. C de contr. et com. stip.*

145. nam morte deficit, *l. 31. l. 69. C.D. l. 48. V.O.*

146. *l. 174. de R.J. l. 3. bon. poss.*

147. in U.V.: si Titius arbitratus fuerit, Co, pro non adjecta est, *l. 46. § 3. fid. lib. l. 75. pr. L. 1. l. 7. § 1. reb. d. l. 11. § 7. L. 3. l. 14. l. 41. § 2. fid. lib.*, quia est quasi viri boni, *l. 1. § 1. L. 2.* U.V. autem valet cujuslibet viri boni arbitr., *l. 43. L. 3.* In contractibus: si Titius non arbitraretur, erit in subsidium boni viri, *l. 7. contr. Emt.*, sed *Justinianus* statuit ut deficeret, *§ 1. J. Emt. Vend. l. ult. C. contr. Emt. l. 35. § 1. D. eod. l. 25. Locati.* Sponsalia in alterius arbitrium conferri possunt, *c. super eo Extr. C. A.* Non obst. *l. 54. § 1. L. 1.*, quia illic ipsi contrahentes conferunt. *Si arbitratu Titii aliquid feceris, l. ult. § 1. C. com. de Leg. d. l. 54. l. 11. § 1. L. 2. l. 6. l. 27. l. 28. C.D. l. 41. § 4. l. 14. 46. § 3. l. 17. fid. lib.* tum demum, si non arbitretur, videtur adjectum B.V. arb. *l. 16. C.D.*

148. dari potest Tutori vel curatori, *l. 13. C.D. l. 68. l. 95. § 7. de Sol.*, non D^{no}, *l. 44. C.D. l. 38. § 6. V.O.* (excipe statu liberum *d. l. 44. §* 2.), non servo injusso, *d. l. § 3. l. 94. C.D.*, adde huc *l. 15. de Leg. praest. cont. tab. l. 4. pr. C.D.*

149. Morte ejus deficit, *l. 31. 94. 104. l. 51. § 1. l. 109. C.D. l. 23. § 2. ad L. Aquil.*; non obst. *l. 54. § 2. L. 1.*, ibi enim vivo Testatore mortuus est, v. th. 356.

77. S'il n'importe pas de savoir qui la remplit, la condition dépend du sujet exprimé [143] ou de n'importe qui en son nom [144]. En effet les choses qui sont équivalentes en utilité dans les dernières volontés, sont réputées introduites de manière équivalente dans la condition, th. 48, aussi longtemps que le sujet est en vie. On suppose [145] en effet que c'est lui-même qui agit ; mais la fiction requiert des termes habiles.

78. La condition qui ne laisse pas d'ἀποτέλεσμα* dépend du seul sujet exprimé. En effet on ne peut trouver en elle d'autre utilité que celle qui touche à la personne exprimée elle-même.

79. Qui peut faire en sorte qu'il puisse, déjà peut [146]. En effet la cause de la cause est cause du causé ; c'est pourquoi, qui est en puissance cause de la cause, est en puissance cause du causé.

80. Le jugement dans les dernières volontés est ou bien celui du sujet exprimé, ou bien celui de l'homme [147] bon. En effet les dernières volontés sont maintenues grâce au jugement de n'importe quel homme bon.

81. Est gratifié, le sujet exprimé [148] ou n'importe qui en son nom, tant qu'il vit [149]. Car ce que lui-même reçoit tant qu'il vit, il peut en faire don à qui il veut. En effet c'est l'intérêt de ce dernier qui est en cause, d. 137.

82. Si le maître est gratifié par un *statuliber*, on sous-entend [150] : lui

cessores subintelliguntur[150]. Ipsa enim in abstracto potestas Dominica in eum, honorata intelligitur, quae transit ad successores[151].

83. Si Co est facti, persona objectiva tantum est quae expressa est[152]. Nam quae facti sunt, in alium transferri non possunt.

84. Co post tempus immemoriale non existit efficaciter. Nulla enim Dispositio jure ipso gentium vim habet in infinitum : commodior autem spherae activitatis terminus assignari non potest, quam tempus immemoriale.

85. Co in factum futurum collata, post Testamentum conditum quandocunque, existit efficaciter. Nam vel mortuo eo existit, de qua difficultas nulla est, vel vivo[153]. Sed cum ex posfacto, ubi constitit Testamentum revocatum non esse, Testator statim post Testamentum conditum mortuus fingatur[154], vi regulae Catonianae, etiam quae vivo eo existit, mortuo eo existere intelligitur.

86. Sciente Testatore frustra existit ante Testamentum[155]. Neque enim quod praeteritum esse sciret, concepisset ut futurum si de eo fuisset locutus.

87. Ignorante valide, seu efficaciter[156]. Factum enim voluit, quod si scivisset impletum pure dispositurus praesumitur.

88. Co quae repeti non potest, cum semel extitit quandocunque, existit efficaciter[157]. Nam si ante Testamentum, dispositio pura est, th. 334. Si post Testamentum, post mortem existere intelligitur, ergo efficaciter, th. 85.

89. Co voluntatis ante apertas tabulas frustra existit[158], th. 53.

90. Co cui persona Clis inest, in qua potest existere ipso momento

150. *l. 51. § 1. l. 94. C.D. l. 4. § 6. fid. lib. l. 22. St. L.*

151. uti dignitati legatum dicimus, si transit ad sucessores, *Menoch, 4 praes.121.*

152. *l. 31. Solut. l. 44. pr. C.D.*

153. *l. 2. l. 10. pr. l. 61. l. 91. C.D. l. 18. man. test. l. 7. C. de inst. et subst.* (etiam potestativa, alioqui ibi *Justinianus* nullam veterum dubitationem exploderet), v. tamen. th. 89.

154. testamenti et mortis tempus fictione conjunguntur, et vel testamento immoto mors ad id retrotrahitur, ut hic, vel morte immota testamentum ad eam protrahitur, ita quae vivo testatore defecit, ab initio videtur defecisse, arg. *l. 8. § 7. C.J.*, utrumque, ut maneat dispositio.

155. *l. 9. l. 11. § 1. l. 68. C.D.* (*l. 68.* est quasi Co divortii contra *l. 10. C.D.*) *l. 45. § 2. Leg. 2.*, et repetenda est, vid. tamen th. 88.

156. *l. 3. pr. adim. leg. l. 10. § 1. l. 11. pr. C.D. l. 25. lib. et posth.*

157. *l. 2. l. 11. l. 61. C.D. l. 7. C. Inst. et Subst.*

158. *l. 2. Th.11. § 1. l. 31. l. 104. C.D. l. 4. C. Cond. ins.* (Co in ipsum Testatorem collata est, *l. 10. C.J. l. 38. 91. C.D. l. 51. § 1. H.J. l. 99. V.O. l. 28. man. test.*), Libertatis,

vivant ou ses successeurs. En effet c'est en lui la puissance même du maître prise de manière abstraite qui est réputée gratifiée et qui passe à ses successeurs[151].

83. Si la condition est de l'ordre du fait, la personne objective est seulement celle qui a été exprimée[152]. Car les conditions qui sont de l'ordre du fait ne peuvent être transférées au pouvoir d'un autre.

84. Une condition n'existe plus efficacement après un temps immémorial. En effet aucune disposition, par le droit même des gens, ne garde indéfiniment son efficacité : mais on ne peut assigner à son rayon d'activité de terme plus approprié qu'un temps immémorial.

85. La condition dépendant d'un fait futur survenant à un moment quelconque après la rédaction du testament existe efficacement. Car ou bien elle existe après la mort du testateur et ne soulève aucune difficulté, ou bien de son vivant[153]. Mais puisque après coup, là où il a été établi que le testament n'a pas été révoqué, le testateur est supposé[154] mort aussitôt après la rédaction du testament en vertu de la règle Catonienne, même celle qui existe de son vivant est réputée exister comme s'il était mort.

86. Elle existe en vain avant le testament[155] si le testateur le sait. En effet, ce qu'il savait être passé, il ne l'aurait pas conçu comme futur s'il en avait parlé.

87. Mais s'il l'ignore, elle existe validement, c'est-à-dire efficacement[156]. En effet, il a voulu un fait à partir duquel on présume que s'il avait su qu'il était déjà accompli, il aurait disposé purement et simplement.

88. La condition qui ne peut être recommencée, existe efficacement[157] une fois qu'elle a existé à un moment quelconque. Car si c'est avant le testament, la disposition est pure et simple, th. 334. Si c'est après le testament, elle est réputée exister après la mort, donc efficacement, th. 85.

89. La condition de volonté existe[158] en vain avant l'ouverture du testament, th. 53.

90. La condition qui comporte une personne conditionnelle dans

mortis, vivo eo non deficit[159], th. 162. Si non potest, jam vivo eo deficit, quia momentum mortis vitae computatur[160].

91. Co quae nomine personae Clis in alio existere potest, in moriente existere posse intelligitur[161]. Nam dum vivit in alio esse potest, th. 77. et 81., dum moritur vivit.

92. Item[162] quae existit in moriendo[163].

93. Conditionis temporariae computatio incipit in dubio a die perfectae dispositionis[164], tum enim primum Crius habet jus quaesitum, th. 144, tum primum igitur ei Co nocere vel prodesse incipit.

94. Dies adjectus Cni libertatis non intelligitur esse quo, sed intra quem existere debeat[165], per rationem th. 72.

95. plura disjuncta sunt unum incertum[166]. Sunto enim : A aut B ; unicum tantum verum est, idque incertum utrum sit A an B.

96. Plura connexa sunt unum individuum. Sunto enim A et B, si A non erit, etiam B non erit, et contra, per d. 6. Erg. est individuum, per th. 100., si autem dividuum unum est, th. 98., multo magis individuum.

96a. Connexio non praesumitur[167]. Nam neque ex verbis conjungentibus sequitur, et est valde dura.

97. Si plura[168] (unum[169]) repraesentant unum (plura), unum (plura) sunt. Sint enim b. c. loco A, et A concurrat cum D ad E. Si ipsum A concurrat, habebit unum dimidium E, th. 106., sin b et c cum D concur-

etiam vivo Test. *l. 39. § 3. St. L.* Potest. facilis, cum primum commode potest, implenda, *l. 23. § 1. H.J. l. 29. C.D.*

159. *l. 5. H.J. l. 28. C.J.*

160. *l. 18. § 1. l. ult. man. test. l. 42. § 1. M.C.Don. Gell. VI. 13.*

161. *l. 28. C.J.*

162. *l. 104. § 6. f. L. 1.*

163. uti *cum morieris* (sc. Crius), v. *l. 77. § 3. 4. 10. L. 2. l. 4. § 1. l. 13. qu.d.l.c. l. 79. § 3. C.D.* (ex ea jus purum est, et transmittitur, licet dilatum, obst. *l. 72. § 5. C.D.* ; talis est ad summum : *si non feceris, § 4. J. de V.O. l. 65. § 1. ad Treb. l. 73. C.D.*), et : cum debiturus, v.g. haeres morietur, *l. 4. l. 13. l. 22. qu.d.l.c. l. 28. C.J. l. 79. § 1. l. 1. § 2. C.D. l. 68. § f. L. 1. l. 12. § 1. L. 2.* Si legatarius prius moriatur, non transmittit. Talis est ad summum : *cum voluerit*. Cum tertius morietur, similiter, *l. 40. § 2. C.D.*

164. *l. 46. C.D.* junct. th. 245.

165. *l. 41. § 1. man. test. l. 41. § 10. fid. lib.*, add. *l. 39. § 3. St. L.*, alias non, *l. 49. C.D.*

166. *l. 2. 6. 27. L. 2. l. 2. in d. add. l. 26. C.D.* ; sufficit unam disjunctarum existere, *l. 5. C.J. § 11. J. de H.J. l. 78. § 1. C.D. l. 6. C. inst. subst.* Plures disjuncti sunt re et Cne, si solum per utrumque non stat, concurrunt, *l. 23. 24. C.J.*

167. *l. 2. § 1. C.J. l. 29. H.J. l. 13. § 3. 6. man. test. § 17. J. de Leg. l. 52. l. 121. L. 1. l. 10. l. 29. § f. L. 3. l. 33. l. 56. l. 81. pr. C.D. l. 13. § 2. l. 31. § 1. St. L.*, nisi exprimatur, *l. 13. § 1. man. test. l. pen. C. Cond. ins.*

168. ut *l. 56. C.D.*

169 *l. 20. L. 2.*, arg. *l. 1. § 4. Stip. serv. l. 44. § 8. C.D.*

laquelle elle peut exister au moment même de la mort ne fait pas défaut[159] de son vivant, th. 162. Mais si elle ne peut pas exister à ce moment, elle fait déjà défaut de son vivant car le moment de la mort est compté[160] comme moment de la vie.

91. La condition qui peut exister dans un autre au nom de la personne conditionnelle, est réputée[161] pouvoir exister dans celui qui meurt. Car tant qu'il vit, elle peut exister dans un autre, th. 77 et 81, et pendant qu'il meurt, il vit encore.

92. De même[162] pour celle qui existe dans le fait de mourir[163].

93. La computation de la condition temporelle commence en cas de doute à partir du jour où la disposition[164] se trouve accomplie ; alors seulement en effet, le conditionnaire détient le droit distingué, d. 144*, alors seulement par conséquent, la condition commence à lui nuire ou à lui profiter.

94. La date apposée à la condition de la liberté n'est pas réputée être celle à partir de laquelle, mais celle avant laquelle la condition doit[165] exister, en raison du th. 72.

95. Plusieurs disjoints sont un incertain[166]. Soit en effet : A ou B ; un seul est vrai et il est incertain que ce soit A ou B.

96. Plusieurs connexes sont un indivisible. Soit en effet A et B ; si A n'est pas, B ne sera pas non plus, et réciproquement, par la d. 6. Donc c'est un indivisible par le th. 100 ; or si le divisible est un, th. 98, l'indivisible le sera beaucoup plus.

96a. La connexion ne se présume[167] pas. Car elle ne s'ensuit pas des termes conjoints et est très forte.

97. Si plusieurs[168] (un)[169] représentent un (plusieurs), ils sont un (plusieurs). En effet que b et c soient à la place de A et que A concoure avec D pour obtenir E. Si A concourt lui-même, il emportera une moitié de E, th. 106 ; mais si b et c concourent avec D, chacun d'eux comptant

rant, singula tanquam unum habebunt duas tertias simul, th. 106., id est plus quam A quod repraesentant, sed hoc absurdum est.

98. Dividuum ante divisionem unum est[170]. Nam dividuum constans ex partibus homogeneis esto a + a, id differt a pluribus a. α, illud enim praeter partes habet +, signum unionis.

99. Si dividuum pluribus applicandum est, dividitur seu fit actu plura[171]. Nam cum a + a, applicanda ad C. D. sint homogenea, d. 125., licebit applicare pro lubitu, per th. 104.; sit igitur a–C. a–D., ita sunt plura.

100. Si pars ejus fit nulla[172].

101. Plurium unum absque altero valere potest. Alioqui connexa essent, d. 6., connexa autem sunt unum, th. 96.

102. Idem specie, seu Genus pluribus additum, est plura homogenea[173]. Idem enim specie, puta: A, continet plura numero, a + a, ea applicata ad B.C. erunt actu plura, th. 99.

103. Si plura pluribus applicanda sunt neque apparet quodnam cuinam assignatum sit, in se invicem ducuntur. Sunt enim v.g. Titius A. et Sempronius B. applicandi ad Stichum C. et gemmam D. (id est jure ad has res concurrant), cum multum intersit inter C. et D. neque etiam dictum sit, quod ad quem pertineat, per hyp. applicabuntur singula unius partis, ad omnia alterius partis (sic nempe: A–C + D. B–C+D., id est uterque habebit initio gemmam et Stichum, tota; concursu communia erunt, th. 105. 107., et contra C–A+B. D–A+B.), id est in se invicem ducentur.

104. Si plura sunt homogenea, apparet quod cui sit assignatum, quia quod cui applices nihil interest.

105. Si unum pluribus applicandum est (id est si ea plura sunt re (una) conjuncta), in singula ducitur, seu est omnium ab initio.

106. Concursu autem fiunt partes si dividuum est[174].

107. Sin minus, fit commune[175].

170. *l. 29. V.O.*

171. ita Co vel Ctum collatum in plures, *l. 56. l. 45. § 1. l. 46. C.D. l. 30. us. et usufr. l. 44. § 8. C.D. l. 81. § 1. L. 1.*

172. v. *l. 112. § 1. C.D.*

173. *l. 2. § 1. C.J. l. 6. § 1. l. 33. § 4. C.D.*

174. ita si Co dandi in plures collata est, qui partem implet, partem Cti accipit, *d. l. 56.* seqq. *l. 13. § 2. l. 11. § 1. man. test.*

175. Co individua nihil tribuit ne quidem pro parte, nisi tota existit, *l. 11. § 23. 24. L. 3. l. 23. d. l. 56. 112. C.D. d. l. 13. § 2. man. test. l. 13. § 2. St. L.*

pour une partie, ils obtiendront ensemble deux tiers, th. 106, c'est-à-dire plus que A qu'ils représentent, mais ceci est absurde.

98. Le divisible avant la division est un[170]. Car le divisible consistant en parties homogènes, à savoir a + a, il diffère de plusieurs a. α ; car outre les parties, il a le +, signe de l'union.

99. Si le divisible doit être appliqué à plusieurs, il est divisé, c'est-à-dire qu'il devient plusieurs[171] en acte. Car puisque a + a devant être appliqués à C.D. sont homogènes, d. 125, il sera permis de les appliquer comme on voudra, de par le th. 104 ; soit donc a–C. et a–D., ainsi sont-ils plusieurs.

100. *[De même]* si une des partie *[auxquelles il doit être appliqué]* devient nulle[172].

101. Une unité d'entre plusieurs peut valoir sans l'autre. Sinon elles seraient connexes, d. 6 ; or les connexes sont un, th. 96.

102. Le même par l'espèce, c'est-à-dire le genre ajouté à plusieurs constitue plusieurs homogènes[173]. En effet, le même par l'espèce, à savoir A, contient plusieurs par le nombre, a + a, lesquels appliqués à B et C seront plusieurs en acte, th. 99.

103. Si plusieurs doivent être appliqués à plusieurs sans qu'apparaisse quel terme est assigné à quel terme, ils s'étendent les uns aux autres. En effet, soit par exemple Titius A et Sempronius B, qui doivent être appliqués à Stichus C et une gemme D (c'est-à-dire qu'ils concourent juridiquement pour ces choses) ; quoiqu'il y ait une grande différence entre C et D, et qu'il ne soit pas indiqué quelle chose revient à qui, par hypothèse on appliquera chaque élément d'une partie à tous les éléments de l'autre (à savoir bien évidemment : A-C + D et B-C + D, c'est-à-dire que chacun des deux aura au début la gemme et Stichus, tout entiers ; par concours ils seront communs, th. 105 et 107 et inversement C-A + B et D-A + B), c'est-à-dire qu'ils s'étendront les uns aux autres.

104. Si plusieurs sont homogènes, il apparaît manifestement ce qui est assigné à chacun, parce qu'il est indifférent de savoir ce qu'on applique à chacun.

105. Si un doit être appliqué à plusieurs (c'est-à-dire si ceux-ci sont plusieurs conjoints pour une chose (unique), il s'étend à chacun, c'est-à-dire qu'il est propre à tous dès le départ.

106. Or par concours naissent les parties s'il est[174] divisible.

107. S'il n'est pas divisible, il devient commun[175].

Nam si v.g. A sit res (uti 100 aut Stichus), plura autem sint B (Titius) C (Sempronius), atque A pertineat tum ad C(A–C) tum ad B(A–B), si solum B applicetur, totum A pertinebit ad C, quod est th. 105. Si concurrat, id est simul applicetur, C initio linea BA tendet ad totum, sed cum pervenit ad A partem tantum suam facit, quia idem efficit linea CA. Et accurate loquendo τὸ A (Stichus vel 100 nummi), tum B (Titii), tum C (Sempronii), erit Stichus aut 100, sed Stichus ille particularis erit A dimidium, id est dimidii valoris ratione Stichi totalis (Servus enim communis duorum servorum loco est, per th. 97.) et 100 Titii erunt quidem 100, sed 100 dimidii nummi, seu 50 integri. Patet igitur in Sticho th. 107., in 100 nummis th. 106.

108. Tot autem sunt propositiones seu applicationes, quot sunt plura partis maximae. Nam et tot propositiones seu applicationes sunt quot lineae[176]; et etsi unum pluribus applicandum sit, plures tamen sunt applicationes, per th. 105.

109. Si re conjuncti concurrunt diverso tempore, priore concurrente alter concursurus praesumitur[177]. Nam si unus totum auferret, aut certe sine cautione, esset materia litium, quae Legislatori praecavenda est.

110. Si quod conjunctorum non concurrit, ipsum pro non scripto, propositio ejus falsa, seu dispositio nulla est[178]. Id est in proposito casu, si C non concurrat, nulla erit linea A–C.

111. Omne dividuum divisibile est, d. 125. et d. 128.

112. Omne indivisibile individuum, th. 111. conversione per contrapositionem.

113. Continuatum discretum est plura[179], nempe divisa intervallis, E per th. 99.

114. Si plures sunt Ctores, plures sunt dispositiones, d. 67.

115. Si Crii[180], th. 108.

116. Si plura Cta, per th. 108.

176. v.g. A. et B. ad C. D. E. tres sunt dispositiones.

177. Unde pendente Cne cohaeredis unus totam haereditatem non habet, *A. Fab. d. 49. err. 10.*, nec Legatarius unus totum Legatum, *l. 54. § 1. l. 30. C.D. l. 89. § 2. L. 2.* Usum fructum tamen unus interim totum habet, *l. 6. § 2. usufr. accr.*

178. unus absque altero totam Cnem implere potest, et totum auferre, *l. 31. § 1. St. L. l. 81. C.D. l. 89. § 1. L. 2.*, (dummodo non eum dolose praeveniat) neque alteri prodest, *l. 13. pr. § 2. man. test. l. 44. H.J. l. 6. C. cond. ins.* Et si quis dimidia impleta dimidiam abstulit, residua Co et Ctum ei accrescit, *l. 54. § 1. C.D.*

179 annua legata sunt plura, *l. 4. l. 11. ann. leg. l. 28. qu. m. usufr. am. l. 12. pr. l. 20. qu.d.l.c. l. 101. § 4. C.D. l. 1. § 16. ad L. F.* (primum est purum, reliqua Clia, per th. 97.).

180. *l. 44. § 8. C.D.*

Car si par exemple A est la chose (comme 100 ou Stichus), mais que plusieurs soient B (Titius) C (Sempronius), et que A revienne d'une part à C(A–C), d'autre part à B(A–B), si B seul est appliqué, A tout entier reviendra à B*, conformément au th. 105. S'il concourt, c'est-à-dire si C** est appliqué en même temps, la ligne BA tendra au début à la totalité, mais quand elle parvient à A, elle constitue seulement sa partie, puisque la ligne CA effectue la même chose. Et pour le dire de façon soignée, le A (Stichus ou 100) sera le Stichus ou les 100 d'une part de B (Titius), d'autre part de C (Sempronius), mais ce Stichus particulier sera la moitié de A, c'est-à-dire en proportion de la moitié de la valeur totale de Stichus. (Car l'esclave commun est à la place de deux esclaves, par le th. 97) et les 100 de Titius seront certes 100, mais 100 demis, c'est-à-dire 50 entiers. Le th. 107 se manifeste donc dans le cas de Stichus, et le th. 106 dans le cas des 100.

108. Mais les propositions ou applications sont aussi nombreuses que le sont les éléments de la partie la plus grande. Car il y a autant de propositions ou d'applications que de lignes [176]; et même si un seul doit être appliqué à plusieurs, il y a cependant plusieurs applications, par le th. 105.

109. Si des conjoints pour une chose concourent à des moments différents, quand le premier concourt, on présume [177] que le second va concourir. Car si l'un emportait le tout, ou du moins l'emportait sans garantie, il y aurait matière à litige, ce que le législateur doit empêcher.

110. Si l'un des conjoints ne concourt pas, il est considéré lui-même comme non stipulé, la proposition qui le concerne est fausse, autrement dit, la disposition est nulle [178]. C'est-à-dire que dans le cas proposé, si C ne concourt pas, il n'y a pas de ligne A–C.

111. Tout divisible peut être divisé, d. 125 et d. 128.

112. Tout ce qui ne peut pas être divisé est indivisible, th. 111, conversion par contraposition.

113. Le continu discret est plusieurs [179], évidemment plusieurs divisés par des intervalles, donc par le th. 99.

114. S'il y a plusieurs conditionnateurs, il y a plusieurs dispositions, d. 67.

115. De même s'il y a plusieurs conditionnaires [180], th. 108.

116. De même, s'il y a plusieurs conditionnés, par le th. 108.

117. Si plures sunt Crii et plura Cta in dispositione ratione verborum eadem, et suum cuilibet assignatum sit, una voce si sunt verbis conjuncti[181], praesumuntur substituti in eandem causam. Nam verbis conjuncti medii sunt inter re conjunctos et disjunctos verbis, igitur accrescit iis pars vacans quidem, ne ad verbis disjunctos deprimantur, sed cum suo onere, seu cum conditione, ne re conjunctis, th. 105., aequiparentur.

118. Si plures Cnes intervallo eidem Cto adscriptae sunt in Institutione, statu libero, et pia causa, disjunctae praesumuntur[182].

119. In Legato[183] et fideicommisso[184] una novissima.

120. In Contractibus conjunctae[185].

121. Sine intervallo ubique sunt conjunctae.

Nam ubi nullum intervallum est, mutatio voluntatis non praesumitur, hinc, th. 121. De caetero inter plus vel minus favorabilia proportio servanda. Pluris autem est Co disjunctiva seu una incerta quam una certa, th. 263. et una certa quam plures conjunctae, th. 264. Similiter Institutiones Legatis, hinc th. 118., Legata Contractibus, hinc th. 119., favorabiliora sunt. Accedit de Contractibus quod carent intervallo, quia jus singulare constituunt, hinc th. 120.

122. Si res Clis (Cta) est Species, Co (Ctum) est individua[186]; si Quantitas, dividua[187]. Illius enim partes heterogeneae sunt, hujus homogeneae.

123. Co (Ctum) continuata est dividua. Nam nisi partes essent homogeneae eadem non continuaretur.

124. Jussum item[188]. Nam vel factum expressum dividuum est, tum res est manifesta; vel individuum. Esto igitur: Titio et Sempronio fun-

181. etiam cohaeredes, juxta placitum *Justiniani l. un. § 10. C. de Cad. toll.*

182. Co levissima (jung. th. 35. 36.) in libertate, *l. 35. l. 51. pr. 87. 88. C.D. l. 5. l. 1. l. 45. man. test.*, levissima autem prius existit, ita in Inst. *l. 27. § f. H.J. l. 17. C.J.*

183. *l. 8. f. test. tut.* (similiter in Tutelis ibi *§ 2.*) *l. 16. V.P.S. l. 12. § ult. L. 1. l. 16. 17. adim. leg. l. 51. 87. 89. C.D. l. 3. C. de codicill. l. 19. C. fideic.*

184. et per id data libertate, *l. 90. C.D. l. 5. man. test.*

185. *l. 45. man. test.* v. *separatim*, id est disjunctim, arg. *l. 51. pr. C.D.*

186. etiam fundus est dividuus, *l. 34. § 15. L. 1.*

187. pecunia in se dividua, *l. 23. C.D.*, fit individua, si deputata est ad sumptus Operis individui, *l. 112. § 2. C.D.*

188. *l. 23. l. 24. C.D.*; putant ex *l. 74. C.D.*, si plures conjuncti sint, eum, cui aequitate tantum habeatur Co pro impleta, non habere jus accrescendi. Sed ita permovebitur quis ad jurandum v.g. aut coelibem vitam, ut habeat jus accrescendi. *L. 74.* ita habet: *Mulieri et Titio usus fructus, si non nupserit mulier, relictus est. Si mulier* (lege *non*) *nupserit, quamdiu Titius et vivit et in eodem statu erit* (id est v.g. non deportatus), *partem usus fructus*

117. S'il y a plusieurs conditionnaires et plusieurs conditionnés dans une disposition identique sous le rapport des termes et que ce qui est propre à chacun soit assigné à n'importe qui, en un mot, s'ils sont conjoints[181] par les termes, ils sont présumés substitués dans la même cause. Car les conjoints par les termes sont intermédiaires entre les conjoints par la chose et les disjoints par les termes, par conséquent la partie vacante certes leur revient, afin de ne pas les réduire au rôle de disjoints par les termes, mais avec sa charge, c'est-à-dire avec la condition, afin de ne pas les égaler, th. 105, aux conjoints par la chose.

118. Si plusieurs conditions sont ajoutées par intervalles au même conditionné dans l'institution, elles sont présumées[182] disjointes quand c'est un *statuliber* et que la cause est honnête.

119. Dans le legs[183] et le fidéicommis[184], *[la condition est présumé être]* unique et la plus récente.

120. Dans les contrats, *[elles sont présumées]* conjointes[185].

121. En l'absence d'intervalle, elles sont partout *[présumées]* conjointes. Car là où il n'y a pas d'intervalle, un changement de volonté n'est pas présumé; d'où le th. 121. D'ailleurs, il faut garder la proportion entre les éléments plus ou moins favorables. Or une condition disjonctive, c'est-à-dire une condition incertaine, vaut plus qu'une condition certaine, th. 263 et une seule certaine plus que plusieurs conjointes, th. 264. Pareillement, les institutions sont plus favorables que les legs, d'où le th. 118, les legs que les contrats, d'où le th. 119. Au sujet des contrats s'ajoute le fait que l'intervalle y fait défaut, puisqu'ils constituent un droit singulier, d'où le th. 120.

122. Si la chose conditionnelle (conditionnée) est une espèce, la condition (le conditionné) est indivisible[186]; si c'est une quantité, elle est divisible[187]. Dans le premier cas en effet, les parties sont hétérogènes, dans le second, homogènes.

123. La condition (le conditionné) continuée est divisible. Car si les parties n'étaient pas homogènes, cette même condition ne serait pas confirmée.

124. De même l'ordre[188]. Car ou bien le fait exprimé est divisible et alors la chose est manifeste; ou bien il est indivisible. Soit donc: je donne, je lègue un fonds à Titius et à Sempronius, s'ils peignent un

dum do lego, si hominem pinxerint. Si haec Co est jussum, suppono Titium capitali morbo impeditum intra datum tempus nihil pingere posse ; et Sempronium solum pingere. Sempronius totum hominem pinxit vere, Titius itidem totum (neque enim causa est cur pedes potius quam caput eum pinxisse dicamus) fictione, th. 51., Co igitur dividua est, per d. 125.

125.Si plures sunt honorati. Dando enim singulis actu dividitur.

126. Casualis Co non dividitur. Nam ut Co dividatur, oritur ex praesumtione, cum aliter Dispositio subsistere non posset, th. 128. At cum Ctor Casualem adjecit Cnem, totam rem reliquit arbitrio DEI, d. 120., de cujus judiciis praesumendum non est.

127. Si Ctum est individuum[189]. Nam Co dividua pro parte impleta efficax est ad partem Cti, sed Ctum individuum est.

128. Si necesse non est DIVIDI[190]. Interpretatio enim in subsidium adhibetur, ut Co dividatur, cum tota existere non potest aut debet, quia praesumitur Ctor malle voluntatem suam pro parte quam in totum nullam esse, per th. 100.

129. Si culpa est penes Crium, multo magis si mora. Neque enim ut dividatur in tali casu ex necessitate, sed voluntate Crii oritur, per th. 65. et 66., E. per th. 128.

130. Co quae non relinquit ἀποτέλεσμα individua est. Nam aut in motu solum vago consistit, tum statim ab initio impleta est ; vel ad terminum, v.g. si Alexandriam ieris, pars autem viae non est motus ad Alexandriam.

131. Co facti immediati est indivisibilis. Factum enim immediatum est, quod in solo motu membrorum consistit, v.g. si riseris, quia statim, cum coepta, impleta est, per d. 128.

habebit (quia Titius concurret) ; *tantum enim* (non plus) *beneficio legis mulieri concessum est, quantum haberet, si paruisset* (nam si Titio non prodesset ficta mulieris impletio, haberet mulier sola, et ita plus quam si vere paruisset, quod est abs.) ; *nec si Titius, qui conditione defectus est* (in rei veritate, etsi non effectu juris), *legatum repudiet* (nam si Co omnino defecisset, non posset repudiare, *l. 3. R.J.*), *ea res mulieri proderit* (seu : incidemus in eam absurditatem, ut plus mulieri prosit fictio quam veritas, quia, etsi paruisset, repudiante Titio totum haberet).

189. *l. 23. C.D.*, nisi in libert. *l. 4. § 6. St. L.*

190. th. 106. 107. 99. 100. *l. 74. § 1. acq. haer. l. 23. l. 32. C.D.* Cto imminuto minuitur Co, seu onus, *l. 43. § 1. l. 44. § pen. l. 62. § 1. C.D. l. 20. M.C. Don.*, v. tamen *d. l. 43. § 3.*, add. *l. 32. § 4. ad L. F. l. 44. § 9. C.D. l. 63. § 12. ad Treb.*, et contra, si utrumque dividuum est, *l. 10. pr. ann. leg.*

homme. Si cette condition est un ordre, je suppose que Titius, empêché par une maladie mortelle, ne puisse rien peindre dans le délai imparti ; et que Sempronius peigne seul. Sempronius a peint l'homme tout entier en réalité, de même que Titius l'a peint tout entier (car il n'y a pas de raison que nous disions qu'il a peint plutôt les pieds que la tête) en vertu d'une fiction, th. 51. Par conséquent la condition est divisible, par la d. 125.

125. De même, si plusieurs sont gratifiés. Car en donnant à chacun, on la divise par l'acte.

126, La condition casuelle n'est pas divisée. Car, que la condition se divise, provient d'une présomption, quand la disposition ne pourrait subsister autrement, th. 128. Mais quand un conditionnateur a ajouté une condition casuelle, il a abandonné toute la chose à la décision de DIEU, d. 120, des jugements duquel il ne faut pas présumer.

127. *[De même]*, si le conditionné est indivisible[189]. Car une condition divisible remplie en partie, est efficace pour une partie du conditionné, mais le conditionné est indivisible.

128. *[De même]*, s'il n'est pas nécessaire qu'elle se DIVISE[190]. En effet, l'interprétation est utilisée dans ce qui remplace, afin que la condition soit divisée, quand elle ne peut ou ne doit exister toute entière, parce qu'on présume que le conditionnateur préfère voir sa volonté être nulle seulement en partie plutôt que totalement, par le th. 100.

129. *[De même]*, s'il y a faute de la part du conditionnaire, et bien plus encore, s'il y a retard. En effet que la condition se divise ne provient pas dans un tel cas de la nécessité, mais de la volonté du conditionnaire, par le th. 65 et 66. Donc par le th. 128.

130. La condition qui *[une fois réalisée]* ne laisse pas d'ἀποτέλεσμα*, est indivisible. Car ou bien elle consiste seulement dans un mouvement passager, et alors elle est remplie dès le début ; ou bien elle ne l'est qu'au terme, par ex. si l'on va à Alexandrie ; or une partie du chemin n'est pas le mouvement jusqu'à Alexandrie.

131. La condition du fait immédiat est indivisible. En effet, le fait immédiat est celui qui consiste dans le seul mouvement des membres, par ex. si l'on rit, parce qu'elle se trouve remplie aussitôt que commencée, par la d. 28.

132. Cnis cum ordine Conjunctivae (Disjunctivae) pars perturbate impleta non relevat[191]. Tum enim etiam ordo in Cnem deductus est.

133. Si honorato nolenti partem offeras, et si repudiet, dedisse non videris, seu non relevat[192], per th. 128. et quia incommoda solutio particularis.

134. Partes quae implent relevant. Nam si impleta parte Cnis, partem fundi accepi, ad habendam reliquam partem pars impleta non repetitur.

— — — —

Atque hic ipsos Terminos simplices Cnem ingredientes spectavimus. Prohibuit me inopinatum quiddam nunc totum exequi. Quare de ipsa Dispositione, quando nulla, Clis, pura intelligatur, restabit altera Disputatione, si Deus aspiraverit, speculari.

FINIS

191. *l. 44. § 6. et ult. l. 56. C.D.*

192. nisi in statu libero, *l. 3. § 6. l. 4. § 6. St. L.* Qui per errorem minus dedit, reliquum potest supplere, *l. 74. § 1. acq. haer. l. 23. C.D.*

132. La partie remplie de manière désordonnée, d'une condition conjonctive (disjonctive) pourvue d'un ordre, ne décharge pas[191]. Alors en effet, même l'ordre a été introduit dans la condition.

133. Si l'on propose une partie de la condition, contre la volonté du gratifié, et qu'il refuse, on n'est pas réputé avoir donné, c'est-à-dire que cela ne décharge[192] pas, de par le th. 128 et parce qu'un paiement partiel est réputé importun.

134. Les parties qui remplissent *[certaines parties de la condition]* déchargent *[des parties correspondantes de l'obligation].* Car si j'ai reçu une partie du fonds une fois qu'une partie de la condition est remplie, la part remplie n'est pas à recommencer pour obtenir la part restante.

— — — —

Nous venons d'examiner ici les termes simples eux-mêmes composant la condition. Un événement inattendu m'a empêché d'achever maintenant l'ensemble. C'est pourquoi, si DIEU y est favorable, il restera à étudier dans une seconde dissertation consacrée à la disposition elle-même, quand elle est considérée comme nulle, conditionnelle, pure.

FIN

JOH. STRAUCHIUS D. GOTTFREDO GUILIELMO LEIBNUZIO SUO AFFINI CARISSIMO

Binas a Te accepi literas, et alteras priores una cum dissertatione tua elegantissima. Equidem fere pudet ad illam tam diu tacuisse. Sane possum quam plurimas intermissi officii allegare causas, quas etiam probare Tibi non dubitem : sed malo hanc deprecari quam purgare culpam. Nunc hoc ex animi mei sententia habe, in tua dissertatione nupera, an ingenii felicitatem magis, an scientiam et industriam laudarem, hactenus me ambegisse. Certe videris viam, quam vulgo (praefiscini dicam) monstrare non solent, tute tibi reperisse, ad prudentiae nostrae adyta, expeditam, praeclaram, rectam ; adeoque ire non qua itur, sed qua eundum. Quare conatus tuos valde laudo, atque vellem adesse proprius ; quo provehere etiam si possem liceret. Caeterum de Conditionibus Galganettum in bibliotheca publica Academiae Salanae vidi. Est et alius de hoc argumento in libris meis, Philibertus Brusselius, Consiliarius olim Karoli V. et Philippi Hisp. R. Lovanii editus, qui si non plenius certe elegantius scripsisse videtur. De methodo tua sane non negem vel difficultate sua esse spetiosam, sed vereor ut in omni argumento tenere eam possis. Quod eo dictum velim, non ut Te deterream sed ut excitem. Quod superest, vale, et in affectu erga me persevera. Brunsvigae 6. Julii. 1665.

JOH. STRAUCH D.
À GOTTFRIED WILHELM LEIBNIZ
SON PARENT TRÈS CHER

J'ai reçu de toi deux lettres, la première en même temps que ta très élégante dissertation. A vrai dire j'ai presque honte de l'avoir laissée si longtemps sans réponse. Certes je pourrais alléguer bien des excuses pour un devoir omis, dont je ne douterais pas que tu voulusses les agréer. Mais je préfère en demander pardon que de m'en disculper. En ce qui concerne mon avis, retiens donc que, dans ta récente dissertation, ce qui m'a embarrassé jusqu'ici est de savoir si j'en louerais plutôt l'heureuse ingéniosité ou la science et l'habileté. Tu as certainement trouvé un chemin dégagé, lumineux et droit vers le sanctuaire de notre sagesse, qu'on n'a pas l'habitude de révéler d'ordinaire (soit dit sans offenser personne), et tu te l'es indiqué toi-même ; et de plus, tu passes non par où tout le monde passe, mais par où il faut passer. C'est pourquoi je loue hautement tes efforts, et je voudrais y participer de plus près pour leur permettre d'avancer encore, s'il était permis que je le puisse. Au reste, j'ai vu le traité de Galganetto au sujet des conditions, à la bibliothèque publique de l'université de Salzbourg. Il y a encore sur ce sujet parmi mes livres, Philibert de Bruxelles, autrefois conseiller de Charles-Quint et de Philippe, roi d'Espagne, édité à Louvain, dont on considère qu'il a écrit certainement de manière très élégante, à défaut d'être complète. En ce qui concerne ta méthode, certes je ne nierais pas qu'elle soit brillante par sa difficulté même, mais je crains que tu ne puisses l'appliquer à tout argument. Ce que j'en dis n'est pas pour te décourager mais pour t'inciter. Pour le reste, porte-toi bien et persévère dans ton affection à mon égard. A Brunswick, le 6 juillet 1665.

Q.D.B.V.

DISPUTATIO JURIDICA POSTERIOR

De

Conditionibus

Quam

Indultu Amplissimi JCtorum ordinis

PRAESIDE

VIRO

Nobilissimo, Consultissimo atque Excellentissimo,

Dno BARTHOLOMEO LEONHARDO SCHWENDENDÖRFERO,

J.U.D. et Inst. Prof. Publ. celeberrimo Patrono ac Praeceptore suo inprimis Venerando.

Publicae censurae exponit

M. GOTTFREDUS GUILIELMUS LEIBNUZIUS,
Lipsiensis,

AUTOR.

D. XVII. Augusti Anno M. DC. LXV..

LIPSIAE,
Typis JOHANNIS WITTIGAU.

QUE DIEU VEUILLE BIEN ACCUEILLIR

LA SECONDE DISCUSSION JURIDIQUE

DES

CONDITIONS

que grâce à

LA BIENVEILLANCE DE L'ORDRE ILLUSTRE DES JURISCONSULTES

PRÉSIDÉ PAR

MAÎTRE BARTHOLOME LEONHARD SCHWENDENDÖRFFER,

homme éminent, excellent et d'un savoir extrême,
Docteur dans les deux Droits, Professeur Public d'Institutes
respectable par dessus tout comme son très célèbre avocat et protecteur,

L'AUTEUR
M. GOTTFRIED WILHELM LEIBNIZ
de Leipzig

soumet à la critique publique,

le dimanche 17 août de l'année 1665.

à Leipzig
Impression de JOHANN WITTIGAU.

VIRIS

Magnifico, Nobilissimis, Consultissimis,
Amplissimis, Excellentissimis,

DN. QUIRINO SCHACHERO,

Academiae Lipsiensis Professori Publico, Serenissimi Electoris Saxoniae supremi Appelationum Judicii consiliario, Facultatis Juridicae ibidem Seniori, Consistorii Electoralis ac Ducalis Directori maxime Reverendo, Academiae Decemviro, JC^{to} famigeratissimo:

et

DN. JOHANNI BURSIO,

J.U.D. celeberrimo, Supremae Curiae Provincialis Electoralis ac Ducalis quae Lipsiae est, Advocato Ordinario Gravissimo,

Praeceptori, Patronis ac Fautoribus suis maximis maximeque colendis.

Dat, Dicit, Addicit.

AUTOR.

AUX HOMMES

très grands, très nobles, très avisés,
éminents et excellents

que sont

MAÎTRE QUIRINUS SCHACHER

Professeur Public de l'Académie de Leipzig, Conseiller du tribunal suprême des appels du Sérénissime Electeur de Saxe, Senior de la faculté de droit du même lieu, Directeur hautement vénérable du Consistoire Electoral et Ducal, Decemvir de l'Académie, Jurisconsulte incomparable,

et

MAÎTRE JOHANN BURSIUS

Docteur extrêmement célèbre dans les deux Droits,
avocat ordinaire très influent de la Suprême Curie Provinciale
Electorale et Ducale sise à Leipzig,

au Maître, aux Protecteurs et à leurs Partisans
suprêmement honorables,

L'AUTEUR

donne, dit et dédie.

Q.D.B.V.
PARS ALTERA
QUA
IPSA DISPOSITIO, QUANDO NULLA, CLIS, PURA SIT, EXPLICATUR

1. (143.)* Si Ctum non est Morale[193], DISPOSITIO INVALIDA EST, quia dispositio est Moralis propositio, d. 66.

2. (144.) Si Co est impossibilis[194], mero jure, quia sic etiam Ctum est impossibile, th. 9., ac sic morale non est, per th. 7., E. nulla Dispositio est, per th. 143.

3. (145.) Si ipsa dispositio in se moralis non est, etsi termini sint morales[195]. Nam si moralis non est, moraliter effectu caret, E., per d. 84.

4. (146.) Perplexa dispositio[196] non est moralis, nam est impossibilis, d. 55. Impossibile autem morale non est. Fictio enim ad impossibile non extenditur.

193. si necessarium in se, ut si alicui rem suam lego, *l. 20. L. 1.*, Cni, v. d. 53. not., v. th. 6. 7. 8.

194. Imposs. est falsa, d. 31. not.; cujus tempus praeterlapsum est, *l. 41. § 12. fid. lib. l. 11. § 1. L. 2.*, nisi justa ignorantia Crii, *l. 3. § 31. Sct. Silan.*; quae defecit ante Testamentum, *l. 6. § 1. C.D. l. 104. § 1. L. 1.*; cujus aliqua circumstantia est imposs. *l. 6. C.J.* Obst. quod utile inutili non vitiatur, *l. 34. H.J. l. 17. pact. dotal.* th. 329. *l. 8. § 4. C.J.* Resp. plura quae conjunguntur, vel ponuntur seorsim, ut: *Titius et Cajus*, vel ut se afficientia: *Titius obligatus est Cajo*; illo casu dividua sunt, ita Cnis dividuae pars impossibilis reliquum non vitiat, *l. 12. dot. praeleg. l. 6. § 1. C.D. l. 8. § 4. C.J.*, hoc individua.

195. uti: si voluero dabo, v. d. 117.; si per se necessaria, v. d. 53. not.: si in se impossibilis seu perplexa.

196. ubi Co et Ctum sibi obstant, *l. 43. H.J.*, nec patet quid a quo perimatur, *l. 5. fidej.* v. d. 53. 54. th. 13. Si inconditionabili adjicitur, *l. 77. R.J.* Si contra substantiam actus ut matrimonii, *c. ult. Extr. de C.A.* Si in tempus confertur, quo dispositio nulla est, *l. 97. § 2. V.O. Ducam te si cognovero*, quid juris? Copula secuta alii putant pura quidem esse sponsalia, sed in secundo coitu matrimonium, *Innoc.* in c. *per tuas, C.A.*, at *Brunellus de spons.*

QUE DIEU VEUILLE BIEN ACCUEILLIR LA SECONDE PARTIE DANS LAQUELLE ON TRAITE DE LA DISPOSITION ELLE MEME, QUAND ELLE EST NULLE, CONDITIONNELLE, PURE

1. (143.)* Si le conditionné n'est pas de nature morale[193], LA DISPOSITION EST INVALIDE, car la disposition est une proposition morale, d. 66.

2. (144.) *[de même]* Si la condition est impossible[194] en droit pur, car ainsi le conditionné aussi est impossible, th. 9, et ainsi il n'est pas de nature morale, par le th. 7; donc il n'y a pas de disposition, par le th. 143.

3. (145.) *[de même]* Si la disposition prise en elle-même n'est pas morale, bien que ses termes soient moraux[195]. Car si elle n'est pas morale, elle est moralement dépourvue d'effet; donc par la d. 84.

4. (146.) La disposition[196] perplexe n'est pas morale, car elle est impossible, d. 55. Or l'impossible n'est pas moral. En effet, la fiction ne s'étend pas à l'impossible.

5. (147.) Etiam Lege perplexa, nam quod lege impossibile est, in moralibus natura impossibili aequiparatur, d. 111.

6. (148.) Si Co est odiosa[197], DISPOSITIO EST LEGE PERPLEXA. Nam omina veteres captabant.

7. (149.) Si captatoria[198]; ne ultima voluntas ulla ratione constringatur.

8. (150.) Si difficillima[199]. Praesumitur enim animus dandi non esse.

9. (151.) Poenae causa relictum nullum est, seu Conditio Legati in potestatem haeredis conferri non potest[200], jure veteri.

10. (152). Si Titius voluerit Institutio, invalida est[201], seu Institutio in voluntatem Tertii conferri non potest. Haereditas enim totam substantiam defuncti continet, quam ab alieno arbitrio pendere absurdum est.

11. (153.) Si Dispositio demta Conditione invalida est[202]. Nam demta Cne pura esse debet, per th. 330.

12. (154.) Si a Testatore ademta est. Sic enim prior ultima non est.

13. (155.) Si Cnem destinavit addere Ctor, nec fecit[203], quia neque scripsit quod voluit, neque voluit quod scripsit. Quare neque quod scripsit valet, neque quod voluit[204].

concl. 30. statim primo, arg. *c.30. extr. de spons. Si meliorem non invenero*, valida est, si certum tempus adjiciatur, *Barth. Brixiens. qu. vener. 38. Si pulchriorem non invenero*, est contra subst. matrim., *Damas. de Brocard. Memb. 3. n. 10. Si liber erit haeres esto* (de servo proprio), perplexa est, *l. 21. 22. C.J.*, nam primum haeres esse debet, deinde a seipso accipit libertatem, *l. 6. § 4. H.J.*, add. *l. 9. § 14. l. 51. pr. H.J.*

197. Mortis, *l. 19. l. 30. C. de pact.* Eam tamen hodie continet confraternitas, seu pactum successorium, v. *Goth. d. l. 19.*, et concessio feudi viventis seu gratia expectativa. Distinguit *Gerhard. c.1. § si quis, de feud.*: si fiat ejus consensu (sed contra *l. 19.*), *Bal.* in *d. c.1.* et *H. Pisto. 2. q.25.*: si aliter quam successione res fieri possit Crii, sed contra v. *Vult. 1. feud. 7. n. 48. Si Titius erit servus, l. 34. § 2. contr. Emt. l. 83. § 5. V.O.*, id enim nefas expectare.

198. *l. 61. V.O. l. 34. C. de transact. l. 4. C. de inut. stip. l. 11. C. de Pact. l. 17. 29. 70. H.J. l. 9. l. 14. l. 20. § 2. C.J. l. 2. § 2. V.P.S. l. 46. L. 1. l. 1. de his quae pro non script. l. 83. § 5. V.O. l. un. C. de his quae poen.* In praeteritum collata captatoria non est, *l. 71. l. 81. § 1. l. 29. H.J. l. 20. § 2. C.J.*

199. *l. 4. § 1. St. L.*

200. *tot. tit. D. et C. de his quae poen. l. 43. § 2. L. 1.* Obst. *l. 6. l. 27. C.D.*, ubi haeres mulctatur, *l. 3. de L. 3.*; hodie valet *§ 1. J. de Legat. l. un. C. d. c.t.*

201. v. d. 117.

202. Cliter tamen (non pure) potest res mea mihi acquiri, *l. 61. contr. Emt. l. 31. 98. V.O.*, aliena a me promitti, *l. 7. § 1. qui pot. in pign.*, add. *l. 57. de j. dot.* Et alios casus *l. 88. l. 59. § 4. l. 89. H.J. l. 4. Reg. Caton. l. 104. C.D. l. 10. § 4. de Test. tut. l. 29. L. 1.*

203. *l. 9. § 4. H.J.*

204. *l. 3. de reb. d.*

5. (147.) Même quand elle est perplexe en vertu de la loi, car ce qui est impossible en vertu de la loi, est rendu équivalent en matière morale à ce qui est impossible par nature, d. 111.

6. (148.) Si la condition est odieuse[197], LA DISPOSITION EST PERPLEXE EN VERTU DE LA LOI. Car les Anciens sollicitaient les présages.

7. (149.) *[de même]* Si elle est captatoire[198]; afin que la dernière volonté ne soit enchaînée d'aucune manière.

8. (150.) *[de même]* Si elle est très difficile[199]. On présume en effet qu'il n'y a pas intention de donner.

9. (151.) Ce qui est laissé à titre de peine est nul, c'est-à-dire que la condition d'un legs ne peut[200] dépendre du pouvoir de l'héritier, selon le droit ancien.

10. (152.) Une institution *[subordonnée au fait]* que Titius veuille bien, est invalide[201], c'est-à-dire qu'une institution ne peut dépendre de la volonté d'un tiers. En effet, l'hérédité contient toute la substance du défunt qu'il est absurde de faire dépendre de l'arbitraire d'autrui.

11. (153.) Si la disposition est invalide[202] une fois la condition enlevée, *[elle est en elle-même invalide]*. Car une fois la condition ôtée, elle doit être pure, par le th. 330.

12. (154.) *[de même]* Si elle est ôtée par le testateur. Car dans ce cas la disposition antérieure n'est pas la dernière.

13. (155.) *[de même]* Si le conditionnateur a décidé d'ajouter une condition et ne l'a pas fait[203], puisqu'il n'a, ni écrit ce qu'il a voulu, ni voulu ce qu'il a écrit. C'est pourquoi ni ce qu'il a écrit, ni ce qu'il a voulu[204] n'est valide.

14. (156.) Si Crius nolit habere quod sibi ultima Voluntate relictum[205]. Indignus enim beneficio est, quod sprevit. Et Testator iis, qui aliquid ex ejus testamento capere volunt, observandus est ad instar superioris, per th. 34. et 62., v. *l. 9. § 6. H.J.*

15. (157.) Invalida est Poenae stipulatio, si, quod prohibitum est, impossibile est[206], v.g. si coelum digito attigeris, 10 dare spondes, per th. 144.

16. (158.) Fidejussio debiti nullius nulla est[207], quia nullum est Ctum, v.g. si Sempronius non solvet quod tibi debet, ego solvam; nam si nihil debet nihil solvam.

17. (159.) Dispositio inutilis invalida intelligitur[208]. Eundem enim effectum habet, d. 85., E., d. 81.

18. (160.) Dispositio infirmata ab initio nulla intelligitur[209]. Nam nihil efficit antequam purificetur, th. 9., multo minus cum fit nulla, patet igitur ex postfacto effectum ejus prorsus nullum esse ab initio.

19. (161.) Si Co defecit, Dispositio infirmatur[210]. Nam si illa est impossibilis, haec invalida est, E. si illa fit impossibilis, haec invalida fit. E., d. 90.

20. (162.) Etiamsi vivo Testatore, per demonstrationem th. 85.

21. (163.) Cum Co fit impossibilis, DEFICIT. Nam in momento ultimo possibilitatis solo adhuc praesens esse potest, d. 36., postea deficit, postea autem est impossibilis.

22. (164.) Co Continua uno actu contrario. Ita enim interrumpitur.

23. (165.) Si pars Cnis, quae non relevat, et repeti non potest, extitit. Quia repetenda est, d. 127., v. th. 88.

24. (166.) Cum Co indivisibilis in utrumque Crium collata est, alterius dispositio nulla est. Nam diversa alterius dispositio est, th. 108., et alterutri tantum possibilis est Co (plures enim ad Conditionem indivisibilem concurrere non possunt, quia nec unus divisim potest, th. 118.). Alteri igitur est impossibilis. E. per th. 163. et 161. alteri dispositio infirmatur.

205. *l. c.*, v. tamen *l. 45. § 1. L. 2.*

206. *l. 69.* (obst. *l. 8.*) *l. 19. V.O.*

207. *l. 16. l. 29. fidej.*

208. ut: momento valitura, *l. 79. § 3. C.D. l. ult. C. de bon. quae lib.*, non obst. *l. 127. R.J.*, Derisoria, *l. 65. ad L. Falc. l. 122. § 2. L. 1.*

209 *l. 2. pr. peric. et c. r. v.*

210. *§ 2. J. quib. m. test. inf. l. 2. pr. l. ult. C.J. l. un. § 2. 7. Cad. toll. l. 8. V.P.S. l. 1. 2. C. inst. et subst. l. 33. § 3. C.D. l. 87. H.J. l. 3. C. cond. ins.*

14. (156.) *[de même]* Si le conditionnaire ne veut pas recevoir ce qui lui est laissé[205] par dernière volonté. En effet, il est indigne du bienfait qu'il a méprisé. Et le testateur doit être respecté comme un supérieur par ceux qui veulent obtenir quelque chose de par son testament, par les th. 34 et 62, voir loi 9 § 6 H.J*.

15. (157.) La stipulation de peine est invalide, si ce qui est interdit est impossible[206]; par exemple tu promets de donner 10, si tu touches le ciel du doigt, par le th. 144.

16. (158.) La fidéjussion d'une dette nulle est nulle[207], parce que le conditionné est nul, par exemple, si Sempronius n'acquitte pas ce qu'il te doit, moi je l'acquitterai; car s'il ne doit rien, je n'acquitterai rien.

17. (159.) La disposition inutile est réputée[208] invalide. Car elle a le même effet, d. 85, donc d. 81.

18. (160.) La disposition infirmée, est réputée[209] nulle dès le début. Car elle ne produit aucun effet avant d'être purifiée, th. 9, bien moins encore quand elle devient nulle; il est donc après coup manifeste que son effet était totalement nul dès le début.

19. (161.) Si la condition a fait défaut, la disposition est infirmée[210]. Car si la première est impossible, la seconde est invalide; donc si la première devient impossible, la seconde devient invalide. Donc, d. 90.

20. (162.) Même si ça s'est produit du vivant du testateur, par la démonstration du th. 85.

21. (163.) Quand la condition devient impossible, ELLE FAIT DEFAUT. Car dans le seul dernier moment de possibilité, elle peut encore être présente, d. 36, ensuite elle fait défaut, mais ensuite elle est impossible.

22. (164.) La condition continue *[fait défaut]* par le fait d'un seul acte contraire. Car ainsi elle s'interrompt.

23. (165.) *[de même]* Si une part de la condition qui ne décharge pas et ne peut pas être recommencée, a déjà existé. Car il faudrait la recommencer, d. 127, voir th. 88.

24. (166.) Quand une condition indivisible dépend de l'un et l'autre de deux conditionnaires, la disposition de l'un des deux est nulle. Car la disposition de l'autre est différente, th. 108, et la condition de l'un ou de l'autre est seulement possible (plusieurs en effet ne peuvent concourir pour une condition indivisible, puisqu'un seul ne peut pas le faire séparément, th. 118). C'est pourquoi la condition de l'un des deux est impossible. Donc par th. 163 et 161, la disposition de l'un des deux est infirmée.

25. (167.) Infirmata Dispositione Ctum venit ad Substitutum[211], d. 96.

26. (168.) Re Conjuncti habent solidum[212], th. 100. et th. 106.

27. (169.) Connexi nihil, d. 6.

28. (170.) Et quod implendae Cnis causa datum est, confici potest[213]. Causa enim dati secuta non est.

29. (171.) Jus Conditionabile est omne quod Conventione constitui potest. Hoc inductione manifestum erit.

30. (172.) Quod ipso jure transferri potest. Id enim in se nihil continet facti, E., per th. 178.

31. (173.) Quod diem recipit[214]. Nam quod diem certum recipit, quidni incertum? incertus autem est co, th. 192.

32. (174.) Quod Modum recipit, per th. 42. et 305.

33. (175.) Jus ad rem est Conditionabile[215]. Id enim conventione constitui potest, E., per th. 171., et ipso jure transferri sine traditione et actu corporali, E., per th. 172.

34. (176.) Jus quod non potest esse Ctum Morale, EST INCONDITIONABILE, per d. 66.

35. (177.) Quicquid non est futurum, th. 7. Id enim non est in potestate.

36. (178.) Quod est facti[216], per d. 63.

37. (179.) Possessio. Nam est facti[217], E., per th. 178.

38. (180.) Dominium[218]. Quia tum acquisitio ejus est facti; tum ipsum aliquid facti admixtum habet. Jus enim, ad quod habendum jus aliud datur, meri juris non est. Daretur enim processus in infinitum.

211. *l. 26. § 1. l. 30. l. 54. § 1. C.D. l. 27. 33. H.J. l. 2. C. de inst. et subst.*

212. *l. 59. § 6. H.J.*

213. *l. 67. Cond. ind. t.t. Cond. caus. dat.*

214. unde saepe conjunguntur dies et Co, ut *l. 4. de serv. l. 1. § 3. mand. l. 20. Loc. Cond. l. 3. de procur. l. 1. pr. C.D. l. 77. R.J.*

215. Mort. c. don., *l. 10. ib.*, Fidejussio, *l. 7. § 1. 16.*, Sponsalia, *t.t. Extr. de Cond. App.*, Emtio, *§ 4. J. de Emt.*, v. *l. 7. contr. Emt.*, Locatio, *l. 20. § 1. Locati*, Mandatum, *l. 3. ib.*, Societas, *l. 1. 70. 75. Pro Soc. l. pen. C. eod.*, add. *l. 14. C.J.*, Actio, *l. 5. C. qu.d.l.c.*, Investitura abusiva Feudi, *Rosenth. c.6. cond. 23.*

216. v.g. jura sanguinis, Magn. Dn. *Carpz. Resp. VI.8.77.12.*

217. v. *Papponii diss. utrum possessio, juris an facti, Venet. ed. anno 1600.* E. nec actus possessorii, traditio, investitura propria feudi, aditio haereditatis, *l. 51. § 1. acq. h. l. 77. R.J.*, contractus realis, pignus; non obst. *l. 11. § 2. pign. act.*, nam sub Cne contrahi potest, etsi non constitui, depositio et oblatio, *Negusant. pign. V.3.2.10.*

218. non obst. *l. 8. R.C. l. 3. § 7. St. L. l. 29. M.c.don. l. 1. C. de pact. inter Emt. et V. l. 12. de usufr. l. ult. 18. com. praed. l. 70. § 1. usufr.* (Nam interdum utilis solum competit vindicatio, *l. 1. C. de don. quae sub mod.*, aut fingitur vel tum demum tradita res, cum

25. (167.) Lorsqu'une disposition est infirmée, le conditionné passe au substitué[211], d. 96.

26. (168.) Les conjoints par l'objet, possèdent la totalité[212], th. 100 et th. 106.

27. (169.) Les connexes, rien, d. 6.

28. (170.) Et ce qui est donné pour remplir la condition peut manquer d'efficace[213]. En effet, ce pourquoi il a été donné n'a pas suivi.

29. (171.) Est droit conditionnable tout ce qu'on peut établir par convention. Ceci sera manifeste par induction.

30. (172.) *[de même]* Ce qui peut être transféré par le droit lui-même. Ceci en effet ne contient aucune donnée de fait, donc par le th. 178.

31. (173.) *[de même]* Ce qui admet un terme[214]. Car ce qui admet un terme certain, pourquoi n'en admettrait-il pas un incertain ? Or un terme incertain est une condition, th. 192.

32. (174.) *[de même]* Ce qui admet un mode, par les th. 42 et 305.

33. (175.) Le droit à la chose est conditionnable[215]. En effet il peut être établi par convention, donc, par le th. 171, et il peut être transféré par le droit lui-même sans remise ni acte corporel, donc, par le th. 172.

34. (176.) Le droit qui ne peut être un conditionné moral, EST INCONDITIONNABLE, par la d. 66.

35. (177.) *[de même]* tout ce qui n'arrivera pas, th. 7. En effet il n'est pas au pouvoir *[de quelqu'un]*.

36. (178.) Ce qui est de fait[216], par la d. 63.

37. (179.) La possession. Car elle est de fait[217], donc, par le th. 178.

38. (180.) La propriété[218]. Car son acquisition est tantôt de fait ; et tantôt comporte quelque chose qui est mêlé lui-même de fait. Mais un droit, pour la possession duquel il faut un autre droit, n'est pas de droit pur. On aurait en effet un renvoi à l'infini.

39. (181.) Nemo sub Cne servus esse potest. Erit enim ad conditionem liber, per th. 305., id vero esse non potest, th. 296.

40. (182.) Servitus sub Cne et ad Cnem constitui non potest[219]. Servitus enim consistit in perpetuata constitutione[220] quae est facti, th. 178.

41. (183.) Majestas, per th. 180. Est enim dominium in subditorum membra et actus (privatus enim membrorum suorum Dominus non est), quod Imperium; et per consequens bona, quod Dominium eminens dicitur.

42. (184.) Actus Legitimi non recipiunt Conditionem[221]. Actus enim Legitimi fiunt semel. Actus autem Cles quasi bis fiunt, tum cum constituuntur, et consummantur.

43. (185.) Assertio non recipit Cnem[222], est enim de praeterito, th. 177.

44. (186.) Res Spiritualis. Ad instar juris publici.

45. (187.) Jus publicum*. Neque enim reipublicae administratio in casum aut privatorum voluntatem conferenda est.

46. (188). Legitima[223]. Nam deficiente Cne auferetur, quod est absurdum.

extitit Co, vel tum statim cum tradita est, extitisse Co). Interdum quia exceptio obstat vindicanti, alteri adjicitur Dominium. E. et Solutio, non obst. *l. 16. Sol. et Lib.*, Acceptilatio, *l. 4.5. Acceptil. l. 77. R.J.*, obstat. *l. 43. j. dot.*, Donatio perfecta, v. *tit. C. de don. quae sub mod.*

219. *l. 4. de serv.*, aliud enim est servire, aliud ad serviendum esse obligatum, arg. *l. 6. § f. Com. praed.* ; non obst. *l. 15. 16. 17. qu. m. usufr. am.*, ubi videtur ipso jure amitti, nam simul amittitur etiam possessio, seu exercitium.

220. *l. 1. § 3., v. quotidie, de usufr. accr.*

221. *l. 77. R.J.*, de qua breviter: Actus legitimi h.l. vel sunt in genere jure validi, legendum: *qui recipiunt, Cujac. 15. obs. 16.*, vel in specie ii, qui transferunt jus Quiritium, seu Mancipium et fiebant per imaginariam emtionem, v. *Ant. Hottoman. de rit. nupt. c.21.*, i.e. legis actiones. Eae non poterant fieri per procuratorem, fiebant semel, certis verbis, pure, v. *Fr. Hottom. 32. illustr. q. fol. 219. seqq.*, is legit: *qui non recipiunt.* Utraque sententia potest utraque lectione defendi.

222. ita juramentum, confessio; autoritas Tutoris, *l. 8. de aut. et cons. tut.* Tutor non potest dari a Magistratu sub Cne, *l. 77. R.J. § 1. Inst. Atil. Tut.*, tamen ad Cnem, *l. 11. de Tut. l. 3. § 7. de suspect. Tut.*

* Res spiritualis est inconditionabilis, *c. un. f. extr. ut Eccl. benef. sine. di. confer. Obst. c. significatum extr. de praebend. c. significasti extr. de Elect. c. relatum extr. de Cler. non res. In Eccles. vel praeb.* Resp. sunt Cnes extrinsecae. Jus publicum, item, uti jurisdictio, tutelae datio. Sententia, *l. 1. § 5. quand. appell. sit.* Item Excommunicatio, *c. ad haec de appell. c. 2. § et haec eadem, de sent. excom.*

223. ne quidem potestativam, v. *l. 32. l. 35. C. de inoff. test. l. 15. l. 30. l. 36. eod. l. 28. L. 1.* Diss. *Cujac.* Putant DD. jure novo ei, qui praeteriri non potest, in id, quod est ultra legitimam, posse adscribi Cnem. *Gothofr.* ad *l. 4. C. de inst. et subst.*

39. (181.) Personne ne peut être esclave sous condition. En effet il sera libre jusqu'à l'événement de la condition, par le th. 305, mais en fait cela ne peut pas être, th. 296.

40. (182.) La servitude ne peut[219] être établie sous condition et jusqu'à une condition. En effet la servitude consiste en un établissement[220] perpétuel qui est de fait, th. 178.

41. (183.) *[de même]* La majesté, par le th. 180. C'est en effet la propriété sur les membres et les actes des sujets (en effet privé de ses membres il n'est pas propriétaire), qu'on appelle pouvoir ; et par conséquent sur les biens, qu'on appelle propriété éminente.

42. (184.) Les actes légitimes n'admettent pas de condition[221]. En effet les actes légitimes n'ont lieu qu'une fois. Mais les actes conditionnels ont lieu en quelque sorte deux fois, lorsqu'ils sont établis et lorsqu'ils sont achevés.

43. (185.) L'assertion n'admet pas de condition[222], elle porte en effet sur le passé, th. 177.

44. (186.) *[de même]* La chose spirituelle. A la ressemblance du droit public.

45. (187.) *[de même]* Le droit public[*]. En effet l'administration de l'Etat ne doit pas être soumise au hasard ou à la volonté des particuliers.

46. (188.) *[de même]* La part légitime[223]. Car si la condition fait défaut, elle disparaîtra, ce qui est absurde.

47. (189.) Servus necessarius haeres[224]. Nam eum haeredem esse, defuncti interest.

48. (190). Qui praeteriri non potest, non potest vel institui tantum vel exhaeredari sub Cne, nisi potestativa[225]. Nam qui sub Cne nominat, et sub contraria non nominat, sub contraria praeterire intelligitur. Nam praeterire est in disponendo non nominare. Si quis tamen sub potestativa institutus vel exhaeredatus est, incerta Co non fit, neque contraria existit nisi per ipsum; semet igitur exhaeredat.

49. (191.) Si Testamento pure institutus est haeres, vel sub Cne, Codicillus aliquam vel aliam non recipit[226]. Codicillis enim haereditas nec dari nec adimi potest. Sed id potest contingere addita vel mutata Cne.

50. (192.) Si Circumstantia aliqua incertum est an sit, Dispositio est Clis[227]. Id enim tacite continet: si illa circumstantia sit.

51. (193.) Talis Dispositionis Co est communicata, v.g. cum Titius Consul erit, eo die 10 dare spondes? Nam circumstantia et in Cto posita est, est enim initio circumstantia dispositi, et postea transit in Cnem. E. communicata est, d. 49.

52. (194.) Causa impulsiva habet vim Cnis de Praeterito[228], d. 157. et ratione th. 9.

53. (195.) Qui accipit sub modo, sub Cne contraria restitutionem promittere intelligitur. Demonstr. th. 42.

54. (196.) Si cui servus datus est ad Cnem, servus sub Cne liber est, per th. 195. et th. 43.

55. (197.) Dies incertus quando in U.V. facit Cnem[229].

224. *l. 6. C. de necess. serv.*

225. v. *l. 4. 42. 86. H.J. l. 15. l. 28. V.P.S. l. 12. l. 28. C.J. l. 83. C.D. l. 1. de inj. test. l. 4. C. de inst. et subst. l. 16. l. 29. lib et posth.*

226. *l.27. § 1. C.J. § 2. J. de Codicill. l. 6. D. eod.*

227. uti Demonstratio, *l. 6. l. 17. § 1. L. 1. l. 85. L. 3. l. 2. pr. l. 9. § 11. H.J. l. 10. pr. C.J. l. 34. § 1.2. de aur. et arg. leg. l. 5. pr. l. 11. reb. d.* (opponitur tamen Cni *l. 19. § 1. l. 34. § 1. C.D.*). Dies, *l. 36. l. 30. § 4. L. 1. l. 46. ad Treb. l. 75. l. 1. § 2. C.D. l. 1. § ult. leg. nom. l. 21. pr. l. 8. C. Test. man. l. 16. l. 56. Cond. ind. l. 38. § 16. V.O.*

228. Cliter concepta, *l. 17. § 3. l. 12. C.D. § 31. J. de Leg.* vid. et *l. 30. § ult. adim. leg. l. 62. § 6. l. 12. C.D.*

229 *l.1. § 2. l. 75. C.D. l. 30. § 4. L. 1. l. 4. qu.d.l.c.* (non in contract., *l. 45. § 3. V.O. l. 48. Cond. ind.* Opponuntur dies incertus et Co *l. un. § 7. Cad. toll. l. 1. pr. C.D. l. 16. § 1. Cond. ind.*), v. tamen *l. 5. C. qu.d.l.c. l. 16. man. test. l. 18. § 2. l. 23. § 3. fideic. lib. l. 19. § 3. St. L.*, adde: cum morieris, cum volueris. Dies certus *an* (*l. 46. V.O. l. 70. solut.*, in contract. non est co) et *quando* non est Co, *l. § 1. C.D. l. 21. qu.d.l.c.*, v. tamen *l. 40. § 2. C.D.*

47. (189.) *[de même]* L'esclave héritier[224] nécessaire. Car il importe au défunt qu'il soit héritier.

48. (190.) Celui qui ne peut être omis, ne peut être non seulement institué, mais encore déshérité sous condition, à moins qu'elle ne soit potestative[225]. Car qui désigne sous condition et ne désigne pas sous la condition contraire, est réputé omettre sous la condition contraire. Car omettre c'est ne pas désigner en disposant. Cependant si quelqu'un est institué ou déshérité sous une condition potestative, la condition ne devient pas incertaine et la condition contraire ne se met pas non plus à exister sinon par la volonté du sujet ; donc il se déshérite lui-même.

49. (191.) Si un héritier est institué purement et simplement par testament, ou encore sous condition, le codicille n'admet[226] pas telle ou telle condition. En effet, on ne peut ni donner ni enlever un héritage par codicilles. Mais ceci peut se produire si une condition est ajoutée ou modifiée.

50. (192.) S'il est incertain qu'une certaine circonstance se produise, la disposition est conditionnelle[227]. Car elle contient tacitement la clause : si cette circonstance-là se produit.

51. (193.) La condition d'une telle disposition est communiquée, par exemple : quand Titius sera consul, promets-tu de donner 10 ce jour là ? Car la circonstance a été mise aussi dans le conditionné ; elle est en effet au début la circonstance du disposé et elle passe ensuite dans la condition. Donc elle est communiquée, d. 49.

52. (194.) La cause instituante a la force d'une condition portant sur le passé[228], d. 157 et en raison du th. 9.

53. (195.) Celui qui reçoit sous un mode est réputé promettre restitution sous la condition contraire. Démonstration par le th. 42.

54. (196.) Si un esclave est donné à quelqu'un jusqu'à une condition, cet esclave est libre sous condition, par le th. 195 et le th. 43.

55. (197.) Un terme incertain, constitue une condition[229] quand il se trouve dans les dernières volontés.

56. (198.) Co requisiti est Co requirentis. Nam esto A, et A esse non possit nisi sit B, τοῦ B autem Co sit C. Cum antequam C sit B esse non possit, th. 9., neque antequam sit B possit esse A, A non poterit esse antequam sit C. Ergo C suspendit A, d. 8. Sed cum supponatur A initio pure dispositum, existente C existet B, per th. 1. Et existente B remoto impedimento, pure existet A. Existente igitur C existet A, seu C etiam inferet, d. 7.

57. (199.) Puro eidem additum idem Cle facit Cle. Nam purum est ut integrum, Cle ut fractio, per th. 256. Fractio autem addita integro, facit fractionem. Nam duae tertiae additae ad integrum, id est tres tertias, faciunt 5 tertias.

58. (200.) Item substractum[230]. Nam 1 minus duabus tertiis est una tertia.

59. (201.) Si Dispositionis disjunctivae unum disjunctum est Cle, tota est Clis; puta: (Stichum) A aut gemmam B habeto, et gemmam B, si navis ex Asia venerit, C. Una enim incerta dispositio est, th. 95., et alter antequam existat C neutrum petere potest, quia utrumque petere debet, th. 36. et 35. Alterum autem petere non potest valide ante existentem Cnem, th. 249.

60. (202.) Si jus natura transmissibile non transmittitur, Dispositio est Clis[231]. Nam cum in transmissibili non solum expressus sed et ejus successores Crii sint, th. 40., datum iis intelligitur sub Cne: si illo vivo fiet transmissibile.

61. (203.) Ctum transfertur cum Cne[232]. Nam si pure transfertur, alteri prorsus aliud datum videtur, v. th. 255.

62. (204.) Si cui pure datur sub Cne alteri datum, et est irrevocabile, sub contraria Cne illi datum intelligitur[233], quia ad contrariam Cnem usque interim habere non potest, per th. 296. et 309.

63. (205) Si mihi aut alteri sum stipulatus, Co mihi adjecta alteri intelligitur[234]. Ita enim stipulari videor: Mihi dare spondes; aut si non

230. *l. 36. R.C. l. 7. 10. 14. adim. leg. l. 13. § f. St. L. l. 6. qu.d.l.c. l. 106. 107. C.D. l. 43. § 1. fid. lib.*

231. arg. *l. 4. l. 5. ann. leg.*

232. *l. 19. 24. adim. leg. l. 94. 95. C.D.*

233. *l. 47. § 3. fid. lib.*

234. *l. 141. § 7. 8. V.O.*

56. (198.) La condition du requis est la condition du requérant. Car que A soit et que A ne puisse être si B n'est pas ; or que la condition de B soit C. Puisque B ne peut être avant que C ne soit, th. 9, et que A ne peut être avant que B ne soit, A ne pourra être avant que C ne soit. Donc C suspend A, d. 8. Mais puisqu'on suppose A au début purement et simplement disposé, quand C existera, B existera, par le th. 1. Et quand B existera, une fois l'empêchement écarté, A existera purement et simplement. Par conséquent lorsque C existera, A existera, c'est-à-dire que C l'impliquera, d. 7.

57. (199.) Le même droit conditionnel ajouté au même droit pur fait un droit conditionnel. Car le droit pur est comme un entier, le conditionnel comme une fraction, par le th. 256. Or une fraction ajoutée à un entier donne une fraction. Car deux tiers ajoutés à un entier, c'est-à-dire à trois tiers, donnent 5 tiers.

58. (200.) De même quand il est soustrait[230]. Car 1 moins deux tiers, est un tiers.

59. (201.)* Si l'un des disjoints d'une disposition disjonctive est conditionnel, toute *[la disposition]* est conditionnelle ; par exemple : « qu'il reçoive (Stichus) A ou une gemme B, et la gemme B, si un navire C vient d'Asie ». Il s'agit d'une unique disposition incertaine, th. 95, et l'autre ne peut demander aucun des deux avant que C n'existe, puisqu'il doit demander l'un et l'autre, th. 36 et 35. Or il ne peut demander valablement l'un avant que n'existe la condition, th. 249.

60. (202.) Si un droit transmissible par nature n'est pas transmis, la disposition est conditionnelle[231]. Car puisque dans un droit transmissible, non seulement le sujet exprimé mais aussi ses successeurs sont conditionnaires, th. 40, il est réputé leur être donné sous la condition : s'il devient transmissible du vivant du sujet.

61. (203.) Le conditionné est transféré avec la condition[232]. Car s'il est purement et simplement transféré, c'est quelque chose d'entièrement autre qui est réputé donné à autrui, voir le th. 255.

62. (204.) Si on donne purement et simplement à quelqu'un ce qui est donné sous condition à un autre et si c'est irrévocable, on comprend[233] que cela est donné au premier sous la condition contraire puisqu'il peut* posséder pendant la période intermédiaire jusqu'à l'avènement de la condition contraire, par les th. 296 et 309.

63. (205.) Si j'ai fait une stipulation en ma faveur ou en celle d'autrui, la condition apposée à mon égard est réputée[234] l'être à l'égard d'autrui. En effet, on considère que j'ai stipulé de cette manière-ci : « promets-tu de me donner ; ou si ce n'est pas à moi, promets-tu de

mihi, illi dare spondes? solum mihi possum petere, illi tantum solvi potest, conf. ration. th. 337., pendente autem Cne sub qua mihi stipulatus sum ne mihi quidem petere possum, th. 249. Stipulatio igitur mihi facta est requisitum, illi requirens. Et Co requisiti est Co requirentis, th. 198.

64. (206.) Si in eodem Testamento primo pure deinde sub Cne Legatum est, Cle est Legatum[235]. Quia quasi duae adjectae sunt Cnes una nulla, altera aliqua, et posterior valet, th. 119.

65. (207.) Actus Eventualis Effectus est Ctus, d. 144.

66. (208.) Actus cum est necessarius potest fieri eventualis. Puta : litis contestationem libenter differrem, quia autem injuncta est, contestor quidem sed eventualiter.

67. (209.) Actus inconditionabilis Eventualis esse non potest. In effectu enim perinde esset ac si esset Clis.

68. (210.) Si quis institutus est, si aliquid faciat; quod, antequam est haeres, faciat inutiliter; puta servum haereditarium manumittat, actus implendus est sed eventu valebit[236], puta exerceat actus solemnes manumissionis. Servus autem erit liber, cum ille haeres, th. 208.

69. (211.) Actus circa aliquid quod in pendenti est sunt eventuales[237]. Nam actus pure celebratus est, quia jus celebrandi in incerto est, tamdiu erit eventualis ejus effectus.

70. (212.) Si de dominio controvertitur, jus est in pendenti[238]. Neque enim alter ad Conditionem alter sub Cne habet, sed sententia declarabitur quis initio habuerit, d. 143.

71. (213.) Clausula Codicillari Testamentum fit Codicillus eventualis[239], d. 144.

72. (214.) Substitutio est NATURA CLIS[240], d. 96. et d. 94.

73. (215.) Fidejussio jure novo[241]. Nam id continet: si alter non solvet, ego solvam.

235. *l. 87. 89. C.D. l. 52. 81. § 7. L. 2.*

236. *l. 20. § 1. H.J. l. 24. l. 55. C.D.*, non obst. *l. 10. C.D.*

237. ut circa rem litigiosam lite pendente, Nobiliss. Dn. *Thom. tr. de concess. litigios. alienat.*, ita alienatio rei legatae pendente Cne, v. inf.

238. add. –, obst. th. 180.

239 Dn. Thabor *diss. de Claus. Codic.*

240. arg. *l. 23. V.P.S.* (non obst. *l. 8. pr. eod.*), *Crispin. ad pr. n. 6. J. de V.P.S. Alciat. V.S. l. 3. n. 19.* Diss. *Duaren. de C.J. c.1.*

241. *auth. praes. C. de fidej. Nov.4.*

donner à un tel ? » ; je peux seulement réclamer en ma faveur, à un tel, on peut seulement payer, se reporter au raisonnement du th. 337, mais quand la condition sous laquelle j'ai stipulé en ma faveur est en suspens, je ne peux même pas réclamer pour moi, th. 249. Donc la stipulation faite en ma faveur est le requis, celle en faveur d'un tel, le requérant. Et la condition du requis est la condition du requérant, th. 198.

64. (206.) Si dans le même testament, un legs est d'abord pur et simple, puis sous condition, le legs est conditionnel[235]. Puisqu'il y a en quelque sorte deux conditions apposées, l'une nulle, l'autre déterminée, et que la seconde est valide, th. 119.

65. (207.) L'effet de l'acte éventuel est conditionné, d. 114.

66. (208.) L'acte, quand il est nécessaire, peut devenir éventuel. Par exemple : je différerais volontiers l'ouverture du procès, mais parce qu'elle m'est imposée, j'y participe certes, mais de manière éventuelle.

67. (209.) L'acte inconditionnable ne peut être éventuel. Ce serait en effet dans la réalité comme s'il était conditionnel.

68. (210.) Si quelqu'un a été institué sous condition de faire quelque chose ; chose qu'il accomplirait inutilement avant d'être héritier, comme par exemple s'il affranchit l'esclave qui fait partie de l'héritage, l'acte doit être accompli, mais vaudra[236] seulement à l'issue de sa réalisation, comme par exemple s'il effectue les actes solennels de l'affranchissement. Mais l'esclave sera libre quand lui sera héritier, th. 208.

69. (211.) Les actes portant sur quelque chose qui est en suspens sont éventuels[237]. Car l'acte a été purement et simplement accompli, puisque le droit de l'accomplir est dans l'incertitude tant que son effet sera éventuel.

70. (212.) Si une controverse s'élève au sujet de la propriété, le droit est en suspens[238]. En effet ni l'un ne possède jusqu'à la condition, ni l'autre ne possède sous la condition, mais c'est par la sentence que sera désigné celui qui possédait dès le début, d. 143.

71. (213.) Un testament devient un codicille éventuel[239] du fait d'une clause codicillaire, d. 144.

72. (214.) La substitution est CONDITIONNELLE PAR NATURE[240], d. 96 et d. 94.

73. (215.) La fidéjussion l'est par un droit nouveau[241]. Car elle contient ceci : si l'autre n'acquitte pas, moi j'acquitterai.

74. (216.) Stipulatio Poenalis[242]. Puta: Si hoc facies (vel non facies), dare spondes?

75. (217.) In diem addictio imperfecta[243]. Si statuta die pretium solves, ea res tibi emta esto.

76. (218.) Pactum successorium[244], puta: si alter morietur.

77. (219.) Pactum certatorium eine Wette[245]. Si illud verum vel falsum est, tantum dare spondes?

78. (220.) Si Actus celebrantibus utilis nunc non subsistit, imposterum vero existere speratur, Eventualis esse praesumitur. Nam malle videntur celebrantes eventualem quam nullum esse.

79. (221.) Si Co omnibus in genere adscripta est, nulli magis in specie quam alteri, in omnibus subintelligitur[246]. Nam cum nulli in specie assignata sit, in omnes ducitur, per th. 103. et 105.

80. (222.) Si quid modo pure modo Cliter scribitur sine intervallo, Cle esse intelligitur. Nam quasi duae sunt una aliqua altera nulla, per rationem th. 206. At cum duae Cnes sine intervallo scribuntur, conjunguntur, th. 121. Si conjunguntur nulla et aliqua Co, seu purum et Cle, faciunt Cle, th. 199., v. *l. 89. C.D.*

81. (223.) Si quaedam scriptura conjunguntur, et specialis causa subest; propter conjunctionem conditio ex uno in aliud non repetitur[247]. Neque enim conditionis communicandae causa simul scripta sunt.

82. (224.) Posita in Principali Co, subintelligitur in accessorio, th. 198. et ratione th. 16.

83. (225.) Co adjecta libertati intelligitur in legato et institutione erga eundem facta[248]. Neque enim intelligitur velle ut in aliam personam nempe Dominum servi perveniat.

242. *Jul. Beym. tr. de poenal. stipul.*

243. *l. 2. pr. l. 4. pr. de in d. add.*

244. v. th. 148.

245. *Sponsio* v.g. si Eboracensensis Dux periit (vel non), dare spondes? Spondeo. Et ita mutuo alter alteri. v. *Paris a Puteo tr. de Ludis n. 36.* (qui valere ait) et *Carmen Opitii, Der Poetischen Walder lib.1. p.m.46.*

246. *l. 39. C.D.* Re et verbis autem conjuncti non statim conjuncti sunt Cne, *l. 89. § 2. L. 2. l. 81 C.D. l. un. § 11. C. de Cad. toll.*

247. *l. 81. pr. f. C.D.*

248. *l. 82. C.D.*, quamdiu est servus testatoris, *l. 3. § 1. l. 38. § 2. 3. 4. H.J. l. 47. C.D.* (servus communis autem simul extraneus est, v. *l. 7. H.J.*). Obst. *l. 86. C.D.*, contra: Co haereditatis non intelligitur in libertate *quamdiu est haeres suus, l. 9. § 17. 18. H.J. l. 14. man. test. l. 2. l. 26. man. test. l. 42. fid. lib. l. 2. § per St. L. l. 4. de reb. aut. jud.*, non obst. *l. 21. § 1. H.J.* Resp. utrumque ex Cne pendet, id est in eam dilatum est, quia antequam existat Co certum non est, utrum suus libertus an orcinus sit futurus.

74. (216.) *[de même]* La stipulation de peine[242]. Par exemple : si tu fais cela (ou si tu ne le fais pas), promets-tu de donner ?

75. (217.) *[de même]* L'adjudication à terme imparfaite[243]. Si tu acquittes le prix au jour fixé, que cette chose te soit acquise.

76. (218.) *[de même]* Le pacte des successeurs[244]. Par exemple : si l'autre meurt.

77. (219.) *[de même]* Le pacte des parieurs (*eine Wette*)[245]. Si ceci est vrai ou faux, promets-tu de donner tant ?

78. (220.) Si l'acte utile à ceux qui l'accomplissent ne perdure pas maintenant, mais si l'on espère qu'il existera vraiment plus tard, il est réputé être éventuel. Car on considère que ceux qui l'accomplissent préfèrent qu'il soit éventuel plutôt que nul.

79. (221.) Si la condition est assignée à tous les membres d'un groupe pris génériquement, sans l'être plus à l'un qu'à l'autre en particulier, elle est sous-entendue[246] chez tous. Car puisqu'elle n'est imputée à personne en particulier, elle s'étendra à tous, par les th. 103 et 105.

80. (222.) Si quelque chose est assigné sans intervalle tantôt purement et simplement, tantôt conditionnellement, il est réputé être conditionnel. Car il y a en quelque sorte deux conditions, l'une nulle, l'autre déterminée, par la raison du th. 206. Mais quand deux conditions sont inscrites sans intervalle, elles sont conjointes, th. 121. Si une condition nulle et une condition déterminée se réunissent, c'est-à-dire un droit pur et un droit conditionnel, elles constituent un droit conditionnel, th. 199, voir l. 89 C. D*.

81. (223.) Si deux éléments sont conjoints par la rédaction et qu'il y ait à la base une raison spéciale, la condition en provenance de l'un n'est pas répétée[247] pour l'autre à cause de la conjonction. En effet ce n'est pas pour communiquer la condition que les éléments ont été écrits ensemble.

82. (224.) La condition mise dans le principal est sous-entendue dans l'accessoire, th. 198 et par la raison du th. 16.

83. (225.) La condition apposée à la liberté est réputée apposée[248] pour la même personne dans le legs et l'institution d'héritier. En effet, il n'est pas réputé qu'on veuille que cela profite à une autre personne, à savoir le propriétaire de l'esclave.

84. (226.) Co adjecta institutioni in legato eidem facto subintelligitur[249]. Nam ut haeredi praelegatum intelligitur.

85. (227.) Ex actu nullo nil repetitur[250]. Nam cum omnibus suis annexis, atque ita etiam Cne nullus est.

86. (228.) Ex actu prorsus diverso in diversum non praesumitur subintellectio[251].

87. (229.) Si subintellecta vitiaret.

88. (230.) Si inepte subintelligeretur[252].

89. (231.) Si causa cessat hic ob quam posita est illic.

90. (232.) Co facilius repetitur quam retrahitur. Co enim ordinarie praeponitur Cto et vim suam in sequentia exerit.

91. (233.) Ex praefatione repetitur in tractatum[253]. Idem enim actus est.

92. (234.) Ex re diversa ad diversam in eadem oratione positam, si intercedit particula connexiva[254], v.g. hoc amplius. Alioqui connexivae vis nulla esset, nihil autem frustra positum praesumitur.

93. (235.) Si Co inter duas dispositiones ponitur et pertinet ad priorem, in posteriore non repetitur[255]. Nam in illud latus ordinarie vim suam exerit, in quo ponitur Ctum.

94. (236.) Ex institutione in substitutionem non est repetitio[256].

95. (237.) Sub tacita Cne : si pretium solves, in contractibus nominatis commutatoriis, seu quibus res datur pro pretio, res promissa intelligitur.

96. (238.) SUB TACITA CNE : si nuptiae sequentur, dos constituitur[257].

97. (239.) si haeres erit a quo relictum est, legatum relinquitur[258].

98. (240.) Si filius intra pubertatem decesserit, constituuntur omnia in tabulis pupillaribus.

249. *l. 70. 77. C.D. l. 18. C.J. l. 26. man. test.*

250. ut ex testamento priore in posterius, *Galganet. p. 2. c.1. q.14.*

251. tamen si quis omissa causa test. adire velit, nihilominus potestativas implere debet, *l. 1. § 8. si quis om. c.*

252. *l. un. § 9. cad. toll.*

253. *l. 134. § 1. V.O. l. 4. § f. de Pact. l. 6. Locat.*

254. *l. 63. l. 54. L. 3. l. 104. § pen. L. 1. l. 82. 108. 77. C.D. l. 18. C.J.*, vid. tamen *l. 47. C.D.*

255. *l. 89. § 2. L. 2.*

256. *l. 29. 73. H.J. l. 56. fid. lib.*

257. *l. 21. 41. j. dot.*, nisi *l. 32. C. inoff. test.*

258. *l. 126. § 1. L. 1.* Est tamen potius Co extrinseca, *l. 3. L. 1. l. 19. § 1. C.D. l. 21. § 1. 2. l. 22. qu.d.l.c.*

84. (226.) La condition apposée à une institution d'héritier est sous-entendue[249] dans le legs fait à la même personne. Car on estime qu'il constitue comme un prélegs fait à l'héritier.

85. (227.) On ne réclame[250] rien à partir d'un acte nul. Car c'est avec tous ses annexes, c'est-à-dire aussi avec la condition, qu'il est nul.

86. (228.) A partir d'un acte entièrement différent, on ne présume aucun sous-entendu[251] pour un acte différent.

87. (229.) Si le sous-entendu viciait.

88. (230.) Si l'on sous-entendait[252] de manière inepte.

89. (231.) Si disparaissait présentement la raison en considération de laquelle, quelque chose avait été introduit ailleurs.

90. (232.) La condition est plus facilement répétée que retirée. En effet la condition se place ordinairement avant le conditionné et exerce ses effets sur ce qui suit.

91. (233.) A partir du préambule elle est répétée pour le corps du développement[253]. En effet c'est le même acte.

92. (234.) A partir d'une chose différente, *[elle est répétée]* pour une chose différente placée dans le même discours si intervient une particule de liaison[254], par ex : en outre. Autrement, le sens de la particule de liaison serait nul, mais rien n'est présumé énoncé en vain.

93. (235.) Si la condition est placée entre deux dispositions et concerne la première, elle n'est pas répétée dans la seconde[255]. Car elle exerce ordinairement son effet du côté où se trouve le conditionné.

94. (236.) A partir d'une institution, il n'y a pas répétition[256] pour la substitution.

95. (237.) Dans les contrats appelés commutatifs, c'est-à-dire où une chose est donnée pour un prix, la chose est réputée promise sous la condition tacite : si tu acquittes le prix.

96. (238.) La dot est constituée[257] SOUS LA CONDITION TACITE : si le mariage suit.

97. (239.) *[de même]* Le legs est laissé[258] *[sous la condition tacite]* : s'il existe un héritier par qui il est laissé.

98. (240.) *[de même]* On établit tout dans les registres pupillaires *[sous la condition tacite]* : si un fils décède avant la puberté.

99. (241.) Jus Cle a parte rei initio statim aut nullum, aut purum est[259]. Nam etsi futura sit Co, etiam futurorum certa est veritas aut falsitas.

100. (242.) Jus Cle ex Contractu initio statim est quaesitum. Nam inter contrahentes ipsos actum est.

101. (243.) Ex U.V. revocabile. Neque enim ab altero acceptatum est; si revocari non posset, non esset voluntas ultima.

102. (244.) Morte Testatoris institutus habet jus quaesitum, postea enim alterius facto auferri non potest. d. 150.

103. (245.) Legatarius adita haereditate ab eo, a quo relictum est[260]. Nam si non adeat, Legatum infirmatur, th. 239.

104. (246.) Jus quaesitum mero jure transmissibile est. Nam obligatio cum poenitere non licet transmittitur ad haeredes, pariter igitur jus, cum soli habenti licet, id est cum est quaesitum, th. 248; retrotrahibile autem praesumitur, per th. 353., nihil enim mero jure praesumitur, nisi quod ex re fluit.

105. (247.) Si jus Cle quaesitum est, Ctor est obligatus[261]. Nam si existentia Cnis ex non obligato fieret obligatus, posset obligatio produci casu aut facto alterius.

106. (248.) Jus Cle quaesitum est in bonis[262], in commercio[263] donari potest[264], cedi[265], satisdationem per pignora aut fidejussores recipit[266], potest acceptum ferri[267], etc. Jus enim quaesitum substantiae Crii appropriatum est, ut alterius facto auferri non possit, d. 150.

107. (249.) Actionem tamen non producit[268].

108. (250.) Potest quis ex eo mitti in possessionem[269].

109. (251.) Et Institutus Cne pendente habere bonorum possessionem secundum tabulas potest.

110. (252.) Jus Cle revocabile continetur nomine omnium fortuna-

259. arg. *l. 28. de judic.*

260. arg. *l. 46. C.D. th. 93. l. 2. § 1. l. 9. § 3. l. 33. St. L. § fin. J. de haer. qual.*

261. *l. 65. C.D.*

262. cessione omnium jurium non continetur, *Bald.* in *l. 6. C. de O. et A.*, nisi adjectum: *prout possumus*, *Cravett. Vol. 2. Cons. 227.*

263. v. th. 259. (in eo non habet locum beneficium, *l. 2. C. resc. vend.* arg. *l. 8. f. C. resc. vend.*), add. *l. 17. 19. haer. vel act. vend.*

264. arg. *l. 3. C. de don. l. 54. V.S. § 4. J. V.O.*

265. Nobiliss. Dn. *Schacher. de cess. Act. diss. 7. th. 28.*

266. *l. 28. pign. l. 6. § 1. fidej. l. 1. § 14. l. 5. § 2. l. 15. ut legatorum.*

267. *l. 16. sol. l. 12. l. 21. acceptil. l. 77. R.J.*

268. *l. 213. V.S. l. 7. § 14. quib. ex c. in possess.* v. tamen *l. 42. O. A. l. 44. § 2. O. A.* ubi ait JCtus, Crium exceptione repelli.

269. *l. 8. de stip. praet. l. 14. § 1. l. 6. quib. ex c. in poss.* Obst. *l. 14. § 2. eod.* Resp. datur ei tantum possessio ex primo decreto.

99. (241.) Le droit conditionnel considéré du point de vue de la chose est dès le début ou bien nul ou bien pur[259]. Car bien que la condition soit future, la vérité ou la fausseté des choses futures est cependant certaine.

100. (242.) Le droit conditionnel issu du contrat est dès le début distingué. Car il est constitué entre les contractants eux-mêmes.

101. (243.) *[Le droit conditionnel]* issu des dernières volontés est révocable. En effet, il n'est pas accepté par l'autre ; s'il ne pouvait être révoqué, ce ne serait plus des dernières volontés.

102. (244.) A la mort du testateur, l'héritier institué reçoit un droit distingué ; il ne peut en effet lui être ôté ensuite par le fait d'autrui, d. 150.

103. (245.) *[de même]* Le légataire, une fois que l'adition d'hérédité a été faite par celui par l'intermédiaire de qui quelque chose est laissé[260]. Car s'il n'accepte pas, le legs s'annule, th. 239.

104. (246.) Le droit distingué est transmissible de par le droit pur. Car l'obligation se transmet aux héritiers quand il n'est pas permis de la supprimer ; c'est donc la même chose pour le droit, quand il n'est permis qu'à son seul détenteur de le supprimer, c'est-à-dire quand il est distingué, th. 248 ; mais il est présumé antériorisable, par le th. 353, en effet on ne présume en droit pur que ce qui découle de la chose.

105. (247.) Si le droit conditionnel est distingué, le conditionnateur est obligé[261]. Car si par l'existence de la condition, il devenait obligé à partir d'un état de non-obligé, l'obligation pourrait se produire par hasard ou par le fait d'autrui.

106. (248.) Le droit conditionnel est distingué en matière de biens[262], dans le commerce[263] on peut le donner[264], le céder[265] ; il comprend[266] le fait de donner caution par des gages ou des fidéjusseurs ; il peut être porté au crédit[267], etc. En effet, le droit distingué est approprié à la substance du conditionnaire, en sorte qu'il ne peut lui être ôté par le fait d'autrui, d. 150.

107. (249.) Cependant il ne produit pas d'action[268].

108. (250.) De par ce droit, quelqu'un peut se voir admis à la possession[269].

109. (251.) Et celui qui est institué héritier peut avoir la possession des biens selon les tablettes du testament, alors que la condition est en suspens.

110. (252.) Un droit conditionnel révocable est contenu sous le nom

rum, et conferendum est in ejusmodi Societatem. Nam spes saltem quaesita est, quam evenire est a fortuna.

111. (253.) JUS CLE EX CONTRACTU id etiam civili jure obtinet, quod omne quaesitum mero jure. Nam jus ex U.V. a vi juris quaesiti exceptum est, exceptio autem firmat regulam in casibus non exceptis.

112. (254.) Conferendum est[270]. Quia, si emancipatus adhuc in potestate fuisset moriente patre, id statim acquisivisset Patri, per th. 242., tale autem omne conferendum est.

113. (255.) Jus ex U.V. pure datum suspensa in Cnem petendi potestate, est Cle transmissibile et retrotrahibile. Jus enim purum transmittitur, non potest igitur actio non transmitti, sine actione enim inutiliter transmitteretur jus. Et actio tantum dilata est, non etiam jus, per hyp., quare retrotrahitur jus, th. 350., *v. l. 5. C. qu.d.l.c.*

114. (256.) Parem inter se rationem habent[271]:

Jus nullum	Jus Cle	Jus purum
Co impossibilis	incerta	necessaria
cyphra	fractio	integrum.

Nam Co impossibilis jus nullum, th. 144., necessaria purum, th. 332., incerta Cle efficit, th. 11. Jus Cle autem est medium inter purum et nullum; hoc majus, illo minus: uti fractio inter nullum et integrum[272].

115. (257.) JUS CLE est illiquidum[273], quia per th. 11. Co incerta est.

116. (258.) Potest tamen aestimari[274], certitudo enim potest aestimari spe tanquam communi mensura.

117. (259.) Tanti est quanti venire potest[275], tanti scilicet habendum est.

270. *l. 1. § 18. l. 2. § 3. collat.*

271. jus Cle est conceptum, purum quasi natum. Nam v.g. qui servus fit, mori videtur, *l. 209 R.J.* E. qui liber, nasci, statu liber igitur velut conceptus est.

272. non tamen Cliter testatus est pro parte intestatus, *l. 56. H.J.* Jus Cle aliud est a puro, *l. 169. R.J.*, item par ejus, unde qui pure habet Cliter acquirendo nihil agit, *l. 7. resc. vend.*

273. E. non compensabile ad purum, arg. *l. 7. pr. Comp.*

274. *l. 14. § 1. quib. ex c. in poss. l. 73. § 1. ad L. F. l. 12. § 1. famil. herc.*, v. omnino *l. 55. ad L. F.*

275. solet, *l. 16. com. div.*

de tous les hasards et il faut l'imputer à une société de ce genre. Car un espoir dont l'avènement dépend du hasard est à tout le moins un espoir distingué.

111. (253.) LE DROIT CONDITIONNEL ISSU DU CONTRAT reçoit aussi du droit civil ce que tout droit distingué reçoit du droit pur. Car le droit qui procède des dernières volontés, n'a pas reçu par exception force de droit distingué ; or l'exception confirme la règle dans les cas qui ne sont pas exclus.

112. (254.) Il doit être mis en commun*[270]. Car si un émancipé, à la mort de son père, avait encore été au pouvoir de celui-ci, c'est aussitôt pour son père qu'il aurait acquis, par le th. 242. Or tout droit de ce genre doit être mis en commun.

113. (255.) Le droit procédant des dernières volontés donné purement et simplement alors que le pouvoir de réclamer est suspendu à une condition, est conditionnel, transmissible et antériorisable. En effet le droit pur est transmis, donc l'action ne peut pas ne pas être transmise, car sans action le droit serait transmis vainement. Et l'action seulement se trouve différée, non pas le droit, par hypothèse, c'est pourquoi le droit est antériorisé, th. 350, voir l. 5. C. qu.d.l.c*.

114. (256.) Ont entre eux un rapport égal[271] :

le droit nul	le droit conditionnel	le droit pur
la condition impossible	l'incertaine	la nécessaire
le zéro	la fraction	l'entier.

Car une condition impossible rend le droit nul, th. 144, une condition nécessaire le rend pur, th. 332, une condition incertaine le rend conditionnel, th. 11. Or le droit conditionnel est intermédiaire entre le droit pur et le droit nul ; plus fort que le second, moins que le premier : comme la fraction entre le nul et l'entier[272].

115. (257.) LE DROIT CONDITIONNEL est impur[273], puisque par le th.11, la condition est incertaine.

116. (258.) Il peut cependant être évalué[274]. En effet, la certitude peut être évaluée en prenant l'espérance comme commune mesure.

117. (259.) Sa valeur est égale à celle à laquelle il peut[275] être vendu*, c'est-à-dire qu'il faut l'estimer pour autant.

118. (260.) Tutius est, ut prorsus pro puro, vel prorsus pro nullo habeatur[276], adhibitis cautionibus[277], sic enim in omnem eventum nullius damnum est.

119. (261.) Clis ad Cle datur compensatio[278]. Nam communis eorum mensura est.

120. (262.) Tanto majoris est Co data, quanto minoris contraria[279]. Nam si altera certo vera est, seu necessaria; altera certo falsa est, seu impossibilis, th. 21. Quo certius igitur alteram veram esse, hoc certius alteram falsam, et hoc certius illius jus esse purum, hujus nullum.

121. (263.) Co disjunctiva tanti est, quanti sunt Cnes disjunctae computatae (id est additae ad 0).

122. (264.) Conjunctiva, quanti sunt conjunctae (detractae a puro). Co enim disjunctiva major est simplici[280], per th. 276. Conjunctiva minor, per th. 275., minor autem est detrahendo a puro, major addendo ad nullum.

123. (265.) Quo pluris est Ctum, hoc jus Cle est majus. Puta si A erit, 100 habeto; si B, 200. Supposito A et B esse aeque incerta, pluris est Co B quam A.

124. (266.) Jus Cle revocabile ad Quaesitum,

125. (267.) item non transmissibile ad id quod tale est; est ut Cle ad purum. Ipsae enim iterum Dispositiones ex conditionibus suspensae sunt, revocabilis ex hac: si non revocetur, d. 151., intransmissibilis ex hac: si Crius expressus non praemoriatur, per th. 202.

126. (268.) Jus retrotrahibile jure protrahendo tanto majus est, quanto est jus purum, in diem dilato[281]. Nam si existat Co, illud censetur ab initio purum, th. 350., hoc in diem dilatum, th. 351.

127. (269.) Jus Cle retrotrahibile, quaesitum, transmissibile simul, perfectissimum est[282], per th. 266. 267. 268.

276. ita *Sabinus. Proculus* censebat aestimari debere, *l. 45. ad L. F.*

277. *l. 9. § 4. ad exhib. l. 5. § 1. usufr. quem. cav. l. 9. f. de tributor. l. 14. ad L. F.*, pendet interim L. Falcidiae ratio, *l. 53. eod.*

278. arg. *l. 8. l. 16. § 1. Comp.*

279. majoris quam simplex, arg. *l. 11. adim. leg.*

280. arg. *l. 11. adim. leg.*

281. quanti est interusurium medii temporis, *l. 66. pr. ad L. F. l. 58. § 5. ad Treb.*

282. ex eo quis creditor est, sed Clis, *l. 42. O.A.*, non obst. *l. 54. V.S.*

118. (260.) Il est plus sûr de le tenir[276] pour entièrement pur ou pour entièrement nul, une fois toutes les cautions[277] fournies; ainsi en effet, quelle que soit l'issue, elle n'est au détriment de personne.

119. (261.) Entre un droit conditionnel et un autre droit conditionnel, il y a possibilité de compensation[278]. Car leur mesure est commune.

120. (262.) Une condition donnée est d'autant plus importante, que la condition contraire[279] l'est moins. Car si l'une est absolument vraie, c'est-à-dire nécessaire; l'autre est absolument fausse, c'est-à-dire impossible, th. 21. En conséquence, il sera d'autant plus certain que l'une est vraie, qu'il est plus certain que l'autre est fausse, et il sera d'autant plus certain que le droit de la première est pur, qu'il sera plus certain que celui de la seconde est nul.

121. (263.) La condition disjonctive a d'autant plus de poids que les conditions disjointes décomptées (c'est-à-dire ajoutées à zéro) sont nombreuses.

122. (264.) La conjonctive *[a d'autant moins de poids]*, que les conditions conjointes (c'est-à-dire soustraites au droit pur) sont nombreuses. En effet, la condition disjonctive est plus forte que la simple[280], par le th. 276, la conjonctive, moins forte, par le th. 275; cependant la moins forte est obtenue en soustrayant au droit pur, la plus forte en ajoutant au droit nul.

123. (265.) Le droit conditionnel est d'autant plus fort que le conditionné a plus de poids, par exemple si A existe, tu recevras 100; si B, 200. En supposant que A et B soient également incertains, la condition B a plus de poids que la condition A.

124. (266.) Le droit conditionnel révocable à l'égard du droit distingué,

125. (267.) tout comme le droit non transmissible à l'égard de celui qui l'est; est comme le droit conditionnel à l'égard du droit pur. En effet, de chaque côté les dispositions provenant des conditions sont suspendues, les révocables à cette condition: si on ne révoque pas, d. 151, les non-transmissibles à celle-ci: si le conditionnaire désigné ne meurt pas avant, par le th. 202.

126. (268.) Le droit antériorisable est d'autant supérieur au droit postériorisable que le droit pur est supérieur au droit différé à terme[281]. Car si la condition vient à exister, le premier est censé être pur dès le début, th. 350, le second, différé à terme, th. 351.

127. (269.) Le droit conditionnel en même temps antériorisable, distingué et transmissible, est le plus parfait[282], par le th. 266, 267, 268.

128. (270.) Quanto Co Potestativa est onerosior Crio, tanto minus est Jus Cle; tanto majori enim ut ita dicam pretio ei Ctum constabit.

129. (271.) Co Casualis tanti est quanti spes impletionis. Incertitudo enim spe aestimatur, et timore, seu opinione futuri boni et mali.

130. (272.) Quo magis damnosa (utilis) est, ei qui impedire (provehere) potest, et quo magis impedire potest (provehere), is cui damnosa (utilis), hoc minoris (majoris) Co est. Praesumitur enim facturus quod et potest, et vult.

131. (273.) Si Co incertissima est, tantum distat a puro, quantum a nullo, id est puri dimidia est. Aequalis enim est spes, id est distantia a nullo; et timor, id est distantia a puro.

132. (274.) Co aestimantibus penitus ignota, incertissima est. v.g. si Titius liberos habebit, neque vero quisquam sciat quis sit ille Titius. Tum enim circumstantiae non apparent, ex quibus probabilitas in alterutram partem esse possit.

133. (275.) Quo Co est operosior, hoc est minoris. Probabilius enim est minus quam majus extiturum esse.

134. (276.) Quo major est latitudo Cnis, seu quo pluribus modis contingere potest, hoc major spes est. A quolibet enim modo separatim spes est.

135. (277.) Co affirmativa pluris est quam negativa, pluribus enim modis negativae contraria existere potest, v.g. si Titius non riserit, toto enim tempore omnibus pene momentis contingere potest ut rideat. Ergo contraria est pluris, th. 276. et th. 262., sed illa ipsa negativae contraria est affirmativa.

136. (278.) Co in debiturum collata est minoris, per th. 272. et th. 35.

137. (279.) Majoris in casum collata. Neque enim Dei, qui casualis arbiter est, ulla ratione interest, d. 120.

138. (280.) Maximi in Crium, per th. 273. et th. 35.

139. (281.) Pendente Dispositione Crius habet jus Cle[283]. Nam cum

283. id aliquid ponit, v. th. 248., add. *l. 77. R.J. l. 78. V.O. l. 26. stip. serv.* in contract.

128. (270.) Le droit conditionnel est d'autant moindre que la condition potestative est plus onéreuse au conditionnaire ; en effet le conditionné, pour ainsi dire, lui coûtera d'autant plus cher.

129. (271.) La condition casuelle est à la mesure de l'attente de son accomplissement. L'incertitude en effet s'évalue par l'espoir et la crainte, c'est-à-dire par la conjecture du bien et du mal futurs.

130. (272.) Plus la condition est nuisible (utile) à celui qui peut l'empêcher (la faciliter), et plus celui à qui elle est nuisible (utile) peut l'empêcher (la faciliter), moindre (plus fort) est le poids de la condition. On présume en effet que sera fait ce qu'il peut et veut à la fois.

131. (273.) Si la condition est au maximum de l'incertitude, elle est à égale distance du droit pur et du droit nul, c'est-à-dire, elle est à la moitié du droit pur. En effet l'espoir, c'est-à-dire la distance relative au droit nul, et la crainte, c'est-à-dire la distance relative au droit pur, sont égaux.

132. (274.) La condition totalement ignorée de ceux qui ont à l'évaluer est la plus incertaine. Par exemple si Titius a des enfants, alors que personne ne sait à vrai dire qui est ce Titius. Alors en effet les circonstances qui feraient pencher la probabilité de l'un ou de l'autre côté n'apparaissent pas.

133. (275.) La *[probabilité de la]* condition est d'autant moindre qu'elle est plus laborieuse. Il est en effet plus probable que le plus petit se réalisera plutôt que le plus grand.

134. (276.) Plus la condition a d'ampleur, c'est-à-dire plus sont nombreuses les manières dont elle peut se réaliser, plus l'espoir est grand. L'espoir existe en effet séparément de chaque manière.

135. (277.) La condition affirmative a plus de poids que la négative ; en effet la contraire de la négative peut exister de plusieurs manières ; par exemple, si Titius ne rit pas ; en effet à presque tous les moments de la durée totale il peut se produire qu'il rie. Donc la contraire a plus de poids, th. 276 et th. 262, mais cette contraire de la négative est elle-même l'affirmative.

136. (278.) La condition qui dépend du futur débiteur est de moindre poids, par le th. 272 et le th. 35.

137. (279.) *[Celle qui]* dépend du hasard est de poids supérieur. Car pour Dieu qui est l'arbitre du hasard, il n'y a aucun intérêt, d. 120.

138. (280.) *[Celle qui dépend]* du conditionnaire a le poids le plus grand, par le th. 273 et le th. 35.

139. (281.) Quand la disposition est en suspens, le conditionnaire a un droit conditionnel[283]. Car puisqu'il a le droit d'avoir (bien sûr quand

habeat jus habendi (nempe existente Cne), jam jus habere videtur, th. 79. Id autem est Cle, d. 72.

140. (282.) Co mutata statu posteriore censetur. Nam si cum prorsus mutata est (id est extitit vel defecit) eo nomine censetur, quanto magis cum paululum.

141. (283.) Res Clis transit cum sua conditione[284] Nam qui succedit, in idem succedit, idem autem non est jus Cle et purum, th. 256.

142. (284.) Si Ctor intereat, transmittitur obligatio[285], Jus quaesitum tantum ex contractibus, per th. 253. et th. 246.

143. (285.) Jus Cle ex U.V. non transmittitur[286].

144. (286.) Legatum dilatum in diem incertam quando non transmittitur[287]. Nam dies certus differt actionem, dies incertus quando differt jus (non igitur transmittitur quia nondum quaesitum est, th. 246.), dies incertus an, seu Co per th. 192., suspendit utrumque, th. 9.

145. (287.) Si dies certus per modum Cnis adjectus est. Nam ne frustra id factum intelligatur majorem effectum solito habebit, id est non solum actionem sed et jus differt, per demonstr. th. 286.

146. (288.) Jus Cle quod non transmittitur alienari non potest. Deterior enim fieret Ctoris Conditio, quid enim si verus Crius prius moriatur, et postea existeret Co, Debiturus Crio substituto obligaretur, quod non contingeret, si nulla intercessisset alienatio. Nemo autem plus juris quam habet, in alium tranferre potest.

147. (289.) Crius[288] rem traditam[289] pendente Cne non usucapit. Quia enim scit jus suum Cle tantum esse, si usucapere se posse speraret, in bona fide non esset.

148. (290.) Pendente Cne invito solvi non potest[290]. Nam nondum debetur, et potest anticipata solutio damnosa esse.

284. *l. un. § 9. cad. toll. l. 60. § 1. C.D. l. 9. ad Sct. Silan. l. 2. § 1. alim. leg. l. 6. j. fisc.* Statu liber cum sua causa, *l. 2. pr. St. L. l. 66. C.D. l. 13. C. de Test. man.*, non obst. *l. 30. St. L.*, ibi enim eo ipso, dum alienatur, Co defecit.

285. *§ 4. J. V.O.*

286. seu morte Crii deficit Ctum, *l. 31. l. 59. § 6. H.J. l. 65. § 1. l. 52. l. 104. l. 49. § 3. L. 1. l. 31. 59. 69. 40. § 2. C.D. l. 11. § 6. L. 3. l. 42. O.A. l. un. § 7. cad. toll.*, v. th. 179. 197.; in contract. transmittitur, *§ 4. J. V.O. § 25. J. inut. stip. l. 8. peric. c.r.v. l. 57. V.O.*

287. v. th. 197.

288. *l. 2. § 3. pro Emt. l. 2. pr. peric. c.r.v.*

289. si dedit animo transferendi sciens, pure dat, *l. 12. § 3. man. test.*

290. *l. 38. § 16. V.O.*

existera la condition), on considère qu'il a déjà un droit, th. 79. Mais ce droit est conditionnel, d. 72.

140. (282.) La condition transformée est réputée être un état postérieur. Car si elle est désignée par ce terme quand elle a totalement changé (c'est-à-dire quand elle a existé ou quand elle a fait défaut) elle le sera encore davantage quand elle a très peu changé.

141. (283.) La chose conditionnelle se transmet avec sa condition[284]. Car qui succède, succède dans le même droit ; or le droit conditionnel et le droit pur ne sont pas la même chose, th. 256.

142. (284.) Si le conditionnateur décède, l'obligation[285] se transmet. De même pour le droit distingué en tant qu'il est issu des contrats, par le th. 253 et le th. 246.

143. (285.) Le droit conditionnel issu des dernières volontés ne se transmet pas[286].

144. (286.) Le legs différé à un terme incertain du point de vue de la date ne se transmet pas[287]. Car un terme certain diffère l'action, un terme incertain du point de vue de la date diffère le droit (donc il ne se transmet pas puisqu'il n'est pas encore distingué, th. 246), un terme incertain quant à son existence même, autrement dit une condition de par le th. 192, suspend l'une et l'autre, th. 9.

145. (287.) *[de même]* Si un terme certain est ajouté sous le mode de la condition. Car pour qu'on ne présume pas que la chose ait été faite en vain, elle aura un effet supérieur à l'effet habituel, c'est-à-dire qu'elle diffère, non seulement l'action, mais encore le droit, par la démonstration du th. 286.

146. (288.) Le droit conditionnel qui ne se transmet pas ne peut être aliéné. En effet la condition du conditionnateur empirerait ; que se passerait-il en effet si le vrai conditionnaire venait à mourir d'abord et qu'ensuite la condition existât ? Le débiteur éventuel serait obligé envers le conditionnaire substitué, ce qui ne se produirait pas, si aucune aliénation n'était intervenue. Mais personne ne peut transférer à autrui plus de droit qu'il n'en détient.

147. (289.) Tant que la condition est en suspens, le conditionnaire[288] ne peut usucaper la chose qui lui a été remise[289]. En effet puisqu'il sait que son droit est seulement conditionnel, s'il espérait pouvoir usucaper, il ne serait pas de bonne foi.

148. (290.) Lorsque la condition est en suspens, on ne peut[290] s'acquitter en dépit *[du fait qu'elle soit encore en suspens]*. Car la chose n'est pas encore due et un acquittement anticipé peut être désavantageux.

149. (291.) Si Ctum est apud Crium, Ctor petere potest[291]. Nam interim est Ctoris, th. 305.

150. (292.) Ctor solutum condicere potest pendente Cne[292]. Nam cum debiturus sit, d. 70., nondum debet. Indebitum autem solutum condici potest.

151. (293.) Si Statu liber partem tertio honorato solvit, Dominus potest suos nummos vindicare[293]. Pendet enim conditio adhuc, quare repetere potest; et actione in rem, quia servus Dominium non transfert.

152. (295.) Modo contraria est Co Resolutiva, d. 155.

153. (296.) Jus irrevocabile ad Cnem, seu sub modo dari non potest[294]. Nam quod datur ad Cnem, existente Cne revocatur.

154. (297.) Modus tamen ei adjectus transit in obligationem (ne omnino sit frustraneus), si est potestativus[295].

155. (298.) Quod inconditionabile est, ad Cnem dari non potest[296], per th. 174. conversione per contrapositionem.

156. (299.) Modus qui positus Cnis loco vitiaret,

157. (300.) aut vitiaretur[297], pro non adjecto est. Dispositio enim Modalis hoc continet: tibi hanc rem do, et statim alter respondere intelligitur: si illud fiet, ego tibi reddam. Sive igitur vitiet modus, nihil aliud vitiat, quam repromissionem. Sive vitietur, pura erit repromissio, sed cum absurdum sit eo momento redditionem promittere, quo accipias, idque praesumi non possit, et vero repromissio ex mera praesumtione sit, nulla repromissio esse intelligitur.

158. (301.) Collatus item in Accipientem, seu potestativus, sed talis ut ad eum Accipiens se obligare non possit, v.g. do tibi usque dum filium tuum exhaeredes. Modus enim instar pacti adjecti est.

159. (302.) Talis est jure veteri: qui libertatem civis Romani infringit[298].

160. (303.) Et captatorius[299].

291. *l. 5. de dol. mal. et met. exc.*

292. *l. 16. 56. Cond. ind.*

293. *l. 3. § 5. St. L.*

294. libertas, arg. *l. 11. man. test.*, haereditas, nisi *l. 15. § 4. l. 41. Test. milit.*

295. *l. 44. manum. test.*

296. Dominium sub Cne ipso jure regulariter non resolvitur, arg. *l. 7. § 3. j. dot.*, non obst. *l. 41. R.V. l. 4. § 3. in d. add. l. 1. l. 4. C. de pact. inter Emt. et Vend.*, v. *Vasqu. Ill. contr. c.69. per l. 3. C. d. t.*

297. in fraudem legum, *l. 37. C.D.*

298. *l. 71. § 1. C.D.*, arg. *l. 2. de lib. hom. exhib.*

299. *l. 44. man. test.*

149. (291.) Si le conditionné est aux mains du conditionnaire, le conditionnateur peut le réclamer[291]. Car dans l'intervalle il appartient au conditionnateur.

150. (292.) Si la condition est en suspens[292], le conditionnateur peut réclamer par condiction ce qui a été payé. Car puisqu'il est futur débiteur, d. 70, il ne doit pas encore. Or l'indû payé peut être réclamé par condiction.

151. (293.) Si le *statuliber* ne paye qu'une partie de la somme au tiers gratifié, le maître peut revendiquer[293] son argent. En effet, la condition est encore en suspens, c'est pourquoi il peut réclamer ; et au moyen d'une action réipersécutoire, parce que l'esclave ne transmet pas la propriété.

152. (295.) La condition résolutoire est contraire au mode, d. 155.

153. (296.) Un droit irrévocable ne peut[294] être donné jusqu'à une condition, c'est-à-dire sous un mode. Car ce qui est donné jusqu'à la condition est révoqué par l'existence de la condition.

154. (297.) Cependant le mode apposé à ce droit se transforme en obligation (afin qu'il ne soit pas totalement vain) s'il est potestatif[295].

155. (298.) Ce qui est inconditionnable ne peut[296] être donné jusqu'à une condition, par le th. 174, conversion par contraposition.

156. (299.) Le mode qui, mis à la place de la condition, vicierait,

157. (300.) ou serait vicié[297], est tenu pour non apposé. En effet, la disposition modale contient cette clause : je te donne cette chose, et l'autre est réputé répondre immédiatement : si tel événement se produit, je te la rendrai. Par conséquent, ou bien si le mode vicie, il ne vicie rien d'autre que la promesse donnée en contrepartie. Ou bien s'il est vicié, la promesse sera pure, mais puisqu'il est absurde de promettre restitution au moment où l'on recevra et que ceci ne peut se présumer, et puisque cette promesse donnée en contrepartie procède d'une pure présomption, aucune promesse de ce genre n'est réputée être.

158. (301.) De même pour le mode résidant dans la personne de celui qui reçoit, c'est-à-dire le mode potestatif, mais tel que celui qui reçoit ne puisse s'y obliger ; par exemple je te donne jusqu'à ce que tu déshérites ton fils. Le mode en effet est comme une convention ajoutée.

159. (302.) Tel est encore selon le droit ancien, celui qui brise[298] la liberté d'un citoyen Romain.

160. (303.) Ainsi que le mode captatoire[299].

161. (304.) Modus quoque pro non adjecto est, quem fieri vel non fieri solius accipientis interest. v.g. Titio bibliothecam meam lego, ut literis diligentius operam navet. Praesumitur enim consilium[300] esse.

162. (305.) Ctor rem Ctam pendente Cne habet ad Cnem[301].

163. (306.) Quare et si eam Crius possideat, ab eo non nisi ad Cnem accipit[302].

164. (307.) Haeres qui habet ad Conditionem rem sub Cne legatam interim non potest alienare[303]. Nam etiam pendente Cne post aditam haereditatem Legatarius, quasi Dominus est rei Legatae, neque enim nuda existentia Cnis ei acquiri Dominium potest. Omnes quippe qui concurrunt ad haereditatem ex testamento sunt velut una persona, quia et haereditas jacens persona esse intelligitur. Haeres autem est persona principalis, concurrens ex universali jure, legatarius est velut ejus membrum. Unde fictione juris adire in haerede et dominium ejus quod sibi assignatum est nancisci potest. Pendente autem Cne etsi dominium quasi commune sit penes haeredem tamen res est, existente autem Cne jus habet Legatarius quasi ad divisionem provocandi et rem suam vindicandi. Quia autem pendente Cne res simul haeredis et legatarii est, et in re communi potior est Co prohibentis, haeres alienare non potest, quod erat propositum ostendere.

165. (308.) Actus habentis circa rem quae habetur ad Cnem sunt validi ad Cnem[304]. Actus enim ultra jus agendi valere non potest.

166. (309.) Si quid pure datum sub Cne adimitur (aut transfertur), ad illam Cnem, seu sub modo contrario datum intelligitur[305], propterea enim ei pure potius quam sub contraria Cne datum est.

169. (310.) Si unum diversis sub diversis Cnibus datum est, quarum una unius existere non potest nisi rem jam habeat, ille ad Cnem habere

300. *l. 71. C.D.*

301. arg. *l. 66. R.V.* Haeres est D[nus] rei legat., *l. 29. § 1. qui et a quib. man. l. 1. § 4. ad Sct. Silan. l. 5. § 2. qu.d.l.c. l. 12. § ult. de usufr. l. 12. § 2. famil. hercisc.*, statu liber est servus haeredis, v. supra, non obst. *l. 38. ad. L. F.*

302. *l. 32. L. 2. l. 5. de dol. mal. exc.*

303. Jure *Justiniani*, *l. 3. § 2. C. com. de Leg.*, nisi in casu *Auth. res quae subjacent. ib. ex Novell. 39. c.1.* Jure veteri poterat sed ad Cnem, v. th. seq.

304. resoluto jure dantis resolvitur jus accipientis, *l. 105. C.D. l. 3. qu. m. pign. solv.* Ita Haeredis actus onerosi resolvuntur, *l. 41. 81. L. 1. l. 105. C.D. l. 11. § 1. quemadm. serv. am. l. 16. qu. m. usufr. am. l. 3. § 3. C. com. de Leg.*, add. th. 373. (v. *t.t. de litigios.*; si haeredi controversia fit haereditatis, praestat legata, ad Cnem, seu caventibus, *l. 44. § 3. C.D.*), lucrosi permanent, videtur enim haeres legatarii negotia gessisse, arg. *l. 39. Neg. gest.*, unde exceptio rei erga haeredem judicatae, prodest ei, si volet, non nocet, *l. 7. famil. herc.*

161. (304.) Est encore tenu pour non apposé, le mode dont l'avènement ou le non-avènement n'intéresse que celui qui reçoit. Par exemple, je lègue ma bibliothèque à Titius, pour qu'il s'adonne aux lettres avec plus de zèle. On présume en effet que c'est un simple conseil[300].

162. (305.) Tant que la condition est en suspens, le conditionnateur possède la chose conditionnée jusqu'à la condition[301].

163. (306.) C'est pourquoi, même si le conditionnaire la possède, il ne la reçoit[302] de lui qu'à partir* de la condition.

164. (307.) L'héritier qui possède jusqu'à la condition, une chose qui a été léguée sous condition, ne peut l'aliéner dans l'intervalle[303]. Car même quand la condition est en suspens, une fois que l'adition d'hérédité a été faite, le légataire est en quelque sorte propriétaire de la chose léguée, car ce n'est pas par la seule existence de la condition que la propriété peut lui être acquise. De fait, tous ceux qui concourent à l'héritage en vertu du testament, sont comme une seule personne, parce que l'héritage est réputé être tel une personne vacante. Or l'héritier est la personne principale concourant en vertu d'un droit universel et le légataire est comme un de ses membres. C'est pourquoi, par une fiction juridique, il peut faire adition d'hérédité au travers de l'héritier et obtenir la propriété de celui-ci, qui lui est assignée. Cependant, tant que la condition est en suspens, bien que la propriété soit d'une certaine manière commune, la chose est pourtant entre les mains de l'héritier, mais quand la condition existe, le légataire a le droit d'en appeler en quelque sorte au partage et de réclamer sa chose. Or, puisque tant que la condition est en suspens, la chose appartient à la fois à l'héritier et au légataire et que dans une chose commune, la condition de celui qui empêche prévaut, l'héritier ne peut aliéner, ce qu'on s'était proposé de montrer.

165. (308.) Les actes de celui qui possède concernant la chose qui est possédée jusqu'à une condition, sont valides jusqu'à la condition[304]. En effet, l'acte ne peut valoir au delà du droit d'agir.

166. (309.) Si quelque chose qui a été donné purement et simplement, est enlevé (ou transféré) sous condition, il est réputé[305] donné jusqu'à cette condition, c'est-à-dire sous le mode contraire, en effet, à cause de cela, il lui a été donné purement et simplement plutôt que sous la condition contraire.

169. (310.) Si un même objet est donné à divers sujets sous diverses conditions, dont l'une propre à l'un des sujets ne peut exister à moins

intelligitur. Nam cum Co antea sit impossibilis, nihilominus pura esset dispositio, th. 343., convenit igitur menti Testatoris, ut pura sit, sed sub modo.

170. (311.) Contractus implementum ab una parte, est ad Cnem si alterum sequatur[306]. Nam si non sequatur, aut ad implendum, aut restituendum agi potest, E., per th. 326.

171. (312.) Contractus cum pacto rescissorio, uti retrovenditionis, in diem addictionis perfectae, Legis Commissariae, Servi exportandi, etc., est ad Cnem, pactum enim rescissorium est ut aliquo existente contractus rescindatur, aut res restituatur.

172. (313.) Feudum est sub modo fidelitatis[307], alioqui enim cadit in feloniam.

173. (314.) Co mere negativa praesumitur esse modus[308]. Nam si sit Co suspensiva, morte demum implebitur Crii. Testator autem non praesumitur voluisse, ut Crius non fruatur beneficio suo.

174. (315.) Continuata item indefinita[309]. Alioqui enim posset fieri, ut nunquam impleretur.

175. (316.) Objectum juramenti transit in modum ex Conditione jurisjurandi. Puta ei lego si juraverit se mihi monumentum exstructurum. Si caveat se exstructurum, statim admittitur ad legatum, perinde ac si ita datum esset : ei lego ut mihi monumentum exstruat.

176. (317.) Si praesumitur Cnem extitisse, Crius rem relictam capere potest ad Cnem donec probetur contrarium. Ea enim est natura praesumtionis.

177. (318.) Qui ad Cnem (seu sub modo) accipit, ei cavendum[310] est, existente Cne (modo deficiente), rem in integrum restitutum iri. Quod tutior sit qui dat.

305. *l. 3. § 4. adim. leg. l. 67. C.D.* (si alter est statu liber, alter habet eum ad Cnem, *l. 15. man. test. l. 11. l. 21. fid. lib.*), add. *l. 4. pr. J.C.*

306. *Vultej. Cons. Marp. l. 1. cons. 18. n. 36. p. 175.*, add. *Grot. J.B.P. III.19.14.* ; non tamen omnis contractus est sub Cne, v. *Bald. de Pact. n. 20.*, pretium tamen solet pure promitti, res sub Cne, *l. 11. § 18. Act. Emt.*

307. *Grot. II.6.9.*

308. nempe Crius admittitur statim, si caveat se contra Cnem non facturum, *l. 7. 67. 73. 18. 107. 79. § 2. C.D. l. 4. § 1. C.J. l. 37. C.D. l. 4. C. de Don. M. C.* Quia alias est quasi : *cum morietur*, et non fruetur Crius beneficio, *§ 4. J. V.O.*, non, si aliter quam morte Crii deficere potest, *l. 72. 77. § 2. l. 101. § pen. l. 106. C.D.*, v. tamen *l. 4. § 1. C.J. l. 7. 67. C.D.*, non in contract., *§ 4. J. V.O. l. 109. 99. 115. V.O. l. 39. de pact. l. 44. fidej.*

309. *l. 73. C.D.*, v. tamen *l. 42. C.D.*

310. cautio dicitur in Negativis specialiter Mutiana, a Mutio Scaevola, *l. 77. C.D. Nov.22. c.43.* ; cavetur iis ad quos venturum esset deficiente Cne, *l. 18. C.D. l. 65. § 1. ad Treb.* (obst. *l. 4. § 1. l. 7. C.J.* vi quarum *Bachov.* ad *Tr. II. 13. 60. f.* venientibus ab intes-

qu'il ne possède déjà la chose, celui-là est réputé posséder jusqu'à la condition. Car puisque la condition est auparavant impossible, la disposition serait néanmoins pure, th. 343 ; il est donc conforme à l'esprit du testateur qu'elle soit pure, mais sous un mode.

170. (311.) Un contrat rempli par une partie *[vaut]* à la condition que l'autre suive[306]. Car si elle ne suit pas, on peut la contraindre soit à remplir sa part, soit à restituer, donc par le th. 326.

171. (312.) Un contrat pourvu d'une clause rescisoire, par exemple d'annulation de vente si le prix peut être restitué *[pactum de retrovendendo]*, d'annulation de vente si de meilleures conditions sont trouvées avant un certain délai *[in diem addictione]*, d'annulation de vente si le prix n'est pas payé *[lex commissoria]*, d'annulation de vente si l'esclave n'est pas emporté *[servus exportandus]*, est jusqu'à la condition ; en effet la clause rescisoire est telle que le contrat se trouve rescindé si quelque chose existe ou que la chose soit restituée.

172. (313.) Le fief est sous le mode de la fidélité[307], sans quoi en effet on tombe dans la félonie.

173. (314.) La condition purement négative est présumée être un mode[308]. Car si la condition est suspensive, elle sera seulement remplie à la mort du conditionnaire. Or le testateur n'est pas présumé avoir voulu que le conditionnaire ne jouisse pas de son bienfait.

174. (315.) De même pour la condition continuée indéfinie[309]. Sans quoi en effet, il pourrait arriver qu'elle ne fut jamais remplie.

175. (316.) L'objet du serment se transforme en mode en vertu de la condition du serment. Par exemple : je lègue à quelqu'un s'il jure qu'il me construira un monument funéraire. S'il garantit qu'il le construira, il est aussitôt mis en possession du legs, comme s'il était ainsi rédigé : je lui lègue pour qu'il m'élève un monument.

176. (317.) Si l'on présume que la condition a existé, le conditionnaire peut saisir la chose laissée jusqu'à la condition, jusqu'à ce qu'on prouve le contraire. Telle est en effet la nature de la présomption.

177. (318.) Celui qui reçoit jusqu'à une condition (c'est-à-dire) sous un mode), doit donner la garantie[310] à celui *[qui donne]* que lorsque la condition existera (lorsque le mode fera défaut), la chose sera intégralement restituée. Afin que celui qui donne soit mieux protégé.

178. (319.) JUS AD CNEM est minus plenum. Quia tantum ex eo detrahitur, quantum est jus Cle ejus qui habet sub Cne.

179. (320.) Tanto majus est, quanto Co resolutiva est minoris[311]. Nam sub Cne, habet alter, alterius autem jus detrahendum est, per th. 319.

180. (321.) Transmittitur. Nam purum est, th. 329., E. per th. 371.

181. (322.) Qui in modo alteri aliquid ex Testamento capienti adjecto est Honoratus, ei competit actio ex Testamento[312]. Ad eum enim se habet, uti Legatarius ad haeredem.

182. (323.) Existente Cne resolutiva, seu modo deficiente datur ei qui dederat contra accipientem condictio ob causam dati causa non secuta, vel actio in factum[313].

183. (324.) Maxime tamen ex eo contractu cui modus instar pacti est adjectus.

184. (325.) Tenetur autem ad implendum vel restituendum.

185. (326.) Et vel rem vel id quod interest Crii.

186. (327.) Modus retrotrahitur[314]. Quia Co deficit si modus existit, sunt enim contraria, d. 155. Co autem cum defecit, ab initio defecisse intelligitur, th. 160.

187. (328.) Si quid sub modo datum est, pure datum est[315]. Purum enim est quod sub conditione desinit.

188. (329.) Si Co pro non adjecta est, d. 80. PURA EST DISPOSITIO[316].

189. (330.) Si praeter intentionem adjecta est[317]. Scripsit enim quod voluit, etsi non voluit quod scipsit. Hoc igitur solum pro non adjecto est, nempe Co, E., per th. 329.

tato negat caveri), per satisdationem, *l. 67. 106. C.D.*, fidejussores, *l. 97. C.D. auth. cui relictum C. de ind. vid.*, cum usuris et fructibus et quanti ea res erit, *l. 67. 79. § 2. C.D. l. 67. § 2. L. 2.* Si committatur datur actio, ex stipulatu etiam rei vindicatio, *Nov. 22. c.44.* Potest a Testatore remitti, *N.22. c.44. f. l. 72. § 2. 3. l. 77. § ult. C.D. l. 2. 4. 7. C. ut in possess. Leg. l. 2. C. cond. ins. l. 12. ut leg. serv. c. cav. Nov.15.* Si cavere nolit, repellitur Except. doli, *l. 3. § 4. adim. leg. l. 5. de dol. mal. exc.*

311. arg. *l. 10. St. L.*

312. arg. *l. 92. C.D.*

313. aut etiam actio civilis incerti, seu P.V., *l. 7. § 2. de pact.* et arg. *d. l. 16. P.V.*

314. *l. 79. § 2. C.D.*, non obst. *l. 2. § 1. in d. add.*, suos enim facit fructus, non lucratur, id est restituere debet, arg. *l. 6. C. eod. l. 5. L. Com.*

315. *l. 80. C.D. l. 2. pr. de in d. add. l. 1. et l. 2. L. com.*, non obst. *l. 3. § 3. C. com. de Leg.*

316. Si plurium conjunctarum una pro non adjecta est, alteri non nocet, *l. 8. § 8. C.J.* Melior implentis quam ejus qui fingitur implesse Co non est, *l. 74. C.D. l. 4. § 2. l. 18. St. L. *ipso jure praetorio, l. 8. § ult. C.J.*

317. *l. 9. § 5. H.J.*

178. (319.) LE DROIT JUSQU'A LA CONDITION est moins plein. Puisque s'en trouve soustrait tout ce qui constitue le droit conditionnel de celui qui possède sous condition.

179. (320.) Ce droit est d'autant plus important que la condition résolutoire est de moindre importance[311] ; car sous la condition, l'un possède tandis qu'un droit est à retirer du second, par le th. 319.

180. (321.) Il se transmet. Car il est pur, th. 329, donc par le th. 371*.

181. (322.) Celui qui se trouve gratifié dans un mode apposé à quelqu'un d'autre qui reçoit quelque chose en vertu d'un testament, dispose de l'action *ex testamento*[312]. Il se trouve en effet à son égard comme le légataire à l'égard de l'héritier.

182. (323.) Quand la condition résolutoire existe, c'est-à-dire quand le mode fait défaut, la condiction *causa data causa non secuta [pour une chose donnée non suivie d'effet]*, est fournie à celui qui avait donné, contre le bénéficiaire ; ou encore, l'action *in factum*[313].

183. (324.) Cependant c'est surtout le cas en vertu du contrat auquel un mode, à l'instar d'une clause, se trouve apposé.

184. (325.) Mais il est tenu de remplir ou de restituer.

185. (326.) Soit la chose soit ce qui importe au conditionnaire.

186. (327.) Le mode est antériorisé[314]. Car la condition fait défaut si le mode existe, puisque ce sont des contraires, d. 155. Or quand la condition fait défaut, elle est réputée faire défaut depuis le début, th. 160.

187. (328.) Si quelque chose est donné sous un mode, il est donné purement et simplement[315]. En effet, est pur et simple ce qui cesse sous une condition.

188. (329.) Si la condition est comme non apposée, d. 80, LA DISPOSITION[316] EST PURE.

189. (330.) *[de même]* Si la condition apposée[317] dépasse l'intention. En effet, il a écrit ce qu'il a voulu, bien qu'il n'ait pas voulu ce qu'il a écrit. Donc cela seul est comme non apposé ; à savoir bien sûr la condition ; donc par le th. 329.

190. (331.) Si in se extra dispositionem necessaria est Co[318]. Omne enim quod necessario et ipsa vi adest frustra adjicitur seu est pro non adjecto.

191. (332.) Si per se Cto necessaria est[319], ob eandem causam.

192. (333.) In dubio dispositio pura potius quam Clis praesumitur in U.V.[320] Plenius enim interpretamur Ultimas Voluntates.

193. (334.) Si Co est impossibilis, in U.V. dispositio est pura[321].

194. (335.) Item in sponsalibus[322]. Ita enim receptum est.

195. (335a.) Si Dispositio perplexa est, seu Co lege vetita est, non quidem absolute sed ne per modum conditionis ingrediatur[323], in U.V. DISPOSITIO PURA EST. Nam quia lege vetitae sunt, eo magis legi arbitrarium est eas remittere.

196. (336.) Si Conditionum disjunctarum[326] una pro non adjecta est.

318. *l. 7. V.O. l. 56. C.D. § 10. J. H.J. § 11. J. inut. stip. l. 17. V.O. l. 50. H.J.*

319. Extrinseca Co, quae per se inest Cto, est pro non adjecta, *l. 99. 107. C.D. l. 3. L. 1. l. 6. l. 25. § 1. qu.d.l.c.* (nisi aliud vult Test., *l. 19. § 1. l. 12. C.D. l. 8. pr. V.P.S.*). Obst. *l. 1. § ult. C.D.*, quod vi ipsa insit. Nam quod inest, frustra exprimitur, *l. 6. § 2. fid. lib. l. 19. § 1. l. 52. C.D. l. 21. § 1. l. 22. § 1. qu.d.l.c. l. 3. C. de fidej. l. 7. C. de revoc. don. l. 4. L. 1.* Obstat: Expressa nocent, non expressa non nocent, *l. 51. § 1. l. 68. H.J. l. 65. § 1. L. 1. l. 47. 56. mand. l. 77. 195. R.J.* Resp. si quae insunt superflua sunt, seu nihil aliud continent, quam quod inest, etiam expressa non nocent, *l. 65. V.O. l. 94. R.J. l. 17. C. de Test.*

320. *Menoch. 6. praes. 4.*

321. *l. 3. l. 6. § 1. C.D. l. 1. 4. 20. C.J. l. 45. 50. H.J. l. 16. de inj. test. l. 12. § 1. L. 1. l. 12. dot. praeleg. l. 104. § 1. L. 1.* (non obst. *l. 16. C.J.*), in M. C. Don. arg. *l. 8. § 3. C.J.*

322. *t.t. Extr. C.A.*; etiam jure impossib., *l. 9. C.J. l. 29. § 2. Test. Mil. l. 2. § 44. ad Sct. Tert. l. 14. l. 15. C.J. l. 88. ad L. F.*, in fraudem legum, *l. 64. § 1. l. 79. § 4. C.D. l. 7. C.J. l. 10. de his quae ut Indign.* Obst. *§ 1. J. fideic. haer.* Resp. aliae leges sunt utiles Reipublicae, hae extenduntur, *l. 64. § 1. C.D.*, aliae subtiles, hae eludi possunt, *l. un. pr., v. multas invenientibus, Cad. toll.*

323. ut divortii, *l. 5. C. inst. et subst. l. 2. C. cond. ins.* Si non nupserit, *l. 22. 62. § f. l. 72. § 5. l. 63. l. 79. § ult. C.D. l. 134. V.O.* (si arbitrio Titii nupserit, v. *l. 72. § 4. C.D. l. 4. usur.*) *l. 3. et t.t. C. de ind. vid.* Vidua enim nisi intra annum nupsisset, cavere Mutiana, aut relictum omittere cogebatur; v. *Ant. Hottom. Rit. nupt. c.22.* Add. *M. Vertran. Maur. tr. de jur. trium liberorum.* Si Titio nupserit, valet *l. 1. 2. C. inst. et subst. l. 64. 71. § 1. C.D.*, add. et *l. 10. l. 68. C.D. l. 72. § 4. 5. l. 79. § 4. C.D. l. 4. de usur.* Novellarum jure omnino valida est Co: si non nupserit, invalescente tum amore vitae Monachalis; v. *Pagan. Gaudentium de morib. sec. Justinian.* Jurisjurandi Co pro non adj. est, *l. 20. C.D. l. 29. § 2. mil. test. l. 8. C.J.* (objectum tamen implendum, th. 316., *l. 26. pr. C.D. l. 8. § 6. C.J.*). Obst. *l. 97. C.D.* Resp. municipes jurare non est impossibile (servus debet jurare, *l. 12. l. 36. man. test. 7. pr. § 2. oper. lib. l. 36. l. 13. St. L.*). Obst. *l. 62. acq. h.* Resp. non prohibetur jurare. Nominis ferendi, *l. 63. § 10. l. 7. Sct. Treb.*; non obst. *l. 108. C.D.* Mutandae religionis, v. Dn. *Ziegl. de Cond. n. 75.* Inepta, *l. 113. § ult. L. 1. l. 14. § 5. de religios. l. 27. C.J.*

324. *l. 8. § 5. C.J.*, add. *l. 83. § 5. V.O.*; non obst. *l. 16. 97. 126. § 1. 3. l. 128. V.O.*

190. (331.) *[de même]* Si la condition est nécessaire en elle-même, indépendamment de la disposition[318]. En effet, tout ce qui se présente nécessairement et par son essence même, est ajouté inutilement, c'est-à-dire qu'il est comme non apposé.

191. (332.) *[de même]* si elle est nécessaire[319] par elle-même au conditionné ; pour la même raison.

192. (333.) Dans le doute, la disposition est plutôt présumée pure que conditionnelle dans les dernières volontés[320]. En effet, nous interprétons plus largement les dernières volontés.

193. (334.) Si la condition est impossible, la disposition est pure[321] dans les dernières volontés.

194. (335.) De même dans les fiançailles[322]. Tel est en effet l'usage reçu.

195. (335a.) Si la disposition est perplexe, c'est-à-dire si la condition est défendue par la loi, non pas certes de manière absolue mais afin qu'elle ne s'introduise[323] sous la forme d'une condition, LA DISPOSITION EST PURE DANS LES DERNIERES VOLONTÉS. Car puisqu'elles sont défendues par la loi, il est à plus forte raison possible à la loi d'y renoncer.

196. (336.) *[de même]* Si une des conditions disjointes[324] est comme

Nam aequipollet existenti, th. 329. et th. 349. Satis est autem disjunctarum unam existere, per th. 95.

197. (337.) Si hoc non dabis illud dare spondes; si illud non dabis, hoc dare spondes? pura est stipulatio, seu Dispositio pura disjunctiva pura est[325]. Nam si A non erit B esto, solum B debetur Cliter. A esto, si A non erit B esto, A debetur pure B Cliter, conf. th. 205. Si A non erit B esto, si B non erit A esto, neutrum supponendo debetur, utrumque Cliter singulatim, sed simul pure disjunctive. Plura autem disjuncta sunt unum incertum, th. 95. Denique: A esto, si non erit B esto; et B esto, si non erit A esto, debetur utrumque conjunctim.

198. (338.) Co subtrahitur de Cli, seu adimitur[326]. Nam si fractionem (unam dimidiam) a fractione (tribus dimidiis) detrahas, remanet integrum, th. 256.

199. (339.) Si Co Cni contraria additur[327], uti una tertia et duae tertiae faciunt integrum unum, per th. 256. et th. 262.

200. (340.) Si quis solus institutus est partim pure partim sub Cne, ex asse pure institutus est[328]. Nam sive existat Co, totum ipsius est eventu; sive deficiat, initio. Habet igitur partem alteram sub duabus Cnibus contrariis: sive sit sive non sit, E. pure, per th. 339.

201. (341.) Qui in eodem Testamento alio loco pure institutus est, alio sub Cne, pure institutus intelligitur[329]. Nam idem est ac si duae essent adjectae Cnes, una aliqua altera nulla, plures autem Cnes in institutionibus intervallo adjectae sunt disjunctivae, th. 118. In disjunctivis autem Cnibus electio est Crii, hoc loco Haeredis, per th. 36. Is autem potius nullam Cnem velle intelligitur.

202. (342.) Pluribus separatim stipulantibus: si illi non dederis mihi dare spondes? praeoccupantis pura est stipulatio[330]. Nam si omnium Clis esset stipulatio, nullus agere posset ante mortem promissoris, d. 16. E. mortuo eo committetur omnium stipulatio. Et ita haeres promissoribus omnibus tenebitur. Sed ne hoc fiat, dicendum potius initio puram sti-

325. add. *l. 115. § 2. V.O.* Diss. *Alciat. tr. de stipul. divid. n. 16. arg. l. 3. qui et a quib. man. l. 9. opt. leg.*

326. *l. 53. C.D.*, obst. *l. 3. § 9. adim. leg.*

327. *l. 60. pr. C. ind. l. 10. de lib. et posth. l. 8. § 1. peric.c.r.v. l. 13. qu.d.l.c. l. 37. St. L. l. 87. § 3. ad L. F.*

328. *l. 33. H.J. l. 52. § 1. l. 53. 56. acq. h.*

329 *l. 27. § 2. l. 33. 67. H.J.*, add. si primo sub Cne, deinde pure legatum: pro ademta est Co, *l. 52. § 1. l. 81. § 7. l. 113. § 4. L. 1. l. 89. C.D.*, v. tamen *l. 63. L. 3.*

330. *l. 9. V.O.*

non apposée. Car elle équivaut à une condition existante, th. 329 et th. 349. Or il est suffisant qu'une des disjointes existe, par le th. 95.

197. (337.) Si tu ne donnes pas ceci, promets-tu de donner cela ; si tu ne donnes pas cela, promets-tu de donner ceci ? La stipulation est pure, c'est-à-dire que la disposition qui est une pure disjonctive est pure[325]. Car si A n'est pas que B soit, seul B est dû conditionnellement. Que A soit, si A n'est pas, que B soit, A est dû purement, B conditionnellement, comparer au th. 205. Si A n'est pas que B soit, si B n'est pas que A soit, aucun des deux n'est dû dans cette supposition, chacun des deux pris séparément est dû conditionnellement, mais pris ensemble ils le sont purement et de manière disjonctive. Cependant plusieurs disjoints sont un incertain, th. 95. Enfin : que A soit, s'il n'est pas que B soit ; et que B soit, s'il n'est pas que A soit, l'un et l'autre sont dus conjointement.

198. (338.) La condition est soustraite du conditionnel, c'est-à-dire est retranchée[326]. Car si tu soustrais une fraction (un demi) d'une fraction (de trois demis), il reste un entier, th. 256.

199. (339.) *[de même]* Si une condition contraire à une condition est ajoutée[327] *[la disposition est pure]*, comme un tiers et deux tiers font un entier, par le th. 256 et le th. 262.

200. (340.) Si quelqu'un est institué seul héritier, en partie purement et simplement, en partie sous condition, il est institué héritier purement et simplement pour la totalité[328]. Car ou bien la condition existe, et tout lui appartient à son avènement ; ou bien elle fait défaut et tout lui appartient dès le début. Il possède donc une des parties sous deux conditions contraires : si cela est, ou si cela n'est pas, donc purement et simplement, par le th. 339.

201. (341.) Celui qui dans le même testament est institué héritier, à un endroit purement et simplement, à un autre sous condition, est réputé institué purement et simplement[329]. Car c'est comme si deux conditions étaient apposées, l'une étant quelque chose de déterminé, l'autre étant nulle ; or plusieurs conditions apposées par intervalle dans une institution sont disjonctives, th. 118. Or dans les conditions disjonctives, le choix appartient au conditionnaire, ici, l'héritier, par le th. 36. Mais ce dernier est réputé préférer la condition nulle.

202. (342.) Dans le cas où plusieurs stipulent séparément : si tu ne lui donnes pas, promets-tu de me donner ?, la stipulation[330] de celui qui réclame le premier est pure. Car si la stipulation de tous était conditionnelle, aucun ne pourrait agir avant la mort du débiteur, d. 16. Donc à sa mort, la stipulation de tous sera exécutoire. Et ainsi l'héritier sera tenu par tous les stipulants. Mais pour éviter cela, il faut plutôt dire que la sti-

pulationem esse, sed ejus qui primus judicio experitur, caeterorum jus cum ille semel judicium accepit exspirare.

203. (343.) Si servo libertas sub Cne non-potestativa haereditas pure data est, inverso modo libertas pure haereditas sub Cne data intelligitur, jure novo[331].

204. (344.) Si Co pro non amplius adjecta est, DISPOSITIO PURIFICATUR. Quia si initio pro non adjecta est, initio est pura, th. 329.

205. (345.) Si Co certificatur, seu certo vera est, tum enim verum est Ctum, th. 1.

206. (346.) Si Co extitit, Ctum, seu Jus et verum et praesens est[332]. Nam sive retrotrahatur Ctum, jus non amplius suspenditur, sed est certum, per th. 1., sive non retrotrahatur, jus non amplius differtur. Nam tum etiam dies incerta adjecta est, ea autem non amplius differt, quia cessit.

207. (347.) Si Co post Testamentum vivo Testatore extitit, dispositio purificatur. Quia post mortem extitisse intelligitur, th. 85.

208. (348.) Copula sponsalia Clia purificat[333]. Sponsalibus enim id praestat, quod matrimonium.

209. (349.) Votum omne in effectu purum est. Nam cum votum fecimus, credimus Ctum seu promissum DEO gratum esse. Quicquid autem scimus Deo gratum esse, ad id obligati summus pure.

210. (350.) Si dies Cti venit ante diem Cnis, postea retrotrahitur dies Cnis[334], et tum statim extitisse intelligitur, cum dies Cti extitit. Differtur enim Ctum a die suo qui jam extitit.

211. (351.) Si Ctum non habet diem, suspenditur tantum a Cne, id est non antea verum est quam Co sit vera, non etiam differtur; sed simul ac Co extitit certificata est, ab initio intelligitur certificatum, id est retrotrahitur.

212. (352.) Si habet diem, et suspenditur a Cne, per th. 9., ut pro vero non habeatur donec Co verificata sit, et a die differtur, ut etsi certo extiturum nondum tamen existat. Quare etsi certa sit Co aut existat ante diem

331. *l. 6. C. necess. serv.*

332. seu nec suspenditur nec differtur, *l. 41. l. 44. C.D. l. 63. § 1. ad Treb. l. 14. de fid. lib. l. 10. V.O. l. 58. sol. matrim. l. ult. § 1. H.J. l. 2. pr. § 1. l. 8. pr. § 7. l. ult. C.J.*; sufficit semel extitisse, *l. 1. C. inst. et subst. l. 11. § 1. C.D.*

333. *c.30. extr. de sponsal.*

334. *§ 14. J. inut. stip. l. 20. 64. V.O. l. 25. C. de Testam.*

pulation est pure dès le début, à savoir la stipulation de celui qui le premier fait valoir officiellement son droit, et que le droit de tous les autres expire quand le premier reçoit confirmation de son droit.

203. (343.) Si sont données à un esclave, la liberté sous une condition non potestative et l'hérédité purement et simplement, d'une manière inverse, la liberté est réputée être donnée purement et simplement et l'hérédité sous condition, en vertu du droit nouveau[331].

204. (344.) Si la condition est tenue pour non apposée pour l'avenir, LA DISPOSITION EST PURIFIÉE. Car si elle est dès le début comme non apposée, elle est pure dès le début, th. 329.

205. (345.) *[de même]* Si la condition est rendue certaine, c'est-à-dire si elle est vraie en toute certitude, alors en effet le conditionné est vrai, th. 1.

206. (346.) Si la condition a existé, le conditionné, c'est-à-dire le droit est à la fois vrai et présent[332]. Car, ou bien le conditionné est antériorisé et alors le droit n'est pas suspendu plus longtemps, mais il est certain, par le th. 1 ; ou bien il n'est pas antériorisé et alors le droit n'est pas différé plus longtemps. Car alors un terme incertain a été ajouté, mais il ne diffère pas plus longtemps le droit puisqu'il est échu.

207. (347.) Si la condition a existé après le testament du vivant du testateur, la disposition est purifiée. Parce qu'elle est réputée avoir existé après la mort, th. 85.

208. (348.) L'union purifie[333] les fiançailles conditionnelles. Elle confère en effet aux fiançailles, ce que confère le mariage.

209. (349.) Tout vœu est en réalité pur. Car quand nous faisons un vœu, nous croyons que le conditionné, c'est-à-dire ce que nous promettons est agréable à DIEU. Or tout ce que nous savons être agréable à Dieu, nous y sommes obligés purement et simplement.

210. (350.) Si la date du conditionné vient avant la date de la condition, la date de la condition[334] est ensuite antériorisée et elle est alors immédiatement réputée avoir existé dès que la date du conditionné a existé. En effet le conditionné est déplacé par sa date qui est déjà échue.

211. (351.) Si le conditionné n'a pas de date, il est seulement suspendu à la condition, c'est-à-dire qu'il n'est pas vrai avant que la condition ne soit vraie, il n'est pas non plus différé; mais au même moment où la condition a existé, a été rendue certaine, il est réputé certain dès le départ, c'est-à-dire qu'il est antériorisé.

212. (352.) S'il a une date, à la fois il est suspendu à la condition, par le th. 9, en sorte qu'il n'est pas tenu pour vrai jusqu'à ce que la condition soit vérifiée, et il est différé par la date en sorte qu'il n'existe pas

Cti, jus quidem erit certo, nondum tamen est, id est per d. 160. protrahitur. Nam juxta th. 286. Dies certus differt actionem, Dies incertus differt jus, Conditio suspendit utrumque. Sed Dies Cti vel idem est cum die Cnis, v.g. tum, cum Titius Consulatum inibit, 10 habeto, vel alius, isque vel prius existere potest quam dies, v.g. si Titius erit consul, postridie 10 habeto, de quo v. th. 350., vel necessario postea, v.g. proximo anno postquam Titius erit Consul, 10 habeto. Tum etsi Titius sit consul, dies tamen expectandus est.

213. (353.) Si Co certa est postquam extitit, eo retrotrahitur. Neque enim amplius differtur.

214. (354.) Mero Jure dies Cto adjecta non praesumitur. Nihil autem mero Jure praesumitur quod non ex verbis sequatur. In verbis autem istis et similibus: Si Titius erit consul tibi centum do lego, Si, nihil aliud continet quam si illud verum est, Titium consulem fore (quod certe etiam ignorantibus nobis ab initio verum est), hoc, nempe legatum meum verum seu validum esto.

215. (355.) Dies Cni adjecta Cto adjecta praesumitur, jure Civili[335].

216. (356.) Ctum Continuatum discretum habet diem Cnis. Nam si Ctum est temporarium, computatur in dubio a die existentis Cnis.

217. (357.) Jus quod in pendenti est non habet diem, sed retrotrahitur. Ne antea ad nullum pertinuisse videatur.

218. (358.) Ctum non habet diem Cnis praeteritae. Ipsum enim est futurum, per th. 177.

219. (359.) Actus Eventualis protrahitur, seu tum demum extitisse videtur, cum extitit Co, vel habet diem Cnis[336]. Ea enim mente nunc fit, ut per omnia habeatur tanquam postea celebratus.

220. (360.) Ctum Legati habet diem Cnis[337].

221. (361.) Tutela Clis[338].

222. (362.) Sed institutio[339] retrotrahitur. Ne haereditas interim nullius fuisse videatur.

335. *l. 4. C.D. l. 4. § 2. l. 3. § 14. St. L. l. 6. O. A. l. 101. R.J. l. 27. § 1. l. 72. § 1. V.O. l. 11. C. de V.O. l. un. C. ut action. et ab haered. l. 8. V.O.*, cui obstat *l. 10. V.O.* Resp. in *l. 10.* Co in debiturum collata est.

336. unde pendente Litis Cont. eventuali licet libellum mutare. *Moller. P.1. Const.3. pag.11.*

337. seu non retrahitur, *l. 28. § ult. stip. serv. L. 12. famil. herc. l. 66. R.V. l. 1. § 4. ad Sc. Silan. l. 11. quem. serv. am. l. 11. § f. exc. rei jud.*, obst. *l. 9. § 2. qui pot. in pign.*

338. *l. 45. § 1. excus. Tut.*

339 *l. 28. § f. stip. serv. l. 54. acq. h.l. 138. l. 139. R.J.*

encore bien qu'il soit certain qu'il existera. C'est pourquoi bien que la condition soit certaine ou existe avant la date du conditionné, le droit lui sera certainement, mais n'est pas encore, c'est-à-dire en vertu de la d. 160, qu'il est postériorisé. Car selon le th. 286, un terme certain diffère l'action, un terme incertain diffère le droit, la condition suspend l'une et l'autre. Mais la date du conditionné ou bien est la même que celle de la condition, par exemple: reçois 10 seulement quand Titius commencera son consulat, ou bien est autre, et alors ou bien elle peut exister avant celle de la condition, par exemple: si Titius est consul, reçois 10 la veille*, voir à ce sujet le th. 350, ou bien elle existe nécessairement après, par exemple: reçois 10 l'année après le consulat de Titius. Alors, bien que Titius soit consul, il faut cependant attendre la date.

213. (353.) Si la condition est certaine après qu'elle a existé, elle est antériorisée jusqu'à ce moment là. En effet elle n'est pas différée plus longtemps.

214. (354.) En droit pur la date n'est pas présumée apposée au conditionné. Mais rien en droit pur n'est présumé qui ne s'ensuive des paroles prononcées. Or dans les paroles suivantes ou dans les semblables: si Titius est consul, je te donne, je te lègue 100, « Si » ne signifie rien d'autre que s'il est vrai que Titius deviendra consul (ce qui est certainement vrai dès le début, même si nous l'ignorons), alors, que cela, à savoir mon legs, soit vrai ou valide.

215. (355.) En Droit Civil[335] le terme apposé à la condition est présumé apposé au conditionné.

216. (356.) Le conditionné continué discret prend la date de la condition. Car si le conditionné est temporaire, il est calculé, en cas de doute, à partir de la date de la condition existante.

217. (357.) Le droit qui est en suspens n'a pas de date, mais est antériorisé. Afin qu'il n'ait pas l'air de n'avoir rien concerné auparavant.

218. (358.) Le conditionné ne prend pas la date de la condition passée. Il est en effet lui-même futur, par le th. 177.

219. (359.) L'acte éventuel est postériorisé, c'est-à-dire qu'il passe pour n'avoir existé que lorsque la condition a existé, ou encore, il prend la date de la condition[336]. Ceci en effet dans l'idée qu'en toute circonstance il soit considéré comme advenu après coup.

220. (360.) Le conditionné du legs prend la date de la condition[337].

221. (361.) *[de même]* La tutelle conditionnelle[338].

222. (362.) Mais l'institution[339] d'héritier est antériorisée. Afin que l'hérédité ne soit considérée comme n'ayant appartenu à personne dans l'intervalle.

223. (363.) Conventio[340] et Libertas[341]. Nam regulariter semper retrotrahi Ctum debet. Et exceptio firmat regulam in casibus non exceptis.

224. (364.) Co quae in potestatem debituri collata est, diem habet[342]. Nam qui facere potest quominus debeat, jam videtur liber esse, th. 79. Nullum igitur contra eum jus quaesitum esse intelligitur, per d. 150.

225. (365.) Existit Co negativa[343] in ultimo momento possibilitatis contrarii. Unam enim contrariarum veram esse necesse est, d. 47.

226. (366.) Si Co negativae contraria facta est impossibilis impraesentiarum, nec restituitur; statim illa defecisse, et haec ad tempus quo exemta est retrotrahi intelligitur. Eventus enim ostendit tum cum facta est impossibilis impraesentiarum, fuisse omnino impossibilem.

227. (367.) Co negativa existit vel personae Clis interitu[344]. Nam Co sit : si Titius Alexandriam non ierit. Aut : si Stichus non sit manumissus. Cum primum Titius vel Stichus mortuus est, extitit Co.

228. (368.) Aut interitu ejus rei in quam collocata est ; v.g. si gemmam non alienaverit, et gemma pereat.

229. (369.) Si plus impletum est quam in Cnem deductum est, Co extitit[345]. Nam in eo quod plus est, inest et quod minus ; *l. 120. pr. R.J.*

230. (370.) EXISTENTE CNE is qui Ultima Voluntate Honoratus est, mortis causa capit[346]. Occasione enim Testamenti capit.

231. (371.) Potior debitor est, cujus dispositio prius purificata intelligitur[347]. Debetur enim Ctum non prius quam cum purificata dispositio est. Prior autem debitor potior est.

232. (372.) Purificata Dispositione relictum transmittitur[348]. Nihil enim est quod amplius possit expectari.

340. *l. 2. f. l. 6. in d. add. l. 36. R.C. l. 2. § 4. pro emtor. l. 11. qui pot. in pign.*, unde de contractu Cli, cum extitit Co, gabella solvenda est gabellario, qui fuit, cum contractum est. *Bertachin. tr. de Gabell. P.V. I. n. 1.*

341. *l. 7. man. test.*

342. *l. 9. § 1. qui pot. in pign. l. 10. V.O.*, add. *Moller. P.1. Const.28. n. 72.* ; de sponsalibus quaerunt, an, si Co certa fit, differatur tamen matrimonium donec existat ? *Thom.* et *Bonavent.* in *Magistr. IV. sent. d. 20.* negant. Aff. *Joh. Brunel. de sponsal. Concl. 36. n. 2.*

343. *l. 103. C.D.*

344. *l. 13. St. L. l. 103. C.D.*

345. *l. 74. pr. acq. haer.*

346. *l. 8. mort.c.d. l. 30. § 7. l. 76. pr. ad L. F.* ; datum haeredi non computatur in Falcidiam, sed Trebellianicam, *l. 91. eod.*

347. *d. l. 9.* et *11. qui pot. in pign.*

348. *l. 28. C.J. l. 13. qu.d.l.c.*

223. (363.) *[de même]* La convention[340] et la liberté[341]. Car selon la règle, le conditionné doit toujours être antériorisé. Et l'exception confirme la règle dans les cas qui ne font pas partie de cette exception.

224. (364.) La condition qui dépend du pouvoir du futur débiteur existe déjà[342]. Car celui qui peut faire en sorte qu'il ne doive rien, est déjà considéré comme étant libre, th. 79. Par conséquent le droit distingué qu'on peut exercer contre lui est réputé être nul, par la d. 150.

225. (365.) La condition négative[343] existe au dernier moment de la possibilité du contraire. En effet, il est nécessaire qu'une des contraires soit vraie. d. 47.

226. (366.) Si la condition contraire à la négative est rendue impossible pour le moment présent et n'est pas rétablie ; elle est réputée avoir aussitôt fait défaut et l'autre est réputée être antériorisée jusqu'au moment où elle a été supprimée. En effet l'événement a montré qu'au moment où elle a été rendue impossible pour le moment présent, elle était absolument impossible.

227. (367.) La condition négative existe, soit par la mort[344] de la personne conditionnelle. Car que la condition soit : si Titius n'allait pas à Alexandrie, ou qu'elle soit : si Stichus n'est pas affranchi. Dès que Titius ou Stichus est mort, la condition a existé.

228. (368.) Soit par la disparition de la chose dans laquelle on l'a mise ; par exemple, « s'il n'aliénait pas une gemme », et que la gemme disparaisse.

229. (369.) Si l'on a accompli davantage qu'il n'a été introduit dans la condition, la condition a existé[345]. Car dans ce qui est plus est également compris ce qui est moins ; *loi 120. début de « de diversis regulis juris antiqui »**.

230. (370.) SI LA CONDITION EXISTE, celui qui est gratifié par dernière volonté reçoit[346] à cause de mort. Il reçoit en effet par l'intermédiaire du testament.

231. (371.) Le débiteur préférentiel est celui dont la disposition est réputée[347] purifiée la première. En effet, le conditionné n'est pas dû avant que la disposition n'ait été purifiée. Or le premier débiteur est débiteur préférentiel.

232. (372.) Une fois la disposition purifiée, ce qui est laissé est transmis[348]. Car il n'y a rien d'autre qu'on puisse encore attendre.

233. (373.) Et Legatarius est Dominus rei legatae ipso jure[349], conf. th. 307.

234. (374.) Statu Liber ipso jure fit liber[350]. Neque enim ipse sibi tradi potest.

235. (375.) Et debitor sciens est in mora[351], etsi non interpelletur. Satis enim diuturna dilatio ei concessa est.

FINIS

349. *l. 80. L. 2.*, potest vindicare, *l. 81. § 5. 6. L. 1.*, add. *l. 3. § 3. C. com. de leg. l. 15. reb. d.*, quia tum dies testamento relicti cedit, *l. 8. § 8. C.J. l. 28. C.J. l. un. § 7. Cad. toll.*

350. arg. *l. 3. l. 9. serv. export.*, obtingit *l. 49. C.D.*, non tamen cogitur haeres ad adeundum, *l. 13. C.J. l. 1. § 1. Cond. caus. dat. l. 67. § 1. acq. h.*

351. arg. *l. 18.* ubi *DD. de usur. l. 12. C. contr. stip.*

233. (373.) Et le légataire est en vertu même du droit[349], le propriétaire de la chose léguée, se reporter au th. 307.

234. (374.) Le *statuliber* devient libre[350] en vertu même du droit. En effet, il ne peut pas être remis à lui-même.

235. (375.) Et le débiteur se sachant tel est en demeure[351], même s'il n'est pas sommé de s'acquitter. En effet, un délai suffisamment long lui a été accordé.

FIN

NOTES DE L'AVERTISSEMENT

* [Leibniz met à juste titre ce terme au pluriel dans l'avertissement de la *Doctrina Conditionum*].

1. **Philibertus Brusselius:** ***Tractatus de Conditionibus libri quattuor.*** [Louvain, 1560].

2. **Galganetti L:** ***De Conditionibus et demonstrationibus, modo, causa et poena tractatus.*** [Venise, 1609].

3. **Duran P:** ***Tractatus de Conditionibus et modis impossibilibus ac jure prohibitis contractibus et testamentis adscriptis.*** [Lyon, 1639].

4. **Hilliger O:** ***Disputatio solemnis de Conditionibus, praeside Ph. Lochmanno.*** [Iena, 1618].

5. **Lochmann P:** ***Disputatio solemnis de Conditionibus quam... sub praesidio... Oswald Hilligeri... disquisitioni subjicit Philippus Lochmannus... ad diem 30 maji.*** [Iena, 1618].

6. **Bechstedt J:** ***De Conditionibus sponsaliorum.*** [Coburg, 1628].

7. **Hoppers J:** ***Seduardus, sive de vera jurisprudentia libri XII.*** [Braunschweig, 1656].

8. **Gribaldi M. :** ***De methodo ac ratione studendi in jure civili libri III.*** [Köln, 1553].

9. **Favre A:** ***Jurisprudentiae Papinianeae scientia ad ordinem Institutionum imperialum efformata.*** [Lyon, 1607].

10. **Felden J von:** ***Elementa juris universi et in specie publici Justinianei.*** [Franckfurt und Leipzig. 1664].

NOTES FRANÇAISES DU *DE CONDITIONIBUS*

1. **Il est question des conditions dans tous les titres du Digeste**: ***Des institutions sous conditions*** **(C. J)** [D.28.7], ***Des conditions et désignations et de leurs causes et modes qui sont inscrits dans les testaments*** **(C. D)** [D.35.1], ***Du statuliber*** [D.40.7]; **du Codex: *Des institutions et substitutions ou restitutions faites sous condition*** [C.6.25. Il en est de même dans celui] **des Décrétales Extravagantes: *Des conditions apposées.*** [Extra.4.5].

2. [Elle] **est définie** [comme étant] **« le mode » par Cujas: *Paratitla in libros quinquaginta Digestorum seu Pandectarum Imperatoris Justiniani.*** [Köln, 1570]: [voir en particulier son commentaire de D.35.1: *« Le mode est semblable à la condition et cela de telle sorte que souvent dans ce livre, le mode signifie la condition et la condition, le mode, et parfois ce qui a l'allure d'un mode doit être tenu pour une condition de par l'intention du défunt ».*]; **« la cause » par Hermann Vultejus*: Jurisprudentiae Romanae a Justiniano compositae libri II.*** [Marburg, 1594], ***1.7*; « la privation de pureté » après Antoine Favre, par Georg Frantske: *Commentarius in difficilem et intricatam Legem Gallus Aquilius.*** [Iena, 1624], ***11.4.11*; « la qualité », par Wilhelm Ludwell: *Commentarii in IV libros Institutionum Justiniani.*** [Altorf, 1656]: [voir son commentaire des] ***Institutes 2.14 § 9***: *[« Un héritier peut être institué purement et sous condition, mais il ne peut pas l'être jusqu'à un certain moment... »]*; **« l'ajout » par François Duaren*: Omnia quae quidem hactenus extant opera, nunc demum plurimis in Digesta seu Pandectas et Codicem commentariis.*** [Lyon, 1579] [voir dans II.7.2 son commentaire de la] **loi 1 de D.28.7**: [*« La condition est l'ajout par lequel le legs ou l'institution d'héritier sont suspendus à un événement futur »*], **bien voir l'argument du th. 16 et les def.77. 80** [la pureté (def. 80, th. 16), la conditionnalité (def. 77), ou la nullité d'une disposition (th. 16), dépendent de l'ajout ou de la suppression d'une condition].

3. **Je la dérive du fait de fonder** *[condere]*, **c'est-à-dire en même temps à partir du fait de donner, d'ajouter. Comme reddition vient du fait de rendre** *[reddere]*. [Voir] **de Sénèque: *Consolation à Helvia, n.5*: *« nous sommes crées par une bonne condition »*.** [En réalité Sénèque dit: *Bona condicione geniti sumus, si eam non deseruerimus*, ce que R. Waltz traduit par *nous sommes tous nés pour le bonheur si nous ne sortons point de notre état.* (coll. Budé)]. **Les *Pandectes Florentines* écrivent: Condicio.**

4. **celle-ci est plutôt une qualité, que la condition elle-même.**

5. **voir les théorèmes 96, 97** [qui définissent la connexion à partir de propriétés logiques et juridiques dont la convergence est analogique. En effet, la connexion a valeur logique de conjonction (th. 96), car des conditions conjointes imposées dans une disposi-

tion, forment un tout indivis dont la réalisation partielle n'attribue pas le droit distingué. Il en est de même en matière d'obligation corréale et de droit de représentation. Car dans le premier cas, une réunion de créanciers (débiteurs), où tantôt un représente plusieurs, tantôt plusieurs représentent un, est solidairement créancière (débitrice) et forme un tout indivis dont la valeur logique est celle d'une conjonction puisque la solidarité y est parfaite et que le bénéfice ou l'action de l'un profite à tous. Et dans le second cas (représentation *d'alieni juris* par un *sui juris*, ou de sociétaires par un mandataire), la communauté où tous agissent par le biais d'un seul et au bénéfice de tous, relie conjonctivement les membres et répartit les bénéfices ou les charges, au prorata de chacun].

6. **et le th. 198.** [Par conséquent les conditions de deux connexes sont identiques. En effet, si A est requis pour B et si B l'est pour A, A et B sont connexes (def. 6). Mais alors la condition du requis A est condition du requérant B et celle du requérant A est condition du requis B (th. 198)].

7. [Leibniz utilise ici la nuance qu'introduisent les termes *pendere* et *suspendere*. Comme les lois citées en référence utilisent les deux termes de manière relativement indifférenciée, on conviendra de traduire *pendere ante eventum* par *être en suspens avant l'événement*, et *suspendi ante eventum* par *être suspendu avant l'événement*].

La condition est dite être suspendue, voir note de la def. 37 [qui énumère les cas où les lois romaines utilisent soit *pendere*, soit *suspendere*, pour désigner l'état de la condition avant son événement]. **Le conditionné ou la disposition** [le sont également en] ***D.40.4.13 § 1:*** [erreur de référence ? seule l'idée de suspension est exprimée.], ***D.40.4.44:*** *«... ni le contexte des expressions, ni l'intention de la testatrice, est que la liberté soit suspendue à une condition lorsqu'elle a voulu qu'ils se rendent sur sa tombe. »*, ***D.12.1.8:*** *« la donation mutuelle est parfois suspendue au fait d'être confirmée après coup... »*, ***D.12.1.37:*** *« Lorsque la condition est rapportée au temps présent, la stipulation n'est pas suspendue... »*, ***D.35.1. début de 79:*** *« Que mon héritier donne 100 à Titius lorsqu'il mourra ». Le legs est pur car il n'est pas suspendu à une condition mais à un délai... ».* [Ils sont dits] **être en suspens en *D.12.6.60 § 1:*** *« Mais lorsque quelqu'un a promis ce qu'il doit purement et simplement, sous condition et avec l'intention de nover, certains estiment qu'il peut réclamer ce qui est payé alors que la novation est en suspens* [pendente novatione] *parce qu'il est encore incertain de savoir en vertu de quelle obligation il paye ».* **Voir le th. 9** [qui traite de la fonction suspensive de la condition de droit].

8. **Les juristes au contraire appellent celle-là l'intrinsèque, à savoir** [qui provient] **de la chose,** [et ils appellent] **extrinsèque celle qui provient de la disposition. *Antonius Negusantius: Tractatus perutilis de pignoribus et hypothecis,*** [Lyon, 1540], ***V.3.2.11***.

9. ***D.36.2.6 § 1:*** *« Si un legs est suspendu à quelque chose d'extrinsèque et non en vertu du testament, nous pouvons dire que le legs se transmet à l'héritier du légataire, même si ce dernier décède avant la réalisation de l'événement suspensif; comme par exemple si un mari lègue un bien dotal à un étranger et quelque argent en matière de dot à sa femme, et que le légataire décède ensuite alors que la femme est en train de choisir pour sa dot entre le bien et l'argent et qu'elle choisisse le legs, on dit que le legs passe à l'héritier du légataire. Et Julianus répondit à ce propos qu'on estime que ce qui est ajouté au legs est plus un retard qu'une condition. »*

10. ***D.35.1 début de 73:*** *« Il arrive parfois qu'une stipulation pure reçoive un retard qui procède de la chose même, comme par exemple si l'on stipule ce qui est encore dans le sein maternel, ou des fruits futurs, ou une maison qui sera construite plus tard. »*

[La conditionnalité peut également résulter du droit et non de la chose même, et l'on dira dans ce cas que la condition est] ***de droit, D.35.1.21 :*** *(« Il importe beaucoup de savoir si la condition est de fait ou de droit »... « Mais dans celles qui sont de droit, on n'exige rien d'autre que le fait qu'elles soient remplies. Ainsi par exemple si quelqu'un estime qu'il est fils de famille alors qu'il est père de famille, il pourra faire adition d'hérédité »).*

[Enfin, la conditionnalité de l'extrinsèque peut s'ensuivre] ***de son propre fait, D35.1 début de 1 :*** *« A propos des legs qui sont laissés, il est mentionné soit un terme incertain, soit une condition et si rien n'est dit à leur sujet, ils sont actuels, à moins qu'une condition n'y soit comprise de son propre fait. »* [nisi si vi ipsa condicio insit].

11 **Celle-là** [rend la disposition] **pure, th. 329.** [Ainsi, la condition : « qu'il hérite de telle chose si elle existe », est nécessaire au conditionné puisqu'elle le suspend par la nature même de la chose. Elle est donc tenue pour non ajoutée et la disposition est considérée comme pure en vertu du th. 329].

12. **Celle-ci rend la disposition nulle, th. 143, en effet tout ce qui est nécessaire par soi, est tenu pour non ajouté dans la disposition.** [Tel serait le cas des propositions du type : « qu'il soit mon héritier s'il affranchit mon esclave », « qu'il soit mon héritier s'il est libre », où le conditionné serait nécessaire à la condition et rendrait la disposition inopérante si la bienveillance du Préteur n'atténuait pas les rigueurs du droit strict].

13. **Comme par exemple : donner, faire, *D.35.1 début de 60 :*** *« les conditions consistant dans un fait sont variées et admettent une sorte de division tripartite : de donner, de faire et qu'il arrive, ou au contraire, de ne pas donner, de ne pas faire et qu'il n'arrive pas. »*

14. **Comme par exemple : « à Titius, à Séjus, dix », voir la def. 31 à propos de la condition fausse** [qui prend le sens d'une proposition dont aucune circonstance n'est possible]**, et la def. 17** [où la condition indéfinie a le sens d'une proposition dont quelque circonstance n'est pas définie].

15. [Les textes cités portent en fait sur les conditions négative, positive ou négative et enfin, positive] : ***D.35.1.22 :*** *« Chaque fois que quelque chose est légué à une femme sous la condition « si elle ne se marie pas » et qu'on lui impose le fidéicommis de restituer à Titius si elle se marie, on admet qu'elle peut réclamer le legs et qu'elle n'est pas contrainte d'accomplir le fidéicommis. »*, ***Inst.3.15 § 4 :*** *« Une stipulation est sous condition lorsque l'obligation est différée jusqu'à quelque événement de telle sorte que si quelque chose est ou n'est pas, la stipulation est exécutoire. »*, ***D.45.1.7 :*** *« Lorsqu'une condition impossible consiste dans le fait de réaliser positivement quelque chose, elle est incompatible avec les stipulations. »*

16. **voir les th. 24, 6, 277, 314, 365.** [et leurs notes respectives où sont examinées les propriétés et les conséquences de l'introduction d'une condition négative dans une disposition conditionnelle, et où l'on considère la solution apportée par le versement de la caution Muciana au défaut d'une condition qui retarde l'obtention de la gratification jusqu'au moment de la mort du conditionnaire.]

17. ***D.35.1.91 :*** *« La nature des conditions qui se réfèrent au futur est triple, en ce que certaines renvoient au temps où le testateur est en vie, certaines à celui où il est mort, certaines aux deux, mais le temps est entendu, soit comme certain, soit comme indéfini ».*

18. **ne commençant pas ce qui est introduit.**

19. **La cause est dans le passé, la peine dans le futur,** ***D.35.1.12:*** *« S'il est légué ainsi : « puisque mon fils aîné a prélevé 10 dans mon coffre, que mon fils puîné héritier prenne 10 dans l'héritage », le legs est dû car il est laissé pour que la situation des fils soit égale, et ceci est certainement une cause, car la cause est rapportée au passé, la peine au futur. »,* ***D.34.6.2:*** *« La volonté du testateur sépare la peine de la condition... »* [bien que toutes deux concernent le futur].

La désignation porte habituellement sur le passé, la condition sur le futur, ***D.35.1.34.1:*** *« Entre la désignation et la condition il y a cette différence que la désignation montre une chose parfaitement réalisée, la condition, une future. »),* ***D.30.6 § 1*** [erreur de référence, pas de § 1 ; il s'agit de D.30.6] **:** *« Que mon héritier reçoive Stichus qui m'appartiendra lorsque je mourrai » : il apparaît que le pater familias a plus voulu introduire une condition dans le legs, que désigner, car si cette expression avait été introduite pour désigner, elle aurait été formulée ainsi : « Stichus qui m'appartient » et non « qui m'appartiendra »,*

mais de même que la désignation peut se référer au futur, ***D.34.2.34:*** *« Si un pater familias lègue à sa femme tout l'or qu'il a donné à travailler à un bijoutier, ou qu'on lui doit, le legs n'est pas dû à la femme si le bijoutier ne lui a rien rendu » ... « car il a seulement légué ce qu'il avait réellement et non ce qu'il détenait potentiellement »),* **voir la note du th. 192** [qui montre l'identité partielle de la désignation et de la condition portant sur des circonstances incertaines], **la condition peut aussi se référer au passé, th. 194** [quand elle représente une cause instituante], ***D.28.3.16:*** *« Il importe beaucoup de savoir quelle type de condition a été énoncé, car elle a été conçue comme reposant soit dans le passé, soit dans le présent, soit dans le futur. Celle qui est conçue comme reposant dans le passé est semblable à : "si Titius a été consul...". »,* ***D.45.1.122 § 4:*** *« Agerius, fils de famille, promit par stipulation de donner à l'esclave de Publius Aevius, autant que son père aurait reconnu devoir à Publius Maevius. On demande s'il a une dette et de quelle nature, si le père est mort avant d'avoir reconnu devoir quelque chose » ... « On répond que si la condition n'a pas existé, la stipulation n'est pas exécutoire. »,* ***D.40.4.51 § 1:*** *« Que ceux de mes esclaves qui furent sans faute, soient libres »* **; argument de *Paul* dans *D.5.1.28*** [erreur de référence ? pas de rapport apparent au problème]. **Car même les propositions concernant le futur sont à coup sûr vraies ou fausses, voir le th. 241** [« Car bien que la condition soit future, la vérité ou la fausseté des événements futurs est elle-même certaine »].

S'y opposent : ***Inst.3.15 § 6:*** *« Les conditions qui se réfèrent au passé ou au présent, ou bien infirment immédiatement l'obligation, ou bien ne retardent rien du tout, comme par exemple : "si Titius a été consul" ou encore "si Maevius vit, promets-tu de donner ?" ; car si elles ne sont pas comme ces dernières, la stipulation ne vaut rien, si au contraire elles sont comme elles, la stipulation vaut immédiatement ; en effet, celles qui sont certaines en vertu de la nature des choses ne retardent pas l'obligation, même si elles sont incertaines à nos yeux. »,* ***C.6.61.3 § 13:*** [erreur de référence, pas de § 13], ***D.12.1.37:*** *« Lorsque la condition est rapportée au temps présent, la stipulation n'est pas suspendue... »,* ***39*** [une proposition] *« possède la puissance d'une condition quand elle est rapportée au futur. »,* ***D.28.7.10 § 1:*** *« ... la condition qui se réfère au passé ou au présent, est nulle, comme par exemple : si le Roi des Parthes vit, "si un navire est au port". »,* ***D.35.1.34.1:*** *« Entre la désignation et la condition il y a cette différence que la désignation montre une chose parfaitement réalisée, la condition, une future. »,* ***D.35.1.37, D.28.5.69:*** [erreurs de référence, pas de rapport au problème], ***D.45.1.100:*** *« La condition qui se réfère au passé ou la condition qui se réfère au présent, ou bien efface immédiate-*

ment l'obligation, ou bien ne retarde rien du tout »), ***D.45.1.120*** **:** *« ... et on n'admet pas de considérer comme une condition, une expression qui se réfère au temps présent et non au futur ».*

Réponse : les jurisconsultes nient qu'une condition puisse se référer au passé, car alors cette [disposition qui la contient] **devient extrêmement proche d'une pure du fait que le droit se transmet à partir d'elle (car la condition elle-même ne retarde rien, *D.45.1.100*) et qu'il est antériorisé, th. 357, ajouter la *loi 16* déjà citée** [D28.3.16].

20. **Bien** [qu'on le dise] **inexactement, *D.40.7.4 § 5* :** *« Que Stichus soit libre s'il sert mon héritier pendant un an ». On demande de quelle manière "un an" doit être compris, à savoir soit dans le sens de 365 jours en continu, soit dans le sens de jours choisis par commodité. Et Pomponius écrit qu'on doit plutôt comprendre de la première façon mais que si un empêchement quelconque affectant certains jours pour fait de maladie ou en raison de quelque juste cause, empêche de servir, ces jours doivent être décomptés dans l'année ; en effet on considère que nous servent, même ceux que nous soignons quand ils sont malades, quand ils sont désireux de le faire et qu'ils en sont empêchés du fait de maladie. »*

21. **Par exemple : *« si un navire vient, que Titius soit héritier; si cette institution est valide, que Séjus soit héritier »*. Dans ce cas, la condition elle-même est conditionnelle**.

22. [Dans les notes 22 et 23, Leibniz aborde le procédé juridique de la substitution qui permet à un testateur de ne pas mourir intestat en palliant au prédécès de l'héritier désigné, par l'institution d'un substitué. Il distingue la substitution simple qu'il appelle disjonctive (un seul substitué pour un seul institué), de la substitution complexe qu'il appelle conjonctive (un ou plusieurs substitués pour un ou plusieurs institués), parce que la première est de la forme : *que A soit, si A n'est pas que B soit*, tandis que la seconde est de la forme : *que A et B soient, si A et B ne sont pas, que C soit* (ou *que C et D soient*)]. **Par exemple la substitution continuée ou double (*D.28.6.1 § 1* :** *« La substitution d'héritier est soit simple, comme par exemple : « que Lucius Titius soit héritier : si Lucius Titius n'est pas mon héritier, que Sejus soit alors mon héritier ; soit double* [comme par exemple] *« s'il n'est pas mon héritier ou s'il l'est mais décède avant la puberté, que Gaius Sejus soit alors mon héritier. »*), **telle que *D.28.2.3 § 5* :** *« Mauricianus pense avec raison qu'une exhérédation mélangeant deux degrés et semblable à la suivante, est valide : « que le premier soit héritier de la moitié, si le premier n'est pas héritier, que le second soit héritier de la moitié. Que le troisième soit héritier de l'autre moitié. Que mon fils soit déshérité. Si le troisième n'est pas héritier, que le quatrième soit héritier ». Car le fils est exclu à chaque degré. »* ; ***D.28.6.31 § 1*** **:** *«... Si mon fils Lucius décède impubère et que mon fils Gaius ne soit pas mon héritier, alors que Sejus soit héritier. »*

23. **Par exemple : *« que Titius soit héritier, s'il ne l'est pas, que Séjus soit héritier »* ; voir la démonstration du th. 337** [à propos des rapports entre condition disjonctive pourvue d'un ordre et stipulation de peine].

24. **Dans *De verbis geminatis*** [in *Tractatus universi juris, duce et auspice Gregorio XIII*. Venise, 1584, t.18], ***note 8*, Antonio Corsetti appelle la conjointe, l'Unissante**.

25. **voir le th. 332,** [qui applique cette définition à la condition extrinsèque].

26. **th. 144.** [L'impossibilité de la condition en droit pur, entraîne l'invalidité de la disposition].

27. **Son espèce est la fausse strictement dite,** ***D.35.1.72 § 7:*** *« Cassius et Caelius Sabinus disent que la condition fausse est impossible, comme par exemple : « que Pamphile soit libre s'il paye à Titius ce qu'il lui doit », alors que rien n'est dû d'aucune façon à Titius. »*, **lorsque quelque circonstance n'existe pas, voir** ***D.30.104 § 1:*** *« Je donne 100 à Lucius Titius s'il transmet à mon héritier les documents testamentaires où je promets de l'argent à ce dernier ». Titius meurt ensuite avant que le testament concernant l'héritier soit rédigé. On demande si le legs est dû à son propre héritier » ... « Julianus note que s'il n'existe aucune tablette testamentaire au moment de la rédaction du testament, on peut dire avec raison que le legs est dû à Titius car une condition ἀδύνατος, autrement dit, impossible, est tenue pour non écrite, »*, ***D.35.1.6 § 1:*** *« ... Sabinus et Cassius estiment que ces conditions écrites dans un testament et ayant valeur d'impossibles, doivent être tenues pour non écrites. »*, ***D.35.1.45:*** [erreur de référence ? Il s'agit d'une condition de compensation réalisée fictivement et non d'une condition fausse], ***D.40.5.41. § 16:*** [exemple d'une condition visant à l'affranchissement d'une esclave et subordonnée à la gestion des affaires d'une héritière mineure qui décède et qui est remplacée par un substitué. La bonne volonté de l'esclave suffit pour l'affranchissement bien que la condition soit devenue impossible.], ***D.40.7.26 § 1:*** *« L'esclave qui reçoit l'ordre de devenir libre après avoir rendu les comptes de gestion, devient malgré tout libre bien qu'il n'administre rien. »*

28. **elle est en réalité possible,** ***D.35.1.58:*** *« Si un legs est fait à une servante qui dépend d'un maître, « lorsqu'elle se mariera », Proculus dit que le legs est utile car elle peut se marier une fois affranchie. »*, ***D.35.1.59:*** *« Un legs tombe si la personne à qui le legs est fait sous condition, meurt. Mais que se passe-t-il si elle ne meurt pas, mais perd la citoyenneté, comme par exemple si un legs est fait à quelqu'un "s'il devient consul" et qu'il soit déporté sur une île. N'est il pas vrai que le legs ne s'éteint pas du fait qu'il peut obtenir à nouveau la citoyenneté ? C'est ce que je juge plus probable. »*, ***D.35.1.104:*** *« Celui qui a été déporté après l'ouverture du testament et qui a retrouvé ensuite la citoyenneté, peut réclamer le fidéicommis dont la condition a existé après qu'il a obtenu à nouveau la citoyenneté romaine. »*, **ajouter cependant le th. 365** [qui ajoute la condition négative au nombre des conditions impossibles pour le moment].

29. **voir** ***D.35.1.31:*** *« ... lorsqu'un legs fait à une partie est constitué ainsi : "que mon héritier donne 100 à Titius s'il épouse Séja", si par hasard Séja décède, on comprend que la condition a fait défaut, et si lui-même décède, il ne transmet rien à son propre héritier car on considère que la condition fait défaut en raison de sa mort ; et si tous les deux vivent et qu'il n'accepte pas d'épouser la femme, il n'obtient par le legs car la condition fait défaut par sa faute, mais si c'est la femme qui ne veut pas se marier alors qu'il est disposé à le faire, le legs lui est dû. »*

30. Elle est dite en suspens dans les lois suivantes] : ***D.12.6.16.1:*** *« Ce qui est dû sous condition et qui est payé par erreur alors que la condition est en suspens, peut être réclamé, mais si la condition existe, il ne peut pas être réclamé. »*, ***D.12.1.36:*** *« ... Mais tant que la condition est en suspens, je ne peux pas réclamer cette même somme car on considère que je réclame avant le terme puisqu'il n'est pas certain que quelque chose soit dû en vertu de cette stipulation. »*, ***D.7.1 début de 34:*** *« ... si un usufruit m'est légué sous condition et si j'en reçois dans l'intervalle la propriété des mains de l'héritier mais que je l'aliène alors que la condition est en suspens, je suis quand même autorisé à posséder le legs. »*, ***D.28.5.38 § 2:*** *« Si quelqu'un institue un esclave héritier, purement et simplement et l'affranchit conditionnellement, puis le vend alors que la condition est en suspens, l'esclave peut faire adition d'hérédité sur l'ordre de l'acheteur. »*, ***D.36.2.8:*** *« Mais comme*

l'esclave ne reçoit pas la liberté avant d'avoir fait adition d'hérédité, on considère très équitablement que le dies cedens *du legs ne tombe pas avant, car autrement le legs serait inutile si sa date arrivait avant qu'il reçoive la liberté ; ce qui arrive quand on lègue purement et simplement à l'esclave et qu'il reçoit l'ordre d'être libre sous condition, et que la condition est encore en suspens après l'adition d'hérédité. »*, ***D.42.4.14.1 :*** *« Mais si celui qui détient un legs afin de le conserver en bon état, n'est pas autorisé à le détenir si la condition du legs est en suspens parce qu'il est possible qu'elle fasse défaut, on doit cependant estimer ce qui est légué parce qu'il importe d'en donner garantie. »* ;

mais [on dit également qu'elle] ***est suspendue*** [dans les lois] ***D.35.1.72 § 4 :*** *« "Si Séja se marie conformément au jugement de Titius, que mon héritier lui donne un fonds". On doit répondre qu'elle peut recevoir le legs en se mariant du vivant de Titius et indépendamment de son jugement, et l'on considère que ce jugement est prononcé afin qu'il n'y ait aucun empêchement aux mariages. Mais si Titius décède du vivant du testateur, la femme aura le bénéfice du fonds alors que la condition fait défaut, car bien que la condition soit suspendue, on la tient pour nulle. »*, ***D.10.2.34 :*** *« On convient que les esclaves dont la valeur a été estimée entre les cohéritiers au moment du partage, ont été évalués avec l'intention de les répartir et non avec celle de les acheter, c'est pourquoi ceux qui sont morts alors que la condition est suspendue, disparaissent aussi bien pour l'héritier que pour le fidéicommissaire. »* ; **ajouter la *def. 8*** [qui définit la suspension].

31. ***D.12.1.38 :*** *« En effet on doit se demander, dans la mesure où c'est humainement possible, si l'on peut savoir que la condition sera due. »*

32. ***D.28.5.6 :*** *« Mais si un terme est ajouté à la condition comme par exemple : "s'il monte au Capitole avant trente jours"... »*, ***D.28.7.6 :*** *« Si quelqu'un est institué héritier s'il construit une tombe dans les trois premiers jours qui suivent la mort du testateur... »* ; ***D.18.12.1 :*** *« L'achat à terme* [addictio in diem] *a la forme suivante : que ce fonds te soit acquis pour 100, à moins qu'une meilleure offre ne soit faite avant les prochaines Calendes de Janvier... »* ; **voir les th. 84 et suivants** [qui traitent des relations entre condition temporelle et mise en demeure].

33. **Pris en ce sens, il est tenu pour achevé.**

34. **Maître Heinrich Hahn :** ***Observata theoretico-practica ad M. Wesembecii in 50 libros Digestorum commentarios et in hos editas R. Bachovii notas et animadversiones.*** [Helmstedt, 1650]. [Voir la] ***note 3*** [de son commentaire de] ***D35.1***.

35. ***D.28.5 début de 86 :*** *« Mais on ne peut pas douter que l'on peut instituer ses propres héritiers sous une condition comme : « s'ils le veulent, qu'ils soient héritiers » et s'ils ne sont pas héritiers, un autre, bien défini, leur est substitué ; et on nie qu'en pareil cas il soit nécessaire de déshériter le fils sous la condition contraire... »*, ***D.45.1.8*** [il s'agit en fait du § 1] : *« Lorsqu'un legs est fait à Titius et à Maevius sous des conditions contraires, chacun se garantit, car chacun espère le legs en vertu de la volonté du défunt. »*, ***D.50.17.121 :*** *« Celui qui ne fait pas ce qu'il doit faire, est considéré comme faisant contre, parce qu'il ne fait pas : et celui qui fait ce qu'il ne doit pas faire, n'est pas considéré comme faisant ce qu'il lui est ordonné de faire. »*, **que les scolastiques appelle *contradictoire*. Cependant *D.34.5.13 § 3* est conçu à leur manière :** *« La différence entre le fait que l'on conçoive une stipulation ainsi : « si ceci ou cela n'est pas fait », ou de cette manière : « si l'un de ceux qui doivent être faits, n'est pas fait », est que s'il est vrai que l'un ou l'autre est fait à chaque fois qu'il est vrai que l'un d'eux est fait, il n'est pas vrai pour autant*

que celui-ci ou celui-là ne soit pas fait. Car des termes peuvent être vrais en même temps bien qu'ils soient contraires l'un de l'autre, car du fait que la signification est obtenue à partir de quelques termes et non de tous, si l'un d'eux est vrai, alors toute la proposition devient vraie ; tout comme inversement, deux expressions s'opposant entre elles peuvent être fausses en même temps, comme par exemple si certains des enfants mouraient pubères et certains autres, impubères. En effet, dire que tous meurent impubères serait faux et dire que tous meurent pubères serait également faux. Ceci se produit parce que la signification est obtenue à partir de tous les termes et dans ce cas l'expression devient fausse si quelque terme est faux. Par conséquent on devra prendre garde à ce qui est et à ce qu'on recherche. Car lorsqu'on dit ainsi : « si ceci ou cela n'est pas », on doit chercher si quelque terme n'est pas réalisé ; le sens de la première expression est dans ce cas qu'aucun des deux ne soit, et celui de la seconde est que tous les deux soient réalisés, et dans le premier cas, il n'importe pas qu'un terme ne soit pas réalisé si quelque autre terme est réalisé, tandis que dans le second, il n'importe pas que quelque terme soit réalisé, si quelque autre ne l'est pas. »

* [Confère ligne 12: Le décompte saute de 47 à 49 (note de l'Edition de l'Académie).]

36. **La désignée,** ***D.28.6.41 § 3 :*** [erreur de référence ? Pas de rapport apparent à la notion de *désignée*. Les exemples qu'utilise ailleurs Leibniz pour illustrer la notion de désignative auront la forme classique de la disposition énoncée en D34.5.11 : *« que celui de mes neveux qui montera le premier au Capitole reçoive 100 »*, où le terme, c'est-à-dire la désignation du conditionnaire, est le même dans la condition que dans le conditionné] ; **voir le th. 192** [qui montre que la désignative a une double incertitude : celle propre à la seule indication générique de la personne du conditionnaire, et celle qui accompagne toute condition].

37. **Par exemple :** ***si tu es héritier, sois héritier.*** **Ainsi les Allemands disent :** ***« attends avant de t'en aller »,*** **c'est-à-dire :** ***« va-t-en seulement quand tu t'en iras ».***

Si tu restes dans la société de mes biens », D.28.7.4 : *« Si certains sont institués ainsi : "qu'ils soient héritiers s'ils restent dans la société de mes biens pendant seize ans", Marcellus dit que l'institution est inutile de par la signification des termes »* [car ainsi que le rappelle Girard p. 611, il faut être héritier pour faire partie de la société « universelle de tous biens présents et à venir » d'un testateur, puisque cette société est un « consortium entre enfants du même père restés volontairement dans l'indivision après sa mort »]*; « mais Julianus déclare que l'institution vaut parce que la société est constituée en quelque sorte pour une chose future, avant l'adition d'hérédité »,* ***si tu affranchis l'esclave héréditaire, D.28.7.20 § 1 :*** *« Si quelqu'un reçoit l'ordre d'affranchir l'esclave héréditaire et de devenir ensuite héritier, il devient héritier bien que son action soit invalide s'il l'affranchit. »,* **(qui supposent que tu sois héritier),** ***sois héritier.***

Si tu réclames ce qui est donné **(or tu ne peux réclamer en justice avant que tu aies),** ***D.35.1.85 :*** *« A titre de fidéicommis, Titia demanda à son fils institué héritier et qui avait des enfants, de restituer toute l'hérédité à ses fils ou à leurs enfants, lorsqu'ils le réclameraient » ... « Je demande si ces termes « lorsqu'ils te le réclameront » sont considérés comme une condition apposée au fidéicommis. Il répond que non. »,* ***D.45.1.48 :*** *« Si je stipule que 10 seront donnés « lorsque je le réclamerai », la stipulation contient plus une sorte d'incitation à rendre très rapidement et sans retard, qu'une condition ; et par conséquent même si je décède avant de réclamer, on ne considère pas que la condition fasse défaut. »* [Dans ces deux lois, la réclamation en justice porte sur un bien qu'on possède déjà et non sur un bien dont la possession serait subordonnée à cette réclamation. La réclamation n'est donc pas une condition créatrice de droit et le conditionné est bien identique à la condition.]

En droit pur une telle condition est nulle, mais en vertu de l'équité, elle devient un mode en *D.28.7.4.* [En effet, si l'institution conditionnelle « *qu'ils soient héritiers s'ils restent dans la société universelle de mes biens* » est nulle en droit pur lorsqu'on admet la contemporanéité de l'adition d'hérédité et de la constitution du consortium des héritiers, elle cessera de l'être dès qu'on distinguera fictivement ces deux moments et qu'on reliera ainsi deux termes qui se succéderont. D'autre part, l'équité transformera la condition (*s'ils restent dans la société de mes biens*), en mode (*pour qu'ils restent dans la société de mes biens*) afin de privilégier la motivation sur la sanction],

un acte éventuel en *D.28.7.20*, voir le th. 210 [qui traite de ce type d'acte éventuel imposé à l'héritier à titre de condition];

le terme « *de réclamer* » est expliqué de manière très complète en *D.35.1.85*.

38. ***D.28.7.16*** : « *Si Titius est héritier, que Séjus soit héritier, si Séjus est héritier, que Titius soit héritier* »). **La *substitution mutuelle*, *D.28.6.4 § 2*** : « *Si un enfant pubère et un autre, impubère, sont substitués entre eux par une expression commune aux deux telle que : « je les substitue entre eux... »*, ***D.28.6.41 § 1*** : « *Avec les termes « je les substitue entre eux », la part de l'héritier qui ne fait pas adition d'hérédité est accordée aux héritiers institués, à proportion de la part qu'ils acquièrent pour eux-mêmes ou pour d'autres.* », **n'est pas concernée ici, car les substitués sont institués en même temps purement et simplement.** [En effet dans sa forme canonique, la substitution mutuelle est composée d'une double institution pure : *que A soit héritier*, *que B soit héritier*, et d'une double substitution conditionnelle : *si A n'est pas héritier, que B le soit*, *si B n'est pas héritier, que A le soit.* La circularité de D.28.6.4 § 2 est donc évitée par l'institution initiale d'héritiers inconditionnels.]

39. ***D.28.7.16*** [cf. ci-dessus], [voir] **def. 53, def. 54** [qui interviennent dans la définition de la condition perplexe]. **Si quelqu'un est substitué à lui-même : « si tu n'as pas, aie », D.28.6.10 § 7** : « *Personne n'obtient quelque chose quand il est institué et substitué à lui-même sans transformation de la raison de l'institution* » ... « *Si quelqu'un... est substitué à lui-même ainsi : "si Stichus n'est pas héritier, qu'il soit libre et héritier", l'institution ne vaut pas...* », **(voir cependant *D.28.6.48 § 1*** : « *Que Titius soit héritier. Je donne et lègue Stichus à Maevius ; Que Stichus soit héritier. Si Stichus n'est pas héritier, que Stichus soit libre et héritier* ». *On doit se demander en premier lieu dans ce genre de question, s'il y a un ou deux degrés et si la raison de l'institution est modifiée ou si elle reste la même. Et l'on demande si quelqu'un peut être substitué à lui-même et l'on répond que quelqu'un peut être substitué à lui-même quand la raison de l'institution est changée. Par conséquent si Titius est institué héritier et si le même Titius est institué héritier s'il n'est pas héritier, la substitution ne vaudra pas. Mais si quelqu'un est institué sous condition et substitué purement et simplement à lui-même, la raison est modifiée parce que la condition de l'institution peut faire défaut, et la substitution peut être valide...* » [Le terme *Cependant* n'a pas ici le sens d'une opposition radicale, mais d'une confirmation de D28.6.10 § 7 puisque les deux lois s'accordent sur le point suivant : l'institution d'une personne suivie d'une substitution de cette personne à elle-même, est valide et ne constitue pas une proposition véritablement perplexe, quand certaines circonstances rendent les deux dispositions à ce point différentes que l'une n'est pas la simple négation de l'autre.],

[voir également la loi] ***D.35.2.88*** : « *Quelqu'un qui avait quatre cents pièces d'or, légua trois cents pièces, puis te légua 100 pièces d'or sous la condition suivante : si la loi Falcidia* » [qui limite les possibilités de legs afin de préserver les droits de l'héritier] « *ne* *s'appliquait pas à son testament. On demande ce qu'il en est juridiquement. On dit que cette question est perplexe et du genre que les dialecticiens appellent trompeuse. En effet tout ce que nous définirons comme vrai, se transformera en faux. Car si nous disons que le legs qui t'est donné est valide, il y aura lieu d'appliquer la loi Falcidia et par conséquent il ne sera pas dû puisque la condition fera défaut. Au contraire si le legs ne vaut pas en raison du défaut de la condition, il n'y aura pas lieu d'appliquer la loi Falcidia et si elle ne s'applique pas, le legs te sera dû du fait de l'existence de la condition. »*, **que Maître Johann Rebhan réduisit en syllogismes dans *Hodogeta juris viam scientiae legitimae rectam cartis brevibus edocens.*** [Strasbourg] ***p. 290,* ajouter la *Question 12* de notre *Specimen difficultatis in jure seu quaestiones philosophicae amoeniores ex jure collectae :*** *« Mais on peut voir à partir de D.35.2.88 que deux contradictoires peuvent être fausses en même temps. En effet, le jurisconsulte Africanus déclare que tout ce que nous établirons être vrai dans le cas suivant : "si quelqu'un ayant 400, léguait 300, et te léguait ensuite un fonds valant 100 pièces d'or sous la condition suivante : si la loi Falcidia ne s'appliquait pas à son testament", se révélera être faux. Car si le legs est valide, il faudra appliquer la loi Falcidia en vertu de la loi, et ainsi le legs ne vaudra pas en vertu de la condition du legs. Et si au contraire le legs ne vaut pas, il n'y aura pas lieu d'appliquer la loi Falcidia et ainsi le legs vaudra en vertu de la condition du legs. »* [cf. également le paragraphe 6 où Leibniz rappelle la *subtilité* des Jurisconsultes qui estiment qu'un legs affecté d'une telle condition ne doit pas être réputé nul en vertu du Droit Strict, et que *l'équité* requiert que *le legs ne soit pas nul dans sa totalité, mais seulement dans ce qui trahit en lui la loi Falcidia.* Cf. enfin le chapitre XVI du *De Casibus Perplexis* où ce type de problème est analysé et résolu grâce à la distinction des instances juridiques.]

40. **voir *D.30.49 § 2 :*** *« Quand un legs est fait ainsi : « qu'il reçoive une somme en trois annuités lorsqu'il aura quatorze ans » et qu'il a dix-sept ans à la mort du testateur, le legs est immédiatement exigible » ... « Mais ce legs est à la foi conditionnel et à terme, conditionnel jusqu'à ce que les quatorze ans se soient écoulés, et ensuite à terme. »*, ***D.45.1.8 :*** *« Dans cette stipulation : "si tu ne donnes pas Stichus aux Calendes, promets-tu de donner 10", on demande si l'on peut agir immédiatement avant les Calendes lorsque le promettant est mort. Sabinus et Proculus pensent qu'il faut attendre le moment d'agir* [le terme], *ce qui est très vrai ; en effet toute l'obligation est sous une condition et soumise à un terme et il est permis de la considérer comme exécutoire jusqu'à la condition, mais le terme persiste cependant. »*

41. **La forme (les termes) et la force (le sens), *D.28.5.69 :*** *« Dans la disposition : "que celui qui le voudra, de Cornelius ou de Maevius, soit héritier", la condition : "celui des deux qui le voudra", n'est pas ajoutée en vain, car s'ils ne font pas partie des héritiers nécessaires, elle possède non seulement la forme, mais aussi la force de la condition. »*, **ou puissance, *D.12.1.39 :*** [une proposition] *« possède la puissance d'une condition quand elle est rapportée au futur. »*, **sont opposées.**

42. **La forme des conditions s'accomplit par les termes formels ; ceux-ci sont la copule, à savoir : *que soit,* tout au plus dans les dernières volontés, en effet le testateur parle en souverain ; et les signes : *si, lorsque, celui qui,* etc. dont nous attendons l'étude complète par Maître Johann Strauch dans : *Lexicon Paricularum juris, seu de usu et efficacia quorundam syncategorematum et particularum indeclinabilium.*** [Frankfurt, 1671].

Si* constitue en particulier la condition (voir *D.36.2.22 : *« Si on a légué à Titius "lorsqu'il aura quatorze ans" et qu'il décède avant, il est vrai que le legs ne passe pas à* *son héritier parce que ce legs ne contient pas seulement une date mais aussi la condition « si les quatorze ans se sont écoulés »... « Et il n'importe pas qu'on ait écrit « s'il a quatorze ans » ou « lorsque », car dans la première formule le temps est désigné par la condition, et dans la seconde, la condition l'est par le temps, mais la condition est la même de part et d'autre. »*, ***D.45.1.45 § 1*** [erreur de référence, il s'agit du § 3] **:** *« Non seulement nous pouvons stipuler ainsi : « lorsque tu mourras », mais également "si tu meurs", car de même qu'il n'y a aucune différence entre "lorsque tu viendras" et "si tu viens", il n'y en a aucune dans ce cas entre "si tu meurs" et "lorsque tu mourras". »*, ***D.45.1.46 § 2 :*** *« Si j'ai stipulé ainsi : "lorsque tu voudras", certains disent que la stipulation est inutile, d'autres disent qu'elle est inutile si tu meurs avant de t'être décidé, ce qui est vrai. »*, ***§ 3 :*** *« Mais il est évident que cette stipulation : "qu'il soit donné si tu le veux", est inutile. »*) ;

on dit que *lorsque* n'en diffère en rien, *loi 45* déjà citée, il signifie pourtant plutôt une condition pourvue d'une date, *loi 22* déjà citée, ajouter *D.12.6.48 :* *« Si celui qui a promis qu'il donnerait 10 s'il faisait quelque chose ou lorsque quelque chose serait fait, donnait ce qu'il a promis avant que cela ait été fait, on ne considérerait pas qu'il aurait fait ce qu'il avait promis et l'on pourrait ainsi répéter en justice. »*,

il en est de même, avec deux ablatifs, *D.35.1.18 :* *« Celui à qui quelque chose est laissé sous la condition de ne pas faire, doit donner garantie par la caution Muciana, à celui à qui ce legs ou cet héritage pourrait échoir en vertu du droit civil, si la condition faisait défaut* [deficiente conditione], ***D.35.1.109 :*** *« Celui à qui un testateur demandait de restituer l'héritage à sa cohéritière Titia, pour recevoir 100 pièces* [ut acceptis centum nummis] *mourut après l'adition d'hérédité. »)*, [*idem* avec] ***alors* : *D.35.1.4 :*** *« Si un fils ne naît pas de Titius dans les cinq prochaines années, que l'héritier donne alors 100 à Séja. »*, **et ici, voir Denis Godefroy** [dans son commentaire de D.35.1.4] **:** *« Est-ce que cette condition négative est dite remplie dès qu'il est certain qu'elle ne peut être accomplie ? Certainement pas ; en effet, quelle que soit la manière dont cette condition fait défaut avant le terme, il faut cependant attendre le terme en raison du mot* alors *qui désigne l'extrémité du temps. »* [*Corpus Juris Civilis Romani*. Leipzig, 1720, p. 644, col.1.]

et (il en est de même avec) ***après* : *D.28.5.9 § 14 :*** *« ... que Stichus soit libre et après qu'il est libre, qu'il soit héritier. »*, ***§ 18 :*** *« Mais si la liberté est donnée à terme et l'hérédité sous condition, si la condition a existé après la venue du terme, l'esclave sera libre et héritier. »* ;

Celui qui* représente une désignation (et une condition grâce à elle,** [voir] **Baudouin à propos de la *loi 1*, voir *D.28.7.10 : *« que celui dont j'écrirai le nom dans le codicille, soit mon héritier. »*),

si quelqu'un [représente] **une désignation et une condition, *D.30.17.1 :*** *« Si quelque fille naît de moi, que mon héritier lui donne 100. »*, ***D.34.5 début de la loi 5 :*** *« Si quelqu'un parmi les héritiers ou les autres amis dont j'ai fait mention dans ce testament... »*, ***D.34.5.11*** [erreur de référence, il s'agit de *qui* et non de *si quis*) : *« Celui qui parmi mes neveux, montera le premier au Capitole. »*,

qui que se soit [représente] **une condition, *D.30.3 :*** *« Qui que ce soit qui sera nommé dans les termes ci-dessus, sera mon héritier. »*, ***D.30.6*** [erreur de référence, il s'agit de *qui* et non de *quisquis*] : *« Que Stichus qui m'appartiendra lorsque je mourrai, soit mon héritier. »*,

tant que* annule la condition, *D.26.10.3 § 7 [erreur de référence, il s'agit du § 9] **:** *« Mais si quelqu'un est nommé tuteur ainsi : "qu'il soit tuteur tant qu'il est en Italie", ou "tant qu'il ne traverse pas la mer...". »*

43. **Ajouter les th. 237 et suivants. Grotius, *De Jure belli ac pacis libri tres.*** [Paris, 1625], ***2.11.6* :** *« Ce qui a été reçu du consentement de presque tous relativement à la force*

et à l'efficacité des lois, nous ouvre toutefois le chemin pour découvrir la vérité naturelle ; c'est que si une loi se fonde sur quelque présomption d'un fait et que ce fait ne soit pas tel en effet qu'elle le suppose, alors cette loi n'oblige point, parce que la vérité du fait manquant, tout le fondement de la loi vient à manquer » .... « Or pour savoir quand une loi est fondée sur une telle présomption, il faut l'inférer de la matière de la loi, de ses termes et des circonstances. Nous dirons donc de même que si une promesse est fondée sur la présomption d'un fait qui ne soit pas tel qu'il est présumé être, elle n'a naturellement aucune force; parce que le promettant n'a certainement consenti à la promesse que sous une condition qui ne s'est point vérifiée par l'événement. » **Dans Christoph Forstner : *Omissorum in notis ad Tacitum liber* I.** [Strasbourg 1631], ***page 10, Henri IV Roi de France* ajoutait (ou *Marie d'Ecosse* dans Johann de Laët*: Compendium historiae universalis civilis et ecclesiasticae.*** [Leyde, 1643], ***p. 405*, que toutes les promesses des Princes sont faites sous la condition tacite : « si c'est utile. »**

44. [voir] ***« être dit conformément à »*** [dans] **Reinhard Bachoff von Echt : *Notae et animadversiones ad Hieronymi Treutleri disputationes.*** [Heidelberg, 1616-1618], ***II. 27. 6. d*; ainsi par exemple, celui qui a menacé sous condition est un vrai créateur de méfiance, Daniel Moller : *Commentarius in Ordinationem et Constitutionem Augusti Electoris Saxonicae,*** [Leipzig, 1599], ***4e partie, chap.15.***

45. ***D.35.1.81.1 :*** *« La condition est tenue pour non ajoutée quand celui qui serait débiteur si elle était accomplie, fait en sorte »* [qu'elle ne le soit pas].

46. [voir] **Tout le titre du Digeste*: Des termes qui ne sont pas considérés comme écrits*** [D.34.8].

47. **voir Sebastian Vantius : *Tractatus de nullitatibus processuum ac sententiarum,*** [Venise, 1554].

48. **Au sujet de l'invalidité, voir chez les Docteurs** [de Bologne, ce que dit] **Bulgarus à propos de la loi : *« s'il est dit de manière expresse »* dans le *« De appellationibus »* du Digeste** [D.49.1].

49. **Il équivaut dans l'effet, à l'invalide, *D.50.17.112 :*** *« Il n'y a pas de différence entre le fait que quelqu'un ne dispose pas d'action en vertu même du droit, et que son droit soit infirmé par une exception. »*

50 **Ajouter la def. 111 ; ainsi Virgile appelle *« contraire au droit »* ce qui est de fait impossible, *Enéides*, *7e livre* : *« Que nul n'a le droit d'abattre, ni par le feu, ni par le fer. »***

51. **Si la condition est viciée, la disposition est pure, si elle vicie, elle est nulle ; on dit cependant que ce qui est laissé sous condition est rejeté puisque la condition est rejetée, *D.28.7.8 :*** *« Les dispositions qui laissent sous la condition de jurer sont annulées par le Préteur... »*

52. ***D.44.7.43.3 :*** [erreur de référence, pas de § 3].

53. **Même invalide dès le début, il est dit être infirmé *D.28.7.15 :*** *« Si un fils qui est sous la puissance d'un père est institué héritier sous une condition que le Sénat et le Prince*

désapprouvent, cela infirme le testament du père, comme si la condition n'était pas au pouvoir du fils, car on doit croire que nous ne pouvons faire les choses dont la réalisation lèse notre piété, notre estime et notre pudeur, et pour le dire de manière générale, qui sont contre les bonnes mœurs. »

54. ***D.2.14.27 § 2*** *: « Quelqu'un convient par contrat de ne pas réclamer et convient ensuite de réclamer : le premier contrat est supprimé par le second... »*

55. ***D.28.7.20.1*** *: « Si quelqu'un reçoit l'ordre d'affranchir l'esclave héréditaire et de devenir ensuite héritier, il devient malgré tout héritier bien qu'il ne fasse rien de valide en affranchissant l'esclave ; en effet il est vrai qu'il l'affranchit, mais la liberté donnée à l'esclave conformément à la volonté du testateur, se rétablit après l'adition d'hérédité. »*, ***D.50.17.29*** *: « Ce qui est vicié dès le départ ne peut se rétablir au cours du temps. »*, **note du th. 153.**

56. **voir les th. 49, 214 et suivants** [l'appel aux th. 214 et suivants est légitime puisqu'on y traite des actes conditionnels par nature. Il n'en est pas de même du th. 49. Peut-être s'agit-il d'une erreur de référence].

* [D.20.4 (*De ceux qui sont préférentiels dans le gage ou l'hypothèque et de ceux qui prennent la place d'un premier créditeur*), loi 9 : *« Celui qui louait un établissement de bains à partir des Calendes prochaines convint par contrat que l'homme nommé Eros serait gagé au profit du loueur jusqu'au paiement des loyers. Il donna à un autre le même Eros en gage avant les Calendes de Juillet contre un prêt d'argent. Consulté sur le fait de savoir si le Préteur devait protéger le loueur contre ce créditeur s'il réclamait Eros, Julianus répondit qu'il le devait. En effet, bien que l'homme fut donné à titre de gage au moment où personne ne devait quoi que ce soit pour la location, comme dans cette affaire Eros est engagé de telle façon que le gage ne peut être payé grâce à lui malgré le loueur, le droit de ce dernier doit cependant être tenu pour supérieur. »*]

57. [voir] **d'une manière générale, l'argument** ***33 de D.26.1*** [erreur de référence, pas de loi 33 dans D.26.1, ni dans Inst.1.13].

58. **Il en est autrement en** ***D.35.1.21*** **où la condition extrinsèque est dite** ***de droit*****, et celle provenant de la disposition,** ***de fait*** **:** *« Il importe beaucoup de savoir si la condition est de fait ou de droit : car des conditions telles que : "si un navire vient d'Asie", "si Titius devient consul", bien que remplies, empêchent l'héritier de faire adition d'hérédité aussi longtemps qu'il ignore qu'elles sont remplies. Mais dans celles qui sont de droit, on n'exige rien d'autre que le fait qu'elles soient remplies. Ainsi par exemple si quelqu'un croit qu'il est fils de famille alors qu'il est père de famille, il pourra faire adition d'hérédité. C'est pourquoi l'héritier institué pour une partie de l'héritage et qui ignore que la succession est ouverte, pourra faire adition d'hérédité. »*

59. ***D.35.1.60*** *: « Les conditions consistant dans un fait sont variées et admettent une sorte de division tripartite : de donner, de faire et qu'il arrive, ou au contraire, de ne pas donner, de ne pas faire et qu'il n'arrive pas. »* **; qui donne, fait aussi, D.50.16.218 :** *« Le verbe "faire" comprend toutes les manières de faire telles que : donner, payer, compter, juger, se déplacer. »*

60. **On considère qu'a donné, (*****D.35.1.45*** *: « Julianus dit que si un légataire en faveur*

de qui un legs est fait sous la condition "s'il donne 10 à l'héritier", portait au crédit de l'héritier une somme identique que l'héritier lui doit, on ne considérerait pas qu'il aurait accompli la condition comme s'il avait donné; mais puisqu'il dépend de l'héritier qu'il n'obéisse pas à la condition, il peut réclamer le legs comme si la condition avait existé. »), **celui qui a offert, voir th. 45,** [puisque l'accomplissement de la condition dépend de cet acte et non de son acceptation par le gratifié conditionnel.],

celui au profit de qui on porte à crédit, ***D.30.81.5:*** *« "Je donne et lègue un fonds à Titius s'il donne 10 à mon héritier". Si l'héritier doit 10 à Titius et que Titius lui donne quitus de cette somme, il peut réclamer le fonds. »*,

celui qui compense, ***D.40.7.20 § 2:*** *« Mais si l'esclave a reçu l'ordre de donner 10 à l'héritier et que l'héritier doive cette somme à l'esclave, si l'esclave accepte de compenser cette somme par l'autre, il sera libre. »*, [à savoir] **le *statuliber*,**

celui qui dépose une somme prévue, ***D.40.7 début de 4:*** *« Lorsque l'héritier doit s'absenter pour cause de service public et que le* statuliber *doit lui remettre de l'argent, soit il doit attendre celui à qui il doit donner jusqu'à ce qu'il revienne, soit il convient qu'il dépose la somme prévue dans un lieu public, et ceci fait, il devient immédiatement libre. »*,

celui qui refusa se repent en vain, ***C.6.46.7:*** *« ... nous n'acceptons pas du tout que ce qui est refusé une fois, soit obtenu à nouveau. »* **Donner signifie l'acte même de donner,** ***D.35.1 début de 44:*** *« Celui qui a reçu l'ordre de donner à l'héritier, doit donner à l'esclave institué héritier et non à son maître. »*, **y compris à celui qui ne peut faire sienne la chose,** ***D.35.1.55:*** *« Maevius à qui un fonds est légué s'il donne dix à Callimaque qui n'a pas la capacité de recevoir par testament, doit obéir à la condition et donner les dix pour que le fonds légué lui appartienne, bien que l'argent n'appartienne pas au gratifié. »*

61. **C'est-à-dire donner accès au fait de saisir,** ***D.43.5.3 § 8:*** *« Montrer, c'est donner accès au fait même de saisir. »*

62. **Comme par exemple** [la condition] **de rendre les comptes** [de gestion], ***D.40.7.6 § 7:*** *« Si quelqu'un reçoit l'ordre, non de donner 10 et d'être libre, mais d'être libre une fois les comptes de gestion rendus, nous examinons si cette condition se transmet à l'acheteur... »*. ***D.35.1.32*** **s'y oppose** *« Quoique rendre les comptes d'une gestion ne signifie rien d'autre que payer le solde, cependant si par la faute du* statuliber *et de l'héritier, et sans qu'il y ait pourtant de fraude de l'esclave, il est payé moins que ce qui est dû, mais qu'on estime malgré tout que les comptes sont rendus de bonne foi, l'esclave sera libre »*. [L'opposition de ces deux lois tient donc au fait que l'affranchissement se produit uniquement dans la première quand les comptes ont été présentés et se sont révélés exacts, autrement dit, quand la condition de faire et de donner a existé, tandis qu'il se produit dans la seconde après la seule présentation des comptes, quand elle est de bonne foi.] **Réponse: présenter les comptes, c'est commencer** [à payer].

63. ***D.28.7.15:*** *« Si un fils qui est sous la puissance d'un père est institué héritier sous une condition que le Sénat et le Prince désapprouvent, cela infirme le testament du père, comme si la condition n'était pas au pouvoir du fils, car on doit croire que nous ne pouvons faire les choses dont la réalisation lèse notre piété, notre estime et notre pudeur, et pour le dire de manière générale, qui sont contre les bonnes mœurs. »*, ***D.23.3.79 § 1:*** [erreur de référence? il ne s'agit pas d'une condition impossible mais d'une condition à réalisation retardée: *"Un père promit ainsi 100 à titre de dot pour sa fille: 'lorsqu'il sera très facile de donner'". En raison de ce qu'Ateius écrivit, Servius répondit que l'argent serait dû aussitôt qu'il pourrait être donné sans turpitude ni infamie. »*]. **En effet les Docteurs tiennent pour impossible d'obtenir l'accord du Prince,** [voir] **Ulrich Zasius:**

Commentarium ad Pandectas*, [Basel, 1537], à propos de la loi *« lorsque l'esclave »*, *§ final [du commentaire] ***de D.30, note 6.***

64. ***D.28.7.14*, voir *contre les lois* :** *« Les conditions qui sont contre les Edits des Empereurs, ou contre les lois, ou contre les écrits qui ont force de loi, ou qui sont contre les bonnes mœurs, ou qui sont dérisoires, ou qui sont du genre de celles que les Préteurs désapprouvent, doivent être tenues pour non ajoutées et l'héritage ou le legs est obtenu, comme si la condition n'était pas ajoutée à l'héritage ou au legs. »*, **comme par exemple *D.35.2 début de 88* :** *« Quelqu'un qui avait quatre cents pièces d'or, légua trois cents pièces, puis te légua à toi 100 pièces d'or sous la condition suivante : si la loi Falcidia* [qui limite les possibilités de legs afin de préserver les droits de l'héritier] *ne s'appliquait pas à son testament. »*

65. ***loi 14* déjà citée, voir *force de loi, D.28.7.15*, voir *piété* :** *« ... car on doit croire que nous ne pouvons faire les choses dont la réalisation lèse notre piété, notre estime et notre pudeur, et pour le dire de manière générale, qui sont contre les bonnes mœurs. »*, ***D.28.7.9* :** *« On doit dispenser des conditions qui sont introduites contre les bonnes mœurs, comme par exemple : " s'il ne rachète pas son père détenu par les ennemis", "s'il ne nourrit pas ses parents ou son patron". »*, ***D.35.1.20* :** *« Nous ne doutons pas qu'on doit dispenser des conditions infâmes, parmi lesquelles il y a même de nombreuses conditions de jurer. »*

66. ***D.28.7.7* :** *« Si quelqu'un instituait des héritiers sous la condition qu'ils se garantissent mutuellement de se rendre les legs faits dans le testament, on conviendrait de les dispenser de la condition car on considère qu'elle va à l'encontre des lois qui interdisent à certains de recevoir des legs. »*, ***D.35.1.37* :** *« ... car le légataire n'est contraint d'agir conformément à la volonté du testateur, que dans la mesure où rien ne s'ensuivra de contraire à la loi. »*, ***D.45.1.97 § 2* :** *« "Si je me marie avec toi, promets-tu de donner 10 ?", je pense qu'on doit nier* [la possibilité d'obtenir] *une action* [en réclamation] *lorsque la raison est connue. »*, ***C.6.25.2* :** *« ... en effet la viduité qui t'a été imposée... ne peut être considérée comme faisant partie du genre des noces frauduleuses. »*, **voir la note du th. 335** [qui recense diverses clauses apposées en fraude des lois].

67. ***loi 15* déjà citée** [D.28.7.15]**. Elle n'est pas toujours illicite, en vertu de *D.50.17.144* :** *« Tout ce qui est permis n'est pas pour autant honnête. »*, **ainsi la condition de jurer qui est honteuse, *D.35.1.26* :** *« ... si quelqu'un est institué héritier sous la condition « s'il jure de donner 10 », ou, « de construire un monument », bien qu'il soit admis à l'héritage ou au legs en raison des termes énoncés, il est cependant contraint de faire ce qu'il lui a été ordonné de jurer de faire, car il est seulement dispensé du serment. »*, **est remplie de manière licite, *D.29.2.62* :** *« Antistius Labéon dit que si quelqu'un est institué ainsi : "qu'il soit héritier, s'il a juré", il ne sera pas immédiatement héritier bien qu'il jure, avant d'avoir effectué quelque acte à titre d'héritier, car on considère qu'en jurant, il a seulement déclaré sa volonté... »* [Ce passage témoigne d'une certaine imprécision du vocabulaire Leibnizien puisqu'il aurait dû dire légal au lieu de licite pour respecter l'opposition des couples légal-permis, légitime-honnête.]

68. **Prise au sens large elle inclut les autres, loi *15* déjà citée,** [prise] **de manière plus stricte, elle est mise pour l'illicite et la honteuse, loi *9* déjà citée** [D.28.7.9], ***Sentences* de *Paul 3.4.15* :** [erreur de référence, pas de loi 15 au livre 3, titre 4. Le seul passage approchant est 3.4.2 : *« Les conditions qui sont écrites contre les lois, les décrets des*

Princes ou les bonnes mœurs, n'existent à aucun moment; comme par exemple : si tu ne te maries pas, si tu n'as pas de fils, si tu commets un homicide, si tu te comportes comme un barbare, et celles qui sont semblables à elles. »],

[prise] **très strictement,** ***D.28.7.14:*** *« Les conditions qui sont contre les Edits des Empereurs, ou contre les lois, ou contre les écrits qui ont force de loi, ou qui sont contre les bonnes mœurs, ou qui sont dérisoires, ou qui sont du genre de celles que les Préteurs désapprouvent, doivent être tenues pour non ajoutées et l'héritage ou le legs est obtenu, comme si la condition n'était pas ajoutée à l'héritage ou au legs. »,* [elle est mise] **pour celle qui est *contre les mœurs des hommes, Extra.4.5.1:*** *« Cas: "un homme épouse une femme sous une condition qui n'est pas contraire à la substance du mariage, comme par exemple: 'je t'épouserai si tu commets un vol' et veut ensuite l'abandonner »; on demande s'il le peut. On répond: la condition est supprimée et le mariage est maintenu fermement. Note: la condition honteuse qui n'est pas contre la substance du mariage, n'empêche pas le mariage. »*; [et pour celle qui est contre les mœurs] **de leur Etat, Cornelius Nepos, Préface des *Vies des hommes illustres.*** [§.3]: *«Si ceux-là apprenaient que l'honnête et le honteux ne sont pas les mêmes pour tous et que toute chose est jugée conformément à l'habitude des ancêtres, ils ne s'étonneraient pas que nous nous référions aux coutumes des Grecs pour faire part de leurs vertus.* [*idem* § 5]: *« Il fut extrêmement prisé dans presque toute la Grèce d'être désigné vainqueur à Olympie, et il ne fut jamais considéré par ce peuple comme honteux pour quiconque de monter sur une scène et de se donner en spectacle au peuple, ce qui représente à nos yeux des actes en partie infâmes et en partie humiliants, ou à tout le moins éloignés de l'honnêteté. »*

69. **Elle détermine son héritier en considération de la volonté** [dans] ***D.28.5.69:*** *« Dans la disposition: "que celui qui le voudra, de Cornélius ou de Maevius, soit héritier", la condition: "celui des deux qui le voudra", n'est pas ajoutée en vain, car s'ils ne font pas partie des héritiers nécessaires, elle possède non seulement la forme, mais aussi la force de la condition. »,* ***D.28.7.12:*** *« Ces termes: "que Publius Maevius soit héritier s'il le veut", constituent une condition dans le cas d'un héritier nécessaire, de sorte que s'il ne veut pas, il n'y a pas d'héritier; car ils sont ajoutés en vain à propos de l'héritier volontaire puisque même s'ils n'étaient pas ajoutés, il ne deviendrait pas héritier contre son gré. »*

70. **Maître Caspar Ziegler** [dit dans la] **note 40 de *De Conditionibus diatribe juridica,*** [Iena, 1655, que] **l'Extrinsèque *(« si tu fais »)* contient l'intrinsèque *(« si tu veux »),*** [et il dit] **ailleurs qu'elles diffèrent comme la tacite et l'expresse, *D.28.5.68:*** *« Si quelqu'un institue Sempronius héritier sous la condition suivante: "si Titius monte au Capitole", quoique Sempronius ne puisse pas être héritier sans que Titius monte au Capitole et que ceci dépende de la volonté de Titius, du fait que la formule ne désigne cependant pas la volonté expresse de Titius, cette institution sera valide. Inversement si quelqu'un écrivait ainsi: « que Sempronius soit héritier si Titius le veut », l'institution ne serait pas valide; en effet certaines dispositions comprises dans les testaments n'ont aucun effet si elles sont exprimées, alors que lorsque les termes sont ôtés, elles ont le même sens qu'elles auraient si elles étaient exprimées et la même efficacité. »,* **mais il mélange *D.40.5.46.2:*** *« Mais s'il est écrit ainsi: "je veux que Stichus soit libre si Séjus le veut", il me semble qu'on peut dire que l'attribution de liberté est valide de cette manière. Car il s'agit plus d'une condition semblable à ce qui se passerait s'il m'était légué si Titius montait au Capitole. »,* ***D.31.1:*** *« Un legs peut être rapporté au jugement d'autrui pris comme condition, en effet, quelle différence y a-t-il entre: "si Titius monte au Capitole, qu'il me soit légué", et "s'il veut". »,* [et] ***D.35.1.52:*** *« Il arrive parfois que certaines conditions*

clairement exprimées offusquent, alors que lorsqu'elles sont omises, elles peuvent être comprises tacitement et n'offusquent pas ; ce qui se produit si on lègue à quelqu'un ainsi : "je donne et lègue à Titius, si Maevius monte au Capitole" ; car bien qu'il dépende de la volonté de Maevius de monter au Capitole et de vouloir faire en sorte que le legs soit dû à Titius, on ne pourra cependant pas léguer de manière utile par d'autres termes tels que : "je donne 10 à Titius, si Maevius le veut" ; car un legs ne peut dépendre de la volonté d'autrui. D'où il s'ensuit qu'on déclare : les termes exprès nuisent, les non-exprès ne nuisent pas. »

71. **Par le mode de la condition est ajouté :**

soit la volonté du conditionnateur, def. 67 (comme par exemple celle du testateur, et alors la disposition de celui par qui le testateur laisse quelque chose, à savoir celle de l'héritier, est nulle, *D.40.5.46* : « *La liberté fidéicommissaire peut être donnée ainsi : « héritier, si tu le veux, je m'en remets à ta bonne foi pour que tu affranchisses Stichus », bien que rien d'autre ne puisse valoir dans un testament à partir de la seule volonté de l'héritier.* »**, *D.30.43* avant dernier paragraphe :** « *Un legs peut dépendre d'une volonté étrangère, il ne peut pas dépendre de celle de l'héritier,* »**, *D.31.24* :** « *... je te demande de restituer mes esclaves à qui tu veux...* »**, *D.34.5.27* :** « *Si quelqu'un a voulu affranchir un esclaves parmi d'autres sans qu'apparaisse à quel affranchissement pensait le testateur, aucun des esclaves n'obtiendra la liberté fidéicommissaire.* »**, *D.32.11 § 7* :** « *Bien qu'un fidéicommis ne doive pas être laissé ainsi : "s'il veut", il sera pourtant dû s'il est énoncé ainsi : "si tu as jugé bon que", "si tu as pensé que", "si tu as estimé que", "s'il t'a paru utile que", ou "s'il t'a semblé que" ; en effet on ne donne pas pleine liberté à la volonté de l'héritier, mais on le fait dépendre de l'Homme Bon.* » **; le fidéicommis vaut à moins qu'il ne le veuille pas, *D.32.11 § 5* :** « *Un fidéicommis laissé ainsi : "je veux qu'untel reçoive 10 à moins que mon héritier s'y oppose" est un fidéicommis pratiquement conditionnel et exige une volonté initiale...* »**, si l'héritier le veut, la liberté peut être donnée, *loi 46* déjà citée ;** [en ce qui concerne la volonté] **de la partie qui promet,** [voir] ***D.18.1.7* :** « *Cette vente d'un esclave : "si l'arbitre a fait les comptes du maître", est conditionnelle. Or les ventes conditionnelles sont parfaites quand la condition s'est réalisée. Mais est-ce que cette condition de vente est que le maître considère son propre jugement ou au contraire celui de l'Homme Bon ? car si nous acceptons le jugement du maître, la vente est nulle de la même manière que si quelqu'un vendait s'il le voulait ou promettait en stipulant : "je donnerai 10, s'il le veut". En effet, elle ne doit pas être rapportée au jugement d'une partie.* »**, Codex, *loi 16, même titre*** [C.4.38] : « *Nulle obligation ne résulte de la volonté de rapporter la condition au* [jugement] *des vendeurs ou des acheteurs, car on ne contraint pas ainsi les contractants de manière absolue.* »**, *D.44.7.8* :** « *Une obligation contractée sous la condition "si je le veux", est nulle ; en effet est tenu pour non ajouté ce que tu ne peux être contraint de donner si tu ne le veux pas ; car l'héritier du promettant qui n'a jamais voulu donner, n'est pas contraint du fait que cette condition n'a jamais existé chez le promettant lui-même.* »**, *D.45.1.17* :** « *Une stipulation soumise par condition au jugement de la partie qui promet, ne vaut rien.* »**, *D.45.1.46.2* :** « *Si je stipulais ainsi : "lorsque tu voudras", certains disent que la stipulation est inutile, d'autres disent qu'elle est inutile si tu meurs avant de t'être déterminé ; ce qui est exact.* »**, *D.45.1.108* :** « *Nulle promesse ne peut valoir en reposant sur la volonté du promettant.* »**. L'avant-dernier paragraphe des *Inst.3.23* s'y oppose :** « *L'achat peut être contracté aussi bien sous condition que purement et simplement. Il l'est sous condition par exemple dans : "que Stichus t'appartienne pour telle somme s'il t'a satisfait avant telle date".* » **Réponse : ici la condition n'est pas simplement : *« si tu veux »*, mais *« si tu veux la chose »*) ;**

soit [celle] **du conditionnaire (comme : *« si tu veux*, sois héritier »,** [alors la disposition] **est pure, *D.28.5.69*:** *« "Que celui qui le voudra, de Cornélius ou de Maevius, soit héritier". Trebatius dit qu'aucun des deux ne deviendra héritier, Cartilius, que chacun des deux. Et toi, que penses-tu ? Proculus : "j'approuve Cartilius et je pense que cet ajout : 'celui des deux qui le voudra' est superflu". »*, ***D.28.7.12*:** *« Ces termes : "que Publius Maevius soit héritier s'il le veut" » ... « sont ajoutés en vain à propos de l'héritier volontaire puisque même s'ils n'étaient pas ajoutés, il ne deviendrait pas héritier contre son gré. »*, **il en est de même** [avec] **:** ***« qu'il soit libre », loi 46 § 1 déjà citée*; mais** [dans] **:** ***« si tu veux, je te lègue »*, la disposition est conditionnelle, *D.30.65 § 1*:** *« Je donne Stichus à celui-ci, s'il le veut », le legs est conditionnel et ne se transmet à l'héritier du légataire que si le légataire veut accepter ; il en est différemment si le legs est fait sans l'ajout "s'il le veut" car il se transmet à l'héritier du légataire. En effet le droit qui contient quelque chose de tacite, est différent de celui qui exprime les termes. »*, ***D.35.1.69*:** *« S'il est écrit ainsi : "je donne et lègue à Titius s'il le veut", Proculus note à propos de Labéon, que le legs n'appartient à l'héritier du légataire que si le légataire a voulu lui-même le posséder, car on considère que la condition est attachée à la personne. »*; **Cujas dit à propos de *D.45.1.17*** *[« Une stipulation soumise par condition au jugement de la partie qui promet, ne vaut rien. »]*, **qu'il en est de même en droit avec *« si tu veux, je promets »*** [cf. *Jacobi Cujacii juris consultorum nostri saeculi principis*, tome 2, p. 1447, ed. J. Pillehotte, 1614: *« Le legs qui est rapporté au pur et simple jugement de l'héritier, ne vaut pas. Mais le legs qui est rapporté au jugement de l'héritier entendu comme celui de l'Homme Bon, vaut. En effet, je pense qu'une stipulation vaut quand la condition est mise au pouvoir du jugement du promettant entendu comme celui de l'Homme Bon, comme par exemple : "restitue si tu l'estimes juste". »*]) ;

soit [celle] **d'un tiers (comme : *« si un tiers le veut »*,** [alors] **l'institution est nulle, *D.28.5.68*:** *« Si quelqu'un institue Sempronius héritier sous la condition suivante : "si Titius monte au Capitole », quoique Sempronius ne puisse pas être héritier sans que Titius monte au Capitole et que ceci dépende de la volonté de Titius, du fait que la formule ne désigne cependant pas la volonté expresse de Titius, cette institution sera valide. Inversement si quelqu'un écrivait ainsi : « que Sempronius soit héritier si Titius le veut", l'institution ne serait pas valide. »*, ***D.28.5.32*:** *« L'institution suivante : « ceux que Titius voudra », est viciée, parce qu'elle est liée au jugement d'autrui. En effet les Anciens décrétèrent suffisamment de fois que les droits devaient se confirmer par eux-mêmes et non pas dépendre du jugement d'autrui ».* [Le jugement d'autrui a ici le sens du jugement arbitraire d'autrui, car si le tiers est l'Homme Bon, cette dépendance est légitime.] **De même le legs** [est nul], ***D.35.1.52*:** *« ... car bien qu'il dépende de la volonté de Maevius de monter au Capitole et de vouloir faire en sorte que le legs soit dû à Titius, on ne pourra cependant pas léguer de manière utile par d'autres termes tels que : "je donne 10 à Titius, si Maevius le veut" ; car un legs ne peut dépendre de la volonté d'autrui. »*, **en effet *« Maevius »* ne désigne pas ici l'héritier, car lorsque les Jurisconsultes imposent ce nom à quelqu'un dans la formation des cas, ils pensent à un tiers, à moins qu'ils n'indiquent expressément un autre. *D.30.1* ne s'y oppose pas** [erreur de référence, il s'agit de D.31.1] **:** *« Un legs peut reposer sur la volonté d'autrui prise comme condition. »*, **(ici, *« d'autrui »* signifie : du conditionnaire), ni *D.30.43 § 2*:** *« Un legs peut dépendre d'une volonté étrangère, il ne peut* [dépendre de celle] *de l'héritier. »*, **(*« étrangère »* c'est-à-dire : « du conditionnaire »), ni *D.32.11 § 5*:** *« Un fidéicommis laissé ainsi : "je veux qu'untel reçoive 10 à moins que mon héritier s'y oppose" est un fidéicommis pratiquement conditionnel et exige une volonté initiale... »*, **(de la même manière que sont différents : « que Titius soit héritier, *si je le veux* », qui ne vaut pas, et : *« à moins que je ne veuille pas »*, qui vaut), ni *D.40.5.46 § 2*:** *« Mais s'il est écrit ainsi : "je veux que Stichus soit libre si Séjus le veut", il me semble qu'on peut dire que l'attribution de liberté est valide* *de cette manière. Car il s'agit plus d'une condition semblable à ce qui se passerait s'il m'était légué si Titius montait au Capitole.* », **(en effet cela procède en faveur de la liberté).** [La disposition] **« qu'il soit tuteur *de celui qu'il veut* », ne vaut pas : que se passe-t-il en effet s'il ne veut pas se déclarer ? *D.26.2 début de 23 :*** *« On ne nomme pas correctement un tuteur ainsi : "que Titius soit tuteur de celui-ci ou de celui-là de mes fils, de celui des deux qu'il voudra", en effet, que dirons nous si Titius ne veut pas déterminer de quel fils il sera le tuteur ? »* ; **et** [si l'on a] **: « qu'il soit donné *à celui d'entre eux à qui l'héritier veut* »** [donner], **il est contraint de se déclarer, *D.31.16 :*** *« Si un legs est laissé à Titius ou à Séjus, à celui des deux que l'héritier veut, en donnant à l'un d'eux, l'héritier est libéré vis à vis de l'autre. S'il ne donne à aucun des deux, chacun des deux peut réclamer comme si le legs était seulement pour lui... ».* **Un tuteur peut être donné par testament, « s'il le veut », *D.26.2.23.1 :*** *« Cependant un tuteur peut être correctement nommé ainsi : "que Titius soit tuteur de mon fils, s'il le veut". »*, **en effet il n'est ni vraiment conditionnateur, ni** [vraiment] **conditionnaire, car il ne se dessaisit d'aucun droit et les pupilles n'en acquièrent aucun.**

[Dans la disposition] ***« s'il veut lorsqu'il mourra »*, la volonté non rétractée du vivant est tenue pour la dernière volonté, *D.31.77 § 10 :*** *« Un père demanda à sa fille, qu'elle transmette en mourant des biens à celui de ses fils qu'elle choisirait. Elle donna de son vivant les biens concernés par le fidéicommis à l'un des fils. On considère qu'elle n'a pas la possibilité d'une donation immédiate en raison du caractère incertain de la date du fidéicommis, car le choix peut seulement porter sur celui d'entre eux qui sera apte à recevoir le fidéicommis, une fois que le choix de la mère sera réalisé. »*

[Dans la disposition] ***« lorsqu'il voudra »*, à savoir l'héritier ou le débiteur éventuel, seul le jugement portant sur le temps est conféré et le *dies cedit* se produit à** [leur] **mort, *D.32.41 § 13 :*** *« Scaevola répondit : quand l'héritier institué est prié de restituer l'héritage à un autre, lorsqu'il voudra, il n'est pas contraint de réaliser le fidéicommis. Claudius* [précisa] *: on estime en effet qu'il est donné après sa mort. »*, ***D.32.11 § 6 :*** *« Mais ces termes : "lorsqu'il le voudra", valent aussi longtemps que vit celui par qui le fidéicommis est laissé et s'il meurt avant d'avoir donné, son héritier le remplace. Mais si le fidéicommissaire meurt avant que l'héritier se déclare, on considère qu'il ne transmet rien à son propre héritier ; en effet personne ne doute que le legs est conditionnel et on considère que le fidéicommissaire décède alors que la condition du legs est en suspens. »*, **ajouter *D.40.5.17 :*** *« La liberté fidéicommissaire est donnée utilement de la manière suivante : « lorsqu'il te paraîtra bon d'affranchir. »*, ***D.40.5.46 § 4 :*** *« Bien que le fait de savoir si la chose sera due ne puisse dépendre du jugement de l'héritier, le fait de savoir quand elle sera due peut pourtant en dépendre »*).

72. **voir le th. 80** [qui interprète les dernières volontés à partir du jugement de l'Homme Bon].

73. **La division en casuelle, potestative et mixte apparaît en *C.6.51.1 § 7 :*** *« Mais au contraire, si quelque chose est laissé sous une condition, soit casuelle, soit potestative, soit mixte, dont l'événement dépend soit du hasard, soit de la volonté d'une personne désignée, soit des deux, il convient d'attendre l'événement de la condition sous laquelle la chose fut laissée, ou la date, pour qu'alors le droit s'ouvre, soit lorsque la condition est remplie, soit lorsque la date incertaine a existé. »* **Mais comme cette dernière peut être rapportée, *D.35.1.60 :*** *« Certaines de ces conditions consistant à donner ou à faire et qui sont rapportées à des personnes, dépendent soit de celles-là mêmes à qui quelque chose est laissé, soit d'autres personnes. »*, **soit à un homme (celle que j'appelle accessible), soit au hasard, et la première, soit à un tiers, soit au débiteur, soit à celui qui reçoit,**

D.28.5.23.2: « De même si l'héritier ne peut obéir à une condition qui n'est pas en son pouvoir... », **la potestative (autrement appelée *l'immédiatement réalisable* dans *D.35.1.11 § 1*:** *« De même il faut savoir qu'il convient de remplir les conditions immédiatement réalisables après la mort du testateur, si de cette manière elles font en sorte qu'on obéisse au testament, comme par exemple la condition: "s'il monte au Capitole..." »*), **est à proprement parler, celle qui est liée à celui qui reçoit, *loi 1 § 7 déjà citée*** [C.6.51], *D.35.1.78 § 1: « Lorsque des conditions sont inscrites de manière disjonctive, le fait qu'une d'elles fasse défaut, ne gène pas l'autre même si elle n'est remplie qu'après et il n'importe pas que les conditions soient au pouvoir du gratifié ou dépendent d'un événement. »*; **par conséquent celle qui est liée au fait d'autrui, se réfère parfois à la potestative, comme lorsque les Docteurs disent que la potestative, qui pourtant est liée au débiteur éventuel, n'est pas antériorisée, *D.20.4 argument de la loi 11*:** *« Celui qui crédita le premier de l'argent et reçu une hypothèque, est préférentiel dans le gage, même si le débiteur avait convenu auparavant avec un autre, que s'il recevait de l'argent de lui, la chose serait due et qu'il l'ait reçu ensuite: en effet, il est possible qu'il ne reçoive pas d'argent de cette personne, bien qu'il l'ait convenu auparavant. »*; **parfois à la casuelle, argument de la loi 1 § 7 déjà citée et C.6.27.6:** *« ... si quelqu'un institue son esclave héritier purement, mais lui donne la liberté sous condition et si la condition est ainsi faite qu'elle soit au pouvoir de l'esclave, il est privé de l'héritage et de la liberté par sa faute s'il la néglige et ne la réalise pas. Au contraire, si la condition est casuelle et fait défaut par l'effet du hasard, alors la liberté lui est attribuée de toute façon en considération de l'humanité. »*, **afin que nous ne pensions pas que cette espèce soit entièrement omise. Cependant il dépend d'un fait qu'elle soit potestative, *D.28.5.4.1*:** *« J'estime que le fait de savoir si la condition est ou non potestative, est un problème de fait qu'on peut résoudre en usant de termes généraux. En effet, cette condition: "s'il parvient à Alexandrie" peut ne pas être potestative du fait de l'hiver et elle peut l'être si elle a été imposée à celui qui accomplit le dernier mille avant Alexandrie. Et celle-ci: "s'il donne 10 à Titius", peut être difficile à réaliser si Titius accomplit un long périple: c'est pourquoi on doit recourir à des termes généraux. »*,

c'est en fonction des circonstances, *D.28.7.28*: *« Si un fils est héritier sous condition et que les neveux soient nommés ses substitués, comme il ne suffit pas que le fils soit institué sous n'importe quelle condition et que le testament n'est valide que si la condition est au pouvoir du fils, nous examinons en quoi il importe de savoir quelle condition a été écrite et si c'est une condition qu'il ne peut remplir au moment de mourir, comme: "qu'il soit héritier s'il se rend à Alexandrie" et qu'il décède à Rome, ou si c'en est une qu'il peut remplir au dernier moment de la vie, comme: "si mon fils donne 10 à Titius, qu'il soit héritier", ce qui représente une condition qui peut être remplie par un autre au nom du fils. »*), ***C6.25.10*** [erreur de référence, pas de loi 10 dans C.6.25],

et de par la volonté du testateur, *D.35.1.84*: *« "Je veux que soient donnés à ces esclaves, à titre de pension alimentaire s'ils restent avec mon fils, cent deniers par mois et l'habillement nécessaire" ». Les esclaves obéirent jusqu'à ce que l'adolescent parte à l'armée, en vertu de quoi il en laissa certains à Rome puis mourut dans un camp militaire; on demande si la pension de ces esclaves est due par ses héritiers. Paul répondit que la condition concernant les esclaves qui sont restés avec le fils défunt ou qui n'ont pas fait en sorte de désobéir, n'est pas réputée avoir fait défaut. »*;

***« s'il prouve qu'il est mon fils »*, n'est pas une potestative, D.35.1.83:** *« Lucius Titius rédigea ainsi un testament: "qu'Aurélius Claudius qui est né de cette femme, soit mon héritier s'il prouve par l'intermédiaire d'un juge, qu'il est mon fils". Paul répondit que le fils dont il était question n'est pas considéré comme institué sous une condition qui est en son pouvoir et que le testament est par conséquent nul. »*

74. ***D.35.2.80 § 1 :*** *« Certains legs ne tolèrent pas de division, tel le legs d'un chemin ou d'un acte ; en effet cette chose ne peut appartenir à personne en partie. Mais si l'héritier a reçu l'ordre de réaliser un ouvrage public, on considère que le legs est indivisible, en effet on considère que celui qui n'a pas donné la forme exacte qu'on obtient à la fin, n'est pas réputé avoir réalisé un établissement de bains, ou un théâtre, ou un stade. Chacun est donc tenu au tout relativement à tous ces legs, même si les héritiers sont multiples. »,* ***D.35.1.112 :*** *« Les conditions telles que : "s'ils construisent un monument", ne peuvent être proposées à plusieurs que si elles sont réalisées en même temps par toutes les personnes. »,* ***D.32.11 § 23 :*** *« Le Divin Marcus et Lucius Verus établirent dans un rescrit destiné à Procula que si quelque chose est laissé afin de réaliser une œuvre publique, tous les héritiers sont tenus solidairement. »*, **parce que le rapport de telles parties entre elles et relativement au tout peut être calculé.**

75. **autrement dit, sert à quelque chose, *D.29.2.74 § 1 :*** *« Et si quelqu'un pense qu'il doit donner 5 alors qu'il lui est ordonné de donner 10, et qu'il donne 5, il ne remplit pas la condition mais cela sert à quelque chose, en sorte que s'il ajoute le reste, on considère que la condition est remplie par le versement des 5 restants. »*, **et il n'y a pas d'empêchement pour celle qui reste, *D.40.5.23 § 4 :*** *« Un testateur a voulu qu'un esclave soit affranchi par son fils après cinq ans s'il servait celui-ci tous les jours pendant cette période. Ayant vagabondé les deux premières années, l'esclave ne le servit pas ; on considère que la condition a fait défaut. Cependant si l'héritier (ou son tuteur) choisissait que l'esclave serve par périodes de deux ans, il est manifeste que ce fait dont il a dépendu de l'héritier qu'il soit oublié, ne constitue pas un empêchement pour le reste de la condition. »*

* [Le sens de la phrase semble imposer le déplacement de la virgule.]

76. **Angelus de Gambilionibus** [dans son] ***Tractatus... in materiam testamentorum*** [in *Tractatus universi juris, duce et auspice Gregorio XIII*, Venise, 1584, t.2, 8.1.], ***glose 58, note 12*, considère l'une comme une potestative, l'autre comme une casuelle.**

77. ***loi 4*** [référence incomplète].

78. ***C.6.25.1 :*** *« Il est évident que lorsque tu proposes que le grand-père maternel institue ta fille héritière sous la condition "si elle se marie avec le fils d'Anthylle", celle-ci ne devient pas héritière avant d'avoir obéi à la condition, ou qu'il devienne manifeste que le mariage est empêché par le refus du fils d'Anthylle. »*

79. **Elle peut cependant être remise dans l'état initial, *D.35.1.104*,** [il s'agit alors de la situation juridique du gratifié, autrement dit, de sa condition au sens large] **:** *« Celui qui a été déporté après l'ouverture du testament et qui a retrouvé ensuite la citoyenneté* [restitutus est], *peut réclamer le fidéicommis dont la condition a existé après qu'il a obtenu à nouveau la citoyenneté romaine. »*

80. ***D.28.5.23 § 2 :*** *« De même si l'héritier ne peut obéir à une condition qui n'est pas en son pouvoir. »*

81. [*Jussum* étant employé en] ***D.29.2.62 § 1 dans un sens neutre :*** *« Si l'esclave institué héritier était aliéné après l'ordre du maître et avant d'avoir fait adition d'hérédité, on exigerait un nouvel ordre du second maître et non l'ordre du premier. »*

82. **ajouter le début de** ***D.35.1.44 § 1 :*** *« Mais voyons s'il faut donner au maître lorsqu'on ordonne de donner à l'héritier, ou s'il est bon dans ce cas de donner à l'esclave, et il s'ensuit effectivement ici qu'il faut donner à l'esclave* [héritier]. »

83. **voir le th. 51**.

84. ***D.33.1.13 :*** *« … Comme Lucius Titius s'occupa pendant quelque temps des affaires de Maevius et qu'il ne dépendit pas de lui qu'il ne s'en occupât plus… »*, ***D.40.7.34 § 1 :*** *« l'Empereur Antonin établit que si quelqu'un recevait l'ordre de rendre les comptes de gestion et de devenir libre, il deviendrait libre même si l'héritier refusait d'examiner les comptes.* [Car le retard dans l'accomplissement de cette condition ne dépendrait pas alors de lui.], ***D.45.1.50 :*** *« Dans une stipulation, "s'il ne dépend pas de toi" ne signifie pas que tu ne feras pas en sorte de ne pas pouvoir faire, mais que tu feras en sorte de pouvoir faire. »*, ***D.45.1.83 :*** *« … celui qui promet "qu'il n'y a et qu'il n'y aura aucun dol", ne promet pas simplement une abstention, mais promet qu'il fera en sorte qu'il n'y ait aucun dol. Et il en est de même dans les stipulations du genre "pouvoir avoir" ou du genre : "s'il ne dépend pas de toi ou de ton héritier qu'il n'y ait pas". »*

85. **Ailleurs, on dit que c'est le conditionnaire lui-même,** ***C.6.51 § 7 :*** *« Lorsque quelque chose est laissé sous une condition, soit casuelle, soit potestative, soit mixte, dont l'événement dépend soit du hasard, soit de la volonté d'une personne gratifiée, soit des deux… »*

86. ***D.40.7 début de 34 :*** *« Un esclave reçoit l'ordre de devenir libre s'il donne 10 à l'héritier. L'héritier affranchit ce* statuliber *et décède ensuite. L'argent ne doit pas être donné à l'héritier de l'héritier. En effet rappelle-toi qu'on a trouvé bon de donner à l'héritier de l'héritier quand l'argent allait être accepté par le premier maître héritier ; ce qui, comme je l'ai dit, rend la condition ambulatoire. En effet, il y a deux raisons pour lesquelles la condition est remplie avec la personne du premier héritier : la faculté d'être maître et la désignation de la personne. La première raison passe à tous les successeurs auxquels appartient l'esclave en vertu d'une continuation de la maîtrise ; la seconde s'attache seulement à la personne de celui qui est désigné. »*, **tout comme** ***D.40.7.6 § 7 :*** *« … il faut savoir que les conditions qui se transmettent à l'acheteur et qui consistent dans le fait de donner sont différentes de celles qui consistent dans le fait de faire et qui ne se transmettent pas, comme par exemple : "s'il enseigne les lettres au fils d'untel" ; en effet celles-ci s'attachent aux personnes à propos desquelles elles sont énoncées. »*, ***D.35.1.94 :*** *« Lorsque la liberté est donnée ainsi : "s'il donne 10 à Titius" (qui n'est pas héritier), une personne déterminée est désignée et la condition peut seulement être remplie par rapport à cette personne. »*

87. ***D.34.4.24 :*** *« Lorsqu'un legs fait sous condition se transmet, on considère qu'il est transféré sous la même condition, si la condition n'est pas attachée à la première personne. »*, **comme** ***D.28.7.23*** [erreur de référence ? pas de rapport apparent au problème], ***D.28.7 dernière loi, D.28.5.5, D.28.5.6 :*** [rappel de trois lois énonçant le principe permettant de distinguer les conditions ambulatoires de celles qui s'attachent à la personne : la réalisation des premières est instantanée, celle des secondes demande du temps ; il est donc possible de déléguer dans le premier cas et impossible de le faire dans le second.] ***D.28.7 dernière loi :*** *« … nous examinons en quoi il importe de savoir quelle condition a été écrite et si c'est une condition qu'il ne peut remplir au moment de mourir, comme : "qu'il soit héritier s'il se rend à Alexandrie" et qu'il décède à Rome, ou si c'est une qu'il peut rem-*

plir au dernier moment de la vie, comme : "si mon fils donne 10 à Titius, qu'il soit héritier", ce qui représente une condition qui peut être remplie par un autre au nom du fils. », [et qui est donc ambulatoire], ***C.6.51 première loi § 9*, voir *en effet que se passerait-il :*** *« Au contraire si quelque chose qui consiste en un fait, était imposé » ... « comme par exemple si la personne gratifiée recevait l'ordre d'édifier avec ses propres ressources, un immeuble d'habitation ou un monument, ou quelque chose de semblable » ... « la conception des termes et la nature du fait sont tels, que ce qui est laissé* [comme tâche] *ne peut être rempli par un autre ; et par conséquent, bien que le gain parvienne à un autre, la charge ne l'accompagne cependant pas, car la nature ne l'accorde pas et le testateur ne l'a pas voulu. En effet que se passerait-il si le testateur lui avait ordonné de se rendre en un certain lieu, ou de commencer des études libérales, ou de construire une maison de ses mains, ou de peindre, ou de prendre femme ? toutes ces tâches sont des œuvres que la volonté du testateur est réputée avoir voulu être réalisées par la seule personne à qui sa bienveillance laisse quelque chose. »*

88. **Il y a deux maîtres** [disposés] **disjonctivement, dont l'un est incertain ; ainsi en est-il de la chose en litige, de la chose léguée alors que la condition est en suspens, *D.36.3 début de 3 :*** *« Mais on doit donner une garantie à ceux qui sont sous la puissance de quelqu'un, de la même manière qu'on a l'habitude de donner garantie lorsque la même chose est laissée à deux personnes sous des conditions différentes ou contraires. »* **Parfois le fonds est mis sous séquestre comme dans cet exemple ; parfois il est mis entre les mains d'un autre, à savoir l'héritier, comme dans ces exemples-ci,** [cas de dispositions présentant sous différentes formes, une disjonction de gratifiés, de conditionnaires ou de grevés de restitution, où l'héritier est une des parties et détient en fait le droit distingué] **:** ***D.40.7.3 :*** [erreur de référence ou référence incomplète], ***D.40.7.6 § 7 :*** [examen de ce qu'implique la constitution composite de la condition de rendre des comptes, qui consiste à payer la dette restante et à présenter les comptes de gestion. Si payer c'est donner, présenter c'est faire. Or les conditions qui consistent à faire restent attachées aux personnes du conditionnaire et du gratifié, tandis que les autres peuvent être réalisées par délégation et au profit d'un substitué. Par conséquent, si le *statuliber* est vendu, le paiement du solde pourra être fait à l'acquéreur, tandis que la présentation des comptes de gestion restera attachée à la personne de l'héritier.], ***D.29.2.84 :*** *« Si un fils qui a été émancipé ou un étranger, est institué héritier en omettant un autre fils qui est encore dans le ventre de sa mère, l'héritage n'est pas déféré en vertu du testament tant que le testament peut être annulé. Mais si la mère n'est pas enceinte ou que le fils non émancipé décède, l'émancipé est réputé héritier. »*, ***D.40.4.19 :*** *« Quelqu'un demanda à son héritier d'affranchir un esclave, et ordonna ensuite que celui-ci soit libre si l'héritier ne l'affranchissait pas et il lui légua quelque chose. L'héritier l'affranchit. Beaucoup pensent que la liberté s'ensuit ici du testament et qu'en conséquence, le legs lui est aussi dû. »* **et dans la note du th. 180.**

89 **Comme la *litis contestatio*,** [Moller (?) :] ***Commentarius in Ordinationem et Constitutionem Augusti Electoris Saxoniae.*** [Leipzig, 1599]. ***I. 13 ;* l'*Appellatio*, etc.**

90. **La liberté donnée par testament s'oppose et diffère du legs, *D.10.2.12 § 2 :*** *« La chose qui est léguée sous condition, appartient dans l'intervalle aux héritiers et par conséquent est comprise dans le jugement de partage du patrimoine et peut être adjugée, bien sûr avec sa raison d'être, de sorte que si la condition existe, elle quitte celui à qui elle est adjugée et si elle fait défaut, elle revient à ceux à qui elle est laissée. »*, ***D.35.1.47 :*** *« Un testateur donna ainsi la liberté à un esclave : "que celui-là soit libre s'il m'appartient" ; il lui donna un legs ou un héritage sans condition, puis il l'aliéna. Le legs ou l'héritage sera*

dû au nouveau maître de l'esclave et celui-ci pourra faire adition d'hérédité sur son ordre, car le testateur déclara "s'il m'appartient" dans la donation de liberté, afin de limiter la liberté dans le futur, même si cela n'a pas été clairement exprimé. », **D.35.1.51 :** *« Celui qui a reçu l'ordre, sous différentes conditions énoncées de manière disjonctive, de devenir libre, peut choisir celle qui lui parait la plus légère. Mais il convient que le légataire obéisse à la condition la plus récente dans le cas d'un legs laissé de cette manière. »*, [**D.35.1.81 et 86** abordent seulement de manière indirecte la différence des conditions d'affranchissement et de legs. Ils rappellent tous deux que les considérations d'humanité permettent l'effectuation d'un affranchissement suspendu à la réalisation d'une condition par un tiers, quand ce dernier fait défaut. Mais ils n'accordent le legs afférent à l'affranchissement sans réalisation de la condition, qu'au gratifié qui n'est pas en même temps conditionnaire, cf. *D35.1.86* :] *«Notre maître Julien dit que celui qui reçoit l'ordre de donner 10 et d'être ainsi libre, ne recevra le legs qui lui a été donné avec la liberté, s'il est affranchi du vivant du testateur, que s'il obéit à la condition de la liberté. »*, **D.35.1.87 :** *« Il est d'usage de considérer la condition la plus récente dans les legs, il est d'usage de considérer la plus légère dans les affranchissements. »*, **D.39.6.8** [qui déclare :] *« Celui qui a renoncé à un héritage en échange d'une somme, soit que l'héritage échoie au substitué, soit à celui qui l'a reçu ab intestat, est réputé recevoir à cause de mort, car on reçoit à cause de mort tout ce qu'on reçoit du fait de la mort de quelqu'un. »*, [est sans doute une erreur de référence car la considération des donations à cause de mort ne confirme en rien la thèse d'une faveur accordée aux conditions d'affranchissement], **D.40.7.19 :** *« Si l'ordre est donné à un esclave d'être libre et de recevoir un legs si le fils du testateur dépasse sa quatorzième année et si le fils meurt avant, l'esclave obtient la liberté lorsque la date se présente, mais la condition du legs fait défaut. »*, **D.40.7.20 § 3 :** *« Celui à qui un esclave a reçu l'ordre de donner une somme de 10 pour être libre, meurt. Sabinus dit que s'il tient ces 10 prêts à être donnés, il deviendra libre, car il ne dépend pas de lui qu'il ne donne pas. Mais Julianus déclare que le Droit est disposé en faveur de la liberté de telle sorte qu'il obtienne la liberté, même s'il n'a pu obtenir l'argent qu'après »* [la mort du gratifié], ***et tout le titre D.40.7.*** [où les facilités accordées à l'affranchissement conditionnel contrastent avec la rigueur appliquée en matière de legs].

91. **de l'héritier purement et simplement, *D.40.7.9 :*** *« Personne ne doit ignorer que le* statuliber *est esclave de l'héritier dans l'intervalle* [entre la mort du testateur et la réalisation de la condition d'affranchissement] *et pour cette raison, l'action noxale* [«par laquelle la victime d'un délit demande à celui qui a l'auteur de ce délit en sa puissance de lui en payer la composition ou de lui en livrer l'auteur » (Girard p. 720)], *pourra être donnée* [à la partie lésée.] *Mais celui qui est donné peut encore espérer la liberté, en effet la donation ne lui enlève pas l'espoir de la liberté »*., ***D.40.7.15 :*** [erreur de référence ? Pas de rapport apparent au problème.], ***D.31.11 :*** *« Labéon dit que le* statuliber *peut recevoir de l'héritier un legs, sans obtenir la liberté quand il y a doute sur le fait de savoir si la liberté lui appartient en vertu du testament, parce que l'esclave appartient* [à l'héritier]. *»* **(d'où il s'ensuit que la *statulibera* enfante un esclave, *D.40.7.16 :*** *« Tout ce que la* statulibera *enfante est esclave de l'héritier »*.), **mais jusqu'à la condition, autrement dit, non pleinement, arguments de *D.46.3.38 § 3 :*** *« Si celui qui a promis un homme s'acquitte en donnant un* statuliber, *je pense qu'on ne doit pas attendre plus longtemps la condition et que le créancier peut agir et réclamer l'esclave par condiction. »*, **D.12.6.63 :** *« Nératius rapporte le cas de celui qui ne pouvait réclamer ce qu'il avait payé à titre de dû et qui n'était pourtant pas libéré de sa dette, comme par exemple s'il devait quelque homme et qu'il ait payé avec un* statuliber *: en effet il n'est pas libéré de sa dette parce qu'il n'a pas donné au stipulant un homme entier, et il ne peut le réclamer parce qu'il a donné ce qui était dû. »*,

(s'il a promis un esclave, il ne se libère pas en s'acquittant avec un *statuliber*; *la loi 9 déjà citée* ne s'oppose pas [car l'action noxale qui permet de livrer à la partie lésée, un esclave auteur d'un délit, ne supprime pas l'espoir de liberté du *statuliber*. On ne peut donc lui substituer un esclave pur et simple]**), *dernier § de D.48.19.9*:** *Le Divin Salvius Marcianus a établi dans un rescrit que le* statuliber *devait être puni comme un homme déjà libre.* **», *D.48.18.14*:** *« En vertu de l'incertitude de la condition d'affranchissement et de l'espérance de liberté, un* statuliber *qu'on découvre être l'auteur d'un délit, ne doit pas être puni comme un esclave mais comme un homme libre. »*, **(il est puni comme un homme libre; *D.40.7.29* s'y oppose:** *« En matière de peines, les* statuliberi *ne diffèrent en rien de nos autres esclaves »*).

92. **la liberté fidéicommissaire est exclue, argument du début de *D.40.7.2*, voir *de l'affranchi par testament*** [orcinus]**:** *« Celui qui rentre dans la catégorie du* statuliber *est dans une situation telle que s'il est vendu, il est aliéné avec conservation de son espérance de liberté, s'il est pris par usucapion, il l'est en conservant sa situation juridique, s'il est affranchi, il ne perd pas l'espoir de l'affranchi par testament. »* [non perdat spem orcini liberti.]

93. **l'esclave institué** [héritier] **avec octroi de liberté est exclu, *D.40.7.2 § 3*:** *« Si dans un premier testament un esclave est institué héritier sous condition, pour une moitié d'héritage et avec octroi immédiat de liberté, reçoit-il le statut d'un esclave affranchi par testament de telle sorte qu'il soit saisi par usucapion avec son espérance de liberté quand le deuxième héritier fait adition d'hérédité ? Puisqu'il reçoit la liberté de lui-même, il ne peut recevoir le statut d'esclave affranchi par testament. »*, **car il reçoit la liberté de lui-même (non du testateur, en effet il prend la personnalité juridique du testateur), *D.28.5.6 § 4*:** *« En effet, l'esclave institué héritier reçoit la liberté de lui-même »*. **D'où il s'ensuit que dans: *« que Stichus soit libre et ensuite »*, ou *« s'il est libre »*, *« qu'il soit héritier*, *« Ensuite »* est enlevé, *D.28.5.9 § 14*:** *« Si quelqu'un a écrit ainsi: "que Stichus soit libre et après qu'il est libre, qu'il soit héritier", Labéon, Nératius et Ariston estiment qu'une fois le terme intermédiaire "après que", enlevé, la liberté et l'héritage lui sont donnés en même temps. »*, ***D.28.5.51*:** *« Certains pensaient qu'une institution telle que: "que Stichus soit libre et s'il est libre, qu'il soit héritier", n'était pas valide. Mais le Divin Marc établit dans un rescrit qu'une telle institution valait comme si les termes « s'il est libre » n'étaient pas écrits. »*

94. ***début de D.40.7.1*:** *« Un* statuliber *est une personne qui a une liberté définie et limitée par un terme ou une condition. »*

95. **que les Préteurs désapprouvent, *D.28.7.14*:** *« Les conditions qui sont contre les Edits des Empereurs, ou contre les lois, ou contre les écrits qui ont force de loi, ou qui sont contre les bonnes mœurs, ou qui sont dérisoires, ou qui sont du genre de celles que les Préteurs désapprouvent, doivent être tenues pour non ajoutées et l'héritage ou le legs est obtenu, comme si la condition n'était pas ajoutée à l'héritage ou au legs. »*, **ainsi la condition de jurer est infâme, *D.35.1.20*:** *« Nous ne doutons pas qu'on doive dispenser des conditions infâmes, parmi lesquelles il y a même de nombreuses conditions de jurer. »*, **elle est cependant remplie de manière licite,** [en vertu de ***D.28.7.27*** qui n'interdit pas formellement de réaliser la condition infâme]**:** *« Dans son testament, quelqu'un institua un héritier sous la condition suivante: "s'il jette ma dépouille à la mer"; on demande si l'héritier institué est exclu de l'héritage s'il n'a pas obéi à la condition. Modestinus répond:*

on doit plus louer que condamner un héritier qui ne jette pas la dépouille du testateur conformément aux volontés de ce dernier... »

96. ***D.28.7.14*** *: « Les conditions qui sont... dérisoires... doivent être tenues pour non ajoutées... »*, **comme :** ***« si tu donnes 100, je te donne et lègue 100 », D.35.2.65*** *: « ... si cinquante pièces d'or sont léguées s'il donne cinquante pièces d'or, on dit que le legs est inutile, bien plus, qu'il est ridicule. »*, **ainsi, si quelque chose d'impossible se réalise : comme par exemple si quelqu'un venait d'Athènes à Lemnos grâce au vent du Nord, Cornelius Nepos :** [*« Vitae excellentium Imperatorum »*] ***Miltiades, chapitre 1*** [§ 4 et 5] : *« Du fait de la réponse de l'oracle, Miltiade dirigea une flotte contenant une troupe choisie vers la Chersonèse, atteignit Lemnos et voulant soumettre les habitants de cette île à la puissance des Athéniens, leur demanda de se rendre spontanément. »* [§ 5] : *« En se moquant, ceux-ci répondirent qu'ils le feraient lorsque Miltiade viendrait de chez lui à Lemnos sur des bateaux poussés par l'Aquilon. Mais ce vent qui provenait du Septentrion soufflait contre ceux qui venaient d'Athènes. »*, **si un mulet régnait sur les Mèdes, Hérodote, *Histoires I.55* :** *« Quand un mulet sera roi des Mèdes, alors, Lydien aux pieds délicats, fuis le long de l'Hermos caillouteux, ne reste pas en place et n'aie pas honte d'être lâche. Lorsque cette réponse fut parvenue à Crésus, il s'en réjouit encore bien plus que de toute autre chose, pensant qu'il était impossible à un mulet de régner sur les Mèdes à la place d'un homme... » Histoires. 1.91 : « Quant à ce que Loxias lui disait d'un mulet lorsqu'il le consultait pour la dernière fois, cela non plus il ne l'a pas compris. C'est Cyrus qui était ce mulet ; car il était né de deux parents de races différentes, d'une mère plus noble, d'un père d'origine plus modeste : sa mère était Mède, fille d'Astyage roi des Mèdes ; son père était Perse, sujet des Mèdes... »* **Ainsi un oracle disait que Florence pourrait être prise si les bœufs volaient autour des murailles, ce qui se réalisa lorsque les assaillants eurent dessiné un bœuf sur les étendards. Ainsi le Pape Sylvestre s'engagea envers le diable, s'il célébrait la messe à Jérusalem. Un oracle disait que Constantinople ne pouvait être prise que par un Ange, ce qui fut fait quand les ennemis firent irruption par la tour dite *« de l'Ange »*. Lorsque Philippe de Valois (Roi de France) assiégeait Cassel, les habitants exposèrent sur les murailles des coqs faits en laine, en disant que la ville serait prise quand les coqs chanteraient. Froissard, *Chroniques, livre 1.*** [Le § 41 du livre 1 des *Chroniques* qui traite de la prise du mont Cassel par Philippe VI de Valois Roi de France, en 1328, ne relate pas ce fait.]

97. ***D.50.17.11*** *: « ce qui nous appartient ne peut être transféré à autrui sans notre intervention. »*

98. **qui se résout sous condition, *début de D.18.2.2*** *: « L'achat est pur, mais se résout sous condition. »*, **qui s'achève** [sous condition comme dans le cas de la vente sous condition résolutoire], ***D.20.6.3*** *: « Si une chose a été vendue sous réserve qu'une meilleure offre ne soit pas faite avant un certain terme et si elle a été emportée par l'acheteur et si celui-ci l'a donnée à titre de gage avant que le délai accordé pour trouver une meilleure offre soit écoulé, Marcellus dit au livre 5 des Digestes, que le gage est annulé si une meilleure offre est faite... »*

99. ***D.8.1.4*** *: « En Droit pur, les servitudes ne peuvent être constituées ni à partir d'une certain moment, ni jusqu'à un certain moment, ni sous condition, ni jusqu'à une certaine condition. »*, **on le conçoit autrement en *D.45.1.8*** *: « Dans cette stipulation : "si tu ne donnes pas Stichus aux Calendes, promets-tu de donner 10", on demande si l'on peut agir immédiatement avant les Calendes lorsque le promettant est mort. Sabinus et Proculus*

pensent qu'il faut attendre le moment d'agir [le terme] *ce qui est très vrai; en effet toute l'obligation est sous une condition et soumise à un terme...* »

100. [La notion de mode est susceptible d'être définie de deux manières, selon qu'on utilise son expression succincte ou au contraire une de ses expressions complètes. Dans le premier cas on obtiendra ce que Girard résume en disant: « *On ne confondra pas avec la condition, le* modus, *qu'on rencontre beaucoup plus en matière de legs qu'en matière d'institution d'héritier et dans lequel le disposant charge le gratifié de faire quelque chose sans subordonner la libéralité à l'accomplissement de la charge.* » (p. 970 note 5). Dans le second cas, on se trouvera en face d'une « *obligation alternative ayant deux objets par le paiement de l'un desquels le débiteur sera libéré* » (Girard p. 498). Cette ambivalence du terme provient en partie d'une certaine indécision de la doctrine, mais surtout de la diversité de formulation des dispositions qui le contiennent. En effet, lorsqu'un disposant désire obtenir quelque chose du gratifié, il peut aussi bien déclarer: « *qu'il soit mon héritier pour qu'il fasse telle chose* », que: « *qu'il soit mon héritier s'il fait telle chose* », ou encore: « *qu'il soit mon héritier jusqu'à ce qu'il ne fasse pas telle chose* », (ou « *tant qu'il ne la fait pas* »), ou enfin: « *qu'il soit mon héritier s'il fait telle chose et qu'il ne le soit pas dans le cas contraire* ». Dans tous ces cas, on peut considérer que le mode est bien le contraire de la condition résolutoire puisque le droit qu'il conditionne cesse d'appartenir au gratifié lorsque l'événement non désiré par le disposant se réalise. Mais on peut aussi considérer que le premier échappe à la règle commune comme le souligne le th. 297. Quoiqu'il en soit, les définitions, théorèmes et notes de Leibniz s'efforceront de synthétiser un ensemble complexe de lois où interviennent non seulement les difficultés inhérentes aux transmissions sous conditions résolutoires, mais aussi les considérations d'humanité qui tempèrent la rigueur de ces lois. Cf. les th. 295 et suivants].

voir tous les titres: *De la condiction pour une chose donnée indûment* [D.12.4], ***Des choses qui sont laissées sous un mode à titre de legs ou de fidéicommis*** [C.6.45], ***Des donations qui sont faites sous un mode ou sous une condition ou à partir d'une date déterminée*** [C.8.54], ***si l'on vend une esclave sous la condition qu'elle ne soit pas prostituée*** [C.4.56]; [le mode] **est conçu autrement dans la loi *D.44.7.44 § 3:*** « *Le mode d'une obligation est quand nous stipulons 10 ou un homme, car le paiement de l'un éteint toute l'obligation et l'autre ne peut être réclamé, cela bien sûr, tant que les deux existent.* » **Etant donné le mode suivant: aussi longtemps que ceci sera, que cela soit, et lorsqu'il ne sera pas qu'il ne soit pas, et lorsqu'il sera de nouveau, qu'il soit de nouveau. Dans ce cas il est à la fois mode et condition** [car *quand il reviendra* a le sens de *s'il revient*], ***D.27.1.45 § 1:*** « ... *que Titius soit tuteur; lorsqu'il s'absentera pour cause de service public, qu'il ne soit plus tuteur; lorsqu'il reviendra, qu'il le soit de nouveau...* »

101. ***D.35.1.12:*** « *S'il est légué ainsi: "puisque mon fils aîné a prélevé 10 dans mon coffre, que mon fils puîné héritier prenne 10 dans l'héritage", le legs est dû car il est laissé pour que la situation des fils soit égale. Et ceci est certainement une cause, car la cause est rapportée au passé, la peine au futur.* »

102. **voir Jean Baptiste Lacoste: *Tractatus de Retrotractione seu de fictione translativa.*** [Venise, 1606]; ***D.46.3.16:*** « *Si l'on porte au crédit d'un débiteur sous condition et que la condition existe ensuite, il est réputé déjà libéré antérieurement de sa dette.* »**, début de *D.18.6.8:*** « ... *si l'acheteur ou le vendeur meurent alors que la condition est en suspens, il apparaît que les héritiers seraient obligés si elle venait à exister, comme si l'achat avait été contracté dans le passé...* »

103. **Il ne s'ensuit pas que ce qui est établi dans la condition, ou son contraire, soit établi immédiatement dans la disposition,** [car ce transfert est impossible si le bien n'est pas déterminé ou si les parties ne sont pas réellement ou fictivement identiques]**, argument de** ***D.28.5.19 :*** « ... *Si quelqu'un instituait que soit laissée une partie vacante ainsi : "si Séjus" (qu'il n'a pas institué), "n'hérite pas de moi, que Sempronius soit héritier"* » ... « *Ariston estime* [qu'il ne peut pas l'être] *parce que la partie qui est donnée ici est inexistante, et nous utilisons ce Droit* »**,** ***D.29.4.8 :*** « *Si quelqu'un institué héritier sous la condition de donner 10 ou quelque autre chose consistant à donner ou à faire, ne réalise pas la condition du testament et possède l'héritage ab intestat, on doit se demander si l'on doit secourir celui au profit de qui la condition est énoncée, et il est préférable qu'on ne le secoure pas. En effet, il n'est pas légataire.* », [il le devient en revanche dans le cas contraire] ***D.28.6.2 § 5 :*** « *Si quelqu'un testait ainsi : "que Séjus soit héritier si mon fils meurt avant ses quatorze ans" et ensuite ; "que mon fils soit héritier", la substitution serait valide car il est permis de rédiger le testament en renversant l'ordre des termes.* » **(si ce qui n'est absolument pas donné, est enlevé sous condition, il n'est pas immédiatement donné sous la condition contraire,** ***D.40.4.59 § 2 :*** « ... *"Onésiphore, ne sois pas libre si tu ne rends pas rapidement les comptes de gestion" ; je demande si Onésiphore peut réclamer la liberté en vertu de ces termes. On répond que les termes proposent que la liberté soit enlevée, plutôt qu'ils ne proposent qu'elle soit donnée.* » **;** ***si tu ne donnes pas Pamphile, promets-tu de donner tant ?*** **ceci ne peut être demandé,** ***D.45.1.115 § 2 :*** « *De même si quelqu'un stipulait ainsi : "si tu ne donnes pas Pamphile, promets-tu de donner 100", Pegasus répondait que la stipulation ne devenait pas exécutoire avant qu'il ait cessé d'être possible que Pamphile soit donné. Mais Sabinus estimait en vertu des paroles des contractants, qu'on devait agir aussitôt après que l'homme avait pu être donné et qu'on ne pouvait agir en vertu de la stipulation tant qu'il ne dépendait pas du promettant qu'il ne donnât pas l'homme, et il défendait ceci avec l'exemple du legs de peine. En effet Mucius* [Scaevola] *écrivit que l'héritier était tenu de verser l'argent légué dès qu'il avait pu donner un acompte et ne l'avait pas fait ; et ceci est admis pour raison d'utilité en considération de la volonté du défunt et de la nature de la chose même. C'est pourquoi la sentence de Sabinus peut être admise...* » **; la disposition circulaire ne serait pas perplexe si chacun des deux termes pouvait être compris comme donné purement et simplement), excepté dans le testament du militaire,** ***C.6.21.7 :*** « *Tu ne peux réclamer la liberté en ta faveur à partir des termes : "je donne et lègue à mon esclave Fortunatus" s'il s'agit d'un testament de civil. Mais s'il s'agit d'un testament de militaire et si ce n'est pas par erreur qu'il propose que tu sois affranchi mais qu'il ait au contraire la ferme intention de donner la liberté, la liberté peut assurément t'être immédiatement attribuée.* » [Ici, l'attribution de liberté qui est établie dans la condition implicite du legs est réputée immédiatement établie dans la disposition].

104. **et la désignation** [dont le contenu direct est vide]**,** ***D.35.1.72 § 8 :*** « *Sabinus répond que la fausse désignation d'un legs ne constitue pas un legs (comme par exemple si quelqu'un écrivait ainsi alors qu'il ne lègue rien à Titius : "que mon héritier donne à Séjus 50 pris sur les 100 que j'ai légués à Titius").* »

105. **La dernière volonté règle les conditions,** [et détermine le moment de réalisation du conditionné] ***D.35.1 début de 19 § 1 :*** « *Cette expression : "si Primus est héritier, qu'il soit obligé de donner", ne doit pas être tenue pour une condition, car le testateur a plutôt voulu montrer quand le legs est dû, qu'insérer une condition.* » (et ce moment est divers), ***D.35.1.91 :*** « *La nature des conditions qui se réfèrent au futur est triple, en ce que certai-*

nes renvoient au temps où le testateur est en vie, certaines à celui où il est mort, certaines aux deux, mais le temps est entendu, soit comme certain, soit comme indéfini. »

[La dernière volonté précise également le contenu de l'obligation imposée au conditionnateur et définit s'il s'agit d'une prestation de services, d'une translation de biens ou d'une simple manifestation de volonté. La condition peut donc consister soit en un paiement] ***D.35.1.84*** **:** *« Je veux que soient donnés à ces esclaves, à titre de pension alimentaire s'ils restent avec mon fils, cent deniers par mois et l'habillement nécessaire. »*; [soit en la manifestation d'une intention] ***D.35.1* début de *101*** **:** *« ... Il répondit que comme il convenait de considérer plus la volonté du testateur dans les conditions que les termes mêmes, le fidéicommis était considéré comme donné à Aelius Philippus si la fille du défunt, Procula, n'avait pas voulu l'épouser. »*; [soit en la réalisation d'un fait matériel témoignant d'une intention] ***D.35.1.107*** **:** *« s'il fait adition d'hérédité. »*; [soit en la réalisation fictive d'un fait matériel] ***D.35.1.27*** **:** [comme la construction d'un monument funéraire] *« semblable à celui de Publius Septimus Demetrius »),* [sachant qu'il n'en existe pas de pareil]; [soit en la réalisation d'un acte matériel dépendant d'une volonté comme le fidéicommis] ***D.35.1.36*** **:** *« quels que soient mon ou mes héritiers, je m'en remets à leur bonne foi pour qu'ils donnent 40 à Gaius Séjus... »*; [soit enfin dans une translation fictive de biens] ***D.35.1.55*** **:** *« Maevius à qui un fonds est légué s'il donne dix à Callimaque qui n'a pas la capacité de recevoir par testament, doit obéir à la condition et donner les dix pour que le fonds légué lui appartienne, bien que l'argent n'appartienne pas au gratifié. »*;

[La dernière volonté du testateur détermine enfin la nature juridique de l'acte, car elle est à la fois la source de l'obligation contractuelle] ***D.16.3.1 § 6*** **:** *« Si l'on convient que l'on devra quelque chose s'il y a eu dépôt et si l'on est en retard, la convention est établie. En effet les contrats reçoivent force de loi de la convention. »*, [la source de la condition] ***D.34.6.2*** **:** *« La volonté du testateur sépare la peine de la condition et il résulte de la volonté du défunt, si c'est une peine, une condition ou un transfert. »;* [et même celle des obligations qui naissent des fidéicommis clairement énoncés] ***D.40.5.16*** **:** *« Les libertés peuvent cependant être données par fidéicommis et ainsi de manière plus généreuse que par la voie directe ; en effet la liberté peut être donnée par fidéicommis, non seulement aux esclaves siens, mais aussi aux esclaves d'autrui, mais à condition que la volonté du testateur puisse être exprimée par des termes ordinaires et de manière évidente. »*, **voir cependant *D.28.5.9 § 5*** [qui insiste sur la nécessaire clarté des désignations contenues dans les dernières volontés et réduit de ce fait le domaine de l'interprétation] **:** *« Personne ne peut être institué héritier sans être désigné de manière évidente. »*

106. [Est au pouvoir du conditionnateur, ce qui est] **dans la nature, *D.50.17.135*:** *« Les choses qu'il est impossible de donner, ou qui n'existent pas dans la nature, sont tenues pour non ajoutées. »*; **dans le commerce, *D.18.1.34.2*:** *« Nous ne pouvons acheter un homme libre en le sachant. Mais un achat ou une stipulation tel que : "lorsqu'il sera esclave", ne doit pas être admis, quoique nous disions que des choses futures peuvent être achetées ; en effet il n'est pas bon d'attendre un hasard de ce genre. »*, ***D.45.1.83.5*:** *« Je stipule inutilement une chose sacrée ou appartenant à la religion ou laissée à l'usage public perpétuel (comme un forum ou une église), ou un homme libre, quoique la chose sacrée puisse devenir profane, l'usage public, devenir privé, et l'homme libre, esclave. »*; **voir la note du th. 153** [qui rappelle qu'on peut cependant acquérir sa propre chose conditionnellement ou promettre conditionnellement une chose étrangère].

107. **bien qu'il ne soit pas capable au moment où le testament est constitué, *D.34.7.4*:** *« Il a plu que la règle de Caton ne s'appliquât pas aux institutions conditionnelles ».* [Comme la règle de Caton dit que *« le legs qui serait inutile si le testateur décé-*

dait au moment où le testament est écrit, est inutile quel que soit le moment où il décède » (D.34.7.1), il s'ensuit que si elle s'appliquait aux institutions conditionnelles, le gratifié incapable au moment où le testament est constitué ne pourrait saisir l'hérédité. *A contrario*, l'invalidité de la règle de Caton en matière d'institutions conditionnelles permet à l'hérédité d'être transférée au conditionnaire incapable lors de la rédaction du testament.], ***D.30.41 § 2 :*** *« ... mais si le legs est fait sous condition, il pourra être valide s'il n'existe pas au moment où la condition existe... car la règle catonienne ne s'applique pas aux choses conditionnelles. »*, ***D.35.1.59*** [il s'agit en fait du § 1] : *« Que se passe-t-il par conséquent si la personne ne meurt pas mais perd la citoyenneté ? comme par exemple si quelque chose est légué à quelqu'un "s'il devient consul" et qu'il soit déporté sur une île ; n'est il pas vrai que le legs ne s'éteint pas dans l'intervalle du fait qu'il peut retrouver la citoyenneté ? c'est ce que je juge être très probable. »*, ***D.35.1.104 :*** *« Celui qui a été déporté après l'ouverture du testament et qui a retrouvé ensuite la citoyenneté, peut réclamer le fidéicommis dont la condition a existé après qu'il a obtenu à nouveau la citoyenneté romaine ».*

108. [Dans cette longue série de citations, Leibniz illustre les principaux caractères de la fonction suspensive de la condition en soulignant tout d'abord l'importance qu'y prennent les modalités temporelles] ***D.17.1.22 :*** *« Si je t'ai donné mandat de me cautionner sous condition et que tu m'aies cautionné purement et simplement et que tu aies payé, on répond à bon droit que l'action que tu pourras exercer au titre du mandat n'existera pas dans l'intervalle, mais seulement lorsque le terme sera échu. »*, ***D.21.1.43 :*** [erreur de référence ? Pas de rapport apparent au problème.], ***D.12.1.8 :*** *« L'attribution du gage dépend parfois du fait qu'elle soit confirmée après coup, comme par exemple si je te donne de l'argent en gage, de telle manière qu'il t'appartienne et que tu sois mon obligé si quelque condition existe. »*; ***D.12.1.37 :*** *« Lorsque la condition est rapportée au temps présent, la stipulation n'est pas suspendue, et si la condition est réalisée, la stipulation est valide. »*, ***D.12.1.39 :*** [une proposition] *« possède la puissance d'une condition quand elle est rapportée au futur. »*, ***D.36.2.4 :*** *« Si on lègue "lorsque l'héritier mourra", le legs est conditionnel ; c'est pourquoi le légataire qui meurt alors que l'héritier est encore vivant, ne transmet pas à son propre héritier ; mais s'il lui est légué avec la condition : "lorsque le légataire lui-même mourra", il est certain que le legs se transmettra à son héritier. »*, ***D.36.2.5 :*** *« Si le légataire décède après le* dies cedens *du legs, il transmet son legs à son propre héritier. »;*

[puis Leibniz ajoute à ces modalités temporelles, celles qui résultent des différents degrés de probabilité de l'événement suspensif. Il obtient alors une suite de cas où soit la transmission, soit la détention du droit conditionnel, dépendent (ou ne dépendent pas) de la certitude (ou de l'incertitude), connue (ou inconnue), de la réalisation passée, présente ou à venir, de l'événement suspensif.] ***D.36.2.13 :*** *« Un legs ainsi conçu : "je lui donne et lègue, si tel événement se réalise ou ne se réalise pas", ne se transmet pas à l'héritier* [du légataire], *si un des événements n'existe pas du vivant du légataire, car la raison pour laquelle il est dû, doit toujours précéder. Et il n'est pas dû de toute façon parce qu'il est certain qu'un des événements sera, car il est certain qu'un legs comme : "que l'héritier donne lorsque je mourrai", sera dû et pourtant il ne passe pas à l'héritier du légataire, si ce dernier meurt du vivant de l'héritier. »*, ***D.36.2.21 :*** *« ... mais si le terme qui est ajouté au legs, est certain bien qu'éloigné, comme par exemple les centièmes Calendes de Janvier, le* dies cedit *du legs commence aussitôt, mais on ne peut réclamer avant le terme. »*, ***D.36.2.25 :*** *« Lorsque "ceci ou cela" est légué, l'énumération de plusieurs choses énoncées sous un mode disjonctif ne représente pas plusieurs legs et on ne pourra pas dire autre chose si l'on a légué au choix un fonds purement et simplement et un autre sous condition, car il n'y aura pas de choix tant que la condition sera en suspens et l'on ne considérera* *pas que le legs se transmette à l'héritier du légataire s'il décède entre-temps. »*, ***D.12.6.16 :*** *« Si ce qui est dû sous condition, est payé par erreur alors que la condition est en suspens, il peut être réclamé par condiction, mais il ne peut plus l'être lorsque la condition existe. »*, ***D.12.6.18 :*** *« On ne peut réclamer ce qui est payé quand ce qui est dû, l'est sous une condition qui existe de toute façon ; mais on peut réclamer ce qui est payé quand il est dû sous une condition incertaine et quand on a payé avant sa réalisation. »*, ***D.12.6.56 :*** *« Pour réclamer la restitution de l'indû, il suffit qu'il soit incertain de savoir si l'on peut se défendre grâce à une exception temporaire ou perpétuelle. En effet, si quelqu'un s'engage à ne pas réclamer avant que Titius devienne consul, on dira avec raison qu'il peut réclamer ce qu'il a payé dans l'intervalle, parce que l'exception qui se réfère au moment où Titius devient consul, devient perpétuelle à sa mort. »* ;

[Leibniz aborde ensuite la question de la valeur suspensive des conditions moralement inacceptables telle la condition du serment et rappelle la solution du *Corpus Juris Civilis.*] ***D.28.7.8 § 6 :*** *« Toutes les fois que l'héritier reçoit l'ordre de jurer de donner ou de faire quelque chose qui n'est pas malhonnête, il n'obtiendra pas plus les actions héréditaires en le jurant qu'il ne les obtiendrait en donnant ou faisant ce qu'il lui est ordonné de jurer de donner ou de faire. »*, ***D.32.14 :*** *« Si quelque chose est légué à une femme « si elle ne se marie pas » et qu'on lui demande de le restituer à un tiers dans le cas contraire, on ne doute pas qu'elle soit contrainte de le restituer si elle se marie. »*, ***D.35.1.26 :*** *« Cette expression : "s'il donne 20 ou s'il jure de faire quelque chose" exprime une seule condition ayant deux parties ; c'est pourquoi si quelqu'un est institué héritier sous la condition "s'il jure de donner 10", ou, "de construire un monument", bien qu'il soit admis à l'héritage ou au legs en raison des termes énoncés, il est cependant contraint de faire ce qu'il lui a été ordonné de jurer de faire, car il est seulement dispensé du serment. »* ;

[Il conclut enfin cette suite d'exemples par une compilation désordonnée de lois reprenant les thèmes ci-dessus et modulant l'effet suspensif de la condition par la considération de ces contraintes supplémentaires que sont l'existence d'une action personnelle ou réelle, l'introduction d'une garantie ou d'une créance, la présence d'une stipulation et l'introduction d'une date ou d'un terme.] ***D.13.5.19 :*** *« Que ce qui est dû sous condition le soit purement et simplement ou sous une date certaine, il est suspendu à cette même condition de telle sorte qu'il est obtenu si la condition existe, et que l'action en réclamation disparaît si la condition fait défaut. »*, ***D.20.1.13 :*** [référence imprécise ou erronée ; pas de texte énonçant simplement la fonction suspensive de la condition.], ***D.46.1.16 § 5 :*** *« Si un fidéjusseur est accepté sous condition dans une stipulation contenant un terme, son droit est en suspens de telle sorte qu'il n'est pas obligé si la condition a été remplie avant la date, et qu'il est obligé si la condition et le terme se réalisent en même temps, ou si la condition suit le terme. »*, ***D.40.5.61 § 1.2 :*** [erreur de référence, pas de loi 61 dans D.40.5], ***D.4.8.23 :*** *« Celse dit que si l'on a ordonné que le juge soit nommé avant les Calendes de Septembre et qu'il ne l'ait pas été, la peine prévue ne disparaît pas une fois énoncée même si on le nomme après, car il reste toujours vrai qu'il n'a pas été nommé avant les Calendes. »*, ***D.35.1.40 § 2 :*** *« Quelqu'un légua 100 à Titius par testament, puis disposa ensuite ainsi : "que mon héritier donne les 100 à qui je les ai légués, si ma mère meurt". Titius survécut au père de famille puis mourut alors que la mère était encore vivante. Une fois la mère décédée, Ophilius répondit que le legs était dû aux héritier de Titius parce que le legs n'avait pas été fait sous condition, mais d'abord purement, puis avec une apposition de date de paiement. Voyons, dit Labéon, si ceci n'est pas faux car il n'importe pas que l'on ait écrit ainsi : "que mon héritier donne les sommes à qui je les ai léguées, si ma mère meurt", ou ainsi : "qu'il ne donne pas à moins que ma mère meure" ; en effet, le legs est donné ou ôté dans chaque cas. »*, ***D.35.1.41 :*** *« Les legs laissés sous condition commencent à être dus, non immédiatement, mais quand la condition est réalisée. »*, ***Inst.3.15 § 4 :*** *« Une sti-*

pulation est conditionnelle lorsque l'obligation est suspendue à quelque hasard, de telle sorte que si quelque chose est ou n'est pas, la stipulation est exécutoire. », ***D.45.1.116 :*** *« Si 10 sont stipulés par Titius en ta faveur et si tu stipules ensuite que Maevius te donnera ce que tu ne pourras obtenir de Titius, sans aucun doute Maevius pourra supporter tout le risque, mais si tu réclames 10 à Titius, Maevius ne sera libéré de sa dette que si Titius s'exécute conformément au jugement. Paul note : en effet il n'y a pas deux parties, Titius et Maevius, pour une même obligation, mais Maevius doit sous la condition qu'on ne puisse obtenir le paiement de Titius... »*, ***D.50.17.169*** [il s'agit en fait du § 1] **:** *« Ce qui est en suspens ne vaut pas comme s'il était. »*, ***D.50.16.213 :*** *«* Cedere diem *signifie que l'argent commence à être dû ;* venire diem *signifie qu'arrive le jour où l'argent peut être réclamé. Quand quelqu'un a stipulé purement et simplement, le* dies cedit *et le* dies venit *se produisent. Quand quelqu'un a stipulé sous condition, ni le* dies cedit, *ni le* dies venit *ne se produisent tant que la condition est en suspens. »*, ***D.42.4.7 § 14 :*** *« Si un débiteur se protège grâce à un terme ou sous une condition, ses biens ne peuvent être vendus avant que le terme ou la condition existe. »*, ***C.6.46.3 :*** *« Si Auluzanus a voulu laisser un legs par testament sous la condition : "s'il reste avec sa cuisinière et la mère de celle-ci" et s'il a dépendu de lui de ne pas obéir à la volonté du testateur, il n'est pas autorisé à réclamer le legs car il n'a pas obéi volontairement à la clause du testament. »*, ***C.6.25.1 :*** *« lorsque tu proposes que l'oncle maternel institue ta fille héritière sous la condition suivante : "si elle épouse le fils d'Anthylle", elle n'est pas héritière avant d'avoir obéi à la condition ou avant qu'il devienne manifeste que le mariage est impossible du fait du refus d'Anthylle. »*, ***première loi § 2 C.6.51 :*** *« ... ce qui est laissé... fait défaut, soit quand celui qui reçoit quelque chose par testament meurt du vivant du testateur et après rédaction du testament, soit quand cela même qui est laissé disparaît (par exemple quand la condition sous laquelle la gratification est laissée, disparaît... »*, ***D.44.7.42 :*** *« Celui à qui quelque chose est légué sous condition, n'est pas créancier quand la condition est en suspens, mais seulement quand la condition a existé, tandis qu'on a jugé bon que celui qui stipule sous condition, soit créancier même quand la condition est en suspens. »*, **autrement dit, l'argument en sens contraire vaut dans les conditions, Niccolo Everardi :** ***Loci argumentorum legales.*** [Köln, 1662], [voir] ***sur ce point la note 36.*** **et l'effet cesse quand la cause cesse, Tiraqueau :** ***tr. de hoc pec.*** [Il s'agit peut-être de l'in folio : ***Tractatus varii*** réunissant 9 dissertations dont la première s'intitule : *cessante causa, cessat effectus*. Lyon, 1574.]. **D'où il s'ensuit qu'on ne nove pas ce qui est dû conditionnellement, sauf de manière éventuelle,** ***D.46.2 début de 14 :*** *« Toutes les fois que ce qui est dû purement et simplement est promis sous condition pour raison de novation, la novation ne commence pas aussitôt, mais seulement lorsque la condition existe. Et par conséquent, si Stichus était ainsi l'objet de l'obligation et qu'il décède alors que la condition est en suspens, il ne se produirait pas de novation parce que la chose ne subsiste pas au moment où la condition s'accomplit. »* **; et qu'il ne peut être nové,** ***loi 8 § 1, même passage :*** *« Si des legs ou des fidéicommis étaient introduits dans une stipulation et qu'on fasse en sorte de nover, la novation se ferait immédiatement s'ils étaient laissés purement et simplement, ou à terme, et elle ne se ferait pas immédiatement s'ils étaient laissés sous condition, mais seulement lorsque la condition aurait existé. »*

109. [Ce qui exclut à la fois les conditions dont il est empiriquement certain qu'elles existent ou qu'elles n'existeront pas, et celles dont il est juridiquement certain qu'elles n'existeront pas du fait de leur caractère illégal.] ***D.28.7.1 :*** *« On convient qu'une institution faite sous une condition impossible ou contenant une autre imperfection, n'est pas viciée »* [et que la viciation affecte en conséquence la condition.], ***D.28.7.7 :*** *« Si quelqu'un instituait des héritiers sous la condition qu'ils se garantissent mutuellement de se rendre*

les legs faits dans le testament, on conviendrait de les dispenser de la condition car on considère qu'elle va à l'encontre des lois qui interdisent à certains de recevoir des legs. », ***D.28.7.8 :*** *« Les choses qui sont laissées sous la condition de jurer sont condamnées par le Préteur ; en effet il veille à ce que celui qui reçoit quelque chose sous la condition de jurer ne perde pas l'héritage ou le legs en omettant la condition ou ne soit pas honteusement contraint d'accepter la condition de jurer. »*, ***D.28.7.18 :*** [erreur de référence ? pas de rapport apparent au problème.], ***D.46.2.9 § 1 :*** *« Celui qui stipule sous une condition qui se réalisera de toute façon, est considéré comme stipulant purement et simplement. »*

110. **Celles qui ne tombent pas sous les sens, ne peuvent être introduites dans une condition morale, même si elles sont très certaines, comme : que le continu soit divisible à l'infini. En effet, personne ne confirmera cela par serment, voir Cicéron, *quatrième Question Académique, p.m.48.* Or ce dont on ne peut jurer, ne peut être prouvé moralement.**

111. **Le conditionnaire doit prouver l'existence de la condition, Niccolo Belloni : *Conseils,*** [Basel, 1544. Conseil] ***50, note 3*, et il doit lui-même savoir, *D.35.1.21 :*** *« ... les conditions telles que : "si un navire vient d'Asie", "si Titius devient consul", bien que remplies, empêchent l'héritier de faire adition d'hérédité aussi longtemps qu'il ignore qu'elles sont remplies... »*, ***D.29.2.21 § 3* ne s'y oppose pas** *« Julianus écrit que si quelqu'un ne sait pas pour quelle part il est institué, cela ne lui nuit pas pourvu qu'il ait une gestion d'héritier. Ce que Cassius approuve s'il n'ignore pas la condition sous laquelle l'héritier a été institué et que la condition sous laquelle il a été substitué, a existé. Mais que se passe-t-il s'il ignore que la condition a existé ? Je pense qu'il peut faire adition d'hérédité. »* **Car ce passage concerne en l'espèce la condition suivante : *si l'héritier au premier degré n'est pas héritier.* La condition *ἄσημος*** [obscure] **ne peut non plus être assurée ; par exemple, je promets sous une condition et je n'en exprime aucune, argument de *D.28.5.36 :*** *« Si quelqu'un instituait ainsi un héritier : "qu'il soit héritier hormis pour la part que j'ai donnée en héritage par codicille à Titius", même s'il n'y avait pas de part désignée dans un codicille, il serait malgré tout héritier comme s'il était institué sans détermination de part. »*, ***C.6.25.8 :*** *« Si l'on trouve un testament ainsi rédigé : "Que celui-ci soit héritier sous les conditions ci-dessous énoncées" et que rien ne soit ajouté et qu'il n'y ait pas de condition mentionnée dans le testament, nous estimons que l'expression de la condition est superflue et que l'institution testamentaire est pure. »*

112. ***D.12.1.38 :*** *« On doit tâcher de savoir, pour autant que ce soit humainement possible, si la condition se réalisera. »*

113. **voir la def. 53. *D.28.7.16* ne s'y oppose pas :** *« Si Titius est héritier, que Séjus soit héritier, si Séjus est héritier, que Titius soit héritier. Julien écrit que l'institution est inutile car la condition ne peut exister. »* **En effet dans ce cas, *« si Titius est héritier, que Séjus soit héritier », « si Séjus est héritier, que Titius soit héritier »* s'opposent entre eux. Ni non plus *D.28.7.10 § 1 :*** *« Si nous instituons quelqu'un ainsi : "que celui-là soit héritier si je l'ai institué héritier par codicille", l'institution est valide y compris pour le fils qui est sous la puissance du père, puisque la condition qui est rapportée au passé ou qui est rapportée au présent, comme : "si le roi des Parthes vit", "si un navire est au port", est nulle. »*

114. [Leibniz illustre le théorème 20 en s'appuyant sur D.34.5.13 § 2 dont l'expression est potentiellement ambiguë. En effet dans la stipulation *« si tu ne donnes pas l'un*

d'eux, promets tu de donner 10 », tous doivent être donnés pour que la stipulation ne soit pas exécutoire. Il en est de même quand cette stipulation prend la forme: *« si tu ne donnes pas l'homme ou le fonds, promets-tu de donner 10 »*. En revanche il n'en est plus de même dès qu'elle devient: *« si tu ne donnes pas un homme ou un fonds »*, car le passage de l'article défini à l'article indéfini équivaut au passage d'une conjonction d'objet prédéfinis qui doivent être donnés, à une disjonction d'objets équivalents entre lesquels le choix est possible.] ***D.34.5.13 § 2:*** *« Lorsque nous concevons ainsi une stipulation: "si tu ne donnes pas l'homme ou le fonds, promets-tu de donner 100?", l'un et l'autre doivent être faits afin que la stipulation ne soit pas exécutoire, autrement dit, elle sera exécutoire si seulement l'un d'eux est fait ou aucun. Et c'est la même chose évidemment lorsque nous stipulons ainsi à propos de plusieurs choses que nous voulons voir réalisées: "si l'une d'elles n'est pas réalisée", comme par exemple: "promets-tu de présenter Stichus et Dama et Eros, si tu n'as pas présenté l'un d'eux, promets-tu de donner 100"; en effet, il est nécessaire de les présenter tous pour satisfaire à la stipulation. »*, ***D.28.5.85:*** *« que mon frère Titius soit mon héritier universel; si Titius ne veut pas être mon héritier ou s'il meurt (ce qui me répugne) avant d'avoir reçu mon héritage, ou s'il n'a pas de fils ou de fille nés de lui, alors que Stichus et Pamphile, mes esclaves, soient libres et mes héritiers à parts égales; je demande si Stichus et Pamphile peuvent être libres et héritiers en vertu de la substitution si Titius a fait adition d'hérédité en n'ayant pas d'enfants au moment de l'adition d'hérédité. Je demande également si on les considère comme ajoutés pour une partie de l'héritage s'ils ne peuvent être ni héritiers, ni libres en vertu de la substitution. Il répond: il est manifeste que l'intention du testateur n'a pas été d'ajouter quelque cohéritier à son frère qu'il a évidemment institué de manière universelle; par conséquent si le frère a fait adition d'hérédité, Stichus et Pamphile ne seront pas héritiers... »*, **C.6.25 début de 6:** *« Nous estimons généralement que si quelqu'un formula son propos de telle sorte qu'il énonça: "si le fils (ou la fille) meurt intestat, ou sans enfant, ou sans s'être marié" et que ce fils (ou cette fille) ait des enfants, ou se marie, ou rédige un testament, la chose lui appartient sans conteste. Mais si aucun de ces événement ne se réalise, alors la condition sera valide... »*

115. ***D.45.1.7:*** *« Lorsque la condition impossible consiste à faire quelque chose, elle s'oppose aux stipulations. Mais il en est autrement quand une condition telle que "s'il ne monte pas au ciel" est introduite dans une stipulation, car elle est alors utile... »*

116. **ajouter le th. 315** [traitant de la condition continuée indéfinie]; **en vertu de** ***D.35.1.42:*** *« Le legs fait au fils de famille l'est sous la condition suivante: "s'il demeure sous la puissance du père". »*

117. **ajoutée à la liberté, elle est remplie quand le contraire a pu aisément être fait et n'a pas été fait,** ***D.40.4.17 § 1:*** *« La liberté qui est référée au dernier moment de la vie, comme par exemple: "que Stichus soit libre lorsqu'il mourra", doit être considérée comme n'existant pas. Mais une formule telle que: "que Stichus soit libre s'il ne monte pas au Capitole", doit être tenue pour équivalente à: "s'il n'est pas monté au Capitole, dès qu'il a pu y monter". En effet Stichus obtiendra la liberté de cette manière, s'il s'abstient de monter au Capitole, alors que la possibilité de le faire lui est offerte. »*, **car l'esclave ne peut donner garantie. Les Docteurs l'appliquent également aux affaires religieuses.** [Sur la transformation d'une particulière négative en universelle affirmative, ou d'une universelle négative en particulière affirmative, voir par exemple: Couturat, *Opuscules et fragments inédites*, Alcan, 1905, p. 52].

118. [voir le] **contraire** [dans] **Sabinus,** ***D.45.1.115 § 1:*** *« Mais si je stipulais ainsi:*

"promets-tu de donner 100 si tu ne montes pas au Capitole ou si tu ne vas pas à Alexandrie", la stipulation ne devient pas immédiatement exécutoire bien que tu aies pu monter au Capitole ou parvenir à Alexandrie, mais seulement quand il sera certain que tu ne pourras monter au Capitole ou aller à Alexandrie. », *§ 2: « De même si quelqu'un stipulait ainsi: "si tu ne donnes pas Pamphile, promets-tu de donner 100", Pegasus répondait que la stipulation ne devenait pas exécutoire avant qu'il ait cessé d'être possible que Pamphile soit donné. Mais Sabinus estimait en vertu des paroles des contractants, qu'on devait agir aussitôt après que l'homme avait pu être donné et qu'on ne pouvait agir en vertu de la stipulation tant qu'il ne dépendait pas du promettant qu'il ne donnât pas l'homme, et il défendait ceci avec l'exemple du legs de peine. En effet Mucius* [Scaevola] *écrivit que l'héritier était tenu de verser l'argent légué dès qu'il avait pu donner un acompte et ne l'avait pas fait; et ceci est admis pour raison d'utilité en considération de la volonté du défunt et de la nature de la chose même. C'est pourquoi la sentence de Sabinus peut être admise... »*

119 ***D.39.6.9**: « Tous ceux qui peuvent recevoir des legs, peuvent prendre à cause de mort. »*, ***D.35.1.55* où l'on a: *je lègue à Maevius s'il donne 100 à Callimaque*, ne s'y oppose pas** *« Maevius à qui un fonds est légué s'il donne 10 à Callimaque qui n'a pas la capacité de recevoir par testament, doit obéir à la condition et donner les 10 pour que le fonds légué lui appartienne, bien que l'argent n'appartienne pas au gratifié. Car quelle différence y a-t-il entre le fait d'ordonner de donner à une telle personne et le fait de déposer l'argent en tel endroit ou de le jeter à la mer. En effet, ce qui échoit à une telle personne, elle ne le prend pas en vertu du testament, mais à cause de mort »*. **Celui-ci n'a pas la capacité passive de recevoir de celui-là par testament, ce qui signifie qu'il n'aurait pas pu lui être légué en même temps. Il prend par conséquent, mais cela ne devient pas sien et cela est simplement posé près de lui comme dans la mer. *Meier* a objecté dans la note 14 de *Collegium Argentoratense totius jurisprudentiae absolutum systema exhibens*,** [Strasbourg, 1657], **qu'on doit croire vraiment*** **que le Jurisconsulte a voulu que l'argent doive être jeté à la mer. Réponse: ils s'accordent sur le fait que les deux** [solutions] **sont possibles, ils diffèrent en ce qu'on dispense de l'une d'elles (à savoir bien sûr jeter à la mer, voir Emmanuel a Costa, *Commentarium in § Et quid si tantum, L. Gallus, et in Digesta De liberis et posthumis*,** [Coimbra, 1548], ***§ 5. n.20.*), par conséquent l'autre doit être réalisée, parce que l'argent ne peut pas être revendiqué à la mer, réclamé auprès d'elle.**

[* Ce passage est répété dans la *Doctrina Conditionum* sous la forme correcte: *absolute credi* et non *absurde credi*].

120. **L'héritier et le légataire peuvent s'entendre aux dépens du gratifié, *D.35.1.57*:** *« S'il est ordonné à un esclave d'effectuer cinq travaux pour être libre, on demande si l'on doit dire la même chose à propos de la prestation de services que ce que l'on dit à propos du versement d'argent. Mais le droit que nous utilisons veut qu'il obtienne nécessairement la liberté s'il réalise les tâches demandées, de la même manière que nous disons qu'il obtient la liberté s'il verse de l'argent pris sur son pécule. C'est pourquoi l'héritier agira sagement s'il l'empêche d'effectuer les travaux; de cette manière en effet l'esclave obtiendra la liberté, mais l'étranger ne bénéficiera pas de ses services. »*, ***D.40.7.3.2*** [et non D.40.7.3.3]: *« ... en effet il est évident que le* statuliber *peut donner sur ordre, de son pécule à l'héritier ou à un tiers et si l'héritier l'empêche de donner, le* statuliber *obtient la liberté; c'est pourquoi ceci représente une sorte de remède offert au maître du* statuliber *qui consiste en ce qu'il lui interdise de donner au tiers afin qu'il ne perde pas à la fois l'esclave et l'argent. »*, **il ne le peuvent pas si ce dernier est cohéritier, passage déjà cité, *loi 3 § 4*:** *« Mais si l'un des héritiers ne veut pas lui donner la somme qu'il a reçu l'ordre*

de transmettre à un cohéritier pour être libre, il devient également libre ; mais celui à qui il avait reçu l'ordre de donner pour être libre, obtiendra grâce à un jugement de partage d'hérédité prononcé contre celui qui fit obstacle, ce qu'il aurait obtenu si l'autre n'avait pas empêché le statuliber *de s'exécuter. »*

* [Texte latin à modifier. Comme la condition est établie au profit du conditionnateur et le conditionné, au profit du conditionnaire, il faut lire : *« tout ce qui, touchant la condition (le conditionné)... »* et non le contraire.]

121. **Car les termes du jugement prononçant la sentence sont réputés être les termes d'une partie, ce que le promettant s'est ordonné à lui-même,** [voir] **Balde à propos de *D.21.2.74 § 1 :*** *« Si une hypothèque pour une chose jugée, constituée sur l'ordre d'un juge, est vendue de manière officielle puis est évincée, une action* ex empto *sera donnée contre celui qui a été libéré par le prix... »* [Le raisonnement implicite que Leibniz effectue à partir de la loi 74 § 1 peut être résumé de la manière suivante : un débiteur hypothèque ses biens en remboursement d'une dette et son créancier vend cette hypothèque à un tiers acquéreur. Celui-ci est ensuite évincé de son droit sur le bien hypothéqué qui appartient en fait à un autre. Comme le créancier gagiste n'est tenu dans la transaction qu'à la réalité de son titre, le tiers acquéreur se retournera en conséquence contre le constituant qui est tenu à la réalité de son droit, pour exercer contre lui une action *empti*, comme s'il lui avait vendu directement le bien. Les termes du jugement déterminant la nature de l'hypothèque constituée au profit du créancier gagiste et aux dépens du débiteur, sont donc bien réputés être les termes de ce dernier, ce que le constituant s'ordonne à lui-même quand se présente n'importe quel créancier détenteur de l'hypothèque].

122. **Hermann Vultejus*: Consilia sive responsa doctorum et professorum facultatis juridicas in Academia Marpurgensi.*** [Marburg, 1606]***. t.1. p. 124.***

123. [Les problèmes inhérents à la détermination du corps exprimé et de la personne à qui incombent les risques pendant la période intermédiaire, sont énoncés par] ***D.10.2.34 :*** *« On convient que les esclaves dénombrés par les cohéritiers au moment du partage, sont considérés non pas avec l'intention de les acheter mais de les partager. »*, ***D.15.1.8 :*** *« La partie de ses biens que le maître a voulu voir devenir pécule, ne devient pas immédiatement pécule, mais le devient quand il l'a transmise ou l'a tenue pour transmise alors qu'il l'a détenait encore. »*, ***D.35.1.32 :*** *« Quoique rendre les comptes d'une gestion ne signifie rien d'autre que payer le solde, cependant si par la faute du* statuliber *et de l'héritier, et sans qu'il y ait pourtant de fraude de l'esclave, il est payé moins que ce qui est dû, mais qu'on estime malgré tout que les comptes sont rendus de bonne foi, l'esclave sera libre. »*, ***D.23.3.10 § 5 :*** *« D'où l'on peut se demander si la femme subit le préjudice quand les esclaves estimés pour la constitution de sa dot, meurent avant le mariage, et c'est cela qu'il faut dire car lorsqu'une vente est conditionnelle, la venue de la mort alors que la condition est en suspens éteint la vente ; par conséquent il faut dire qu'ils disparaissent pour la femme parce que la vente n'était pas encore accomplie et parce que l'estimation est une vente. »*, ***D.18.6.2 :*** *« ... si c'est un marchand qui a l'habitude d'acheter et de vendre du vin, on doit attendre le jour à partir duquel* [les récipients nécessaires à son transvasement] *peuvent être retirés sans préjudice pour le vendeur* [pour les proposer au marchand, et non les mettre de côté d'avance.], ***5 :*** *« Si l'on vend cent amphores du vin qui est dans la cave, dans les termes suivants : "s'il a été mesuré", le risque incombe au vendeur jusqu'à ce qu'on le mesure, à moins que cela ne soit fait par l'acheteur. »*, ***8*** [8 § 1 est une erreur] : *« Il faut nécessairement savoir à quel moment l'achat est parfait, en effet nous saurons*

alors à qui incombe le risque... et si la chose disparaissait alors que la condition est en suspens, ce qui a été payé du prix serait répété et les fruits du temps intermédiaire appartiendraient au vendeur (de même que les stipulations et les legs conditionnels disparaîtraient) ; mais si la chose se conservait, on pourrait dire que ce serait aux dépens de l'acheteur qu'elle le ferait même si elle s'amoindrissait. »

124. [Et le montant du préjudice ou de la plus-value doit être estimé dès qu'il y a modification de la forme de l'obligation conditionnelle (cas de la novation), de sa nature ou des gratifiés] ***D.46.2.14 :*** *« Toutes les fois que ce qui est dû purement et simplement est promis sous condition pour raison de novation, la novation ne commence pas aussitôt, mais seulement lorsque la condition existe. Et par conséquent, si Stichus était ainsi l'objet de l'obligation et qu'il mourût alors que la condition était en suspens, il ne se produirait pas de novation parce que la chose ne subsisterait pas au moment où la condition s'accomplirait. »,* ***D.35.1.26 § 1 :*** *« Lorsqu'une même chose est léguée à l'un purement et simplement et à l'autre sous condition, ou lorsqu'un héritier est institué purement et simplement et un autre sous condition, si la condition fait défaut, la part afférente du legs ou de l'hérédité s'ajoute à celle de l'héritier à qui le legs ou l'hérédité sont donnés purement et simplement. »*

125. [voir] ***D.35.1.24 :*** *« Il est admis en droit civil, que toutes les fois que celui à qui il importe que la condition soit remplie, fait en sorte qu'elle ne le soit pas, on doit faire comme si elle avait été remplie. Ce qui est appliqué à l'octroi de liberté, aux legs et aux institutions d'héritiers. Et dont on trouve des exemples dans les stipulations, lorsqu'il résulte de l'action du promettant* [promissorem] *que le stipulant n'obéisse pas à la condition, »*, ***qui est répété en D.50.17.161*, François Hotmann,** [dans] ***Observationum liber IV*.** [Basel, 1575], 2. **lit :** ***ne fait pas en sorte,*** **mais** [il le fait] **à tort, voir le terme *promissorem* à la fin de l'argument. Et il importe certainement au conditionnateur et au gratifié que la condition doive être remplie, th. 35** [puisqu'elle l'est dans ce cas en leur faveur] ; ***D.50.17.161*** **écrit *ne soit pas remplie*** [*«Il est admis en Droit Civil, que toutes les fois que celui à qui il importe que la condition ne soit pas remplie...*], **et dans ce cas cela concerne seulement le conditionnateur** [qui désire empêcher la transmission de son bien en s'opposant à la réalisation de la condition]. **Si le gratifié empêche (ou ne veut pas recevoir), la condition est remplie :** ***D.35.1.6 :*** *« L'amende prévue par testament ne s'applique pas à l'héritier, au légataire ou à celui qui bénéficie de quelque chose en vertu des dernières volontés et à qui il est ordonné d'édifier une tombe conformément au jugement de quelqu'un, si celui dont on considère le jugement, ne vit pas, ne peut intervenir, ou ne veut pas juger de l'affaire. »,* ***D.35.1.84 :*** *« Je veux que soient donnés à ces esclaves, à titre de pension alimentaire s'ils restent avec mon fils, 100 deniers par mois et l'habillement nécessaire ». Les esclaves obéirent jusqu'à ce que l'adolescent parte à l'armée, suite à quoi il en laissa certains à Rome puis mourut dans un camp militaire ; on demande si la pension de ces esclaves est due par ses héritiers. Paul répondit que la condition concernant les esclaves qui sont restés avec le fils défunt ou qui n'ont pas fait en sorte de désobéir, n'était pas réputée avoir fait défaut. »,* ***D.35.1.101 :*** *« ... il répondit que comme il convenait de considérer plus la volonté du testateur dans les conditions que les termes mêmes, le fidéicommis serait considéré comme donné à Aelius Philippus si la fille du défunt, Procula, ne voulait pas l'épouser. »,* ***D.35.1.45 :*** *« Julianus dit que si un légataire en faveur de qui un legs est fait sous la condition "s'il donne 10 à l'héritier", portait au crédit de l'héritier une somme identique que l'héritier lui devait, on ne considérerait pas qu'il aurait accompli la condition comme s'il avait donné ; mais puisqu'il dépend de l'héritier qu'il n'obéisse pas à la condition, il peut réclamer le legs comme si la condition avait existé. »,* ***D.28.7.3 :***

« Si un héritier est institué s'il donne 10 et si celui à qui il doit donner ne veut pas accepter, la condition est tenue pour non ajoutée. », ***D.28.7.11*** *: « Si quelqu'un a rédigé un testament sous la forme suivante : "que mon fils soit héritier s'il a adopté Titius ; qu'il soit déshérité s'il ne l'a pas adopté" et si Titius ne veut pas se laisser adopter au moment où le fils est prêt à le faire, le fils sera héritier comme si la condition était accomplie. »,* ***D.28.7.23*** *: « ... il convient d'ordinaire de tenir cette condition "s'il épouse la femme", "s'il donne", "s'il fait", pour accomplie par celui qui ne fait pas en sorte de ne pas épouser, de ne pas donner ou de ne pas faire. »,* ***D.28.7 début de 20*** *: « Une femme qui devait à son mari une somme promise à titre de dot, institua cet homme héritier s'il renonçait à demander ou à exiger cette somme qu'elle avait promise à titre de dot. Si l'homme annonçait aux autres héritiers qu'il ne dépendrait pas de lui de ne pas tenir pour acquis ce qui lui était dû à titre de dot, il deviendrait immédiatement héritier. »,* ***C.6.45.1*** *: « Mais s'il ne dépend pas de toi que tu n'obéisses pas à la volonté du testateur, mais qu'il dépend de celui à qui il t'est ordonné de te marier que tu n'obtiennes pas ce qui t'est destiné, cela ne te nuira pas. »,* ***C.6.25.1*** *: « Il est évident que lorsque tu proposes que l'oncle maternel institue ta fille héritière sous la condition "si elle épouse le fils d'Anthylle", elle ne devient pas héritière avant d'avoir obéi à la condition, ou avant qu'il devienne manifeste que le mariage est impossible du fait du refus du fils d'Anthylle. »,* ***D.30.81 § 5*** *: « "Je donne et lègue un fonds à Titius s'il donne 10 à mon héritier". Si l'héritier doit 10 à Titius et que Titius lui donne quitus de cette somme, il peut réclamer le fonds. »,* ***D.36.2.5 § 5*** *: « De même si la condition est telle qu'il ne dépend pas du légataire qu'elle ne soit pas remplie, mais seulement de l'héritier ou de la personne qui a reçu l'ordre d'obéir à la condition, le* dies cedit *du legs arrive car la condition est tenue pour réalisée. »,* ***D.33.2.30*** *: « Labéon dit que la femme à qui un usufruit est légué jusqu'à ce qu'on lui garantisse totalement sa dot, cesse de détenir la part de l'usufruit de l'héritier qui lui garantit sa part de dot, même si les autres ne l'ont pas encore fait. Et la même chose se produit si le retard de la femme fait en sorte qu'elle reçoive moins que prévu. »,* ***D.40.7.20 § 2*** *: « Mais si l'esclave a reçu l'ordre de donner 10 à l'héritier et que l'héritier doive cette somme à l'esclave, si l'esclave accepte de compenser cette somme par l'autre, il sera libre. »,* ***D.40.7.34 § 1*** [*34.1* signifie ici *34 § 1*]*: l'Empereur Antonin a établit dans un rescrit que celui qui a reçu l'ordre de rendre les comptes et de devenir ensuite libre, deviendra libre même si l'héritier refusait de recevoir les comptes. »* **Si c'est le conditionnateur, autrement dit le futur débiteur :** ***D.35.1.24 déjà cité, D.50.17.161 déjà cité, D.35.1.81 § 1*** *: « La condition est tenue pour non ajoutée quand celui qui serait obligé si elle était accomplie, fait en sorte »* [quelle ne le soit pas.], ***D.45.1.85 § 7*** *: « Quiconque étant obligé sous condition et faisant en sorte que la condition n'existe pas, est néanmoins obligé. »,* ***D.50.17.39*** *: « Dans toutes les affaires, on tient pour accompli ce qui n'existe pas du fait du retard d'autrui. »,* ***D.40.7.3 § 7*** *: « Si quelqu'un vendait sans son pécule un esclave ayant reçu l'ordre de donner 10 et d'être libre... je pense que ce dernier serait libre au moment où il serait empêché de toucher à son argent alors qu'il le voudrait. »,* ***D.40.7.34 § 1*** *:* [voir ci-dessus], ***D.40.7.38*** *: « Les obstacles provenant de l'héritier et soulevés aux dépens du* statuliber *ne font pas systématiquement considérer la condition comme accomplie, mais seulement ceux qui sont soulevés pour empêcher la liberté. ».* **Mais si elle est suspendue au bon vouloir du futur débiteur, il n'est pas contraint de la remplir, voir cependant le th. 75** [qui rappelle que l'héritier est considéré comme agissant sur ordre quand la condition suspendue à son bon vouloir est une condition de liberté].

126. **l'extensive est celle par laquelle la condition peut être remplie de plusieurs façons ; l'intensive, celle par laquelle plusieurs sont requis pour l'accomplir, argument de** ***D.42.4.2 § 4*** *: « Les termes "il sera défendu" sont écrits παρατατιχῶς* [de manière

extensive] *en sorte qu'il ne suffit pas qu'on défende une fois si la défense ne dure pas, et qu'il ne suffit pas qu'il manque après si l'on offre maintenant. »*

127. **voir** ***D.28.7.2:*** *« On demande en quel sens est pris le mot "mien" quand il est écrit dans un testament: "que cet esclave soit héritier lorsque je mourrai, s'il est mien (ou 'qui est mien')". Et s'il en a vraiment aliéné l'usufruit, il lui appartient encore, mais s'il en a aliéné une partie, on demande si la condition de l'institution d'héritier fait défaut. Et il est véridique que la condition ne fait pas défaut, à moins qu'il apparaisse grâce à des preuves très évidentes que le testateur a voulu insérer les termes suivants au moyen de cette condition: "si l'esclave tout entier reste en ma possession »; dans ce cas en effet, la condition fait défaut en raison de la partie aliénée". »*, ***D.30.5 § 1:*** *« Labéon dit que lorsqu'une chose déterminée ou une personne est légué ainsi: "... qui sera mien lorsque je mourrai, soit donné par l'héritier", et qu'elle est commune, le tout est dû. Mais Trebatius répond que Cassius a écrit qu'une partie seulement était due, ce qui est très vrai. »*; **elle est restreinte cependant en** ***D.35.1.100:*** *« Quelqu'un légua 200 à Titia si elle ne se mariait pas, et 100 si elle se mariait. La femme se marie. Elle* [pourra] *réclamer les 200* [en vertu de l'illégalité des conditions de viduité], *mais pas les 100 restants; en effet il est ridicule d'admettre que la même femme soit à la fois veuve et mariée. »*, ***C.7.4.30:*** [erreur de référence, pas de loi 30 en C.7.4], ***C.6.25.6 § 1:*** [erreur de référence ? il s'agit d'un cas de substitution où l'imprécision des termes utilisés pour remplacer un père par ses fils, permet de leur substituer les neveux car *« nous croyons qu'on doit interpréter dans ce cas d'une manière plus large en considération de l'humanité »*].

128. ***D.35.1.31:*** *« Il était écrit ainsi dans un testament: "que Stichus et Pamphila soient héritiers et s'ils se marient, que mon héritier soit contraint de leur donner 100". Stichus mourut avant l'ouverture du testament. On répond que la part de Stichus fait défaut et qu'on considère que Pamphila n'a pas réalisé la condition, et que sa part reste en conséquence aux mains de l'héritier. Mais si tous les deux vivent et que Stichus ne veuille pas épouser la femme alors qu'elle est prête à se marier, le legs sera dû à cette dernière et la part de Stichus deviendra inutile. Car lorsque quelque chose est légué ainsi à quelqu'un: "que mon héritier donne 100 à Titius s'il épouse Séja", si par hasard Séja décède, on comprend que la condition a fait défaut, et si lui-même décède, il ne transmet rien à son propre héritier car la condition est réputée avoir fait défaut en raison de sa mort; et si tous les deux vivent et qu'il ne veuille pas épouser la femme, il n'obtiendra par le legs car la condition fait défaut par sa faute, mais si c'est la femme qui ne veut pas se marier alors qu'il est disposé à le faire, le legs lui est dû. »*, ***D.35.1.81:*** *« Julius Paulus à Nymphidius. Tu as demandé, lorsqu'il est disposé ainsi dans un testament: "que Stichus soit libre avec sa femme s'il rend les comptes de gestion et que l'héritier leur donne 10", si la femme deviendrait libre si Stichus venait à mourir avant d'avoir rendu les comptes et en laissant une dette directement ou par l'intermédiaire d'un tiers, et si nous acceptons la même chose en ce qui concerne le legs. Quand la liberté est donnée à condition de rendre les comptes de gestion, il faut rembourser les dettes s'il y en a et en agissant de bonne foi, pour qu'on considère que cette condition est satisfaite. Et s'il n'y en a pas, on considère qu'ils reçoivent la liberté purement et simplement. Et si l'esclave meurt après l'adition d'hérédité, le legs leur est dû lorsqu'ils reçoivent la liberté. Mais s'il meurt alors qu'il lui reste encore des dettes, on considère que sa femme reçoit la liberté sous la même condition et que celle-ci fait défaut. Mais on dira de manière élégante que le Stichus en question est affranchi sous condition et que sa femme l'est purement, et que le fait de les relier fait partie de la nécessité de leur désignation et non d'une condition d'union. »*, ***D.35.1.94:*** *« Lorsque la liberté est donnée ainsi: « s'il donne 10 à Titius (qui n'est pas héritier), une personne*

déterminée est désignée et la condition peut seulement être remplie par rapport à cette personne » [et fait défaut dans le cas contraire.], ***C.6.46*** **:** *« Par conséquent l'esclave obtient la liberté quelle que soit la raison qui l'empêche d'accomplir la condition, qu'elle provienne de l'héritier ou qu'elle provienne de celui à qui on lui ordonne de donner ».* **Si la condition dépend en partie du hasard, en partie du *statuliber*, même si l'événement hasardeux fait défaut, il sera libre s'il réalise ce qui dépend de lui, *D.40.7.20 § 3:*** *« Celui à qui un esclave a reçu l'ordre de donner une somme de 10 pour être libre, meurt. Sabinus dit que s'il tient ces 10 prêts à être donnés, il deviendra libre, car il ne dépend pas de lui qu'il ne donne pas. »*, ***D.40.7.39 § 4:*** *« Que Stichus soit libre s'il donne 1000 à Attia ». Attia meurt du vivant du testateur. Labéon et Ophilius répondent que Stichus ne peut pas devenir libre, Trebatius dit la même chose si Attia meurt avant que le testament soit fait, mais qu'il deviendra libre si elle meurt après. L'avis de Labéon et d'Ophilius a une certaine valeur, mais nous utilisons un droit qui veut que cet esclave soit libre en vertu du testament. »* **et** ***§ 5:*** *« Si un esclave reçoit l'ordre de travailler pour autrui, aucun étranger ne peut libérer l'esclave en travaillant en son nom, mais on suit une règle différente en matière d'argent, vu qu'un étranger libère l'esclave en donnant l'argent à sa place ».*; **ajouter** ***D.50.17.122*** [qui donne la raison de toutes ces exceptions] **:** *« La liberté est entre toutes les choses, celle qui est la plus facile à obtenir. »*

129. ***D.33.1.21 dernier §:*** [Lorsqu'un testateur laisse un fidéicommis à la charge de son fils aîné pour assurer l'entretien du cadet jusqu'à sa puberté, le prédécès de l'aîné n'annule pas le bénéfice du cadet, car] *« puisque le frère aîné est prédécédé, toutes les choses qui sont laissées passent immédiatement après sa mort au pupille et à ses tuteurs »* [qui équivalent au fils aîné pour la poursuite de cette fin qu'est l'éducation du cadet.], ***D.36.1.17 § 7:*** *« Si quelqu'un avait eu un fils, mais l'avait perdu de son vivant, on considérerait qu'il décéderait sans descendance. Mais regardons si la condition* ["s'il n'a pas de descendance"] *ferait défaut si* [le fils] *venait à mourir en même temps que le père, dans un naufrage, une agression, un cataclysme ou quelque chose du même genre. Et j'estime plutôt qu'elle ne fait pas défaut, car il n'est pas vrai dans ce cas que* [le père] *lui ait survécu. Par conséquent, ou bien le fils a survécu au père et la condition du fidéicommis a disparu, ou bien il n'a pas survécu et la condition a existé. Mais comme on ne voit pas qui est mort avant ou après, on devra plutôt dire que la condition du fidéicommis a existé. »* [Dans l'incertitude d'un codécès, le fils est donc réputé décédé après son père pour qu'existe ce qui équivaut à la fin poursuivie. La solution du droit romain dans le cas des comourants, que souligne Leibniz, repose ainsi davantage sur la considération générale d'une intention, que sur l'application de règles formelles semblables à celles des articles 720 à 722 de notre Code Civil.], ***D.36.1.57 § 1:*** *« Il était écrit ainsi: "à titre de fidéicommis, je confie à chacun de mes fils le soin de restituer sa part au survivant s'il décède avant l'autre, sans enfant. Et si tous deux meurent sans enfant, je veux que l'héritage entier parvienne à ma nièce Claudia". L'un d'eux mourut en laissant un fils, puis l'autre sans laisser d'enfants. La nièce paraissait à première vue exclue de l'héritage en raison des termes de la condition. Mais comme il convient de considérer la volonté en matière de fidéicommis, on répond qu'il est absurde de refuser à la nièce la réclamation d'une part quand la première substitution cesse, alors que l'oncle voulait qu'elle ait tout, y compris quand le dernier des frères recevait la part »* [du prémourant.], ***dernière loi de C.6.29:*** *« Quelqu'un qui rédigeait son testament, utilisa les termes suivants: "que le fils ou la fille qui ont été déclarés officiellement jusqu'à dix mois après ma mort, soient héritiers", ou déclara ainsi: "que le fils ou la fille qui naîtront jusqu'à dix mois après ma mort, soient héritiers". Une discussion s'éleva entre les anciens interprètes des lois, sur le fait de savoir s'ils n'étaient pas considérés comme inclus dans le testament et si cela ne l'invalidait pas. C'est pourquoi...*

nous avons décidé qu'un testament n'est considéré comme invalidé par aucun ajout de ce genre de termes, et que les fils ou les fils qu'on décompte sont engendrés par le testateur, qu'il soit vivant ou qu'il soit mort, et ce, dans un délai de dix mois après sa mort; et nous avons décidé que la volonté du testateur demeurerait inchangée afin que celui qui n'a pas omis ses enfants ne subisse pas la peine de l'omission. »

130. [On obtient alors tous les cas d'équivalence entre institutions semblables par leurs finalités et que résument:] **l'argument de *D.28.2.29*:** *« Gallus introduisit le fait que des neveux posthumes puissent être institués ainsi: "si mon fils meurt de mon vivant, alors si quelque petit-fils ou petite-fille issus de lui, naissent jusqu'à dix mois après sa mort, qu'ils soient héritiers". »*, ***D.36.1.22*:** [cas d'une femme divorcée léguant un bien en fidéicommis à ses enfants restés auprès de son ex-mari, à condition qu'ils soient émancipés à la mort de leur père. Le père émancipe immédiatement ses enfants pour leur faciliter l'obtention du legs.] *« Scaevola déclara que le Divin Marc considérait que le fidéicommis devait leur être attribué en vertu de l'intention bien comprise de la mère, car elle avait retardé l'attribution du fidéicommis jusqu'à la mort du père parce qu'elle ne croyait pas qu'il les aurait émancipés et qu'elle ne l'aurait pas retardée si elle avait espéré qu'ils seraient émancipés. »*, ***D.36.2.15*:** *« Si un fidéicommis est laissé à des enfants à condition qu'ils soient* sui juris *à la mort de leur père et qu'ils deviennent* paterfamilias, *non par la mort du père mais par émancipation, personne ne doute que le legs leur est dû et la date de leur émancipation arrive au moment où survient la mort du père. »*, **C.6.25.3:** *« Si votre mère vous a institués héritiers sous condition d'émancipation et que le père subisse une sentence de déportation avant d'avoir obéi à la volonté de la défunte, ou décède d'une autre manière, une fois libérés de la puissance paternelle par sa mort ou d'une autre façon, vous avez demandé le droit de faire adition d'hérédité... »* [et vous l'avez obtenu car l'émancipation résultant de la mort civile du père équivaut à celle prévue par le testament.], [inversement, tout ce qui n'est pas nécessaire à l'acte peut être supprimé puisque son absence équivaut alors à sa présence.] ***loi finale de* C.8.54:** *« Nous estimons que les termes superflus qu'on avait l'habitude d'inscrire dans les donations, comme: une sesterce, une drachme, quatre as, doivent être entièrement supprimés. En effet quelle est l'utilité de termes dont ne suit aucun effet matériel? »*

131. **l'intention d'obéir, *D.35.1.2*:** [Certaines conditions] *« ne peuvent être remplies qu'après la mort du testateur, comme par exemple: "s'il donne 10", "s'il monte au Capitole", car afin qu'on considère que quelqu'un a obéi à la condition, il faut qu'il sache que cette condition est insérée* [dans le testament], *car s'il agit par hasard, on considère qu'il n'a pas obéi à la volonté. »*, ***D.35.1.11 § 1*:** *« De même il faut savoir qu'il convient de remplir les conditions immédiatement réalisables après la mort du testateur, si de cette manière elles font en sorte qu'on obéisse au testament, comme par exemple la condition: "s'il monte au Capitole" et les semblables... »*

* [Car la condition de volonté requiert l'obéissance.]

132. **s'il ne dépend pas de l'ordre** [auquel on veut obéir, qu'on n'obéisse pas à la condition], **on considère qu'on a obéi, *D.35.1.14*:** *« ... "que Titius soit héritier s'il érige une statue sur la place publique", s'il est disposé à le faire mais que les édiles ne lui donnent pas d'endroit, Sabinus et Proculus estiment qu'il sera héritier et ils disent que le même droit s'applique en matière de legs. »*, ***D.35.1.31*:** *« ... que Stichus et Pamphila soient héritiers et s'ils se marient, que mon héritier soit contraint de leur donner 100 »* .... *« si tous les deux vivent et qu'il ne veuille pas épouser la femme, il n'obtiendra par le legs*

car la condition fait défaut par sa faute, mais si c'est la femme qui ne veut pas se marier alors qu'il est disposé à le faire, le legs lui est dû. », **D.35.1.40:** « *Ne sont pas comptés* [dans le temps alloué pour la réalisation de] *la condition, ces jours où ton voisin t'empêche* [grâce à une action en justice] *de prendre la route alors que tu veux obéir à la condition et qu'il ne dépend pas de toi de ne pas le repousser pour calomnie.* », **D.35.1.57:** « *S'il est ordonné à un esclave d'effectuer cinq travaux* [au profit d'un tiers] *pour être libre... l'héritier agira sagement s'il l'empêche d'effectuer les travaux; de cette manière en effet, l'esclave obtiendra la liberté, mais l'étranger ne bénéficiera pas de ses services.* », **D.35.1 fin de 66:** « ... *bien que l'héritier affranchisse le* statuliber, *il est contraint de lui remettre le fidéicommis qu'il doit lui laisser sous certaines conditions, si on montre qu'elles sont réalisées ou si l'héritier fait en sorte qu'elles ne soient pas remplies.* », **D.35.1.78:** « *Lorsqu'un pupille ou son tuteur empêchent la réalisation de la condition qui dépend du pupille, on considère en droit commun que les conditions du legs ou de la liberté sont remplies* » [car « la faute et le retard ne peuvent se présumer chez lui ». (th. 73)], **D.35.1.6:** « *L'amende prévue par testament ne s'applique pas à l'héritier, au légataire ou à celui qui bénéficie de quelque chose en vertu des dernières volontés et à qui il est ordonné d'édifier une tombe conformément au jugement de quelqu'un, si celui dont on considère le jugement, ne vit pas, ne peut intervenir, ou ne veut pas juger de l'affaire.* », **D.35.1.84:** « *"Je veux que soient donnés à ces esclaves, à titre de pension alimentaire s'ils restent avec mon fils, 100 deniers par mois et l'habillement nécessaire". Les esclaves obéirent jusqu'à ce que l'adolescent parte à l'armée, suite à quoi il en laissa certains à Rome puis mourut dans un camp militaire; on demande si la pension de ces esclaves est due par ses héritiers. Paul répondit que la condition concernant les esclaves qui sont restés avec le fils défunt ou qui n'ont pas fait en sorte de désobéir, n'est pas réputée avoir fait défaut.* », **D.28.7.18 § 1:** [erreur de référence, pas de rapport apparent au problème], **D.28.7.20:** « *Une femme qui devait à son mari une somme promise à titre de dot, institua cet homme héritier s'il renonçait à demander ou à exiger cette somme qu'elle avait promise à titre de dot. Si l'homme annonçait aux autres héritiers qu'il ne dépendrait pas de lui de ne pas tenir pour acquis ce qui lui était dû à titre de dot, il deviendrait immédiatement héritier.* », **D.28.7.23:** « ... *il convient d'ordinaire de tenir cette condition "s'il épouse la femme", "s'il donne", "s'il fait", pour accomplie par celui qui ne fait pas en sorte de ne pas épouser, de ne pas donner ou de ne pas faire.* », **D.28.7.27:** « *Dans son testament, quelqu'un institua un héritier sous la condition suivante: "s'il jette ma dépouille à la mer"; on demande si l'héritier institué est exclu de l'héritage s'il n'a pas obéi à la condition. Modestinus répond: on doit plus louer que condamner un héritier qui ne jette pas la dépouille du testateur conformément aux volontés de ce dernier...* », **D.18.1.50:** « ... *J'estime qu'on peut entamer une action* ex vendito *comme si la condition* [de la vente] *était remplie, lorsqu'il a dépendu de l'acheteur qu'elle ne le soit pas.* », **D.19.2.38:** « ... *Les avocats ne doivent pas rendre les honoraires s'il n'a pas dépendu d'eux qu'ils ne défendent pas la cause.* », **D.12.4.3 § 9:** « *Quoiqu'il soit permis au* statuliber *de donner sur son pécule en raison de l'accomplissement d'une condition d'affranchissement, si l'héritier veut cependant préserver l'argent, il peut lui interdire de donner: en effet il fait ainsi en sorte que le* statuliber *devienne libre comme si la condition qu'on lui a interdit de remplir était accomplie et l'argent ne sera pas perdu.* », **D.50.13.1 § 13:** « *Le Divin Sévère interdit de réclamer aux héritiers d'un avocat décédé, le salaire perçu, car il n'avait pas dépendu de lui qu'il ne défende pas la cause.* », **lois** [et non chapitres] ***41:*** « *On ne doit pas tenir pour responsable celui qui n'a pas fait ce qu'il devait faire s'il n'a pas dépendu de lui qu'il ne le fasse pas.* » [et] ***66:*** « *La condition de celui qui interdit est supérieure dans une chose possédée en commun.* » **du *De Regulis Juris Antiqui* du *Sexte*, *C.6.45.1:*** « *Mais s'il ne dépend pas de toi que tu n'obéisses pas à la volonté du testateur, mais qu'il dépend de celui à qui il t'est ordonné de te marier que* *tu n'obtiennes pas ce qui t'est destiné, cela ne te nuira pas. »*, ***C.6.25.1***: *« ... lorsque tu proposes que l'oncle maternel institue ta fille héritière sous la condition suivante: "si elle épouse le fils d'Anthylle", elle n'est pas héritière avant d'avoir obéi à la condition ou avant qu'il devienne manifeste que le mariage est impossible du fait du refus du fils d'Anthylle. »*, ***D.30.54 § 1***: *« Si un legs est laissé à Titia si elle se marie conformément au jugement de Séjus et que Séjus meure alors que le testateur est vivant et qu'elle se marie ensuite, le legs lui est dû. »*, ***§ 2***: *« Mais si la mort d'un esclave empêche son affranchissement alors qu'un legs t'est transmis si tu l'affranchis, le legs te sera néanmoins dû, car il ne dépend pas de toi qu'il ne devienne pas libre. »*, ***D.31.34 § 4***: *« Si un fidéicommis est laissé à un affranchi sous la condition qu'il ne se sépare pas de ses fils et qu'il dépende de leurs tuteurs qu'il ne puisse pas remplir la condition, il est injuste de le priver du bénéfice du fidéicommis... »*, ***D.31.76 § 6***: *« Une mère légua à un tuteur désigné de manière incorrecte; s'il accepte de telle manière qu'il est confirmé par le décret du Préteur et que le Préteur estime pourtant qu'on ne peut le nommer, l'action en réclamation du legs ne lui sera pas refusée. »*, ***D.31.88 § 3***: *« "Quels que soient mon héritier ou mes héritiers, que Lucius Eutychus, en plus d'être l'héritier que j'institue, prenne dans l'héritage et garde pour lui, en commun avec Pamphile dont j'ordonne l'affranchissement, les outils de l'atelier de ferronnerie afin de continuer son commerce". Lucius Eutychus mourut du vivant de la testatrice et sa part d'héritage revint à son cohériter. Je demande si Pamphile affranchi dans le même testament peut être admis à la réclamation d'une partie des outils bien qu'il ne puisse continuer le commerce comme le voulait la testatrice. Il répondit qu'il était admis. »*, ***D.36.2.5 § 5***: *« De même si la condition est telle qu'il ne dépend pas du légataire qu'elle ne soit pas remplie, mais seulement de l'héritier ou de la personne qui a reçu l'ordre d'obéir à la condition, le* dies cedit *du legs arrive car la condition est tenue pour réalisée. »*. **D'où il s'ensuit que même si l'on nie que la condition continue, le legs est continué, *C.6.37.1***: *« Bien qu'il vous soit légué de la nourriture et des vêtements par les termes suivants: « tant que vous resterez avec Claudius Justus », je pense cependant que l'intention du défunt était qu'il voulait que la même chose vous soit donnée après la mort de Justus. »*, ***C.6.37.8***: *« Marcellus, dont vous avez proposé que le père le fit tuteur par testament, fut écarté de la tutelle en raison de sa religion. Ce fait n'empêche nullement qu'il reçoive le legs* [afférent à l'exercice de la tutelle]. *En effet il n'est pas juste qu'il soit empêché de le réclamer, car bien qu'il ait voulu administrer la tutelle, il en a été écarté. »*, ***D.30.92 § 1***: *« Si de l'argent est légué à Titius sous réserve qu'il affranchisse l'esclave d'un tiers et que son maître ne veuille pas le vendre, il reçoit néanmoins le legs car il n'a pas dépendu de lui de ne pas réaliser le fidéicommis. »*, ***D.34.1.13 § 1***: *« Antoninus Pius, Empereur, aux esclaves de Sextia Basilia: « bien que les termes du testament soient que les pensions alimentaires vous sont léguées tant que vous resterez avec Claudius Justus, je pense cependant que l'intention de la défunte était que la même chose vous soit donnée après la mort de Justus. »*, ***D.34.1.20 § 3***: *« Une mère greva son fils institué héritier, d'un fidéicommis d'affranchissement au profit de l'esclave Pamphile; Elle légua au même esclave s'il restait auprès du fils, cinq pièces d'or à titre de pension et cinquante chaque année pour les vêtements. Je demande si la pension est due lorsque le fils est mort. Il répondit qu'elle était due après la mort s'il avait réalisé la condition. »* ***D.33.1 début de 20***: *« Quelqu'un légua une pension alimentaire versée par annuités de la manière suivante: "s'ils restent avec ma mère que j'ai instituée héritière pour une part de l'héritage". On demande si l'on considère que la condition apposée fait défaut lorsque la mère est morte et si pour cette raison, ni les vêtements, ni la nourriture ne sont dus. Il répondit qu'ils étaient dus au vu des termes énoncés. »*, ***D.32.30 § 5***: *« Que mon héritier donne 200 à ma femme tant qu'elle restera à Capoue avec mon fils. Le fils s'éloigna de la femme. Trebatius dit qu'on devait penser que si tous les deux vivaient à Capoue, le legs serait dû à la* *femme bien qu'ils n'habitassent pas ensemble. Mais que si tous les deux partaient dans une autre ville, une seule année leur serait due, quel que soit le temps qu'ils aient vécu ensemble. Voyons si ces termes "tant qu'elle restera à Capoue" n'ont pas le sens d'une condition et s'ils doivent être considérés comme superflus. C'est ce que je n'approuve pas, car si la femme n'est pas responsable d'un retard qui l'empêche d'habiter avec le fils, le legs lui est dû. »*, **voir cependant** ***D.35.1.84 :*** *« Je veux que soient donnés à ces esclaves, à titre de pension alimentaire s'ils restent avec mon fils, 100 deniers par mois et l'habillement nécessaire ». Les esclaves obéirent jusqu'à ce que l'adolescent parte à l'armée, en vertu de quoi il en laissa certains à Rome puis mourut dans un camp militaire ; on demande si la pension de ces esclaves est due par ses héritiers. Paul répondit que la condition concernant les esclaves qui sont restés avec le fils défunt ou qui n'ont pas fait en sorte de désobéir, n'est pas réputée avoir fait défaut. »*

133. ***D.35.1.101 :*** *« Dans son testament, un père désigna sa fille Severiana Procula comme épouse de son neveu Aelius Philippus ; il lui laissa un bien par fidéicommis si elle se mariait avec Aelius Philippus et laissa le même bien à Philippus si elle ne se mariait pas avec lui. La fille mourut avant de devenir nubile. Il répondit que comme il convenait de considérer plus la volonté du testateur dans les conditions que les termes mêmes, le fidéicommis serait considéré comme donné à Aelius Philippus si la fille du défunt, Procula, ne voulait pas l'épouser. C'est pourquoi on ne considère pas que la condition a existé lorsque la fille est morte avant d'être nubile. »*

134. **et non s'il l'est en partie,** [car alors la condition se satisfait en cas d'empêchement, de l'obéissance des sujets exprimés] ***D.28.7.23 :*** *« Que celui de mes deux frères qui aura épousé notre cousine germaine reçoive les trois quarts en héritage, que celui qui ne l'aura pas épousée reçoive le quart ». Soit elle se marie à l'un d'eux, soit elle ne veut pas se marier. Celui des deux qui aura épousé la cousine germaine aura les trois quarts et l'autre aura le quart. Si aucun des deux ne l'épouse, non pas parce qu'ils ne veulent pas l'épouser, mais parce qu'elle ne veut pas se marier, tous deux sont admis à l'héritage à parts égales : en effet il convient d'ordinaire de tenir cette condition "s'il épouse la femme", "s'il donne", "s'il fait", pour accomplie par celui qui ne fait pas en sorte de ne pas épouser, de ne pas donner ou de ne pas faire. »*, ***D.28.7.24 :*** *« "Celui qui de mes deux frères épousera ma nièce Titia, héritera des deux tiers de l'héritage, celui qui ne l'épousera pas héritera du tiers". Si la nièce meurt du vivant du testateur, tous deux concourant pour l'héritage, en obtiendront chacun la moitié, car il est vrai qu'ils sont institués héritiers, mais qu'ils sont distingués dans la détermination de leurs quotités par l'existence du mariage. »* ; **voir cependant** ***D.34.5.10 :*** *« Si un legs était laissé "à celui de mes descendants qui montera le premier au Capitole" et que deux personnes disent qu'ils y sont montés sans qu'apparaisse qui l'a fait le premier, est-ce que le legs serait annulé ? » ... « il est très vrai que dans tous ces cas l'octroi des libertés et des legs est empêché. »*

135. [concernant] **la liberté,** ***D.40.4.56 :*** *« Lorsque quelqu'un donne la liberté par testament à un esclave, à la fois directement et par fidéicommis, il est au pouvoir de l'esclave de vouloir parvenir à la liberté directement ou par fidéicommis. »*

136. ***C.6.46.7 :*** *« Quelqu'un en rédigeant son testament, donna la liberté à son esclave sous la condition : "s'il donne une certaine somme d'argent à son héritier", ou "une certaine chose", ou un "esclave en remplacement" ; mais comme cet esclave ne réunit pas ce qui lui était demandé là où était l'héritier, il se dépêcha une fois le testament du maître connu, de rejoindre l'héritier avec ce qu'il lui était ordonné de donner ; mais en cours de*

route, il perdit ce qu'il apportait du fait d'une attaque de voleurs ou d'ennemis. On demandait chez les Anciens si cela ferait obstacle à la liberté puisque l'esclave ne pouvait donner ce qu'il devait du fait de l'existence d'un événement fortuit. C'est pourquoi il nous a plu en supprimant les doutes des Anciens, que la liberté lui soit attribuée dans tous les cas et que le profit qui est laissé à l'héritier ou à l'étranger ne soit pas supprimé. Par conséquent l'esclave obtient la liberté quelle que soit la raison qui l'empêche d'accomplir la condition, qu'elle provienne de l'héritier ou qu'elle provienne de celui à qui on lui ordonne de donner, à moins qu'il ne refuse lui-même de réaliser la condition. »

* [Le terme *mora* ne signifie pas seulement le retard temporel dans l'exécution d'une obligation, mais aussi le constat juridique de ce retard qui se traduit par la mise en demeure du débiteur *(mora debitoris)* ou du créancier *(mora creditoris)*. Le remplacement du terme *retard* par *mise en demeure* traduirait sans doute mieux la rationalité proprement juridique des théorèmes portant sur la *mora*. En effet, s'il est contestable d'affirmer que celui qui est en retard ne veut pas, quand le terme *retard* a seulement un sens temporel (puisqu'il existe des retards involontaires), cela devient incontestable quand on désigne ainsi la mise en demeure juridique car on ne peut être mis en demeure qu'après une sommation à exécution non suivie d'effet. Mais comme Leibniz joue parfois dans un même théorème sur les registres temporels et juridiques, il parait préférable de traduire la notion de mora par le terme neutre bien qu'imprécis de *retard*.]

137. **la mise en demeure correspond ici au dol.**

138. ***D.35.1.40:*** *« Ne sont pas comptés* [dans le temps alloué pour la réalisation de] *la condition, ces jours où ton voisin t'empêche* [grâce à une action en justice] *de prendre la route alors que tu veux obéir à la condition et qu'il ne dépend pas de toi de ne pas le repousser pour calomnie ».* ***D.28.7.6* s'y oppose:** *« Si quelqu'un est institué héritier s'il construit une tombe dans les trois premiers jours qui suivent la mort du testateur, comme il ne peut achever la tombe en trois jours, on devra dire que la condition disparaît en tant qu'impossible ».* **Réponse: ici, la condition est impossible dès le début; il en est cependant autrement dans le cas du *statuliber*** [puisqu'on peut le dispenser de l'accomplissement total de la condition], ***D.40.5.23 § 4 et dernier:*** *« Un testateur voulut qu'un esclave soit affranchi par son fils après cinq ans s'il servait celui-ci tous les jours pendant cette période. Ayant vagabondé les deux premières années, l'esclave ne le servit pas; on considère que la condition a fait défaut. Cependant si l'héritier (ou son tuteur) choisissait que l'esclave serve par périodes de deux ans, il est manifeste que ce fait dont il a dépendu de l'héritier qu'il soit oublié, ne constitue pas un empêchement pour le reste de la condition. »*

139. **même si l'ordre qui le concerne fait défaut par le fait d'autrui ou du hasard, argument du *début de D.35.1.78:*** *« Lorsqu'un pupille ou son tuteur empêchent la réalisation de la condition qui dépend du pupille, on considère en Droit commun que les conditions du legs ou de la liberté sont remplies. »*, **car si le fait du tuteur chez qui existe dès maintenant l'action de tutelle, ne lui nuit pas, combien moins** [lui nuira le fait] **d'autrui**?

140. ***D.28.7.23:*** *« "Que celui de mes deux frères qui aura épousé notre cousine germaine reçoive les trois quarts en héritage, que celui qui ne l'aura pas épousée reçoive le quart". Soit elle se marie à l'un d'eux, soit elle ne veut pas se marier. Celui des deux qui aura épousé la cousine germaine aura les trois quarts et l'autre aura le quart. Si aucun des deux ne l'épouse, non pas parce qu'ils ne veulent pas l'épouser, mais parce qu'elle ne veut*

pas se marier, tous deux sont admis à l'héritage à parts égales: en effet il convient d'ordinaire de tenir cette condition "s'il épouse la femme", "s'il donne", "s'il fait", pour accomplie par celui qui ne fait pas en sorte de ne pas épouser, de ne pas donner ou de ne pas faire. »

141. ***D.40.5.41 § 1:*** *« Lucius Titius disposa ainsi: "je te prie mon très cher fils Maevius de faire en sorte que si les esclaves Stichus, Damas et Pamphile te rendent de bons services, ils ne soient plus au service d'un autre maître une fois que tu n'auras plus de dettes". Je demande s'ils peuvent obtenir la liberté en vertu du fidéicommis s'il a dépendu de l'héritier que les dettes ne soient pas payées. Il répond qu'on ne doit pas rendre l'héritier responsable s'il a payé les dettes en retard par commodité pour l'administration de ses affaires; mais que si l'on prouve qu'il n'a manifestement pas pris le soin de régler l'affaire, afin de retarder la libération des esclaves, les libertés doivent être données. »*, ***D.40.7.20 § 1:*** *« On soulève la question suivante: si un esclave donne de l'argent (pour réaliser la condition de son affranchissement) malgré l'héritier ou sans que celui-ci le sache, est-ce qu'il appartient à celui qui l'accepte ? Et Julianus dit que dans ce cas l'aliénation d'argent par le* statuliber *est autorisée y compris malgré l'héritier et que cet argent appartient par conséquent à celui qui le reçoit. »*

142. **Mais si la condition dépend d'un des conjoints et est réputée remplie par lui, cela profite aux autres,** ***D.35.1.74:*** *« Un usufruit est laissé à la femme et à Titius si la femme ne se marie pas. Si la femme se marie, tant que Titius vit et demeurera dans le même état juridique, elle recevra une partie de l'usufruit; en effet on doit comprendre qu'il a été concédé à la femme, en vertu du legs et au bénéfice de la loi, autant qu'elle aurait si elle avait obéi à la condition. Et si Titius qui est afffecté par la condition, refuse le legs, ce fait ne profitera pas à la femme. »*, **afin que la fiction ne lui attribue pas plus que la vérité, en effet lui seul aurait autrement.**

143. ***D.35.1.51:*** [erreur de référence ? L'indifférence concerne la nature de la condition et non celle du conditionnaire: *« Celui qui a reçu l'ordre, sous différentes conditions énoncées de manière disjonctive, de devenir libre, peut choisir celle qui lui parait la plus légère. »*], ***D.35.1.109:*** [Contre-exemple d'une situation où l'accomplissement de la condition dépend du sujet exprimé]: *« Celui à qui un testateur demandait de restituer l'héritage à sa cohéritière Titia pour recevoir 100 pièces, mourut après l'adition d'hérédité. Il en fut de même de Titia avant qu'il donne les 100 pièces. On demande si l'héritier de Titia peut obtenir la part de l'héritage à titre de fidéicommis, en offrant 100. Il répond que l'héritier ne peut obéir à la condition. »*, ***D.30.104 § 1:*** [autre preuve par utilisation d'un contre-exemple]. *« Il était écrit ainsi dans un testament: "que 100 soient donnés à Lucius Titius si celui-ci donne à mon héritier les tablettes testamentaires où je lui promets de l'argent". Titius mourut ensuite avant d'avoir rendu les tablettes à l'héritier. On demande si le legs est dû à son héritier. Cassius répond qu'il n'est pas dû si les tablettes ont existé, car le* dies cedit *du legs ne se produit pas si elles n'ont pas été rendues. Julianus note que si les tablettes n'existaient plus au moment de la rédaction du testament, on peut dire avec raison que le legs est dû à Titius, car une condition ἀδύνατος* [impossible] *est tenue pour non écrite. »* **Un pupille peut obéir sans l'autorisation du tuteur,** ***D.28.7.26:*** *« Si un pupille est institué héritier sous condition, il peut obéir à la condition, même sans l'autorité du tuteur. »*, ***D.35.1.5:*** *Un pupille peut obéir à des conditions sans l'autorité du tuteur. »*, **ajouter** ***Inst.1.21*** [la référence l. *11. aut. tut. § 1. J. eod.* contient probablement de multiples erreurs car l'abréviation initiale *aut. tut.* correspond au seul titre *de auctoritate tutorum* présent dans les Institutes (1.21), auquel renvoie la suite de la note et non à *de auctoritate et*

consensu tutorum et curatorum (D.26.8). De plus la loi 11 de D.26.8 ne concerne pas le degré de liberté laissé au pupille dans l'exécution d'une condition. Enfin, le passage concerné des Institutes est 1.21 et non 1.21 § 1] : « *L'autorité du tuteur est nécessaire aux pupilles dans certains cas et ne l'est pas dans d'autres. Ainsi dans le cas où il est stipulé qu'on leur donnera, l'autorité du tuteur ne l'est pas ; et dans le cas où l'on promet aux pupilles, elle est nécessaire. Car on a jugé bon de leur permettre d'améliorer leur condition, même sans l'autorité du tuteur, mais de ne l'empirer que sous l'autorité du tuteur.* », **(en effet bien qu'il puisse devenir ainsi héritier nécessaire, voir la note du th. 345** [erreur de référence, pas de note et pas de rapport apparent au problème]**, il peut cependant s'abstenir de cette manière, *C.2.38.1 :*** « *Supposons que vous ne vous soyez pas occupés de l'héritage paternel : un témoignage n'est pas nécessaire dans ce cas puisque la foi dans la vérité n'a pas besoin du secours des termes. Mais si vous avez géré les biens en tant qu'héritiers ou si vous avez pris possession des biens* [et que vous désiriez renoncer à l'hérédité, c'est le contraire], *car en raison de l'âge auquel il faut suppléer vous devez recevoir un auxiliaire de restitution pour le tout.* », ***C.2.38.2 :*** « *Si tu n'acceptes pas l'héritage de tes grands-parents quand ils te nomment leur héritier par testament, une fois que tu as renoncé à la succession paternelle, un esclave est pour toi un auxiliaire de restitution pour obtenir alors en entier l'héritage de tes parents (même si tu n'as pas fait adition d'hérédité avant).* ») **Celui qui est sous la puissance d'autrui** [peut obéir à une condition] **sans le consentement de celui qui l'a sous sa puissance, *D.35.1.5 § 1 :*** « *De même l'esclave ou le fils de famille peuvent remplir une condition sans l'ordre du maître ou du père, car personne n'est lésé par cela.* »**. *D.28.7.25* s'y oppose :** « *L'esclave institué héritier sous condition ne peut pas obéir à la condition sans l'ordre du maître* »**. *Cujas* enlève le *ne pas* dans *Observationum et emendationum libri XXVIII*,** [Köln, 1578-1598, livre] ***11. observation 16.* Alberico Gentili distingue entre le legs et l'institution d'héritier** [dans] ***Lectionum et epistolarum ad jus civile pertinentes libri IV*,** [Londres, 1583-1584]**, *l. 5*, et il ne le fait pas à tort. Car un temps de délibération est placé au début de l'institution d'héritier et court à partir du moment où la condition est remplie ; ajouter le début de *D.28.8.1* :** « *Si un esclave a été institué héritier, ce n'est de toute façon pas à lui-même que nous avons accordé un temps de délibération, mais uniquement à celui dont il est l'esclave, car les esclaves sont tenus par le Préteur pour quantité négligeable.* »

144. **comme** [dans la cas des conditions consistant dans] **le fait de donner et de réaliser quelque chose ; voir *dernière loi de D.28.7*** [D.28.7.28] **:** « *Si un fils est héritier sous condition... comme il ne suffit pas que le fils soit institué sous n'importe quelle condition et que le testament n'est valide que si la condition est au pouvoir du fils, nous examinons en quoi il importe de savoir quelle condition a été écrite et si c'est une condition qu'il ne peut remplir au moment de mourir, comme : "qu'il soit héritier s'il se rend à Alexandrie" et qu'il décède à Rome, ou si c'est une qu'il peut remplir au dernier moment de la vie, comme : "si mon fils donne 10 à Titius, qu'il soit héritier", ce qui représente une condition qui peut être remplie par un autre au nom du fils.* »**, *D.1.5.15* :** « *Arescusa qui se voit accorder la liberté par testament si elle engendre trois enfants, en engendre un lors d'un premier accouchement, puis trois autres lors d'une second...* » [comme on ne peut pas déterminer a priori quel sera le dernier, tous trois naissent libres]. « *Par conséquent lorsque l'accouchement commence, la condition existe de telle sorte que ce qui naît ensuite, naît d'une femme libre ; de la même manière qu'on devrait croire qu'elle accouche en étant déjà libre si quelque autre condition imposée pour l'affranchissement de la femme existait au moment de son accouchement, ou si, affranchie sous la condition "si elle donne 10000 à l'héritier ou à Titius", quelqu'un d'autre remplissait la condition au moment où elle accouche.* »**, *D.40.7.39 § final* :** « *Si un esclave reçoit l'ordre de travailler pour autrui,*

aucun étranger ne peut libérer l'esclave en travaillant en son nom, mais on suit une règle différente en matière d'argent, vu qu'un étranger libère l'esclave en donnant l'argent à sa place. », ***C.6.51 première loi § 9 :*** *« Si la personne gratifiée reçoit l'ordre de construire une maison isolée, ou un monument, ou quelque chose de semblable avec ses propres deniers... il n'importe pas de savoir si la condition sera remplie par celui dont a parlé la conditionnateur, ou par un successeur dans le même bénéfice. »*, ***D.32.11 § final :*** [exemples inverses de situations ou soit la délégation, soit la compensation, soit la substitution, sont interdites] : *« Si quelqu'un ayant reçu l'ordre de réaliser quelque chose, est disposé à donner de l'argent à l'Etat en compensation, on ne le l'autorise pas à le faire car le testateur a voulu que ce soit lui-même qui réalise le fait en question. »*, ***D.35.1.44 :*** *« Celui qui a reçu l'ordre de donner à l'héritier, doit donner à l'esclave institué héritier et non à son maître. Car si l'ordre est donné à un héritier de donner à l'esclave de Titius, il donnera à l'esclave lui-même, car les condition qui sont de l'ordre du fait ne passent pas au maître. »*, ***D.35.1.55 :*** *« Maevius à qui un fonds est légué s'il donne dix à Callimaque qui n'a pas la capacité de recevoir par testament, doit obéir à la condition et donner les dix pour que le fonds légué lui appartienne, bien que l'argent n'appartienne pas au gratifié. Car quelle différence y a-t-il entre le fait d'ordonner de donner à une telle personne et le fait de déposer l'argent en tel endroit ou de le jeter à la mer. En effet, ce qui échoit à une telle personne, elle ne le prend pas en vertu du testament, mais à cause de mort. »*, ***D.46.3.31 :*** *« Si quelqu'un promet qu'il construira lui-même un navire ou qu'il édifiera une maison, ou qu'il creusera une fosse, et s'il est convenu qu'il le fera par son propre travail, le fidéjusseur qui construit ou creuse lui-même la fosse, ne libère pas le promettant si le stipulant n'y consent pas. »*, ***C.8.37.13 :*** [retour à la situation initiale et généralisation : toutes les conditions, qu'elles soient de donner ou de faire, peuvent être interprétées comme de simples conditions de faire et peuvent donc être réalisées par délégation.] : *« A la suite des décisions des Anciens, nous estimons en général que toute stipulation se trouve être, soit de donner, soit de faire, soit un mixte de donner et de faire, et qu'elle se transmet aux héritiers ou contre les héritiers, qu'il y ait mention spéciale des héritiers ou non. En effet, pourquoi ce qui est juste relativement aux personnes principales, ne se transmettrait-il pas aux héritiers ou contre eux ? Et ainsi les stipulations de ce type sont appréciées comme si elles consistaient seulement à donner, bien que les héritiers puissent néanmoins faire, sachant qu'on supprime ce scrupule ténu et superflu en vertu duquel on pensait qu'il était impossible que ce qui était imposé à quelqu'un et qui consiste à faire, soit réalisé par un autre. »*

* [*effet.*]

145. **car il fait défaut en raison de la mort,** ***D.35.1.31 :*** *« ... "que mon héritier donne 100 à Titius s'il épouse Séja", si par hasard Séja décède, on comprend que la condition a fait défaut, et si lui-même décède, il ne transmet rien à son propre héritier car on considère que la condition fait défaut en raison de sa mort. »*, ***D.35.1.69 :*** *« S'il est écrit ainsi : "je donne et lègue à Titius s'il le veut", Proculus note à propos de Labéon, que le legs n'appartient à l'héritier du légataire que si le légataire a voulu lui-même le posséder, car on considère que la condition est attachée à la personne. »*, ***D.45.1.48 :*** *« Si j'ai stipulé qu'on me donnerait "lorsque je le demanderai", on considère que la stipulation contient plus un avertissement à donner très rapidement et pour ainsi dire sans retard, lorsque je le demanderai, qu'une condition. Et pour cette raison, même si je mourrais avant de réclamer, on ne considérerait pas que la condition aurait fait défaut. »*

146. ***D.50.17.174 :*** *« Qui peut faire en sorte qu'il puisse obéir à la condition, est considéré comme pouvant déjà. »*, ***D.37.11.3 :*** *« Il est vrai que tout enfant posthume qui est dans*

le ventre de sa mère au moment où le testateur meurt, peut, s'il naît, réclamer la possession des biens. » [Le droit de l'enfant non encore né se confirme donc rétroactivement et l'on peut dire a posteriori qu'il peut déjà faire en sorte qu'il puisse parce qu'il est certain qu'il naîtra, et par conséquent qu'il peut déjà.]

147. **Dans les dernières volontés, la condition :** ***Si Titius a jugé que*** **est tenue pour non ajoutée,** ***D.40.5.46 § 3 :*** *« S'il est écrit ainsi : "si l'héritier le veut", le legs ne vaudra pas si tout repose sur le bon vouloir de l'héritier. En revanche nous ne doutons pas que la liberté soit due s'il l'a suspendue au jugement de l'Homme Bon. »*, **début de D.30.75 :** *« Si un legs ou un fidéicommis est laissé ainsi : "si l'héritier a estimé que", "s'il a approuvé que", "s'il a trouvé juste que", et que le legs ou le fidéicommis soit dû, il n'est pas suspendu à la simple volonté de l'héritier puisqu'on le rapporte à l'Homme Bon. »*, ***D.34.5.7 § 1 :*** *« Lorsque quelqu'un s'en est remis à la bonne foi de l'un des héritiers institués pour qu'il restitue à sa mort et au cohéritier de son choix, la part de l'héritage qu'il a reçue, il est parfaitement vrai que le fidéicommis est utile, car on ne demande pas au jugement de celui qui est prié, de déterminer s'il veut restituer, mais plutôt à qui il veut restituer. »*, ***D.32 loi 11 § 7 déjà citée :*** *« Bien qu'un fidéicommis ne doive pas être laissé ainsi : « s'il veut », il sera pourtant dû s'il est énoncé ainsi : "si tu as jugé bon que", "si tu as pensé que", "si tu as estimé que", "s'il t'a paru utile que", ou "s'il t'a semblé que" ; en effet on ne donne pas pleine liberté à la volonté de l'héritier, mais on la fait dépendre du* [jugement] *de l'Homme Bon. »*, ***D.40.5.14 :*** *« Je veux que mon esclave Eros soit libre si cela convient à ma sœur » ... « je demande si Eros concourt pour la liberté en vertu des termes ci-dessus quand Séja, la sœur de Lucius Titius renonce à l'héritage et que sa part revient par substitution à la fille Titia. Modestinus répond que le fait que la sœur du testateur renonce à l'héritage ne nuit pas à Eros. »*, ***D.40.5.41 § 2 :*** *« Un testateur chargea un tuteur auquel il confiait ses enfants dans le même testament, du fidéicommis de l'affranchissement des esclaves du même tuteur ; mais celui-ci se dispensa de la tutelle. Je demande si les tuteurs qui administreront la tutelle en lieu et place de celui qui a été excusé, devront accorder la liberté aux mêmes esclaves. Il répondit qu'on estimait que d'après les termes proposés les libertés étaient considérées comme données également par les héritiers institués. »* [En d'autres termes, le fidéicommis ne dépend pas de la volonté partisane du tuteur, mais de la volonté de l'Homme Bon], **parce c'est pour ainsi dire** [la condition du jugement de] **l'Homme Bon,** ***D.31.1 § 1 :*** *« Mais lorsqu'on lègue ainsi à un pupille ou à une pupille : « selon le jugement du tuteur », il n'y a pas de condition insérée dans le legs ni de retard, puisqu'il plaît en matière de testament que le legs dépendant du jugement d'un tiers, soit considéré comme dépendant du jugement de l'Homme Bon. »* **Cependant c'est le jugement de n'importe quel Homme Bon qui vaut dans les dernières volontés,** ***D.32.43 :*** *« Lorsqu'un père ordonne que la dot de sa fille soit constituée conformément au jugement des tuteurs, Tuberus dit qu'on doit estimer qu'on a légué conformément au jugement de l'Homme Bon. »* **Dans les contrats :** [la condition] ***si Titius ne juge pas*** **est** [formulée] **en remplacement de** [celle de] **l'Homme Bon,** [comme on peut le déduire de] ***D.18.1.7 :*** *« Mais est-ce que : "si le maître estime en fonction de son propre jugement" est une véritable condition de vente ou n'est-ce pas plutôt : "s'il estime en fonction du jugement de l'Homme Bon" ? Car si nous acceptons le jugement du maître, la vente est nulle, de la même manière que cela se passerait si quelqu'un vendait, "s'il le voulait", ou promettait en stipulant : "je donnerai 10 si je le veux". En effet on ne doit pas suspendre l'obligation de la partie concernée au jugement de cette partie. C'est pourquoi il a plu aux Anciens de faire reposer cette obligation plutôt sur le jugement de l'Homme Bon que sur celui du maître. »*, **mais Justinien a décidé qu'elle ferait défaut,** ***Inst.3.23 § 1 :*** *« ... toutes les fois que la vente est conçue au prix où untel estimera la chose, le contrat est passé sous cette condi-*

tion... Et au contraire, si celui qui a été nommé ne veut pas ou ne peut pas définir de prix, alors la vente est tenue pour nulle comme si aucun prix n'était arrêté. »**, *dernière loi de C.4.38* :** « *On faisait état d'une grande difficulté parmi les tenants de l'antique sagesse, à propos du cas de celui qui disposait d'une chose ainsi : "que la chose soit vendue au prix où Titius l'estimera". En tranchant le cas, nous décidons que lorsqu'une convention du type "au prix où celui-là l'estimera", existe dans une vente, celle-ci est constituée sous cette condition de telle manière que si celui qui est nommé donne un prix, la chose est vendue dans tous les cas d'après son évaluation et la vente est effective... et dans le cas contraire, s'il ne veut pas ou ne peut pas définir un prix, alors la vente est considérée comme nulle, comme si aucun prix n'était arrêté...* »**, *loi 35 § 1*** dans le ***même titre du Digeste*** [D.18.1] **:** « *Il est évident qu'une transaction est imparfaite quand le vendeur dit à celui qui veut acheter : "tu achèteras ce que tu voudras, au prix que tu penseras être juste, au prix où tu l'estimeras".* » **: *D.19.2.25* :** « *... au contraire s'il ne veut pas ou ne peut pas définir le montant de la location, alors le bail est nul comme si aucun montant n'était arrêté.* » **Les fiançailles peuvent être rapportées au jugement d'autrui, *Extra.4.5.5* :** « *Quelqu'un contracta mariage avec une femme sous la condition suivante : "si cela convenait à son père". On demande s'il est contraint de consommer le mariage. On répond que le consentement ne peut être dit libre quand il est soumis au jugement d'un tiers et qu'une condition de ce type n'est pas approuvée en droit. Par conséquent, à moins qu'il n'adhère à la volonté paternelle, il n'est pas forcé à rendre le mariage effectif* »**. *D.30.54 § 1* ne s'oppose pas, car dans ce cas les contractants eux-mêmes se réfèrent** [au jugement d'autrui] **:** « *Si un legs est laissé à Titia si elle se marie conformément au jugement de Séjus et que Séjus meure alors que le testateur est vivant et qu'elle se marie ensuite, le legs lui est dû* ». [En d'autres termes, les contractants que sont Titia et le testateur, s'en remettent au jugement de Séjus pour l'attribution du legs. Le prédécès de ce dernier équivaut alors à la réalisation de la condition de celui-ci.] ***Si tu fais quelque chose conformément au jugement de Titius*, *C.6.43 avant-dernière loi § 1*** [et non dernière loi] **:** « *On se demandait chez les Anciens ce qu'il faudrait décider si quelqu'un ne laissait pas le choix d'un esclave ou d'une autre chose au légataire lui-même, mais* [décidait de donner] *celui que Titius choisirait par hasard et que Titius ne veuille pas (ou ne puisse pas) choisir, ou soit enlevé par la mort ; est-ce que le legs disparaîtrait ou est-ce qu'une aide serait apportée au bénéficiaire afin que le choix procède du jugement de l'Homme Bon ? Nous estimons que si celui qui a reçu l'ordre de choisir avant la fin de l'année, se dispense de le faire, ou ne le peut pas du tout, ou meurt inopinément, on doit considérer que le choix appartient au légataire, mais de telle sorte cependant qu'il ne choisisse pas ce qui est le meilleur parmi les esclaves ou les autres choses, mais ce qui a une valeur moyenne, afin que les intérêts de l'héritier ne soient pas lésés au moment où nous estimons protéger suffisamment le légataire.* »**, *D.30 loi 54 déjà citée* :** [cf § 1 ci-dessus]**, *D.31.11 § 1* :** « *"Que Stichus ou Pamphile, celui que mon héritier voudra, soit donné à Titius, et qu'il dise celui qu'il voudra donner le jour même où mon testament sera lu". Si l'héritier n'a pas dit s'il préfère donner Pamphile ou Stichus, j'estime qu'il est alors obligé comme s'il était condamné à donner Pamphile ou Stichus, celui que le légataire voudrait.* »**, *D.35.1.6* :** « *L'amende prévue par testament ne s'applique pas à l'héritier, au légataire ou à celui qui bénéficie de quelque chose en vertu des dernières volontés et à qui il est ordonné d'édifier une tombe conformément au jugement de quelqu'un, si celui dont on considère le jugement, ne vit pas, ne peut intervenir, ou ne veut pas juger de l'affaire.* »**, *D.35.1.27* :** « *Quelqu'un disposa par testament qu'on lui construise un monument funéraire semblable à celui qui se trouvait dans la via Salaria* » ... « *et que l'héritier serait condamné à une forte amende si le monument n'était pas construit. Comme on ne trouvait aucun monument de ce type* » ... « *les Anciens se demandaient sous quelle forme il convenait de le construire. On répondit que* *si l'on comprenait quel monument avait voulu désigner celui qui avait fait le testament, on devait réaliser ce qu'il avait l'intention de montrer même s'il y avait une erreur dans le texte du testament. Mais que si l'on ignorait quelle était sa volonté » ... « il convenait de toute façon de construire un monument conforme à la qualité et à la dignité du défunt. »,* ***D.35.1.28 :*** *« Quelqu'un légua ainsi à sa fille : "si ma fille Attia se marie conformément au jugement de Lucius Titius, que mon héritier lui donne tout". »,* ***D.40.5.41 § 4 :*** *« Quelqu'un disposa la chose suivante à l'intention de sa sœur instituée héritière et au sujet de ses esclaves : "je te demande et te prie, ma très chère sœur de garder mes esclaves acteurs Stichus et Dama que je n'ai pas affranchis, jusqu'à ce qu'il te rendent les comptes de gestion. Et si tu approuves ensuite ces comptes, je t'ai signifié ma volonté". Je demande si l'on doit écouter l'héritière lorsqu'elle ne donne pas la liberté aux acteurs qui sont disposés à rendre les comptes, en disant qu'ils ne l'ont pas satisfaite » ... « On répond qu'on ne doit pas considérer le fait qu'on ait déplu aux héritiers, mais ce qui pourrait plaire à l'Homme Bon, pour qu'ils obtiennent la liberté. »,* ***D.40.5.14:*** *« Je veux que mon esclave Eros qui s'appelle aussi Psyllus, soit libre si cela convient à ma sœur » ... « je demande si la sœur Séja qui a renoncé au bénéfice du testament, peut s'opposer à ce qu'Eros réclame la liberté. Modestinus répond que le désaccord de Séja n'a aucun effet. »,* ***D.40.5.46 § 3 :*** *« S'il est écrit ainsi : "si l'héritier le veut", le legs ne vaudra pas si tout repose sur le bon vouloir de l'héritier. En revanche nous ne doutons pas que la liberté soit due s'il l'a suspendue au jugement de l'Homme Bon. »,* ***D.40.5.17 :*** *« La liberté fidéicommissaire est donnée utilement de la manière suivante : "lorsqu'il te paraîtra bon d'affranchir". »,* **le jugement de l'Homme Bon est considéré comme ajouté seulement quand** [le testateur] **ne juge pas :** ***D.35.1.16 :*** *« Les biens qui échoient sans testament peuvent recevoir une interprétation à partir du bien et du juste ; mais pour ceux qui résultent d'un testament, il est nécessaire d'expliquer la raison du droit d'après ce qui est écrit. »*

148. **on peut donner à un tuteur ou à un curateur,** ***D.35.1.13 :*** *« Si un fonds est légué à quelqu'un s'il donne de l'argent à un pupille ou à un fou, on considère que la condition est remplie s'il donne au tuteur ou au curateur. »,* ***D.46.3.68 :*** *« Un fonds est légué à quelqu'un s'il donne à un pupille ou à un fou. Il faut savoir que dans tous ces cas le versement effectué au tuteur ou au curateur est correct, mais qu'on ne paye jamais à bon droit à un pupille ou à un fou, afin que ce qui est donné ne disparaisse pas du fait de leur incapacité. »,* ***D.46.3.95 § 7 :*** *« Si une* [condition de donner] *est ajoutée en faveur d'un fou ou d'un pupille, on donnera à bon droit l'argent au tuteur ou au curateur... »,* **mais non à un maître,** ***D.35.1.44 :*** *« Celui qui a reçu l'ordre de donner à l'héritier, doit donner à l'esclave institué héritier et non à son maître. Car si l'ordre est donné à un héritier de donner à l'esclave de Titius, il donnera à l'esclave lui-même puisque les conditions qui sont de l'ordre du fait ne passent pas au maître. »,* ***D.45.1.38 § 6 :*** [erreur de référence ? Rapport lointain au problème]. **(le cas du *statuliber* étant à part, *loi 44 § 2 déjà citée*** [D.5.1.44 § 2 : *« Il n'y a évidemment pas de doute que le* statuliber *doit donner à son maître. »*]**), et non à l'esclave qui n'a pas reçu l'ordre** [de recevoir], ***loi 44 § 3 déjà citée*** [D.35.1.44 § 3 :] *«Au contraire, celui qui doit donner au maître, ne remplit pas la condition en donnant à son esclave, à moins que le maître n'y consente. »,* [mais cela signifie également que l'obéissance est exigée en considération du sujet exprimé] ***D.35.1.94 :*** *« Lorsque la liberté est donnée ainsi : "s'il donne 10 à Titius (qui n'est pas héritier)", une personne déterminée est désignée et la condition peut seulement être remplie par rapport à cette personne. »,* [et qu'elle ne l'est pas par conséquent dans certains types d'oublis,] **ajouter ici *D.37.5.15 :*** [qui rappelle que celui qui a été oublié dans le testament ne devra pas fournir les legs qui y sont prévus quand il héritera indirectement au moyen d'une action *contra tabulas*. Cela signifie enfin que la considération de la nature individuelle ou collective du sujet exprimé

ou de celui qui agit en son nom, doit intervenir dans la détermination des parts], ***D.35.1* début de 4 :** *« Si quelque chose est légué à ceux à qui un patron fournit les legs, le Préteur doit tempérer la condition afin qu'il soit suffisamment donné au patron et aux héritiers institués, et à proportion* [de leurs parts respectives], *pour remplir la condition. »*

149. [La condition] **fait défaut à sa mort, *D.35.1.31 :*** *« Que mon héritier donne 100 à Titius s'il épouse Séja » ; si par hasard Séja décède, on comprend que la condition a fait défaut... ».*, ***D.35.1.94 :*** *« Lorsque la liberté est donnée ainsi : "s'il donne 10 à Titius" (qui n'est pas héritier), une personne déterminée est désignée et la condition peut seulement être remplie par rapport à cette personne. »*, ***D.35.1.104 :*** *« Celui qui a été déporté après l'ouverture du testament et qui a récupéré ensuite la citoyenneté, peut réclamer le fidéicommis dont la condition a existé après qu'il a obtenu à nouveau la citoyenneté romaine. »* [En d'autres termes, celui qui subit la mort civile de la déportation, retrouve à son retour une personnalité juridique et les avantages afférents, comme s'il n'était jamais mort. Il est donc bien gratifié « tant qu'il vit ». Le théorème s'applique également quand celui qui vit est le successeur légal du sujet exprimé], ***D.35.1.51 § 1 :*** *« L'esclave qui a reçu l'ordre de donner 10 à l'héritier et d'être libre, devient libre en donnant à l'héritier de l'héritier... »*, ***D.35.1.109 :*** *« Celui à qui un testateur demandait de restituer l'héritage à sa cohéritière Titia, pour recevoir 100 pièces, mourut après l'adition d'hérédité. Il en fut de même de Titia avant qu'il donne les 100 pièces. On demande si l'héritier de Titia peut obtenir la part de l'héritage à titre de fidéicommis, en offrant 100. On répond que l'héritier ne peut obéir à la condition. »*, ***D.9.2.23 § 2 :*** *« Julianus écrit que si j'ai été institué sous la condition "si j'affranchis Stichus" et que Stichus soit assassiné après la mort du testateur, la valeur de l'héritage devra être estimée ; en effet la condition fait défaut à cause de l'assassinat. »* ; ***D.30.54 § 2* ne s'y oppose pas, en effet dans ce cas il est mort du vivant du testateur :** *« Mais si la mort d'un esclave empêche son affranchissement alors qu'un legs t'est transmis à condition que tu l'affranchisses, le legs te sera néanmoins dû, car il ne dépend pas de toi qu'il ne devienne pas libre. »*, **voir le th. 356** [dont l'application au présent cas ferait que le conditionné continué discret prendrait la date de cette réalisation fictive de la condition qu'est la mort de l'esclave].

150. ***D.35.1.51 § 1 :*** [voir ci-dessus], ***D.35.1.94 § 1*** [et non simplement D.35.1.94] : *« L'esclave ne parvient pas à la liberté grâce aux termes : "qu'il soit libre s'il donne à l'héritier Titius" ou "à l'héritier", en donnant seulement à l'héritier, mais aussi en donnant à l'héritier de l'héritier. »*, ***D.40.5.4 § 6 :*** *« Si la liberté est donnée à condition de verser 10, ou bien celui qui obtient la liberté reçoit l'ordre de donner à l'héritier, ou bien il n'est pas dit à qui donner et on peut se demander s'il devient libre en donnant à celui à qui les biens sont attribués. Et il est préférable qu'il doive donner à celui à qui les biens échoient comme si la condition était considérée comme transmise. »*, ***D.40.7.22 :*** *« Celui qui a reçu l'ordre de donner de l'argent sans qu'il soit dit à qui donner, doit donner aux héritiers, au prorata de leurs parts d'héritage. »*

151. **nous disons que le legs est comme une dignité s'il passe aux successeurs, Jacopo Menocchio :** ***De praesumptionibus conjecturis, signis et indiciis commentaria.***, [Venise, 1587-1590], ***4. 121***.

152. ***D.46.3.31 :*** *« Si quelqu'un promet qu'il construira lui-même un navire ou qu'il édifiera une maison, ou qu'il creusera une fosse, et s'il est convenu qu'il le fera par son propre travail, le fidéjusseur qui construit ou creuse lui-même la fosse, ne libère pas le promettant si le stipulant n'y consent pas ».*, ***D.35.1* début de 44 :** *« Car les* [conditions] *qui*

sont de l'ordre du fait, ne se transmettent pas au maître [de l'esclave], *de la même manière que si je stipule qu'il sera donné à moi-même ou à un esclave, il ne peut pas être donné à Titius, mais seulement à son esclave. »*

153. ***D.35.1.2*** *: « Parmi les conditions, certaines peuvent être remplies même du vivant du testateur, comme par exemple "si un navire vient d'Asie", car dès que le navire arrive, on considère que la condition est respectée… »*, ***D.35.1 début de 10*** *: « Par cette condition "lorsque ma fille se mariera", celui qui a testé a seulement voulu signifier que la condition soit remplie et non quand elle devra être remplie. Et par conséquent, si elle se marie du vivant du testateur et après rédaction du testament, la condition est considérée comme remplie et elle l'est par dessus tout quand elle est telle qu'elle ne doit être remplie qu'une fois. »*, ***D.35.1.61*** *: « Si un homme lègue à sa femme pour le moment où elle aura des enfants, on peut se demander si le testateur pense seulement aux enfants qui naîtront après sa mort, ou à ceux qu'il a eu de son vivant après la rédaction du testament » … « mais il est juste que ce soit ceux qui sont nés du vivant du mari ou après sa mort, qui profitent. »*, ***D.35.1.91*** *: « La nature des conditions qui sont référées au futur est triple, en ce que certaines renvoient au temps où le testateur est en vie, certaines à celui où il est mort, certaines aux deux, mais le temps est entendu, soit comme certain, soit comme indéfini. »*, ***D.40.4.18*** *: « Celui qui instituait deux individus héritiers, ordonnait qu'un esclave soit libre après la mort de l'un d'eux; celui dont la mort suspendait la liberté mourut du vivant du testateur. Sabinus répondit que l'esclave serait libre. »*, ***C.6.25.7*** *: « Lorsque quelqu'un institua un héritier sous une condition telle que: "si celui-là devient Consul, ou Préteur", ou institua sa fille héritière sous la condition: "si elle se marie", si celui-là devint consul du vivant du testateur, ou fut nommé Préteur, ou si sa fille se maria, ou encore, si celui-là renonça à quelque consulat ou charge de Préteur, ou si sa fille se sépara de son mari, nous décidons en rejetant tous les doutes des Anciens, que la condition doit être considérée comme accomplie, de quelque manière qu'elle ait été remplie, soit de son vivant, soit au moment de sa mort, soit après sa mort. »*, [ou] **(encore)** [sous une condition] **(potestative, du reste Justinien ne désapprouverait ici aucun doute des Anciens), voir cependant le th. 89** [qui rappelle que la condition de volonté existe en vain avant la mort du testateur, car il serait illogique d'imposer un acte immédiatement réalisable à titre de condition quand on veut en fait retarder l'obtention du conditionné].

154. **le temps du testament et celui de la mort se rejoignent par fiction, et soit la mort est antériorisée jusqu'au** [moment du] **testament qui reste immobile, comme ici, soit le testament est postériorisé jusqu'au** [moment de] **la mort qui reste immobile, de telle sorte que la condition qui a fait défaut du vivant du testateur, est considérée comme faisant défaut depuis le début,** ***argument de D.28.7.8 § 7*** *: « Si un testateur instituait quelqu'un héritier s'il jurait d'affranchir Stichus et que Stichus fût mort ou affranchi du vivant du testateur, on ne considérerait pas que l'héritier serait en défaut relativement à la condition bien qu'il soit vrai qu'il serait forcé de l'affranchir s'il vivait. »*, **les deux** [procédés étant utilisés] **pour que la disposition reste inchangée**.

155. ***D.35.1.9*** *: « Nous avons coutume de dire que celui qui lègue à sa femme pour le moment où elle aura des enfants, ne pense pas à ceux que sa femme a déjà quand il teste en tant que mari. »*, ***D.35.1.11 § 1*** *: « De même il faut savoir qu'il convient de remplir après la mort du testateur, les conditions immédiatement réalisables, si de cette manière elles font en sorte qu'on obéisse au testament, comme par exemple la condition: "s'il monte au Capitole" et les semblables… »*, ***D.35.1.68*** *: « Lorsqu'on lègue ainsi: "quand elle se mariera", si elle est déjà mariée et que le testateur le sache, il faudra attendre un autre*

mariage et cela ne changera rien qu'elle se marie pour la seconde fois du vivant du testateur ou après sa mort. », **(la loi 68 est pratiquement une condition de divorce au contraire de *D.35.1.10:*** *« Par cette condition "lorsque ma fille se mariera", celui qui a testé a seulement voulu signifier que la condition soit remplie et non quand elle devra être remplie. »*), ***D.30.45 § 2:*** *« Si un père ordonne par testament à son héritier de donner tout l'or à sa fille là où elle se mariera et que la fille soit mariée quand il rédige le testament et que le père soit absent et l'ignore, le legs lui sera dû malgré tout. Mais si le père n'ignorait pas ce fait, on considère qu'il pense à un autre mariage. »*, **et elle doit être recommencée, voir cependant le th. 88** [qui dispense les conditions non susceptibles d'être recommencées de l'obligation de l'être].

156. ***D.34.4 début de 3:*** *« Si quelqu'un lègue ainsi: "je donne et lègue un fonds à Titius. Si Titius meurt, que mon héritier soit contraint de donner à Séjus", on considère que le legs se transmet correctement. »*, ***D.35.1.10 § 1:*** *« Si un legs est fait comme suit: "si un navire vient d'Asie" et qu'au moment de rédiger le testament le testateur ne sache pas qu'un navire vient, on devra dire que la condition est remplie. »*, ***D.35.1 début de 11:*** *« Si les choses qui sont imposées à titre de conditions sont déjà réalisées et que le testateur le sache, on doit attendre qu'existent à nouveau celles qui peuvent se représenter; mais s'il ne le sait pas, ce sont les actuelles qui sont dues. »*, ***D.28.2.25:*** *« Titius institua un héritier par testament et ayant un fils, formula une exhérédation ainsi: "que tous mes autres fils et filles soient déshérités". Paul répondit que le fils était considéré comme correctement déshérité. Consulté ensuite sur le point de savoir si un fils dont il pensait qu'il était mort, était effectivement déshérité, il répondit qu'il s'agissait des fils et filles nommément déshérités. »*

157. ***D.35.1.2:*** *« Parmi les conditions, certaines peuvent être remplies même du vivant du testateur, comme par exemple "si un navire vient d'Asie", car dès que le navire arrive, on considère que la condition est respectée. »* [car elle ne peut être recommencée à l'identique.], ***D.35.1.11:*** [voir ci-dessus], ***D.35.1.61:*** *« Si un homme lègue à sa femme pour le moment où elle aura des enfants, on peut se demander si le testateur pense seulement aux enfants qui naîtront après sa mort, ou à ceux qu'il a eu de son vivant après la rédaction du testament » ... « mais il est juste que ce soit ceux qui sont nés du vivant du mari ou après sa mort, qui profitent. »*, ***C.6.25.7:*** *« Lorsque quelqu'un a institué un héritier sous une condition telle que: "si celui-là devient Consul, ou Préteur" ... « nous décidons en rejetant tous les doutes des Anciens, que la condition est considérée comme accomplie, de quelque manière qu'elle ait été remplie, soit de son vivant, soit au moment de sa mort, soit après sa mort »*. [En effet, elle ne peut pas non plus être recommencée à l'identique].

158. ***l. 2. Th.11:*** [référence rendue incompréhensible par l'introduction de l'abréviation *Th.11*, il s'agit sans doute de] ***D.35.1.2:*** *« ... certaines autres conditions ne peuvent être remplies qu'après la mort du testateur, comme: "s'il donne 10", "s'il monte au Capitole", car pour qu'on considère que quelqu'un a obéi à la condition, il faut qu'il sache que cette condition est introduite* [dans le testament], *car s'il la réalise par hasard, on ne considère pas qu'il ait obéi à la volonté »* [du testateur.], ***D.35.1.11.1:*** *« ... il convient de remplir après la mort du testateur, les conditions immédiatement réalisables, si de cette manière elles font en sorte qu'on obéisse au testament, comme par exemple la condition: "s'il monte au Capitole..." »*, ***D.35.1.31:*** *« ... que Stichus et Pamphila soient héritiers et s'ils se marient, que mon héritier soit contraint de leur donner 100 » .... « si tous les deux vivent et qu'il ne veuille pas épouser la femme, il n'obtiendra par le legs car la condition fait défaut par sa faute... »*, ***D.35.1.104:*** [erreur de référence ? Il s'agit de la condition aléatoire d'être déporté et non d'une condition de volonté.], ***C.6.46.4:*** *« Un legs ou un fidéi-*

commis t'est laissé par ton patron sous la condition: "si tu te maries avec son fils". Puisque la condition fait défaut lorsque le fils est mort avant que tu n'aies contracté mariage avec lui, on estime qu'il n'y a aucune raison pour que quelque chose te soit dû. », (**la condition dépend du testateur lui-même, *D.28.7.10*:** *« L'institution suivante: "si j'ai institué Séjus héritier dans le codicille, qu'il soit héritier", n'est pas inutile pour tout héritier institué différent du fils; en effet, elle représente une institution conditionnelle. »,* ***D.35.1.38*:** *« Si j'ai écrit ainsi: « autant que j'aurai légué à Titius par codicille... »,* ***D.35.1.91*:** [erreur de référence; il s'agit simplement de l'énonciation de la division tripartite des conditions.], ***D.28.5.51 § 1*:** *« Si quelqu'un écrivait ainsi: "que Stichus soit libre et héritier s'il m'appartient lorsque je mourrai". »,* ***D.45.1.99*:** *« Tout ce qui sert à rendre l'obligation plus sévère doit être réputé omis à moins qu'il ne soit exprimé par des termes exprès, et nous interprétons d'ordinaire à l'avantage du promettant car le stipulant était libre d'imaginer des termes plus précis. »,* ***D.40.4.28*:** *« "Que Stichus soit libre si je n'ai pas interdit par codicille qu'il soit libre", a la même valeur que si l'on disait: "que Stichus soit libre si je ne monte pas au Capitole". »*), [la condition de] **la liberté** [existe] **même du vivant du testateur, *D.40.7.39 § 4*:** *« Que Stichus soit libre s'il donne 1000 à Attia ». Attia meurt du vivant du testateur. Labéon et Ophilius répondent que Stichus ne peut devenir libre; Trebatius dit la même chose si Attia meurt avant que le testament ne soit fait, mais qu'il deviendra libre si elle meurt après. L'avis de Labéon et d'Ophilius a une certaine valeur, mais nous utilisons un droit qui veut que cet esclave soit libre en vertu du testament ».* **La potestative facile, est à remplir dès qu'on peut le faire aisément, *D.28.5.23 § 1*:** *« Si quelqu'un est institué héritier à une date certaine ou incertaine, il peut prendre possession des biens et s'emparer de l'hérédité en tant qu'héritier. § 1: Mais s'il ne prend pas possession des biens et diffère la réalisation de la condition à laquelle il peut obéir facilement, comme par exemple: "s'il affranchit l'esclave qui est sous sa puissance", le Préteur devra faire en sorte qu'il applique son édit qui définit le temps à l'intérieur duquel l'adition d'hérédité doit être faite. »,* ***D.35.1.29*:** *« Cette condition: "s'il monte au Capitole" doit être comprise comme: "dès qu'il aura pu monter au Capitole". »*

159. ***D.28.5.5*:** *« Si la condition sous laquelle un fils est institué héritier est telle qu'il est certain qu'elle ne peut exister au dernier moment de sa vie, et qu'il décède alors qu'elle est en suspens, il sera héritier intestat du père, comme par exemple: "qu'il soit héritier s'il parvient à Alexandrie". Mais j'estime que c'est le contraire si elle peut être remplie même au dernier moment de la vie, comme par exemple: "qu'il soit héritier s'il donne 10 à Titius". »,* ***D.28.7.28*:** *« Si un fils est héritier sous condition et que les neveux soient nommés ses substitués, comme il ne suffit pas que le fils soit institué sous n'importe quelle condition et que le testament n'est valide que si la condition est au pouvoir du fils, nous examinons en quoi il importe de savoir quelle condition a été écrite et si c'est une condition qu'il ne peut remplir au moment de mourir, comme: "qu'il soit héritier s'il se rend à Alexandrie" et qu'il décède à Rome, ou si c'en est une qu'il peut remplir au dernier moment de sa vie, comme: "si mon fils donne 10 à Titius, qu'il soit héritier", ce qui représente une condition qui peut être remplie par un autre au nom du fils. »*

160. ***D.40.4.18 § 1*:** *« Cette condition: "qu'il soit libre lorsque je mourrai", est remplie à un moment de la vie... »,* ***D.40.4* dernière loi:** *« Je sais que certains voulant que leur esclave ne devienne jamais libre, ont jusqu'ici l'habitude d'écrire: "que Stichus soit libre lorsqu'il mourra". Mais Julianus déclara que la liberté renvoyée au dernier moment de la vie n'existait pas lorsque le testateur était réputé avoir écrit ainsi plus pour empêcher que pour donner la liberté. »,* ***D.39.6.42 § 1*:** *« ... celui qui donne de manière inconditionnelle, n'est pas réputé donner à cause de mort, mais en mourant. »,* **Aulu Gelle:** [*Nuits Attiques*]

VI.13 [erreur de référence, il s'agit en fait de VI. 21 § 1 et § 3] : ***§.1:*** *«Quand on dit "quoad vivet"* [tant qu'il vit] *et quand on dit "quoad morietur"* [jusqu'à ce qu'il meure], *il semble qu'on dise deux choses contraires ; mais les deux expressions indiquent en fait un seul et même moment.* ***§ 3 :*** *« En effet quand deux périodes sont opposées entre elles et si liées que la fin de l'une est mêlée au commencement de l'autre, peu importe que l'on indique le moment limite par la fin du premier ou par le commencement du second ».*

161. ***D.28.7.28 :*** [voir ci-dessus].

162. ***D.30.104 fin du § 6 :*** *« Quelqu'un institua un héritier sous condition que sa mère meure, puis un second héritier fut institué et des legs furent laissés à sa charge en faveur de celui qui était institué héritier sous condition, puis le premier héritier mourut du vivant de la mère, mais après que le* dies cedit *du legs soit arrivé. On demande si les legs sont dus à son propre héritier. Il est plus vrai de dire que le legs est dû à cet héritier, soit qu'il soit donné purement et simplement à la charge du substitué par le premier héritier, soit qu'il soit donné sous la condition : "s'il n'est pas héritier", car la condition est remplie lorsqu'il meurt. »*

163. **comme *lorsque tu mourras* (à savoir le conditionnaire), voir *D.31.77 § 3 :*** *« Lorsqu'on commande à un sourd et à un muet qui reçurent un legs, de restituer lorsqu'il mourront, on le fait à bon droit, car on peut grever d'un fidéicommis ceux qui ignorent qu'une gratification leur est attribuée par testament. »,* ***§ 4 :*** *« Un fils a été prié de restituer à sa mort, un héritage à ses propres fils ou à celui d'entre eux qu'il choisirait... »* ***§ 10 :*** *« Un père demanda à sa fille, qu'elle transmette en mourant des biens à celui de ses fils qu'elle choisirait. Elle donna de son vivant à l'un des fils, les biens concernés par le fidéicommis. On considère qu'elle n'a pas la possibilité d'une donation immédiate en raison du caractère incertain de la date du fidéicommis... »,* ***D.36.2.4*** [et non 4 § 1] *: « Si on lègue "lorsque l'héritier mourra", le legs est conditionnel. »,* ***D.36.2.13 :*** *« ... il est certain qu'un legs comme : "que l'héritier donne lorsque je mourrai", sera dû et pourtant il ne passe pas à l'héritier du légataire, si ce dernier meurt du vivant de l'héritier. »,* ***D.35.1.79 § 3 :*** *« ... on lègue inutilement un usufruit pour le moment où le légataire mourra... »,* **(le droit est pur à partir d'elle et il se transmet, même s'il est retardé, *D.35.1.72 § 5* s'oppose** [au fait qu'il soit retardé] : *« "Je lègue un fonds à Maevia lorsqu'elle mourra, si elle ne se marie pas". On peut dire qu'elle est immédiatement admise à la possession du legs même si elle se marie. »* **; tel est le cas par excellence de : *si tu ne fais pas*, Inst.3.15 § 4 :** *« Si quelqu'un stipule ainsi : "si je ne monte pas au Capitole, promets-tu de donner ?" c'est la même chose que s'il stipule qu'on lui donnera lorsqu'il mourra. La nature d'une stipulation conditionnelle est seulement qu'elle sera due, et nous transmettons à l'héritier ce même espoir si la mort nous enlève avant que la condition existe. »,* ***D.36.1.65 § 1 :*** *« Si un testateur demande que l'héritier restitue l'héritage à une femme si elle ne se marie pas, on doit dire qu'il est contraint de faire adition d'hérédité et de restituer l'héritage à la femme même si elle se marie, s'il déclare que l'héritage est suspect. Et Julianus approuve la même chose dans les autres conditions qui ne peuvent être remplies qu'avec la mort* [du conditionnaire.], ***D.35.1.73 :*** *« Un fonds est légué à Titius s'il ne va pas en Asie, et s'il y parvient, ce fonds est légué à Sempronius. Comme on admet que la caution Muciana est interposée dans toutes les conditions qui s'achèvent à la mort du légataire, l'héritier reçoit la caution de Titius et lui donne le legs. »*) **et de : *lorsque le futur débiteur*, autrement dit l'héritier, *mourra*, *D.36.2.4 :*** *« Si on lègue "lorsque l'héritier mourra", le legs est conditionnel, c'est pourquoi si le légataire meurt alors que l'héritier est vivant, le légataire ne transmettra pas son propre héritier. »,* ***D.36.2.13 :*** *« Un legs ainsi conçu : "je lui donne et*

lègue, si tel événement se réalise ou ne se réalise pas", ne se transmet pas à l'héritier [du légataire], *si un des événements n'existe pas du vivant du légataire, car la raison pour laquelle il est dû, doit toujours précéder. Et il n'est pas dû de toute façon parce qu'il est certain qu'un des événements sera, car il est certain qu'un legs comme : "que l'héritier donne lorsque je mourrai", sera dû et pourtant il ne passe pas à l'héritier du légataire, si ce dernier meurt du vivant de l'héritier.* », ***D.36.2.22 :*** « *Si on a légué à Titius "lorsqu'il aura quatorze ans" et qu'il décède avant, il est vrai que le legs ne passe pas à son héritier parce que ce legs ne contient pas seulement une date mais aussi la condition "si les quatorze ans se sont écoulés".* », ***D.28.7.28 :*** « *Si un fils est héritier sous condition* » ... « *comme il ne suffit pas que le fils soit institué sous n'importe quelle condition et que le testament n'est valide que si la condition est au pouvoir du fils, nous examinons en quoi il importe de savoir quelle condition a été écrite et si c'est une condition qu'il ne peut remplir au moment de mourir, comme : "qu'il soit héritier s'il se rend à Alexandrie" et qu'il décède à Rome, ou si c'en est une qu'il peut remplir au dernier moment de la vie, comme : "si mon fils donne 10 à Titius, qu'il soit héritier", ce qui représente une condition qui peut être remplie par un autre au nom du fils.* », ***D.35.1.79 § 1 :*** « *"Lorsque mon héritier mourra, qu'il donne 100 à Titius". Le legs est laissé sous condition. En effet, quoiqu'il soit certain que l'héritier mourra, il est incertain que le* dies cedit *du legs tombe du vivant du légataire et il n'est pas certain que le legs lui parviendra.* », ***D.35.1.1 § 2 :*** « *Mais le terme est incertain quand il est écrit ainsi : "lorsque mon héritier mourra, qu'il soit donné 10", car sa mort a une date incertaine.* », ***D.30.68 § final :*** « *Si un esclave est légué à Titius et que le même esclave reçoive l'ordre de devenir libre après la mort de Titius, le legs est inutile car il est certain que Titius mourra.* », ***D.31.12 § 1 :*** « *Lorsqu'on lègue ainsi : "que l'héritier donne 10 à Lucius Titius lorsqu'il mourra", comme la date du legs est incertaine, le legs n'appartient pas à l'héritier du légataire si ce dernier décède du vivant de l'héritier.* ». **Si le légataire meurt en premier, il ne transmet rien. Tel est le cas par excellence de : *lorsqu'il voudra*. Il en est de même de : *lorsqu'un tiers mourra*, *D.35.1.40 § 2 :*** « *Quelqu'un légua 100 à Titius par testament, puis disposa ensuite ainsi : "que mon héritier donne les 100 à qui je les ai légués, si ma mère meurt". Titius survécut au père de famille puis mourut alors que la mère était encore vivante. Une fois la mère décédée, Ophilius répondit que le legs était dû aux héritier de Titius parce que le legs n'avait pas été fait sous condition, mais d'abord purement, puis avec une apposition de date de paiement. Voyons, dit Labéon, si ceci n'est pas faux car il n'importe pas que l'on ait écrit ainsi : "que mon héritier donne les sommes à qui je les ai léguées, si ma mère meurt", ou ainsi : "qu'il ne donne pas à moins que ma mère meure" ; en effet, le legs est donné ou ôté dans chaque cas. J'approuve la réponse de Labéon* ».

164. ***D.35.1.46 :*** « *Si un* statuliber *reçoit l'ordre de donner de l'argent, par exemple avant cent jours et qu'il ne soit pas précisé quel est le début de ce délai futur, il commencera à partir du moment où l'adition d'hérédité sera faite car il est manifestement absurde qu'il s'écoule avant qu'existe celui qui doit recevoir.* », **joint au th. 245** [qui étend la loi 46 au cas du légataire en général].

* [Il faut lire d. 144 et non th. 144 car ce théorème n'a rien à voir avec la notion de droit distingué puisqu'il traite de l'invalidation de la disposition et interdit de ce fait la transmission d'un tel droit.]

165. ***D.40.4.41 § 1 :*** « *Mais s'il est écrit ainsi dans un testament : "que mon esclave Stichus soit libre s'il donne mille pièces à mon héritier la deuxième et la troisième année après ma mort, ou lui donne une garantie équivalente", cet esclave ne peut pas être libre*

tant que les trois ans ne se sont pas écoulés ; à moins qu'il paye maintenant la somme ou donne garantie ; en effet, la rapidité d'obtention de la liberté peut être compensée par un paiement anticipé de la somme à l'héritier. », ***D.40.5.41 § 10 :*** *« Quelqu'un donna ainsi la liberté par testament à un esclave : "je veux que mon esclave Cupitus soit libre une fois les comptes établis, lorsque mon fils Marcianus aura eu seize ans" » ... « le fils mourut impubère » ... « la condition peut recevoir une interprétation plus humaine, de telle sorte qu'il suffit, lorsque le pupille est mort, d'attendre le moment où il aurait eu seize ans s'il avait vécu. »*, **ajouter *D.40.7.39 § 3 :*** *« "Que l'esclave Dama soit libre lorsqu'il aura fourni sept années de travail" ; cet esclave fut l'objet d'un jugement* [lui imposant un service] *public pendant les sept ans et avait dépassé la septième année. Servius dit qu'on ne devait pas le libérer* [de son obligation] *et Labéon dit qu'il deviendrait libre s'il effectuait ensuite les sept ans de travail, ce qui est vrai. »*, **ailleurs ce n'est pas le cas, *D.35.1.49 :*** *« Si un héritier est condamné à donner pendant 10 ans ou si quelqu'un reçoit de cette façon l'ordre d'être libre, le legs sera dû et la liberté sera obtenue au dernier jour de ce délai. »*

166. ***D.31.2 :*** *« A chaque fois que plusieurs parties sont exprimées nominalement dans un legs, il y a plusieurs legs. »*, ***D.31.6 :*** *« Quand un troupeau est légué, une partie ne peut le dédaigner et une autre le réclamer, car il n'y a pas plusieurs legs mais un seul. »*, ***D.31.27 :*** *« Si ceci ou cela est légué, il y a un seul legs. »*, ***D.18.2.2 :*** [erreur de référence. Pas de rapport avec la notion de disjonction.], ***D.35.1.26 :*** *« Cette expression "s'il donne vingt ou s'il jure de faire quelque chose" exprime une seule condition ayant deux parties. »* ; **il suffit qu'une des disjointes existe, *D.28.7.5 :*** *« Si plusieurs conditions sont imposées conjonctivement à l'héritier, il faut obéir à toutes car elles sont tenues pour une seule chose. Si elles le sont disjonctivement, on peut obéir à celles qu'on veut. »*, ***Inst.2.14 § 11 :*** *« Si plusieurs conditions sont écrites dans une institution, si vraiment elles le sont conjointement, comme par exemple : "si ceci et cela est fait", on doit obéir à toutes, si elles le sont séparément, comme par exemple : "si ceci ou cela est fait", il suffit d'obéir à celle qu'on veut. »*, ***D.35.1.78 § 1 :*** *« Lorsque des conditions sont inscrites de manière disjonctive, le fait qu'une d'elles fasse défaut ne gène pas l'autre même si elle n'est remplie qu'après et il n'importe pas que les conditions soient au pouvoir du gratifié ou dépendent d'un événement. »*, ***C.6.25.6 :*** *« Nous estimons de manière générale que si quelqu'un formulait ses termes de telle manière qu'il dise : "si le fils ou la fille mourait intestat, ou sans enfant, ou sans se marier" et que ce fils ou cette fille ait des enfants ou se marie ou teste, la chose leur appartiendrait et il n'y aurait pas motif à substitution ou à restitution. Mais si rien de tout cela ne se produisait, alors la condition serait réalisée et la chose serait restituée conformément aux termes du testament. »* **Plusieurs disjoints le sont par la chose et la condition, ils concourent seulement s'il ne dépend pas de l'un d'eux** [qu'il n'y ait rien], ***D.28.7.23 :*** *« Que celui de mes deux frères qui aura épousé notre cousine germaine reçoive les trois quarts en héritage, que celui qui ne l'aura pas épousée reçoive le quart » ... « Si aucun des deux ne l'épouse, non pas parce qu'ils ne veulent pas l'épouser, mais parce qu'elle ne veut pas se marier, tous deux sont admis à l'héritage à parts égales. »*, ***D.28.7.24 :*** *« "Celui qui de mes deux frères épousera ma nièce Titia, héritera des deux tiers de l'héritage, celui qui ne l'épousera pas héritera du tiers". Si la nièce meurt du vivant du testateur, tous deux concourant pour l'héritage en obtiendront chacun la moitié car il est vrai qu'ils sont institués héritiers, mais qu'ils sont distingués dans la détermination de leurs quotités par l'existence du mariage. »*

167. [Autrement dit, les termes conjoints dans une disposition qui ne sont pas explicitement connexes, ne seront réputés tels que si cette connexion est rendue nécessaire par la nature de l'institution, les termes du testateur, son intention ou le jugement de l'Homme

Bon.] ***D.28.7.2 § 1*** *: « Si deux esclaves sont institués ainsi : "que Primus et Secundus soient libres et héritiers s'ils m'appartiennent à ma mort" et si l'un d'eux est aliéné, Celse pense à bon droit que cela doit être entendu comme si chacun d'eux était institué héritier séparément, sous la même condition. »*, ***D.28.5.29*** *: « Cette particule "chacun" signifie "tous" et par conséquent Labéon dit que s'il est écrit ainsi : "Que Titius et Séjus soient héritiers pour des parts égales à celles que chacun d'eux aura dit que je recevrai en héritage", aucun d'eux ne peut être héritier si tous n'ont pas institué le testateur héritier, car la phrase est rapportée à l'acte de tous, et c'est en cela que doit être recherchée, à mon avis, l'intention du testateur. Mais il est plus humain que celui qui a institué le testateur héritier, devienne héritier pour une part proportionnelle et que celui qui ne l'a pas institué ne soit pas admis à hériter de lui. »*, ***D.40.4.13 § 3*** *: « Si une servante reçoit l'ordre d'être libre avec ses fils, elle sera libre bien qu'elle n'en ait aucun. »*, ***§ 6*** [erreur de référence, pas de § 6], ***Inst.2.20 § 17*** *: « Si quelqu'un lègue des servantes avec leurs enfants, les enfants échoient en legs même si les servantes sont mortes. »*, ***D.30.52*** *: « Si tous les esclaves sont légués à quelqu'un avec leurs pécules, même les esclaves qui n'ont pas de pécule sont dus. »*, ***D.30.121*** *: « Si quelqu'un lègue à Titius et Maevius, l'un est admis sans l'autre à la possession du legs. »*, ***D.32.10*** *: « Si j'ai légué 100 pièces d'or à toi et à celui de mes trois fils qui viendra à mon enterrement, le legs qui te concerne n'est pas diminué par le fait que personne ne vient. »*, ***D.32.29 § final*** *: « "Si mes esclaves Stichus et Dama sont en ma possession lorsque je mourrai, alors que Stichus et Dama soient libres et que ce fonds leur appartienne". Si le maître aliénait ou affranchissait l'un d'eux après avoir rédigé le testament, Labéon pense qu'aucun d'eux ne serait libre. Mais Tuberon pense que celui qui serait resté sous la puissance du maître serait libre et aurait le legs. Je pense que l'avis de Tuberon convient plus à la volonté du défunt. »*, ***D.35.1.33*** [il s'agit en fait du § 4] *: « Qu'en est-il par conséquent si quelqu'un léguait ainsi : "Je donne et lègue Stichus et Pamphile à Titius s'ils m'appartiennent quand je mourrai" et qu'il en ait légué un ; est-ce que l'autre pourrait être réclamé par le légataire ? On décide qu'il peut être réclamé car on convient que cet énoncé doit être considéré comme multiple et comme s'il avait déclaré séparément : "Stichus, s'il m'appartient quand je mourrai". »*, ***D.35.1.56*** *: « Dans le cas de ce qui est légué sous condition à une seule personne, la condition ne doit pas être scindée du fait d'un accident extérieur et tous ceux qui sont substitués à la place de cette personne, doivent être tenus pour une seule personne. »*, ***D.35.1.81*** *: « Que Stichus soit libre avec sa femme s'il rend les comptes de gestion et que l'héritier leur donne 10 » ... « on dira de manière élégante que le Stichus en question est affranchi sous condition et que sa femme l'est purement, et que le fait de les relier fait partie de la nécessité de leur désignation et non d'une condition d'union. »*, ***D.40.7.13 § 2*** *: « Si deux esclaves ont été affranchis à condition de rendre les comptes de gestion et qu'ils les aient rendus séparément, on ne doute pas qu'ils pourront remplir séparément la condition. Mais si leur gestion fut à ce point commune qu'il n'est pas possible de séparer ce qui revient à chacun, si l'un ne remplit pas la condition, il empêche inévitablement l'affranchissement de l'autre ; et la condition ne sera considérée comme réalisée dans la personne de l'autre que si le reste de la dette a été payé une fois que le décompte de gestion a été fait. »*, ***D.40.7.31 § 1*** *: « Julianus dit que lorsqu'on demande si la femme de Titius peut être libre alors que Titius est mort avant la réalisation et que l'on a demandé que "Titius rende les comptes de gestion" et "soit libre avec sa femme", la question qui est soulevée dans ce cas par les termes "je donne à l'un et en même temps à l'autre", est de savoir si l'un peut être admis à la possession du legs alors que l'autre fait défaut ; et c'est cette solution qui convient le mieux comme s'il était écrit ainsi "à l'un et à l'autre". »*, **à moins que** [la connexion] **ne soit exprimée,** ***D.40.4.13 § 1*** *: « De même on peut s'interroger sur ce qui est écrit quand il est dit à propos de deux artisans ou de deux peintres : "s'ils peignent une partie d'un corps"* *ou "s'ils construisent un navire". Car la question porte sur* [l'interprétation de] *la volonté* [du testateur]. *A-t-il joint la condition de l'un au fait de l'autre ; ce qui a pour effet que lorsque l'un cesse, la condition cesse également d'exister pour l'autre qui est prêt à réaliser* [ce qui est demandé] *? Mais s'il apparaît à partir de ce qu'a dit ou écrit le testateur, qu'il se contenterait de voir un seul agir, l'affaire sera claire, car lorsque l'un agira, il apparaîtra selon ce que voulait le testateur, soit que l'un agira pour son compte et celui de son associé, soit qu'il agira pour son compte seul. »*, ***C.6.46* avant dernière loi :** *« Ulpien se demandait, dans le cas où plusieurs personnes recevraient l'ordre de remplir une condition, si toutes devraient la réaliser en même temps ou si chacune serait contrainte à la remplir de son côté. Nous considérons quant à nous que chacune se trouve devant la nécessité de remplir la condition et de recevoir quelque chose de ce qui est laissé à proportion de ce qui lui revient, afin que ceux qui ont obéi à l'ordre soient appelés à en recevoir le bénéfice et que ceux qui négligèrent de le faire s'en prennent à eux-mêmes s'ils en sont exclus. »*

168. **comme *D.35.1.56* :** *« Dans le cas de ce qui est légué sous condition à une seule personne, la condition ne doit pas être scindée du fait d'un accident extérieur et tous ceux qui sont substitués à la place de cette personne doivent être tenus pour une seule personne. »*

169. ***D.31.2* :** *« lorsqu'un legs est fait à un esclave commun, si l'un des maîtres le refuse, cela n'accroît pas la part de l'autre. »*, **argument de *D.45.3.1 § 4* :** *« Si on stipule que mon propre esclave sera le mien et le tien, ce sera comme si deux stipulations futures étaient faites séparément dans cette énonciation unique : une concernant mon esclave, l'autre concernant le tien. »*, ***D.35.1.44 § 8* :** *« Si un legs est fait sous la condition de donner à l'esclave de deux maîtres, certains disent qu'on ne peut obéir à la condition par parties et qu'on doit donner l'argent en une seule fois ; mais je pense quant à moi le contraire. »*

170. ***D.45.1.29* :** *« Si quelqu'un stipule une somme à laquelle il pense ou une masse monétaire, il n'y a pas autant de stipulations qu'il y a de pièces, mais une seule. Car il est absurde qu'il y ait des stipulations pour chaque pièce. Et il est évident qu'une stipulation de legs multiples est unique bien qu'il y ait plusieurs corps ou plusieurs legs. »*

171. **ainsi la condition ou le conditionné qui dépendent de plusieurs, *D.35.1.56* :** *« Celui à qui un fonds est légué s'il donne 10, ne peut obtenir une partie du fonds s'il ne verse pas toute la somme. La situation est différente lorsque la même chose est léguée sous condition à la même personne. En effet dans le cas où une condition est imposée par testament à plusieurs, elle peut être divisée en autant de fois qu'il y a de personnes et ainsi, chacune peut obéir à la condition proportionnellement à sa part et obtenir le legs. »*, ***D.35.1.45 § 1* :** [erreur de référence, il n'y a pas de § 1 ; il s'agit peut-être d'une inversion des chiffres et ce serait alors la loi 54 § 1 qui serait citée : *« La même chose est léguée à deux individus s'ils donnent 100 à l'héritier : si l'un en donne 50, il obtient une part du legs et la part de celui qui n'a pas donné s'ajoute à la sienne avec sa condition propre. »*], ***D.35.1.46* :** [erreur de référence ? Pas de rapport apparent au problème.], ***D.35.1.44 § 8* :** *« Si un legs est fait sous la condition de donner à l'esclave de deux maîtres, certains disent qu'on ne peut obéir à la condition par parties et qu'on doit donner l'argent en une seule fois ; mais je pense quant à moi le contraire. »*, ***D.30.81 § 1* :** *« Si une chose était léguée à un esclave commun, un des maîtres pourrait accepter le legs et l'autre le refuser, car dans cette affaire l'esclave commun vaut pour deux esclaves. »*

172. **voir *D.35.1.112 § 1* :** *« Je lègue un fonds à Titius s'il donne 100 à Symphorius et*

à Januarius. Est-ce que le legs disparaît à la mort de Symphorius ? Je pense cependant que ceci peut s'interpréter de telle sorte qu'il soit dû si chacun d'eux vit. Mais on doit dire en vertu d'une interprétation plus favorable que si Symphorius ne décède pas après une mise en demeure de Titius, il s'ensuivra que le légataire recevra une demi-partie du fonds quand il donnera une demi-partie de la somme à Januarius. »

173. ***D.28.7.2 § 1:*** *« Si deux esclaves sont institués ainsi: "que Primus et Secundus soient libres et héritiers s'ils m'appartiennent à ma mort" et que l'un d'eux soit aliéné, Celse pense à bon droit que cela doit être entendu comme si chacun d'eux était institué héritier séparément, sous la même condition. »,* ***D.35.1.6 § 1:*** *« Servius répondit que lorsqu'il était écrit ainsi: "si ma fille et ma mère vivent", la condition ne faisait pas défaut si l'une d'elles était déjà morte. »,* ***D.35.1.33 § 4:*** *« Qu'en est-il par conséquent si quelqu'un léguait ainsi: "Je donne et lègue Stichus et Pamphile à Titius, s'ils m'appartiennent quand je mourrai" et qu'il en ait légué un; est-ce que l'autre pourrait être réclamé par le légataire ? On décide qu'il peut être réclamé car on convient que cet énoncé doit être considéré comme multiple et comme s'il avait déclaré séparément: "Stichus, s'il m'appartient quand je mourrai". »*

174. **ainsi, si la condition de donner dépend de plusieurs, celui qui remplit une part, reçoit une part du conditionné,** ***loi 56*** **déjà citée et suivantes:** *« ... dans le cas où une condition est imposée par testament à plusieurs, elle peut être divisée en autant de fois qu'il y a de personnes et ainsi, chacune peut obéir à la condition proportionnellement à sa part et obtenir le legs. »,* ***D.40.4.13 § 2:*** *« A propos du cas où quelqu'un donnerait la liberté à deux esclaves à condition qu'ils rendent les comptes de gestion, Julianus traite de la question suivante: si l'un est prêt à rendre les comptes et que l'autre ne le soit pas, est-ce que l'un est empêché par l'autre ? Et il dit très justement que s'ils ont géré les affaires séparément, il suffit que l'un d'eux rende les comptes pour obtenir la liberté. »,* ***D.40.4.11 § 1:*** *« Que Stichus et Pamphile soient libres s'ils donnent 10. L'un peut devenir libre en donnant 5, bien que l'autre ne donne rien. »*

175. **la condition individuée n'attribue rien, pas même en partie, à moins qu'elle n'existe entièrement,** ***D.32.11 § 23:*** *« Le Divin Marc et Lucius Verus établirent dans un rescrit destiné à Procula que si quelque chose était laissé afin de réaliser une œuvre publique, tous les héritiers seraient tenus solidairement. »,* ***D.32.11.24:*** *« Et le divin Marc établit dans un rescrit que c'était la même chose avec les servitudes et les autres choses qui n'admettent pas de division. »,* ***D.35.1.23:*** *« Il est très vrai que celui qui a reçu l'ordre de donner 10 à deux héritiers et de recevoir un fonds en retour, ne peut diviser la condition en deux et cela afin que le legs ne soit pas non plus divisé en deux. Par conséquent, même s'il a donné 5 à l'un des deux, il ne réclamera aucune partie du fonds, à moins qu'il paye les 5 restants à l'autre qui fait adition d'hérédité, ou à moins qu'il donne 10 à celui qui a fait seul adition d'hérédité si l'autre a refusé l'héritage. »,* ***D.35.1.56:*** *« Dans le cas de ce qui est légué sous condition à une seule personne, la condition ne doit pas être scindée du fait d'un accident extérieur et tous ceux qui sont substitués à la place de cette personne doivent être tenus pour une seule personne. »,* ***D.35.1.112:*** *« Lorsque des conditions telles que: "s'ils construisent un monument", sont imposées à plusieurs personnes, elles ne peuvent exister que dans toutes en même temps. »,* ***D.40.4 loi 13 § 2 déjà citée:*** [cf. ci-dessus], ***D.40.7.13 § 2:*** *« Si deux esclaves ont été affranchis à condition de rendre les comptes de gestion et » ...« si leur gestion fut à ce point commune qu'il n'est pas possible de séparer ce qui revient à chacun, chacun empêche inévitablement l'affranchissement de l'autre s'il ne remplit pas la condition. »*

* [Il faut mettre B à la place de C.]

** [Il faut déplacer la virgule et lire *id est simul applicetur, C initio linea* et non *id est simul applicetur C, initio linea.*]

176. **ainsi par exemple** [si] **A et B** [sont appliqués] **à C, D, E, il y a trois dispositions.**

177. **d'où il s'ensuit que si la condition d'un cohéritier est en suspens, l'autre ne possède pas tout l'héritage, Antoine Favre, *De erroribus pragmaticorum et interpretum juris chiliadis pars prima,*** [Genf, 1612-1615], ***décision 49, erreur 10*; ni un légataire, tout le legs,** [sauf si l'autre refuse de remplir sa part de condition ou en est empêché] ***D.35.1.54 § 1 :*** *« Une même chose est léguée à deux individus s'ils donnent 100 à l'héritier. Si l'un d'eux donne 50, il obtient une part du legs et la part de celui qui n'a pas donné échoit à l'autre avec la condition afférente. »*, ***D.35.1.30 :*** *« Si l'intégralité d'un fonds m'est léguée séparément, purement et simplement, et si elle t'est léguée sous condition et que tu meures avant que la condition existe, je n'aurai pas à remplir la condition, vu que si la condition faisait défaut, la part que tu serais susceptible de réclamer m'échoirait en accroissement. »*, ***D.31.89 § 2 :*** *« Il légua ainsi à Séjus qu'il avait substitué à l'héritier : "je veux que quinze livres d'argent soient données à Séjus s'il n'est pas mon héritier et à sa femme Marcella", Je demande si une part égale à la moitié du legs est due à Marcella lorsque Titius est devenu héritier. On répond quelle est due d'après les termes énoncés »*. **Cependant l'un** [des cohéritiers ou des légataires] **possède tout l'usufruit dans la période intermédiaire, *D.7.2.6 § 2 :*** *« Si l'usufruit d'un fonds m'est légué purement et simplement et t'est légué sous condition, on peut dire que tout l'usufruit du fonds m'appartient pendant la période intermédiaire… »*

178. **l'un d'eux peut remplir toute la condition sans l'autre, et tout emporter, *D.40.7.31 § 1 :*** *« … la question qui est soulevée dans ce cas par les termes "je donne à l'un et en même temps à l'autre", est de savoir si l'un peut être admis à la possession du legs alors que l'autre fait défaut ; et c'est cette solution qui convient le mieux… »*, ***D.35.1.81 :*** *« … que Stichus soit libre avec sa femme s'il rend les comptes de gestion et que l'héritier leur donne 10 » … « s'il meurt alors qu'il lui reste encore des dettes, on considère que sa femme reçoit le liberté sous la même condition et que celle-ci fait défaut. Mais on dira de manière élégante que le Stichus en question est affranchi sous condition et que sa femme l'est purement, et que le fait de les relier fait partie de la nécessité de leur désignation et non d'une condition d'union. »*, ***D.31.89 § 1*** [erreur de référence, il s'agit en fait du § 2] *: « Quelqu'un légua ainsi à Séjus qu'il substituait à l'héritier : "je veux que soient données quinze livres d'argent à Séjus s'il n'est pas héritier et à sa femme Marcella. Je demande si la moitié du legs est due à Marcella si Séjus est devenu héritier. On répond qu'elle est due d'après les termes énoncés. »*, **(sous réserve qu'il ne l'emporte pas de manière dolosive) et cela ne profite pas à l'autre, *D.40.4 début de 13 § 2 :*** *« Dans le cas où quelqu'un donnerait la liberté à deux esclaves à condition qu'ils rendent les comptes de gestion, Julianus traite de la question suivante : si l'un est prêt à rendre les comptes et l'autre ne l'est pas, est-ce que l'un est empêché par l'autre ? Et il dit très justement que s'ils ont géré les affaires séparément, il suffit que l'un d'eux rende les comptes pour obtenir la liberté. »*, ***D.28.5.44 :*** *« Un père de famille institua deux héritiers par testament ; il leur commanda de construire un monument en un nombre déterminé de jours. Puis il écrivit ainsi : "que celui d'entre eux qui ne fera pas ainsi, soit déshérité". L'un des héritiers avait négligé l'héritage, l'autre s'interrogeait au moment où il construisait lui-même le*

monument sur le fait de savoir s'il serait encore héritier du fait que son cohéritier ne faisait pas adition d'hérédité. On répondit que personne ne pouvait être contraint d'accepter une hérédité ou déshérité par le fait d'autrui et que dans la mesure où quelqu'un remplissait la condition, il devenait héritier même si personne d'autre ne faisait adition d'hérédité. **»,** ***C.6.46.6*****:** *« Ulpien se demandait dans le cas où plusieurs personnes recevraient l'ordre de remplir une condition, si toutes devraient la réaliser en même temps ou si chacune serait contrainte de la remplir de son côté. Nous considérons quant à nous que chacune se trouve devant la nécessité de remplir la condition et de recevoir quelque chose de ce qui est laissé à proportion de ce qui lui revient, de sorte que ceux qui ont obéi à l'ordre sont appelés à en recevoir le bénéfice et que ceux qui négligèrent de le faire s'en prennent à eux-mêmes s'ils en sont exclus ».* **Et si quelqu'un a emporté une moitié une fois remplie une moitié, la condition restante et le conditionné lui échoient,** ***D.35.1.54 § 1*****:** *« La même chose est léguée à deux individus s'ils donnent 100 à l'héritier: si l'un en donne 50, il obtient une part du legs et la part de celui qui n'a pas donné s'ajoute à la sienne avec sa condition propre. »*

179. **les legs d'annuités sont multiples,** ***D.33.1.4*****:** *« Si un legs est fait par annuités à quelqu'un, Sabin dont l'opinion est correcte, dit qu'il y a des legs multiples, celui de la première année étant pur et ceux des suivantes, conditionnels; en effet, on considère que cette condition: "s'il vit", est incluse et que par conséquent le legs ne se transmet pas à son héritier s'il est mort.* **»,** ***D.33.1.11*****:** *« On convient qu'il y a plusieurs legs quand on fait un legs d'annuités et l'on examine le droit de le percevoir pour chacun d'eux.* **»,** ***D.7.4.28*****:** *« Si un usufruit est légué par années alternées, il ne peut s'éteindre pour non-usage car il y a de multiples legs.* **»,** ***D.35.1.101 § 4*****:** *« Bien qu'il soit nécessaire que des fidéicommis mensuels ou annuels laissés à un affranchi sous la condition "aussi longtemps qu'il gérera les affaires de la fille du patron", soient payés quand elle ne veut pas s'occuper de ses affaires, ils récupèrent cependant leur condition lorsque la fille change d'avis, parce qu'ils sont multiples.* **»,** ***D.35.2.1 § 16*****:** *« Si quelque chose est légué à Titius par annuités, il y a lieu de verser la caution prévue par édit et garantissant "de restituer autant qu'on a reçu en trop", parce qu'il y a de nombreux legs qui sont conditionnels.* **», (le premier est pur, les autres, conditionnels, en vertu du th. 97).**

180. ***D.35.1.44 § 8*****:** *« Si un legs est fait sous la condition de donner à l'esclave de deux maîtres, certains disent qu'on ne peut obéir à la condition par parties et qu'on doit donner l'argent en une seule fois; mais je pense quant à moi le contraire. »*

181. **même s'il sont cohéritiers, en vertu de la décision de Justinien,** ***C.6.51 première loi, § 10*****:** *« En effet, ce n'est pas seulement sur le mode conjonctif que certaines choses sont laissées, mais aussi sur le mode disjonctif. C'est pourquoi si certains cohéritiers sont institués héritiers ou substitués de manière conjonctive ou disjonctive,* [la part de celui] *qui a disparu d'une manière ou d'une autre est acquise par les autres cohéritiers comme part héréditaire, avec les charges afférentes si elle consiste en une partie ou plusieurs parties de l'hérédité » ... « Mais lorsque certains des héritiers institués (ou substitués) sont* [appelés à succéder de manière] *mixte et que les uns sont désignés de manière conjonctive et les autres de manière disjonctive, alors si quelqu'un parmi les conjoints fait défaut, sa part échoit de toute façon aux seuls conjoints avec la charge afférente, c'est-à-dire proportionnellement à leurs parts d'héritage. Au contraire, si l'un de ceux qui sont institués disjonctivement disparaît, sa part échoit avec la charge afférente, c'est-à-dire proportionnellement à leurs parts d'héritage, non aux seuls disjoints, mais à tous, aussi bien disjoints que conjoints. Et ceci est à ce point varié parce que les conjoints sont énon-*

cés en vertu de l'unité des termes, comme s'il s'agissait d'un corps unique et qu'ils occupent la part d'un héritier qui leur est conjoint, comme si c'était la leur. En revanche les disjoints sont très clairement séparés du fait des paroles du testateur lui-même, afin de posséder leurs propres parts ; mais ils ne tendent pas seulement à posséder les parts étrangères, ils les font leurs au même degré que tous les autres cohéritiers. »

182. **La condition est la plus légère en matière de liberté (joindre les th. 35, 36** [à partir desquels ont obtient cette proposition de la manière suivante : puisque le choix entre des disjonctives est le fait de celui en faveur de qui elles sont énoncées et que la règle est de faciliter l'affranchissement de l'esclave, celui-ci peut choisir la condition la plus légère en cas de pluralité disjonctive.]), ***D.35.1.35 :*** *« Parmi les conditions qui mènent à la liberté, la condition de la liberté doit être réputée comme étant la plus facile quoiqu'elle puisse être en elle-même plus lourde et plus contraignante. »*, ***D.35.1. début de 51 :*** *« Celui qui a reçu l'ordre de devenir libre, sous différentes conditions énoncées de manière disjonctive, peut choisir celle qui lui parait la plus légère. »*, ***D.35.1.87 :*** *« Il est d'usage de considérer la condition la plus récente dans les legs, il est d'usage de considérer la plus légère dans les affranchissements. »*, ***D.35.1.88 :*** *« C'est à dire celle qui est la plus facile pour l'esclave lui-même. »*, ***D.40.4.5 :*** *« Dans les affranchissements, on doit considérer la formulation la moins coûteuse de sorte que s'il y en a plusieurs, celle par laquelle il est plus facile d'affranchir soit réputée la moins coûteuse ; mais dans les fidéicommis de libertés, on doit considérer la formulation la plus récente. »*, ***D.40.4.1 :*** *« Lorsque la liberté est donnée de nombreuses fois à l'esclave, on convient que la donation grâce à laquelle il parvient à la liberté, est celle qui vaut. »*, ***D.40.4.45 :*** *« Ce qu'on dit d'ordinaire, à savoir que si la liberté est donnée sous plusieurs conditions, on doit considérer seulement la plus facile, est vrai si les conditions sont énoncées séparément, car si elle sont énoncées conjointement,* [l'esclave] *ne sera pas libre s'il n'obéit pas à toutes. »*, **mais la plus légère existe en premier, ainsi dans les institutions** [testamentaires], ***D.28.5.27 § final :*** [§ 2, le § 1 étant le suivant : *« Si je t'institue héritier purement et simplement et que je t'institue ensuite sous condition, la seconde institution ne vaut rien, car la première est suffisamment complète. »*] *§ 2 : « Mais si plusieurs institutions sont rédigées sous des conditions différentes et par la même partie, quelle que soit la condition qui existera, il se produira ce que nous avons dit plus haut quand la même personne était instituée sous condition et purement et simplement. »*, ***D.28.7.17 :*** *« Si plusieurs institutions ont été faites sous diverses conditions, pour la même partie de l'hérédité, la condition qui existera la première rendra l'institution effective. »*

183. ***D.26.2 fin de 8 :*** *« Dans la nomination d'un tuteur on se demande si la condition doit être considérée comme la plus facile ou la plus récente, comme par exemple si l'on a : "que Titius soit tuteur lorsqu'il le pourra" : "que Titius soit tuteur si un navire vient d'Asie" ; et Julien écrivit à juste titre au livre vingt des Digestes, que c'était l'expression la plus récente qui devait être considérée. »*, **(il en est de même dans la tutelle, § 2 même passage :** [erreur de référence ? le titre *de Tutelis* (D.21.1) ne contient aucun passage confirmant le th. 119, et D.26.2.8 § 2 énonce seulement le principe général suivant : *« Il est permis de nommer un tuteur à partir d'une certaine date, jusqu'à une certaine date, sous condition et jusqu'à une condition. »*]), ***D.28.6.16 :*** *« Si quelqu'un ordonnait dans un second temps que celui qu'il a légué par testament soit affranchi par le substitué du fils, l'esclave serait libre comme si le testament était supprimé. Car en matière de legs, il faut considérer la dernière rédaction dans les testaments... »*, ***D.30.12 dernier § :*** *« Dans les legs, ce sont les dernières formulations qui valent car la raison d'un précédent legs peut être changée, ou le terme, ou la condition, ou encore il peut être annulé totalement. »*,

D.34.4.16: *« Il n'y a pas de différence entre révoquer et annuler ce qui est écrit. »,* ***D.34.4.17:*** *« Rien n'interdit de corriger, transformer ou annuler une formulation antérieure grâce à une postérieure. »,* ***D.35.1.51:*** *« Celui qui a reçu l'ordre, sous différentes conditions énoncées de manière disjonctive, de devenir libre, peut choisir celle qui lui parait la plus légère ; mais pour un legs laissé de cette manière, il convient que le légataire obéisse à la dernière condition. »,* ***D.35.1.87:*** *« Il est d'usage de considérer la condition la plus récente dans les legs, il est d'usage de considérer la plus légère dans les affranchissements. »,* ***D.35.1.89:*** *« Quand ce que l'héritier reçoit l'ordre de donner purement et simplement ou quand ce qui est légué purement et simplement, est légué peu après sous condition, c'est la seconde disposition qui vaut. »,* ***C.6.36.3:*** *« Lorsque tu as proposé que la mère de vos pupilles constitue deux codicilles à des moments différents et avec des volontés différentes, on n'a pas douté du fait que ce qui était rédigé dans le premier testament était révoqué par ce qui résumait ensuite le secret de la volonté, s'il différait de la première teneur et contenait une volonté contraire. »,* ***C.6.42.19:*** *« Il résulte d'un droit clair et manifeste que les secondes volontés sont prévalantes en matière de fidéicommis. »*

184. **et la liberté est donnée par lui,** ***D.35.1.90:*** *« Quand la liberté fidéicommissaire est donnée sous de nombreuses formes, on ne doit pas considérer la plus facile, mais la plus récente, car la volonté postérieure du testateur doit être tenue pour plus importante. »,* ***D.40.4.5:*** *« Dans les affranchissements, on doit considérer la formulation la moins coûteuse, de sorte que s'il y en a plusieurs, celle par laquelle il est plus facile d'affranchir soit réputée la moins coûteuse ; mais dans les fidéicommis de libertés, on doit considérer la formulation la plus récente. »*

185. ***D.40.4.45:*** *« Ce qu'on dit d'ordinaire, à savoir qu'on doit considérer seulement la plus facile des conditions si la liberté est donnée sous plusieurs, est vrai si les conditions sont énoncées séparément, car si elle sont énoncées conjointement* [l'esclave] *ne sera pas libre s'il n'obéit pas à toutes. »,* **voir le terme *séparément*, c'est-à-dire disjonctivement ; argument de *D.35.1 début de 51:*** *« Celui qui a reçu l'ordre, sous différentes conditions énoncées de manière disjonctive, de devenir libre, peut choisir celle qui lui parait la plus légère. »*

186. **le fonds également est divisible,** ***D.30.1.34 § 15:*** *« Mais si quelqu'un lègue ainsi à Titius : "je donne et lègue un fonds afin qu'il le possède en partie", je considère quant à moi qu'on peut dire qu'il en aura une partie. En effet, ce n'est pas tout le fonds mais une partie qui est considérée comme désignée par le terme "fonds" ; car on appelle à bon droit "fonds", une partie d'un fonds. »*

187. **l'argent est en soi divisible,** ***D.35.1.23:*** *« Il est très vrai que celui qui a reçu l'ordre de donner 10 à deux héritiers et de recevoir un fonds en retour, ne peut diviser la condition en deux et cela afin que le legs ne soit pas non plus divisé en deux. Par conséquent, même s'il a donné 5 à l'un des deux, il ne réclamera aucune partie du fonds, à moins qu'il paye les 5 restants à l'autre qui fait adition d'hérédité, ou à moins qu'il donne 10 à celui qui a fait seul adition d'hérédité, si l'autre a refusé l'héritage. »,* **il devient indivisible s'il est imputé aux dépenses d'une œuvre indivisible,** ***D.35.1.112 § 2:*** *« On discute de ce qui suit : un fonds est légué à certains s'ils donnent une somme déterminée dépensée pour des funérailles et le transport d'un corps dans une autre région ; car à moins que chacun des deux donne, le fonds n'appartient à aucun car la condition ne peut être remplie que par les deux à la fois. Mais nous avons coutume d'interpréter cette règle de façon plus humaine*

quand un fonds est légué à deux s'ils donnent 10 et le legs sera dû à chacun des deux qui donnera sa part. »

188. ***D.35.1.23*** **:** *« Il est très vrai que celui qui a reçu l'ordre de donner 10 à deux héritiers et de recevoir un fonds en retour, ne peut diviser la condition en deux et cela afin que le legs ne soit pas non plus divisé en deux. Par conséquent, même s'il a donné 5 à l'un des deux, il ne réclamera aucune partie du fonds, à moins qu'il paye les 5 restants à l'autre qui fait adition d'hérédité, ou à moins qu'il donne 10 à celui qui a fait seul adition d'hérédité, si l'autre a refusé l'héritage. »*, ***D.35.1.24*** **:** *« Il est admis en Droit Civil, que toutes les fois que celui à qui il importe que la condition soit remplie, fait en sorte qu'elle ne le soit pas, on doit faire comme si elle avait été remplie. Ce qui est appliqué à l'octroi de liberté, aux legs et aux institutions d'héritiers. Et dont on trouve des exemples dans les stipulations, lorsqu'il résulte de l'action du promettant que le stipulant n'obéisse pas à la condition. »*; [les Docteurs] **estiment à partir de** ***D.35.1.74*** **:** *« Un usufruit est laissé à la femme et à Titius si la femme ne se marie pas. Si la femme se marie, tant que Titius vit et demeurera dans le même état juridique, elle recevra une partie de l'usufruit; en effet on doit comprendre qu'il a été concédé à la femme, en vertu du legs et au bénéfice de la loi, autant qu'elle aurait si elle avait obéi à la condition. Et si Titius qui est affecté par la condition, refuse le legs, ce fait ne profitera pas à la femme. »*, **que si plusieurs sont conjoints, celui en faveur de qui la condition est tenue pour remplie seulement par équité, n'a pas le droit d'accroissement. Mais ainsi quelqu'un sera poussé à jurer, par exemple de garder le célibat, pour obtenir le droit d'accroissement. *D.35.1.74* dit ainsi : *« Un usufruit est laissé à la femme et à Titius si la femme ne se marie pas. Si la femme se marie* (lire ne... pas), *tant que Titius vivra et demeurera dans le même état juridique* (à savoir par exemple : n'est pas déporté), *elle recevra une partie de l'usufruit* (parce que Titius concourra) ; *en effet, il a été concédé à la femme, au bénéfice de la Loi, autant* (et non plus) *qu'elle aurait si elle avait obéi* (car si la réalisation fictive de la femme ne profitait pas à Titius, la femme aurait seule et ainsi, plus que si elle avait vraiment obéi, ce qui est absurde)*; et si Titius qui est affecté par la condition* (dans la vérité de la chose, et non dans l'effet du Droit) *refuse le legs* (car si la condition faisait absolument défaut, il ne pourrait refuser, *D.50.17.3* :** [*«Seul celui qui peut vouloir, peut ne pas vouloir. »*]), ***ce fait ne profitera pas à la femme*** **(autrement dit : nous tomberons dans cette absurdité que la fiction profite plus à la femme que la vérité, car bien que [n']ayant [pas] obéi, elle aurait tout du fait que Titius refuse).**

189 ***D.35.1.23*** **:** [voir ci-dessus], **sauf en matière de liberté, *D.40.7.4 § 6* :** *« Si l'ordre a été donné de verser 10 à l'héritier,* [on peut payer de manière fragmentée] *car l'héritier est contraint en faveur de la liberté, de recevoir des versements partiels. »*

190. [voir les] **th. 106, 107, 99, 100** [qui relient les possibilités de concours à la divisibilité de la condition], ***D.29.2.74 § 1*** **:** *« Et si quelqu'un pense qu'il doit donner 5 alors qu'il lui est ordonné de donner 10 et qu'il donne 5, il ne remplit pas la condition mais cela sert à quelque chose, en sorte que s'il ajoute le reste, on considère que la condition est remplie par le versement des 5 restants. »*, ***D.35.1.23*** **:** [cf. ci-dessus], ***D.35.1.32*** **:** *« Quoique rendre les comptes d'une gestion ne signifie rien d'autre que payer le solde, cependant si par la faute du* statuliber *et de l'héritier, et sans qu'il y ait pourtant de fraude de l'esclave, il est payé moins que ce qui est dû, mais qu'on estime malgré tout que les comptes sont rendus de bonne foi, l'esclave sera libre. »* **Lorsque le conditionné est réduit, la condition, autrement dit la charge, est diminuée, *D.35.1.43 § 2*** [la référence au § 1 est sans doute une erreur car le problème de la division n'y est abordé que de manière allusive] **:**

« De même le droit de donner est divisé si celui à qui on donne ne peut pas prendre toute la part d'héritage qui lui est laissée. Car il est vrai qu'il doit fournir une part [de la condition] *et que ceux qui reçoivent de lui ce qui est laissé et dépasse ce que la loi concède, en fournissent une autre. »*, ***D.35.1.44 avant dernier §:*** *« Si une partie de la chose léguée est usucapée, je doute qu'on doive obéir à l'obligation totale et l'on peut dire qu'on doit obéir en partie, en vertu de l'intention du testateur. »*, ***D.35.1.62 § 1:*** *« Quelque chose qui dépassait largement la portion concédée par la loi, fut laissé à quelqu'un qui n'avait pas la capacité juridique d'être héritier, s'il donnait quelque chose à l'héritier. On demande s'il pouvait réclamer en vertu du legs ce qu'il donnait pour remplir la condition (parce qu'il ne prenait pas ce pour quoi il payait), ou si c'était vraiment indépendant et s'il ne recevrait des biens du testateur que ce qu'il aurait reçu si on lui avait légué sans condition. Et Julianus écrivit très justement qu'il obtiendrait à la mesure de ce qu'il lui faudrait donner afin de remplir la condition... »*, ***D.39.6.20:*** *« Un legs est fait à celui qui ne peut pas prendre plus qu'une partie de ce qui lui est attribué, s'il donne dix à l'héritier; il ne doit pas donner toute la somme pour avoir une part du fonds, mais seulement la part proportionnelle au legs qu'il reçoit. »*, **voir cependant le *§ 3* dans *D.35.1.43 déjà cité:*** *« Nératius écrivit au livre premier des réponses, que si l'un des deux héritiers institués est prié de te restituer l'héritage et que tu sois toi-même prié de donner à Titius une certaine somme et que l'héritier utilise le bénéfice de la loi Falcidia pour moins restituer, il n'est pas injuste que tu doives d'autant moins donner à Titius, que l'héritier t'aura moins donné. »*, ***ajouter D.35.2.32 § 4:*** *« Si une partie des 20 légués à Titius est soustraite en vertu de la Loi Falcidia, comme il est prié de restituer 5 à Séjus, Vindius dit que l'on doit ôter des 5 de Séjus une proportion égale à celle qui a été ôtée des 20 de Titius. »*, ***D.35.1.44 § 9:*** *« Si une partie de la chose léguée est usucapée, je doute qu'on doive obéir à l'obligation totale et l'on peut dire qu'on doit obéir en partie en vertu de l'intention du testateur. »*, ***D.36.1.63 § 12:*** *« Neratius écrit que lorsque Titius est prié de restituer l'hérédité à Maevius et celui-ci, de restituer une certaine somme à Séjus, et que Titius a utilisé le bénéfice de rétention de la quarte aux dépens de Maevius, il est juste que Maevius donne moins à Séjus afin que cela ne se fasse pas à ses dépens. »*, **et c'est le contraire si chacun des deux est divisé, *D.33.1 début de 10:*** *« Je veux que soient données à mon très fidèle ami Séjus, six pièces d'or par an et une maison à usage d'habitation, s'il veut s'occuper des affaires de mes fils » ... « On admet que les annuités dues à Titius ne sont pas supprimées » ... « du fait de la mort de deux fils de Titia sur les trois » ... « car le travail demandé comme l'argent donné en paiement, sont divisibles ».*

* [*quelque chose d'achevé matériellement.*]

191. ***D.35.1.44 § 6:*** [erreur de référence ? Il s'agit seulement d'un problème de garantie réciproque.] ***et dernier §:*** *« Si un héritier était institué ainsi pour une partie de l'héritage: "s'il donne 10 aux cohéritiers", il ne serait héritier que s'il donnait les 10 aux cohéritiers, car il ne serait pas admis à l'héritage avant d'avoir donné toute la somme. »*, ***D.35.1.56:*** *« Celui à qui un fonds est légué s'il donne 10, ne peut obtenir une partie du fonds s'il n'a pas donné tout l'argent. Le cas est différent quand une même chose est léguée sous condition à deux personnes; en effet dans cette affaire où une condition est imposée à plusieurs par testament, elle peut être considérée comme divisée entre chaque personne et par conséquent chacune peut obéir pour sa part à la condition et obtenir le legs, car bien que la quantité incluse dans la condition ait été énoncée pour tous, elle peut être considérée comme divisée par l'énumération des personnes. »*

192. **excepté dans le cas du *statuliber, D.40.7.3 § 6*** [erreur de référence ? il s'agit de

la situation inverse où l'on donne plus qu'il n'était demandé. Le fractionnement ne concerne donc pas la somme requise: *« Si le* statuliber *donne plus qu'il n'était ordonné, comme par exemple s'il donne 20 alors qu'on ordonne de donner 10, ... il devient libre et peut réclamer le surplus. »*], ***D.40.7.4 § 6:*** *« Si l'ordre a été donné de verser 10 à l'héritier,* [on peut accepter un échelonnement de la dette] *car l'héritier est contraint en faveur de la liberté, de recevoir des versements partiels ».* **Celui qui donne moins par erreur, peut compléter le reste, *D.29.2.74 § 1:*** *« Et si quelqu'un pense qu'il doit donner 5 alors qu'il lui est ordonné de donner 10, et qu'il donne 5, il ne remplit pas la condition mais cela sert à quelque chose, en sorte que s'il ajoute le reste, on considère que la condition est remplie par le versement des 5 restants. »*, ***D.35.1.23:*** *« Il est très vrai que celui qui a reçu l'ordre de donner 10 à deux héritiers et de recevoir un fonds en retour, ne peut diviser la condition en deux et cela afin que le legs ne soit pas non plus divisé en deux. Par conséquent, même s'il a donné 5 à l'un des deux, il ne réclamera aucune partie du fonds, à moins qu'il paye les 5 restants à l'autre qui fait adition d'hérédité, ou à moins qu'il donne 10 à celui qui a fait seul adition d'hérédité, si l'autre a refusé l'héritage. »*

* [Note de l'Édition de l'Académie] : *Confère ligne 6. Entre la fin de la première partie de la Disputatio De Conditionibus (N. 5) et le début de la deuxième partie (N. 6), les théorèmes 135 à 142 semblent manquer : il ne s'agit sans doute que d'une faute de décompte.*

193. **s'il est nécessaire en lui-même, comme par exemple, si je lègue à quelqu'un sa propre chose, *D.30.29:*** [erreur de référence; pas de rapport au problème.], [s'il est nécessaire] **à la condition, voir la note de la def. 53** [*«si tu est héritier, sois héritier »*], **voir les th. 6, 7, 8** [qui définissent le conditionné moral].

194. **la fausse est impossible, note de la def. 31;** [ainsi que] **celle dont le temps est passé, *D.40.5.41 § 12:*** *« Ils n'obéirent pas pendant le délai déterminé à la condition consistant à rendre les comptes de gestion, ils y obéirent après ce délai. On demande s'ils obtiennent la liberté. Il répond que s'il a dépendu d'eux de ne pas obéir à la condition pendant le délai prescrit, ils ne deviendront pas libres parce qu'ils veulent ensuite rendre les comptes. »*, ***D.31.11 § 1:*** *« "Que Stichus ou Pamphile, celui que mon héritier voudra, soit donné à Titius et qu'il dise lequel des deux il veut donner le jour où mon testament sera lu". Si l'héritier n'a pas dit lequel il veut donner de Pamphile ou de Stichus, je pense qu'il sera obligé comme s'il était contraint de donner celui que le légataire choisirait entre Stichus et Pamphile. »*, **à moins d'une ignorance légitime du conditionnaire, *D.29.5.3 § 31:*** *« S'ils ont reçu l'ordre d'obéir à une condition avant une date déterminée à partir du moment de la mort et s'ils n'y ont pas obéi par ignorance et qu'ils ignorent ce fait parce qu'ils n'ont pu ouvrir le testament par peur d'un Senatus Consulte, on les aidera à remplir la condition. »*; [il en est de même de] **celle qui fait défaut avant le testament, *D.35.1.6 § 1:*** *« Quelqu'un était nommé héritier s'il affranchissait des esclaves déterminés. Certains de ceux-ci étant morts auparavant, Nératius répondit qu'il ne remplissait pas la condition et qu'il n'estimait pas qu'il puisse obéir ou ne pas obéir à la condition. Mais Servius répondit que la condition ne faisait pas défaut lorsqu'il était écrit ainsi: "si ma fille et ma mère vivent" et que l'une soit déjà morte » ... « Et Sabinus et Cassius estimaient que ces conditions pratiquement impossibles qui étaient inscrites dans les testaments, étaient tenus pour non écrites. »*, ***D.30.104 § 1:*** *« Je donne 100 à Lucius Titius s'il transmet à mon héritier les documents testamentaires où je promets de l'argent à ce dernier. »...» Julianus note que s'il n'existe aucune tablette testamentaire au moment de la rédaction du testament, on peut dire avec raison que le legs est dû à Titius car une condition ἀδύνατος, autrement dit,*

impossible, est tenue pour non écrite ». ; [il en est de même de] **celle dont quelque circonstance est impossible,** ***D.28.7.6:*** *« Si quelqu'un est institué héritier s'il construit une tombe dans les trois premiers jours qui suivent la mort du testateur, comme il ne peut achever la tombe en trois jours, on devra dire que la condition disparaît en tant qu'impossible. »* **S'y oppose le fait que l'utile n'est pas vicié par l'inutile,** ***D.28.5.34:*** *« Un héritage n'est pas donné correctement à partir d'un terme ou jusqu'à un terme, mais une fois enlevée l'imperfection du terme, l'institution demeure. »,* ***D.23.4.17:*** *« ... Proculus répondit : « en ce qui concerne le jour de restitution de la dot, j'estime que la condition de la femme peut être améliorée du fait du pacte, mais qu'elle ne peut pas être rendue pire... »* [et par conséquent, que toute condition qui l'empire est tenue pour inutile.], **th. 329** [d'où il résulte que dans ce cas la disposition qui la contient est pure.], ***D.28.7.8 § 4:*** *« Si quelqu'un est institué d'abord sous la condition de jurer et ensuite sous une autre condition, on doit se demander si la condition de jurer doit être remise. Et il est très vrai qu'on doit dispenser de la condition de jurer. »* ; **Réponse : plusieurs qui sont réunis, ou bien sont posés séparément, comme :** ***Titius et Cajus*****, ou bien de telle sorte qu'ils s'affectent :** ***Titius est obligé envers Cajus*** **; dans le premier cas ils sont divisibles, et ainsi la partie impossible d'une condition divisible ne vicie pas le reste,** ***D.33.4.12:*** *« Celui qui reçut à titre de dot une certaine somme d'argent et un certain nombre de choses, légua ainsi à sa femme : "je veux que la somme donnée par son père, à l'intention de ma femme Séja et à titre de dot, lui soit versée si elle présente et entretient tous les biens que le registre dotal mentionne". Plusieurs choses données à titre de dot ayant disparu du fait de l'usage qu'on en fit et n'existant plus au moment où le mari était décédé, on demande si le legs donné pratiquement sous une condition impossible, est dû. On répond qu'on considère que la condition est remplie si les choses données en dot et qui subsistent, parviennent entre les mains de l'héritier. »,* ***D.35.1.6 § 1:*** *« Quelqu'un était nommé héritier s'il affranchissait des esclaves déterminés. Certains de ceux-ci étant morts avant, Nératius répondit qu'il ne remplissait pas la condition et qu'il n'estimait pas qu'il puisse obéir ou ne pas obéir à la condition. Mais Servius répondit que la condition ne faisait pas défaut lorsqu'il était écrit ainsi : "si ma fille et ma mère vivent" et que l'une d'elles soit déjà morte... »,* ***D.28.7.8 § 4:*** [voir ci-dessus], **dans le second** [ils sont] **indivisibles.**

195. **comme : je donnerai si je le veux, voir la def. 117** [qui traite de la condition laissée au pouvoir] **; si elle est nécessaire par elle-même, voir la note de la def. 53** [où l'on trouve des exemples de condition identique] **; si elle est en soi impossible, c'est-à-dire perplexe.**

196. **où la condition et le conditionné s'opposent entre eux,** ***D.28.5.43:*** [Il ne s'agit pas à proprement parler d'une opposition entre une condition et un conditionné, mais d'un opposition entre deux concurrents pour une hérédité qui ne peut être attribuée qu'à un seul. § 42 : *« Quelqu'un qui n'était pas solvable ordonna que deux esclaves nommés Apollon soient héritiers. L'un étant mort avant l'ouverture du testament, on pourra défendre, non sans élégance, l'idée que celui qui survécut deviendra libre et seul héritier nécessaire. Mais que si tous les deux avaient survécu, l'institution serait nulle du fait de la loi Aelia Sentia qui interdit d'avoir plus d'un héritier nécessaire. »*], ***§ 43:*** *« En effet ils s'opposent entre eux. »*, **et qu'il n'apparaît pas ce qui est périmé et par quoi,** ***D.46.1.5:*** *« ... là où il y a quelque différence entre des obligations, on peut affirmer que l'une éteint l'autre, mais lorsque deux obligations sont de même puissance, on ne peut dire pourquoi l'une disparaîtrait plutôt que l'autre. Et ceci concerne le cas où l'on veut montrer qu'il n'est pas étrange que deux obligations concourent dans la même personne. Un tel cas se rencontre lorsqu'une partie promettante solidaire est devenue l'héritière de l'autre partie promet-*

tante et qu'elle supporte deux obligations pour un même droit; il en est de même lorsqu'une partie stipulante solidaire a hérité de l'autre partie stipulante et qu'elle possède deux droits pour une même obligation. Il est évident que si elle exerce une action en vertu de l'une des obligations, elle éteindra l'autre et cela bien sûr, parce que la nature des deux obligations qu'elle supporte est telle que si l'une d'elle est l'objet d'un jugement, l'autre est éteinte. **», voir les def. 53 et 54** [traitant des conditions identiques et circulaires perplexes par nature] **et le th. 13** [qui rappelle que cette perplexité disparaît si la condition et le conditionné diffèrent]. [De même la disposition est perplexe] **si** [la condition] **est ajoutée à un** [acte] **inconditionnable,** ***D.50.17.77:*** *« Les actes légitimes qui ne supportent pas de terme ou de condition, comme l'émancipation, l'*acceptilatio [la remise de dette], *l'adition d'hérédité, le choix de l'esclave, l'imposition d'un tuteur, sont intégralement viciés par l'ajout d'un temps ou d'une condition. »* **Si elle est contraire à la substance d'un acte comme celui du mariage,** ***Extra.4.5 dernier chapitre:*** *« Si des conditions contraires à la substance du mariage sont insérées: comme par exemple si l'un dit à l'autre je t'épouse si tu évites de faire des enfants... »* **Si** [la condition] **est rapportée à un temps où la disposition est nulle,** ***D.45.1.97 § 2:*** *« "Si je me marie avec toi, promets-tu de donner 10?", je pense qu'on doit nier* [la possibilité d'obtenir] *une action* [en réclamation] *lorsque la raison est connue. »* ***« Je t'épouserai si je copule avec toi »*, qu'en est-il du point de vue du droit? L'union charnelle ayant suivi, certains pensent que les fiançailles sont en quelque sorte pures, mais que le mariage est dans le second accouplement,** [voir ce que dit le Pape] **Innocent dans les** ***Décrétales de Grégoire IX, livre 4, titre 5: De Conditionibus appositis*, chapitre *« par les tiennes »*** [(Extra.4.5.5): *« Nous répondons que lorsque l'union charnelle s'est produite après que les fiançailles ont eu lieu, on doit estimer qu'il y a eu mariage »*], **et Johannes Brunellus dans le** ***Tractatus insignis de sponsalibus et matrimoniis*** [in *Tractatus universi juris, duce et auspice Gregorio XVIII*, Venise, 1584]. ***conclusion 30*, pense que c'est aussitôt dès le premier** [accouplement], **argument du** ***chapitre XXX, Extra.4.1:*** *« Des fiançailles promises se transforment en mariage du fait de l'union charnelle qui s'en est suivie... »* [La condition] ***« si je n'en trouve pas de meilleur »*, est valide si un temps déterminé est ajouté, Bartholomaeus Brixiensis** [Barthélémy de Brescia]**:** ***Quaestiones venerales*** [in *Quaestiones selectae variorum variae*. Köln, 1570. Question] ***38.*** [La condition] ***« si je n'en trouve pas de plus beau »* est contraire à la substance du mariage, Guilielmus Damasus:** ***de Brocardis*** [in *Tractatus universi juris, duce et auspice Gregorio XVIII*, Venise, 1584]. ***3e partie, note 10.*** [La condition] ***qu'il soit héritier s'il est libre*** [énoncée] **(à propos de son propre esclave), est perplexe,** ***D.28.7.21:*** *« Un esclave étranger peut être institué héritier ainsi: "lorsqu'il sera libre", mais nous ne pouvons instituer notre propre esclave ainsi. »*, ***22:*** *« Parce que la raison indique que celui qui peut donner la liberté, doit lui-même donner la liberté soit à l'instant, soit à terme, soit sous condition, mais n'a pas la capacité d'instituer un héritier en suspendant cela au hasard de l'obtention de la liberté du fait d'un tiers indéterminé. »*, **car il doit être d'abord héritier, puis il reçoit la liberté de lui-même,** ***D.28.5.6 § 4:*** *« En effet, l'esclave institué héritier reçoit la liberté de lui-même. »*, **ajouter** ***D.28.5.9 § 14:*** *« Si quelqu'un a écrit ainsi: "que Stichus soit libre et après qu'il est libre, qu'il soit héritier", Labéon, Nératius et Ariston estiment qu'une fois enlevé le terme intermédiaire "après que", la liberté et l'héritage lui sont donnés en même temps. »*, ***D.28.5 début de 51:*** *« Certains pensaient qu'une institution telle que: "que Stichus soit libre et s'il est libre, qu'il soit héritier", n'était pas valide. Mais le Divin Marc établit dans un rescrit qu'une telle institution valait comme si les termes "s'il est libre" n'étaient pas écrits. »*

197. [Comme la condition] **de mort,** ***C.2.3.19:*** *« Que celui qui survivra bénéficie des biens de l'autre. »*, ***C.2.3.30:*** *« ... certains accords furent passés relativement à l'obtention*

future d'un héritage, grâce auxquels on déclarait expressément : "si celui-là venait à mourir et qu'un héritage lui échoie, certaines conventions seraient respectées relativement à cet héritage" » ... « C'est pourquoi en suivant les vieilles lois, nous entérinons le fait que tous les pactes de ce type qui sont institués contre les bonnes mœurs, sont refusés... ». **La confraternité ou pacte des successeurs, la contient pourtant aujourd'hui, voir Denis Godefroy à propos de la loi 19 déjà citée** [(C.2.3.19), [in *Codicis justiniani Dn. sacratissimi principis repetitae praelectiones libri XII, notis Dionysii Gothofredi*, Paris, 1628, tome 2, p. 175] : *« Il* [n'est pas] *permis entre personnes privées*[n] [de rédiger] *une formule où il est établi comme dans la suivante : "que celui qui survivra bénéficie des biens de l'autre", afin qu'elle ne représente pas une espèce de donation à cause de mort effectivement réalisée ; mais puisque la volonté des militaires est introduite dans la formule en considération de la mort et par delà l'ultime souffle de vie, sans se soucier de la moindre règle concernant les biens domestiques et qu'elle conserve la force d'une décision ultime, tu proposes pour l'instant décisif du combat*[o]*, que ton frère et toi vous conveniez réciproquement en raison du hasard habituel de la mort, "que les biens de celui à qui le hasard aura ôté la vie, appartiennent à celui qui survit". Et si la condition vient à exister, on estime que même les fruits des choses qui appartenaient à ton frère te sont attribués par le jugement (que confirme la faveur immédiate des principales constitutions). »*
(n) à savoir les civils et non les militaires.
(o) La convention passée entre deux parties à propos d'une succession mutuelle, ne vaut pas. Elle ne vaut pas entre le mari et la femme, voir Cujas 16. obs. 39. Par conséquent est-ce qu'une convention de ce type vaudra seulement entre les militaires ? Pappon dit que l'usage en est répandu aujourd'hui en France, principalement entre nobles, comme dans le cas de la société de tous les biens où l'un peut être institué héritier de l'autre. Hottman écrit que les donations de ce type établies entre vifs de manière réciproque, valent, principalement afin que les familles soient préservées, ou comme lorsqu'elles sont établies entre agnats et cognats. De même il importe, en vertu de l'opinion commune, que cette loi soit étendue aux roturiers pour l'usage commun de tous. Une confraternité de ce genre a été instituée et contractée en Allemagne en l'an 1373, entre le Duc de Saxe et le Landgrave de Hesse. »],

tout comme la donation mutuelle du fief du vivant ou faveur en suspens. Andreas Gerhardt fait une distinction au chap.1. § ***si quelqu'un***, [de] ***Du fief*** [(il s'agit peut-être d'un commentaire du livre 2 ou du livre 3 intitulés « *Du fief* », des *Consuetudines feudorum*), en disant qu'elle vaut] : ***« si elle se produit avec son accord »*** **(mais** [il le fait] **contre C.2.3.19),** ***Balde*** **dans le** ***chapitre 1*** **déjà cité et Hartmann Pistoris :** ***Quaestionum juris, tam romani quam saxonici, libri quatuor.*** [Leipzig, 1621], ***2, 25*** [disent qu'elle vaut] : ***« si la chose peut appartenir au conditionnaire autrement que par succession »*****, mais voir contre cela, Hermann Vultejus :** ***Libri II de Feudis eorumdemque Jure.*** [Marburg, 1595], ***1. 7. note 48.*** [Est également odieuse la condition] ***« si Titius est esclave »*****,** ***D.18.1.34 § 2 :*** *« ... un achat ou une stipulation tel que : "lorsqu'il sera esclave", ne doit pas être admis, quoique nous disions que des choses futures peuvent être achetées ; en effet il n'est pas bon d'attendre un hasard de ce genre. »*, ***D.45.1.83 § 5 :*** *« Je stipule inutilement une chose sacrée ou appartenant à la religion ou laissée à l'usage public perpétuel (comme un forum ou une église), ou un homme libre, quoique la chose sacrée puisse devenir profane, l'usage public, devenir privé, et l'homme libre, esclave. »*, **en effet il est impie d'espérer ceci.**

198. [Divers exemples de conditions captatoires :] ***D.45.1.61 :*** *« Une stipulation ainsi conçue : "si tu ne me nommes pas ton héritier, promets-tu de me donner tant ?", est inutile car cette stipulation est contraire aux bonnes mœurs. »*, ***C.2.4.34 :*** *« ... vous avez proposé*

pour raison de donation ou de transaction, que soit remise à votre frère l'obligation d'administration d'une tutelle que vous saviez devoir... », ***C.8.38.4 :*** *« ... il est manifeste que vous ne bénéficierez d'aucune action en réclamation concernant une stipulation qui fut introduite contre les bonnes mœurs et portant sur une succession future, car toutes les dispositions introduites dans un pacte ou dans une institution et qui sont contraires aux bonnes mœurs, n'existent absolument pas. »*, ***C.2.3.11 :*** *« ... ta belle-mère a convenu avec ton père que lorsqu'elle donnerait un fonds à titre de dot, il paierait les intérêts aux créanciers au profit de qui le bien fut hypothéqué. »*, ***D.28.5.17 :*** [erreur de référence ? Pas de rapport apparent au problème.], ***D.28.5.29*** [exemple d'une condition captatoire tolérée en Droit] : *« ... que Titius et Séjus soient héritiers pour des parts égales à celles que chacun d'eux aura dit que je recevrai en héritage... »*, ***D.28.5.70*** [formulation de la raison de cette tolérance] : *« Le Sénat ne désapprouve pas ces institutions captatoires qui engendrent des dispositions par affection mutuelle, mais celles dont la condition dépend du secret d'une volonté étrangère. »*, ***D.28.7.9*** [erreur de référence, il ne s'agit pas d'une condition captatoire, mais seulement d'une condition contraire au bonnes mœurs : *« On doit dispenser des conditions qui sont introduites contre les bonnes mœurs, comme par exemple : "s'il ne rachète pas son père détenu par les ennemis", "s'il ne nourrit pas ses parents ou son patron". »*], ***D.28.7.14*** [énonciation du principe général applicable aux conditions captatoires] : *« Les conditions qui sont contre les Edits des Empereurs, ou contre les lois, ou contre les écrits qui ont force de loi, ou qui sont contre les bonnes mœurs, ou qui sont dérisoires, ou qui sont du genre de celles que les Préteurs désapprouvent, doivent être tenues pour non ajoutées et l'héritage ou le legs est obtenu, comme si la condition n'était pas ajoutée à l'héritage ou au legs. »*, ***D.28.7.20 § 2*** [même situation que dans D.28.5.29] : *« Si quelqu'un t'institue héritier à condition que tu l'institues héritier ou que tu lui lègues quelque chose, il n'importe pas de savoir à quel degré tu l'institues ou de quel bien tu le gratifies, pourvu que tu acceptes de le faire à un degré quelconque. »*, ***D.28.6.2 § 2 :*** *« ... Julianus estime que celui qui se soucie de l'héritage d'un vivant, est malhonnête. »*, ***D.30.46*** [erreur de référence ou affirmation d'un simple principe général permettant d'englober certains legs d'esclaves dans la catégorie des conditions captatoires : *« Il est permis de transposer ce qui est dit des legs, à celui qui a promis de donner Stichus ou un homme. »*], ***D.34.8.1 :*** *« ... En effet, quand le Senatus-consulte Libonien a établi que les peines de la loi Cornélia s'appliquaient à celui qui s'institue son propre héritier ou légataire, on considère qu'il a condamné dans ce cas de la même manière que sont ici condamnées des institutions telles que : "que Titius soit héritier d'une part identique à celle pour laquelle il m'a institué héritier dans son propre testament" ; lesquelles institutions doivent être considérées comme si elles n'étaient pas insérées dans le testament. »*, ***D.45.1.83 § 5 :*** [erreur de référence ou simple affirmation d'un principe très général interdisant les stipulations attentatoires à la religion ou aux bonnes mœurs.], ***C.6.41 première loi :*** *« ... il est permis à celui qui teste, de prescrire que de l'argent soit donné afin d'obtenir la réalisation de sa volonté... »*. [La condition] **qui dépend du passé n'est pas captatoire,** ***D.28.5.71 :*** *« Mais ces institutions ne sont cependant pas captatoires, comme par exemple si quelqu'un instituait un héritier en disant : "que Maevius soit héritier d'une part égale à celle pour laquelle Titius m'a institué héritier", car l'institution n'est pas référée au futur, mais au passé. »*, ***D.28.5.81 § 1 :*** *« Si le testateur a écrit ainsi : "que Sempronius soit mon héritier d'une part égale à celle pour laquelle je déclare être institué héritier de Titius », l'institution n'est pas captatoire. »*, ***D.28.5.29 :*** *« Que Titius et Séjus soient héritiers pour des parts égales à celles que chacun d'eux aura dit que je recevrai en héritage. »*, ***D.28.7.20 § 2 :*** [voir ci-dessus].

199. ***D.40.7.4 § 1 :*** *« Celui dont la liberté est renvoyée à un temps si lointain qu'il ne*

peut plus vivre à cette époque, n'est pas un statuliber*; il en est de même si l'on ajoute une condition tellement difficile qu'il ne peut obtenir d'autrui cette liberté, comme par exemple s'il lui est ordonné de devenir libre "s'il donne des centaines de milliers à l'héritier", voire une condition presque impossible, comme par exemple s'il lui est ordonné de devenir libre "lorsqu'il mourra" ; en effet la liberté est alors donnée inutilement et Julianus l'écrivit ainsi car il n'y a pas intention de donner la liberté.* »

200. [voir] **tout le titre *Des choses qui sont laissées à titre de peine* du *Digeste*** [D.34.6] **et du *Codex*** [C.6.41 : *Des choses qui sont laissées à titre de peine dans le testament ou le codicille*], ***D.30.43 § 2 :*** *« Un legs peut être suspendu à la volonté d'un tiers mais non à la volonté de l'héritier. »*, ***D.35.1.6*** **et** ***D.35.1.27*** **où l'héritier est puni s'y opposent,** [D.35.1.6] **:** *« L'amende prévue par testament ne s'applique pas à l'héritier, au légataire ou à celui qui bénéficie de quelque chose en vertu des dernières volontés et à qui il est ordonné d'édifier une tombe conformément au jugement de quelqu'un, si celui dont on considère le jugement ne vit pas, ne peut intervenir, ou ne veut pas juger de l'affaire. »*, [D.35.1.27] **:** *« Quelqu'un disposa par testament qu'on lui construise un monument funéraire semblable à celui qui se trouvait dans la via Salaria... et que l'héritier serait condamné à une forte amende si le monument n'était pas construit... »*, ***D.32.3 :*** [erreur de référence ? Pas de rapport apparent au problème.] **; aujourd'hui vaut** [ce qui est énoncé dans les] ***Inst.2.20 § 1 :*** *« Un legs est par conséquent une certaine donation laissée par le défunt. »* [(Ce qui exclut *de facto* le legs de peine) et dans la] ***première loi* déjà citée de *C.6.41 :*** [rappel de la loi de Justinien annulant la décision des Anciens qui voulaient que] *« les choses laissées à titre de peine ne vaillent rien. »*, [et affirmation de la validité d'un tel legs sous réserve qu'il ne] *« ... commande rien de contraire aux lois, rien de malhonnête, ou rien d'impossible. »*

201. **voir la def. 117** [traitant de la condition de volonté].

202. [L'intention des citations introduites dans la note 202 est de souligner l'importance que revêtent les considérations de temps pour la validité de certaines dispositions conditionnelles. En effet, le théorème 153 établit qu'une disposition conditionnelle est perplexe quand la suppression de sa condition la rend invalide au lieu de la purifier. Or certaines dispositions dérogent à ce principe puisqu'elles sont invalides à l'état pur bien qu'elles ne soient pas perplexes quand une condition leur est ajoutée. Ainsi en est-il par exemple de la disposition conditionnelle visant à l'achat de ma propre chose sous la condition qu'elle ne le soit plus, puisque cette disposition est valide et que la suppression de sa condition la rend perplexe].

Cependant ma propre chose peut être acquise conditionnellement (non purement) à moi-même, ***D.18.1.61 :*** *« J'estime que je peux acheter sous condition ce qui est mien, car on peut s'attendre à ce qu'il cesse d'être mien par hasard. »*, ***D.45.1.31 :*** *« Si je stipule sous condition une chose qui m'appartient, la stipulation est utile si la chose ne m'appartient pas au moment de l'existence de la condition. »*, ***D.45.1.98 :*** *« J'estime que je peux stipuler sous condition ce qui est mien et de même, une servitude de passage vers un fonds, bien que le fonds ne soit pas encore mien. »*, **une chose qui ne m'appartient pas peut être promise par moi,** ***D.20.4.7 § 1 :*** *« Si j'hypothèque mes biens futurs à ton profit et si j'hypothèque un fonds particulier au profit de Titius à condition que ce fonds fasse partie un jour de mes biens, et que ce fonds soit ensuite acquis, Marcellus pense que les deux créditeurs concourent pour le gage ; en effet il n'importe pas que le débiteur donne de ses biens propres car lorsqu'une chose est achetée avec de l'argent gagé, elle ne devient pas gagée par le seul fait qu'elle a été achetée avec de l'argent gagé. »* **; ajouter**

D.23.3.57: *« Que ce que ton fils me doit, constitue ta dot. »*. **Et les autres cas, *D.28.5.88:*** [erreur de référence? Pas de rapport direct au problème.], ***D.28.5.59 § 4:*** *« Si l'héritier institué était citoyen romain au moment de la rédaction du testament et fut ensuite proscrit, il est héritier s'il revient avant le moment où décède le testateur, ou, s'il est héritier sous condition, avant le moment où la condition existe. »*, ***D.28.5.89:*** *« Si un associé est institué héritier universel et que quelque chose soit légué purement et simplement à un esclave commun sans attribution de liberté, le legs n'est pas consistant. Mais il est clair qu'on lui léguera utilement sous condition, sans attribution de liberté... »*. [(La disposition conditionnelle est donc également valide dans ce cas, bien que la suppression de la condition la rende perplexe.)], ***D.34.7.4:*** *« Il a plu que la règle de Caton ne s'appliquât pas aux institutions conditionnelles »*. [Par conséquent, ni les institutions d'héritiers, ni les legs ne sont affectés d'un restriction dont Girard résumait le principe en déclarant: *« La règle Catonienne... décida que tout legs qui n'eût pas produit effet, si le testateur était mort au moment du testament, ne pourrait pas en produire par la suite. Cette règle motivée par une raison assez obscure, suppose un legs fait au profit d'une personne capable, portant sur un objet licite, mais qu'un obstacle de fait empêcherait d'exécuter au cas de mort immédiate du testateur, par exemple le legs fait à une personne d'une chose qui lui appartient présentement. »* (p. 973). Les dispositions qui les contiennent ne sont donc pas perplexes bien qu'elles deviennent invalides par la suppression de leurs conditions.], ***D.35.1.104:*** *« Celui qui a été déporté après l'ouverture du testament et qui ensuite a obtenu à nouveau la citoyenneté, peut réclamer le fidéicommis dont la condition a existé après qu'il a obtenu à nouveau la citoyenneté romaine. »* ***D.26.2.10 § 4:*** *« Un esclave qui ne nous appartient pas peut être nommé tuteur ainsi: "s'il est libre, qu'il soit tuteur". Bien plus, même s'il lui est donné purement et simplement, la condition "lorsqu'il sera libre" est réputée introduite. »*, ***D.30.29:*** [D.30.28.1: *« Marcellus estime que si tu me lègues la chose que tu me dois en vertu d'une stipulation, le legs est utile, de telle sorte que la loi Falcidia ne le diminue pas. »*] *« Mais si ce legs n'est différé, ni par un mode, ni par un temps, ni par une condition, ni par un lieu, il est inutile. »*

203. ***D.28.5.9 § 4:*** [§ 3: *«Si le rédacteur du testament ou (ce qui est difficile à admettre) le testateur lui-même, a écrit plus qu'il ne fallait, comme par exemple la moitié à la place du quart, Proculus estime que l'héritier aura le quart car le quart est compris dans la moitié. »*] *« Mais si quelqu'un a écrit 200 à la place de 100, ce sera la même chose car dans ce cas il a écrit les deux quantités: ce qu'il a voulu et ce qu'il a ajouté; ce qui représente un avis non dénué de raison. »*

204. ***D.34.5.3:*** *« Celui qui dit autre chose que ce qu'il veut, ne dit pas ce que les termes signifient car il ne le veut pas, ni ce qu'il veut car il n'en parle pas. »*

205. **loi citée, voir cependant *D.31.45 § 1*** [qui précise les conditions temporelles de la possibilité de refus]: *« Si quelque chose nous est légué sous condition ou à partir d'une certaine date, nous ne pouvons le refuser avant la condition ou la date, car il ne nous appartient pas avant que le jour vienne ou avant que la condition existe. »*

* [***D.28.5.9 § 6:*** *« Si le rédacteur du testament a enlevé ou changé une condition contre la volonté du testateur, il ne sera pas héritier et sera tenu pour non institué. »*]

206. ***D.45.1.69:*** *« Si l'esclave* [qui doit être présenté en vertu d'une stipulation] *est mort, il ne peut être présenté et la peine concernant le fait* [qui devient] *impossible ne peut être appliquée... »*, **(*D.45.1.8* s'y oppose:** *« Dans cette stipulation: "si tu ne donnes pas*

Stichus aux Calendes, promets-tu de donner 10", on demande si l'on peut agir immédiatement avant les Calendes lorsque le promettant est mort. Sabinus et Proculus pensent qu'il faut attendre le moment d'agir ; ce qui est très vrai ; en effet toute l'obligation est sous une condition et soumise à un terme, et il est permis de la considérer comme exécutoire jusqu'à la condition, mais le terme persiste cependant. Mais on peut agir immédiatement contre celui qui promit ainsi : « si tu ne touches pas le ciel du doigt avant les Calendes. »), ***D.45.1.19*** *: « Si une stipulation était ainsi rédigée : "promets-tu de donner si le divorce se produit par ta faute ?", la stipulation est nulle car nous devons nous satisfaire des peines définies par la loi. »*

207. ***D.46.1.16*** *: « Un fidéjusseur ne peut être obligé par celui à l'égard de qui la partie promettante n'est pas obligée. »,* ***D.46.1.29*** *: « Si je stipule sous une condition impossible, je ne peux pas impliquer un fidéjusseur. »* [En d'autres termes, une condition impossible produit une dette nulle dont la fidéjussion est nulle.]

208. **comme** [la disposition] **qui ne vaudra qu'un moment,** ***D.35.1.79 § 3*** *: « ... on lègue inutilement un usufruit pour le moment où le légataire mourra... »,* ***C.6.61* dernière loi** *: « Dans le cas des esclaves qui sont donnés à des fils (ou des filles de familles) » ... « sous la condition qu'ils les affranchissent immédiatement » ... « quel usufruit peut leur être acquis quand il se révèle instantané ? En effet quel usufruit peut être acquis au profit du père dans le cas d'un tel homme, s'il est nécessaire au même moment de le recevoir, de le posséder et de lui donner la liberté ? »,* ***D.50.17.127*** **ne s'y oppose pas** : *« Lorsqu'un Préteur donne une action à l'encontre d'un héritier relativement à ce qu'il reçoit, il suffit qu'il reçoive même un seul instant, en vertu d'un dol du défunt. »* ; [comme également la disposition] **dérisoire,** ***D.35.2.65*** *: »...si cinquante pièces d'or sont léguées s'il donne cinquante pièces d'or, on dit que le legs est inutile, bien plus, qu'il est ridicule. »,* ***D.30.122 § 2*** *: « Si la valeur du fonds que reçoit celui à qui un fonds est légué sous la condition suivante : "s'il donne 100 à l'héritier", est égale à ce qu'il doit donner sur ordre à l'héritier, le légataire n'est pas contraint de donner le fidéicommis qui lui est confié, car on considère que celui qui paye autant qu'il reçoit, ne reçoit rien par testament. »*

209. ***D.18.6 début de 2*** *:* [erreur de référence, pas de rapport apparent au problème].

210. ***Inst.2.17 § 2*** *: « Un premier testament est annulé par un testament ultérieur juridiquement correct. Et il n'importe pas qu'il y ait eu ou non quelque héritier grâce à lui. En effet nous considérons seulement s'il a pu exister. Par conséquent si quelqu'un ne voulait pas devenir héritier, ou mourait du vivant du testateur ou après sa mort mais avant d'avoir fait adition d'hérédité, ou si la condition sous laquelle l'héritier est institué, venait à faire défaut, le* paterfamilias *mourrait intestat dans tous ces cas. Car le premier testament ne vaut pas puisqu'il est annulé par le suivant, et le second n'a aucun effet puisque personne ne devient héritier grâce à lui. »,* ***D.28.7 début de 2*** *: « On demande en quel sens il faut comprendre le terme "mien" quand il est écrit ainsi dans un testament : "que cet esclave soit héritier, s'il est mien (ou 'qui est mien') lorsque je mourrai". Et s'il en a par exemple aliéné l'usufruit, il lui appartient néanmoins ; mais on demande si la condition fait défaut quand il en a aliéné une partie. Et il est très exact que la condition ne fait pas défaut à moins qu'il n'apparaisse par des preuves très évidentes que le testateur a voulu introduire grâce à cette condition les termes suivants : "si l'esclave tout entier reste sa propriété". Car dans ce cas la condition fait défaut en raison de la partie aliénée. »,* ***D.28.7* dernière loi** *: « Si un fils est héritier sous condition et que les neveux soient nommés ses substitués, comme il ne suffit pas que le fils soit institué sous n'importe quelle condition et*

que le testament n'est valide que si la condition est au pouvoir du fils, nous examinons en quoi il importe de savoir quelle condition a été écrite... », ***C.6.51 première loi, § 2 :*** *« Et puisqu'il arrivait que les choses qui étaient laissées dans les dernières volontés fassent défaut de trois manières, il a paru raisonnable de rendre manifestes leurs moments et leurs noms, afin qu'on n'ignore pas ce qui est supprimé ou ce qui est modifié. En effet, soit ces choses étaient laissées à ceux qui n'existaient plus au moment où les dernière volontés étaient définies (y compris quand les testateurs l'ignoraient), et les lois estimaient qu'elles étaient tenues pour non écrites, soit celui qui recevait quelque chose par testament, disparaissait du vivant du testateur et après la rédaction du testament, soit cela même qui était laissé s'éteignait (lorsque disparaissait une certaine condition sous laquelle cette chose était laissée), ce que les Anciens appelaient « devenir caduque... »*, ***§ 7 :*** *« Mais quand quelque chose est laissé sous une condition casuelle, potestative ou mixte, dont l'événement dépend soit du hasard, soit de la volonté de la personne gratifiée, soit des deux, soit d'une date incertaine, il convient d'attendre l'événement de la condition sous laquelle la chose fut laissée ou la date, de telle sorte que le* dies cedit *se produise, soit quand la condition est remplie, soit quand la date incertaine s'est présentée. Mais si celui qui est gratifié par le testament décède dans l'intervalle ou si la condition fait défaut de son vivant, nous disposons que ce qui n'a pas été attribué, reste en possession de ceux qu'il l'attribuent. »*, ***D.28.6.8 :*** [erreur de référence ou rapport très indirect au problème du défaut de la condition dans le contexte de la substitution.], ***C.6.25.1 :*** *« lorsque tu proposes que l'oncle maternel institue ta fille héritière sous la condition suivante : "si elle épouse le fils d'Anthylle, elle n'est pas héritière avant d'avoir obéi à la condition ou avant qu'il devienne manifeste que le mariage est impossible du fait du refus d'Anthylle". »*, ***C.6.25.2 :*** *« Si tu n'as pas obéi à la condition sous laquelle tu es instituée héritière de ta mère par testament, la substitution aura lieu. »* [En d'autres termes, le défaut de la condition invalide la disposition instituant une héritière et rend ainsi la substitution effective.], ***D.35.1.33 § 3 :*** *« Si quelqu'un lègue une chose ainsi : "si elle lui appartient à sa mort" et qu'elle ne se trouve pas alors au nombre de ses biens, on considère qu'il n'en a pas légué non plus la valeur en numéraire ».* [Le défaut de la condition infirme donc bien la disposition initiale ou son équivalent.], ***D.28.5.87 :*** *« On ne peut douter que quelqu'un puisse instituer ses héritiers sous la condition suivante : "s'ils le veulent, qu'ils soient héritiers, et qu'un autre leur soit substitué s'ils ne le veulent pas", et l'on nie qu'il soit nécessaire en pareil cas de déshériter le fils sous la condition contraire. »*, ***C.6.46.3 :*** [erreur de référence ? Il ne s'agit pas d'une situation d'annulation d'une disposition par viciation de la condition, mais d'un cas de désobéissance à la condition d'où l'on déduit que le conditionnaire : *« n'est pas admis à réclamer les legs car il n'a pas obéi de son propre chef aux clauses du testament »*].

211. ***D.35.1.26 § 1 :*** *« Lorsqu'une même chose est léguée à l'un purement et simplement et à l'autre sous condition, ou lorsque l'un est institué purement et simplement et l'autre sous condition, quand la condition fait défaut, la part du legs ou de l'hérédité s'ajoute à celle de l'héritier à qui le legs est fait purement et simplement ou à qui l'hérédité est donnée, à condition qu'il ait fait adition de sa part d'hérédité. »*, ***D.35.1.30 :*** *« Si l'intégralité d'un fonds m'est léguée séparément, purement et simplement, et qu'elle te soit léguée sous condition et que tu décèdes avant que la condition existe, je n'aurai pas à remplir la condition, vu que si la condition faisait défaut, la part que tu serais susceptible de réclamer m'échoirait en accroissement. »*, ***D.35.1.54 § 1 :*** *« La même chose est léguée à deux individus s'ils donnent 100 à l'héritier : si l'un en donne 50, il obtient une part du legs et la part de celui qui n'a pas donné s'ajoute à la sienne avec sa condition propre. »*, ***D.28.5.27 :*** *« Celse dit que si je t'ai institué purement et simplement comme seul héritier pour une moitié et conditionnellement pour l'autre moitié, et que je t'aie donné un substi-*

tué, celui-ci deviendra héritier de cette part si la condition fait défaut. », ***D.28.7.33 :*** *« Si quelqu'un a écrit ainsi : "que Titius hérite de la moitié, de même, que Titius hérite de l'autre moitié si un navire vient d'Asie", comme l'héritier hérite en vertu d'une institution pure, quoique la condition de l'autre institution soit en suspens, il hérite du tout, et cela, même si la condition fait défaut ; car l'existence de la condition ne lui sert à rien puisqu'il ne fait aucun doute que si quelqu'un est institué héritier pour une moitié et qu'il n'y ait pas d'autre institué, on considère qu'il est institué pour le tout. »*, ***C.6.25.2 :*** *« Si tu n'as pas obéi à la condition sous laquelle tu es instituée héritière de ta mère par testament, la substitution aura lieu. »*

212. ***D.28.7.59 § 6 :*** *« S'il est écrit ainsi : « que Titius et Maevius soient héritiers chacun de* ${}^{4}/_{12es}$ *; que Titius hérite du reste si un navire vient d'Asie avant les troisièmes Calendes », voyons si Titius n'hérite pas immédiatement de* ${}^{6}/_{12es}$*, car il y a deux héritiers institués et Titius est soit héritier de* ${}^{6}/_{12es}$*, soit de* ${}^{8}/_{12es}$ *; par conséquent* ${}^{2}/_{12es}$ *sont en suspens et si la condition existe, il hérite de ces* ${}^{2}/_{12es}$ *et si elle n'existe pas, ces* ${}^{2}/_{12es}$ *s'ajoutent à la part de Maevius. Mais si Titius meurt avant que la condition existe et que la condition existe ensuite, ces* ${}^{2}/_{12es}$ *s'ajouteront à la part de Maevius et non à celle de l'héritier de Titius, car puisque Titius meurt alors qu'il y a doute sur le fait de savoir si ces* ${}^{2}/_{12es}$ *sont donnés soit à Titius soit à Maevius, on ne peut pas comprendre que la part soit donnée à celui qui n'existait pas au moment où l'on donnait. »*

213. ***D.12.6.67 :*** *« Stichus qui reçut la liberté par le testament de celui qu'il croyait être son maître, s'il donnait dix aux héritiers pendant dix ans à partir de la mort de ce dernier, fournit pendant huit ans la somme qu'il lui était commandé de donner puis découvrit qu'il était né libre. On demande s'il peut réclamer l'argent qu'il a versé aux héritiers parce qu'il l'a fait indûment, et cela au moyen de quelle action. On répond qu'il peut réclamer si l'argent qu'il demande ne provient ni de son travail, ni du patrimoine de celui qu'il a servi de bonne foi. »*, [et voir] **tout le titre *De la réclamation pour une donation non suivie d'effet*** [(D.12.4) cf. par exemple la loi 1 § 1 : *« Si je te donne 10 afin d'obéir à la condition* [permettant d'obtenir un legs] *et qu'ensuite je refuse l'hérédité ou le legs, je peux réclamer par condiction* »].

214. **d'où il s'ensuit que le terme et la condition sont souvent joints, comme dans *D.8.1.4 :*** *« En Droit pur, les servitudes ne peuvent être constituées ni à partir d'une certain moment, ni jusqu'à un certain moment, ni sous condition, ni jusqu'à une certaine condition (grâce à l'expression : aussi longtemps que je le voudrai). »*, ***D.17.1.1 § 3 :*** *« De même, le mandat peut être différé à terme et contracté sous condition »*., ***D.19.2.20 :*** *« La location* [qui contient en soi un terme] *peut être contractée sous condition, comme l'achat. »*, ***D.3.3.3 :*** *« De même on peut nommer un administrateur pour une contestation future, avec un terme, sous une condition et jusqu'à une date. »*, ***D.35.1 début de 1 :*** *« A propos des legs qui sont laissés, il est mentionné soit un terme incertain, soit une condition et si rien n'est dit à leur sujet, ils sont actuels, à moins qu'une condition n'y soit comprise de par elle-même. »*, ***D.50.17.77 :*** *« Les actes légitimes qui ne supportent pas de terme ou de condition, comme l'émancipation,* l'acceptilatio [la remise de dette], l'adition *d'hérédité, le choix de l'esclave, l'imposition d'un tuteur, sont intégralement viciés par l'ajout d'un temps ou d'une condition, mais les actes ci-dessus énoncés, les acceptent parfois de manière tacite. »*

215. [De même] **la donation à cause de mort, *loi 10 du même titre*** [D.39.6.10] : *« Il apparaît qu'on peut nommer un substitué pour celui à qui l'on donne à cause de mort, sous*

le mode suivant: afin qu'il promette à quelqu'un s'il ne peut pas prendre lui-même; ou sous quelque autre condition. », **la garantie, *D.46.1.6 § 1*** [et non 7 § 1] : « *Et il importe peu de savoir si j'oblige le fidéjusseur de manière pure et simple, ou à partir d'une date, ou sous condition.* », ***D.46.1.16*** [16. § 5 plus précisément] : « *Si un fidéjusseur était accepté sous condition pour une stipulation affectée d'un terme, le droit du créditeur resterait en suspens de telle manière que si la condition était remplie avant le terme, le fidéjusseur ne serait pas obligé et qu'il serait obligé si la condition et le terme se présentaient ensemble ou si la condition se présentait après le terme.* », **les fiançailles, tout le titre : *Des conditions apposées au mariage ou à d'autres contrats, Extra.4.5.*, l'achat, *Inst.3.23 § 4:*** « *L'achat peut être contracté aussi bien sous condition que purement et simplement.* », **voir *D.18.1.7:*** « ... *les ventes conditionnelles sont parachevées lorsque la condition est remplie.* », **le louage, *D.19.2.20*** [et non 20 § 1] : « *La location peut être contractée sous condition, comme l'achat.* », **le mandat, *loi 3 même titre*** [D.17.1] : « *De même, le mandat peut être différé à terme et contracté sous condition.* », **la société, *D.17.2.1:*** « *Une société peut se constituer soit de manière perpétuelle, c'est-à-dire tant qu'ils vivent, soit jusqu'à un certain moment, ou à partir d'un certain moment, ou sous condition.* », ***D.17.2.70:*** « *Aucune constitution de société n'est pour l'éternité.* », ***D.17.2.75:*** « *Si une société est constituée à partir des parts que Titius aura déterminées, rien n'est fait si Titius décède avant d'avoir déterminé; car ce qui est en jeu est que la société n'existe que si Titius détermine.* », ***avant-dernière loi du même titre du Codex*** [C.4.37.6] : « *On se demandait chez les Anciens si une société pouvait être constituée sous condition, à savoir: "la société est constituée si untel est consul"* » ... « *et nous estimons qu'une société peut être constituée non seulement purement et simplement, mais aussi sous condition, en effet les volontés de ceux qui contractent légitimement doivent être préservées de toute façon.* », **ajouter *D.28.7.14:*** « *Les conditions qui sont contre les Edits des Empereurs, ou contre les lois, ou contre les écrits qui ont force de loi, ou qui sont contre les bonnes mœurs, ou qui sont dérisoires, ou qui sont du genre de celles que les Préteurs désapprouvent, doivent être tenues pour non ajoutées et l'héritage ou le legs est obtenu, comme si la condition n'était pas ajoutée à l'héritage ou au legs.* », **l'action, *D.36.2.5:*** « *Si le légataire décède après le* dies cedens *du legs, il transmet son legs à son propre héritier.* », **l'investiture abusive du fief : Heinrich von Rosenthal : *Tractatus et synopsis totius juris feudalis conclusionibus et sententiis in capita duodecim... digestus.*** [Basel, 1588], ***chap.6. condition 23***.

216. **par exemple le droit du sang,** [voir] **du grand Maître Benedict Carpzov : *Responsa Juris Electoralis,*** [Leipzig, 1642], ***VI. 8. 77. 12***.

217. **voir la dissertation : *Est-ce que la possession est de droit ou de fait*, de Hieronymus Pappon, Venise, éditée en l'an 1600. Par conséquent l'acte du possesseur, la transmission, l'investiture correcte du fief, l'adition d'hérédité, ne le sont pas, *D.29.2.51 § 2*** [la référence au § 1 est une erreur] : « *Si quelqu'un disait ainsi: "si tu es solvable, fais adition d'hérédité", l'adition serait nulle.* », ***D.50.17.77:*** « *Les actes légitimes qui ne supportent pas de terme ou de condition, comme l'émancipation, l'*acceptilatio [la remise de dette], *l'adition d'hérédité, le choix de l'esclave, l'imposition d'un tuteur, sont intégralement viciés par l'ajout d'un temps ou d'une condition, mais les actes ci-dessus énoncés, les acceptent parfois de manière tacite.* », **le contrat réel, le gage ; *D.13.7.11 § 2* ne s'y oppose pas :** « *Si j'accepte de toi un gage et que je doive te donner de l'argent en retour et que je ne te le donne pas, je serai soumis à l'action* pigneraticia [action en réclamation de la chose gagée] *et aucun paiement ne vaudra, et c'est la même chose si de l'argent est porté au crédit de quelqu'un, ou si la condition sous laquelle un gage est convenu fait défaut.* », **car le dépôt et le don peuvent être contractés sous condition, bien qu'ils**

ne soient pas formés ainsi, Antonius Negusantius: *Tractatus perutilis de pignoribus et hypotecis,* [Lyon, 1540], ***V. 3. 2. 10.***

218. [Pour comprendre en quel sens Leibniz peut déclarer à la fois que la propriété est inconditionnable (th. 180), qu'elle peut être en suspens (cf. les lois ci-dessous) et que le droit qui la concerne peut l'être également (th. 212), il faut garder en mémoire l'importance des distinctions que le droit romain établit entre la propriété d'un bien, la possession de ce bien et la connaissance qu'on en peut avoir. En effet, la propriété est en soi inconditionnable du fait qu'elle représente le droit *« réel par excellence, le plus étendu et le plus ancien de tous les droits réels. C'est la domination complète et exclusive d'une personne sur une chose corporelle »* (Girard p. 277). De même, la possession est également inconditionnable puisqu'elle est *« la matérialité de la propriété, le pouvoir de fait sur la chose sur laquelle la propriété est le pouvoir de droit »* (Girard p. 288). En revanche la connaissance que l'on peut obtenir de l'existence de ce droit ou de la réalité de cette possession, dépend d'un ensemble de circonstances extérieures qui sont autant de conditions, non de la réalité juridique du droit, ou de la réalité matérielle du fait, mais de la certitude qu'on en a].

Ne s'y opposent pas: *D.12.1.8:* *« L'attribution du gage dépend parfois du fait qu'elle soit confirmée après coup, comme par exemple si je te donne de l'argent en gage de telle manière qu'il t'appartienne et que tu sois mon obligé si quelque condition existe. »,* ***D.40.7.3.7:*** *« Si quelqu'un vendait sans son pécule, un esclave qui a reçu l'ordre de donner 10 et d'être libre, deviendrait-il immédiatement libre, ou seulement lorsqu'il lui serait interdit de toucher à son pécule ? Je pense qu'il deviendrait seulement libre lorsqu'il lui serait interdit de donner alors qu'il veut le faire, et non immédiatement au moment où il est vendu. »,* ***D.39.6.29:*** *« Et si quelqu'un a donné de telle sorte que si la mort l'enlevait, celui à qui il a donné obtiendrait alors ce qu'il a donné, sans aucun doute le donateur pourrait réclamer la chose si celui à qui il a donné, mourait. »,* ***C.4.54.1:*** *« Si tu as vendu un bien avec la convention suivante: « que l'acheteur perdrait le bien et que la propriété te reviendrait, à moins que le prix ne soit versé avant une certaine date », on doit respecter l'engagement du contrat. »,* ***D.7.1.12:*** *« L'usufruitier peut prendre parmi les arbres déracinés ou abattus par le vent, en fonction de ses besoins et de ceux de la ferme. »* [Ce qui indique bien que le nu-propriétaire n'a qu'un droit conditionnel sur eux puisqu'il est limité par les besoins de l'usufruitier.], ***D.8.4 dernière loi*** [(loi 18)]**:** [expression détournée du thème dans le cas général d'une multiplicité de servitudes affectant un fonds et grevant une multiplicité de propriétaires.], ***D.7.1.70 § 1:*** *« Mais parfois pendant qu'on remplace et substitue au bétail qui meurt, on cherche à savoir à qui appartiennent ses fruits. Et Julianus dit au livre 35 des Digestes que leur propriété est en suspens, de telle sorte que si on remplace, ils appartiennent au propriétaire, et si on ne remplace pas, ils appartiennent à l'usufruitier. »* **(Car parfois l'action utile en revendication convient seulement, *C.8.54.1:*** *« Si tu démontres (comme tu l'affirmes) que tu as légué à ta petite-fille sous la clause suivante: "pour qu'elle te fournisse une certaine nourriture", tu pourras entamer dans ce cas une action utile en revendication* [vindicatio utilis] *parce qu'elle n'a pas voulu obéir à cette clause, c'est-à-dire l'action grâce à laquelle ta propriété initiale t'est restituée. »,* **ou bien la chose est réputée transmise seulement quand la condition a existé, ou bien la condition est réputée exister immédiatement quand la chose est transmise). Parfois la propriété est attribuée à un autre, parce qu'une exception s'oppose à celui qui réclame. Par conséquent, le paiement** [est] **également** [inconditionnable], ***D.46.3.16*** **ne s'y oppose pas:** *« Si on porte au crédit d'un débiteur sous condition et si la condition existe ensuite, il est réputé déjà libéré antérieurement de sa dette. »,* [idem] **l'*acceptilatio*** [(la remise de dette) est inconditionnable], ***D.46.4.4:*** *« L'*acceptilatio *ne peut être faite sous condition. »,* ***D.46.4.5:*** *« Il n'existe pas du tout d'*acceptilatio *faite avec apposition d'un* *terme, car à l'exemple du paiement, l'*acceptilatio *doit libérer. »*, ***D.50.17.77 :*** *« Les actes légitimes qui ne supportent pas de terme ou de condition, comme l'émancipation, l'*acceptilatio [la remise de dette], *l'adition d'hérédité, le choix de l'esclave, l'imposition d'un tuteur, sont intégralement viciés par l'ajout d'un temps ou d'une condition, mais les actes ci-dessus énoncés, les acceptent parfois de manière tacite. »*, ***D.23.3.43*** **s'y oppose :** *« Même si la dot a coutume d'être constituée par* acceptilatio, *Scaevola dit que si l'*acceptilatio *a été introduite avant le mariage et que les noces n'aient pas suivi, l'*acceptilatio *introduite à cause de mariage est nulle et l'obligation demeure par conséquent inchangée. »* [Elle est donc suspendue dans ce cas à la condition des noces.], [idem] **la donation parfaite, voir le *titre C.8.54*** [*«Des donations qui sont annulées sous un mode ou du fait d'une condition, ou à un certain moment »*. cf. la loi 4] **:** *« La donation parfaite ne supporte pas ensuite de condition. »*

219. ***D.8.1.4 :*** *« En Droit pur, les servitudes ne peuvent être constituées ni à partir d'une certain moment, ni jusqu'à un certain moment, ni sous condition, ni jusqu'à une certaine condition. »*, **en effet c'est une chose de servir, c'en est une autre d'être obligé de servir, argument de *D.8.4.6 § final :*** *« Si quelqu'un disait en vendant un fonds, que celui-ci est grevé d'une servitude en faveur de Titius alors qu'il n'y en a pas, le vendeur serait malgré tout obligé de concéder la servitude à Titius. »* **; ne s'y opposent pas** [les lois] **:** ***D.7.4.15 :*** *« Parfois le nu-propriétaire attribue la liberté* [à l'esclave], *par exemple quand l'usufruit est légué jusqu'à ce qu'il l'affranchisse. Car lorsque le nu-propriétaire commence à affranchir, l'usufruit s'éteint. »*, ***D.7.4.16.*** *« Si un usufruit m'est légué sous condition et qu'il soit dans l'intervalle aux mains de l'héritier, l'héritier peut léguer l'usufruit à un tiers. Ce qui fait que si la condition de mon legs a été remplie, l'usufruit laissé par l'héritier disparaît. »*, ***D.7.4.17 :*** *« Si l'usufruit d'un fonds t'était légué purement et simplement, mais que la nue-propriété le soit sous condition à Titius et que tu deviennes propriétaire de la nue-propriété alors que la condition est en suspens, puis que la condition existe, le fonds échoirait de plein droit à Titius et il n'importerait pas que la propriété ait été léguée avec soustraction de l'usufruit ; en effet tu aurais entièrement perdu le droit au legs en acquérant la propriété. »*, **où l'on voit se perdre une servitude en vertu même du droit, car la possession, c'est-à-dire l'usage, est en même temps perdue.**

220. ***D.7.2.1 § 3, voir*** [le terme] ***chaque jour :*** *« Mais parfois bien que les parties ne soient pas conjointes, l'usufruit légué s'accroît au bénéfice de l'autre : comme par exemple si l'usufruit de la totalité d'un fonds m'est légué et l'est à toi également de manière séparée. En effet, comme l'ont écrit Celse au livre 18 des Digestes et Julien au livre 35, nous possédons les parties par concours ; ce qui se passe également en matière de propriété, car si l'un refuse, l'autre possède tout le fonds. Mais en matière d'usufruit cela va plus loin car même s'il est constitué puis perdu, le droit d'accroissement y est néanmoins admis : en effet, tous les auteurs depuis Plaute s'accordent sur ce point et, ainsi que Celse et Julien l'ont dit avec élégance, l'usufruit se constitue et se lègue jour après jour et non comme la nue-propriété qui se constitue au moment unique où elle est réclamée. Par conséquent, lorsque le premier ne rencontre pas le second qui concourt avec lui, il obtient seul le tout et il n'importe pas que la chose soit laissée conjointement ou séparément. »*

221. ***D.50.17.77 :*** *« Les actes légitimes qui ne supportent pas de terme ou de condition, comme l'émancipation, l'*acceptilatio [la remise de dette], *l'adition d'hérédité, le choix de l'esclave, l'imposition d'un tuteur, sont intégralement viciés par l'ajout d'un temps ou d'une condition, mais les actes ci-dessus énoncés, les acceptent parfois de manière tacite. »*, **a propos duquel** [on peut dire] **brièvement : les actes légitimes dans**

ce passage, ou bien sont en général valides en vertu du droit, et l'on doit lire: ***qui supportent*****, Jacques Cujas:** [*Commentarii in juris justiniani libros elementares, (*ed. S. Crispin, 1610*), Praelectiones*, chapitre *« De regulis juris antiqui »*], ***15. observation 16*****:** *« On dit d'ordinaire qui ne reçoivent pas. Les* [Pandectes] *Florentines* [disent] *qui reçoivent, c'est-à-dire qui reçoivent de fait et non de droit, auxquels est ajouté une date ou une condition de manière directe et non tacitement.* [Idem, dans les *Recitationes Solemnes* (édition de 1605, p. 536 sq.): *« Aucun des actes légitimes ne reçoit de date ou de condition expresse, mais ils les reçoivent de manière tacite; ainsi l'*acceptilatio *ne reçoit pas de manière expresse une date ou une condition, mais si je te porte à crédit ce que tu me dois sous une condition qui n'existe pas encore, l'*acceptilatio *n'est pas véritablement pure et la condition qui est apposée tacitement à l'obligation est comprise tacitement en elle... D'où il s'ensuit que l'effet de ce qui est tacite et de ce qui est exprès n'est pas le même, ce dont on peut déduire qu'un legs ne vaut pas* [si l'on a]*: "si Titius le veut", mais qu'il vaut si on lit ainsi: "si Titius monte ou non au Capitole", bien que* [la condition] *de volonté y soit tacitement comprise. »*, **ou bien sont en particulier ceux qui transmettent le droit Quirite, autrement dit la Mancipation et il se réalisent par un achat imaginaire, voir Antoine Hotmann:** ***Observationum quae ad veterem nuptiarum ritum pertinent liber singularis.*** [Paris, 1585], ***chap.21*****, c'est-à-dire les actions de la loi. Celles-ci ne pouvaient se réaliser grâce à un intermédiaire, elles se réalisaient une seule fois, en des termes consacrés, purement et simplement, voir François Hotmann:** ***Quaestionum illustrium liber*** [Paris, 1573. Question] ***32, feuille 219 et*** **suivantes; celui-ci lit:** ***qui ne reçoivent pas*****. Les deux avis peuvent être défendus par les deux lectures.**

222. **ainsi le serment, l'aveu, l'autorité du tuteur,** ***D.26.8.8:*** *« Bien qu'un contrat passé avec un pupille soit conditionnel, le tuteur doit autoriser purement et simplement, car l'autorité doit être interposée de manière pure et simple et non de manière conditionnelle afin que le contrat conditionnel soit confirmé. »*, **Un tuteur ne peut être donné sous condition par un magistrat,** ***D.50.17.77:*** [voir ci-dessus. Il faut cependant noter que Leibniz ne distingue pas assez les différentes tutelles (déférée par le magistrat et testamentaire) et qu'il traduit ainsi de manière imparfaite la complexité du Droit Romain. De ce fait, il semblerait vouloir dire qu'aucune tutelle ne peut être suspendue à une condition résolutoire, ce que démentent les] ***Institutes 1.20 § 1*** [cf. Girard p221 sq.]: *« Si un tuteur avait été donné par testament sous condition ou jusqu'à un terme certain, le tuteur pourrait être donné en vertu des lois (Julia et Titia), aussi longtemps que la condition ou le terme seraient en suspens. »*; **mais** [il peut] **cependant** [l'être] **à une condition,** ***D.26.1.11:*** *« Si un fou est nommé tuteur, on peut comprendre qu'il est nommé pour le moment où il retrouvera ses esprits. »*, ***D.26.10.3 § 9*** [et non § 7]: *« ... quelqu'un est nommé ainsi tuteur: "qu'il soit tuteur tant qu'il est en Italie" ou encore: "tant qu'il n'est pas allé outre-mer"... »*

* [astérisque en appel de note dans l'Edition de l'Académie] **La chose spirituelle est inconditionnable,** ***Extra.3.12.1, fin du premier chapitre:*** *« On n'a pas trouvé bon qu'une charge nue concédée par contrat ou en vertu d'un pacte quelconque, soit transmise sous un mode*[(d)] *ou de manière discontinue. »*, [note *d*]: *« sous un mode »: « le mode introduit la simonie de la même façon que le fait une condition, car le mode équivaut à une condition »*. **S'y opposent:** ***Extra.3.5.11:*** *« De même une condition peut exister dans les affaires religieuses, mais elle n'est pas réputée telle. »*, ***Extra.1.6.4:*** *« On admire sur ce point comment notre maître Jésus-Christ formula une condition en disant à Pierre lorsqu'il lui confiait la garde de ses brebis: si tu fais paître consciencieusement mes brebis. »*, ***Extra.3.4.4:*** *« Il a été dit dans le concile cité ci-dessus qu'une église ou un bénéfice ecclé-*

siastique devaient être confiés aux personnes qui prenaient soin de s'en occuper elles-mêmes. Mais certains affirmaient qu'ils voulaient le faire et s'opposaient à ce que ce soit fait. L'affaire parvint au Pape. Il fit savoir à l'Archevêque d'York que puisque les termes devaient être reçus avec leur sens, si de telles personnes se présentaient, il ne les admettrait pas [comme bénéficiaires] *et que ceux qui avaient été reçus devaient être révoqués, à moins qu'ils ne fussent absents avec la permission de leurs prélats, à savoir pour l'étude des lettres ou pour d'autres raisons avouables. »* **Réponse : ce sont des conditions extrinsèques. De même le droit public, comme la jusridictio, la nomination de tutelle. La sentence, *D.49.4.1 § 5 :*** *« Une sentence ne peut pas être formulée sainement sous condition. »* **De même, l'excommunication,** [les abréviations *« c. ad haec de appell. c.2 § et haec eadem, de sent excom. »* sont sans doute erronées. En effet *« ad haec de appell. c.2 »* désigne habituellement le chapitre 20 du *« De appellationibus »* (II.28), mais aurait dû apparaître sous la forme *« c. ad haec 2 de appell. »* sans répétition de l'abréviation du chapitre. D'autre part, il n'y a pas de paragraphe *« et haec eadem »* ni dans *« ad haec de appell. »*, ni dans *« de sent. excom. »* (5.39.12) qui traite d'un problème de délégation d'autorité].

223. **pas même la potestative, *C.3.28.32 :*** *« Comme nous avons disposé dans les premières sanctions que si quelque chose d'inférieur à la part légitime était laissé par ceux qui pourraient exercer une action en vertu des anciennes lois relatives au testament imparfait, on le compléterait afin que le testament ne soit pas annulé du fait qu'il est l'occasion d'une détermination de part inférieure, nous considérons qu'on doit ajouter de nos jours que si les droits de ceux qui sont appelés à l'exercice de quelque action déterminée étaient considérés comme diminués par quelque condition ou délai, ou quelque disposition introduisant un retard, ou un mode, ou quelque autre aggravation, cette condition même, ou ce délai, ou cette disposition introduisant un retard ou quelque charge que ce soit, seraient supprimés, et les choses s'ensuivraient comme si aucun d'eux n'était ajouté au testament. »*, ***C.3.28.35 :*** *« Lorsque paraît une autorisation impériale grâce à laquelle la libre possibilité de tester est concédée, on considère que le Prince n'accorde pas autre chose que le fait de posséder le pouvoir légitime et ordinaire de faire un testament. »*, ***loi 15 même passage :*** *« Une fille qui a été omise* [dans les dispositions testamentaires de] *sa mère, ne peut prétendre à la succession sans utiliser la* querela inofficiosi testamenti [qui permet à un légitimaire injustement privé d'une partie ou de la totalité de sa part d'héritage, de faire valoir ses droits.], ***loi 30 même passage :*** *« ... afin qu'il soit permis à ces personnes à qui est laissé quelque chose d'inférieur à la part légitime, d'obtenir une part non amputée. »*, ***loi 36 même passage :*** *« Si un père laissait à son fils une part inférieure à la part légitime, elle serait complétée grâce au jugement de l'Homme Bon... »*, ***D.30.28 :*** *« Si je lègue à mon créancier ce que je lui dois en étant protégé contre lui par une exception, le legs est utile, car l'exception qui le concerne est considérée comme supprimée. »* ; [voir la] **dissertation de *Cujas*. Les Commentateurs estiment en droit nouveau, qu'une condition peut être inscrite à propos de celui qui ne peut être oublié et à propos de ce qui dépasse la part légitime, voir Denis Godefroy à propos de *C.6.25.4 :*** *« Lorsque tu dis que l'héritier qui se trouve loin de toi au delà des mers, est institué sous la condition : "s'il revient dans sa patrie qui est dans la province de Mauritanie" et que tu n'ajoutes pas qu'il est déshérité s'il ne revient pas en cet endroit, il est évident qu'il peut arriver pour de nombreuses raisons qui ne sont pas volontaires mais fortuites, qu'il ne puisse pas remplir la condition et par conséquent tu n'interdiras pas de faire adition d'hérédité. »*

224. ***C.6.27.6 :*** *« ... si quelqu'un institue son esclave héritier purement et simplement, mais lui donne la liberté sous condition et si la condition est ainsi faite qu'elle soit au pou-*

voir de l'esclave, il est privé de l'héritage et de la liberté par sa faute s'il la néglige et ne la réalise pas. Au contraire, si la condition est casuelle et fait défaut par l'effet du hasard, alors la liberté lui est attribuée de toute façon en considération de l'humanité. »

225. **voir *D.28.5.4* :** *« Un héritier direct peut être institué héritier sous condition, mais il faut excepter le fils car il ne peut pas être institué sous n'importe quelle condition. Mais seulement sous une condition qui est en son propre pouvoir. »*, ***D.28.5.42* :** [erreur de référence. Cas d'un esclave institué héritier nécessaire.], ***D.28.5.86* :** *« Mais on ne peut pas douter que l'on peut instituer ses propres héritiers sous une condition comme : "s'ils le veulent, qu'ils soient héritiers..." »*, ***D.28.6.15* :** [erreur de référence ? Le problème soulevé est celui de la nomination d'un substitué à l'héritier impubère et non celui de l'omission ou de l'exhérédation de l'héritier sous condition potestative.], ***D.28.6.28* :** [même situation], ***D.28.7.12* :** *« Ces termes : "que Publius Maevius soit héritier s'il le veut", constituent une condition dans le cas d'un héritier nécessaire, de sorte que s'il ne veut pas, il n'y a pas d'héritier ; car ils sont ajoutés en vain à propos de l'héritier volontaire puisque même s'ils n'étaient pas ajoutés, il ne deviendrait pas héritier contre son gré. »*, ***D.28.7.28* :** *« Si un fils est héritier sous condition et que les neveux soient nommés ses substitués, comme il ne suffit pas que le fils soit institué sous n'importe quelle condition et que le testament n'est valide que si la condition est au pouvoir du fils... »*, ***D.35.1.83* :** *« Lucius Titius rédigea ainsi un testament : "qu'Aurélius Claudius qui est né de cette femme, soit mon héritier s'il prouve par l'intermédiaire d'un juge, qu'il est mon fils". Paul répondit que le fils dont il était question n'était pas considéré comme institué sous une condition qui était en son pouvoir et que le testament était par conséquent nul. »*, ***D.28.3.1* :** *« Un testament est dit, soit inexistant juridiquement lorsque les formes juridiques font défaut, soit dépourvu d'effectivité lorsqu'un fils qui était sous la puissance paternelle a été oublié... »*, ***C.6.25.4* :** [voir ci-dessus], ***D.28.2.16* :** *« Si un fils est institué héritier en omettant un enfant posthume et qu'un neveu soit nommé son substitué, si le fils meurt dans l'intervalle alors que le posthume n'est pas né, le neveu deviendra aussi bien l'héritier du père que de l'oncle. Et si personne n'est nommé le substitué du fils et que lui seul soit nommé, alors, du fait qu'il est certain au moment où il meurt que personne ne sera héritier en vertu de ce testament, le neveu deviendra héritier intestat du père, ainsi que cela se passe d'habitude quand un fils est institué héritier sous une condition qui est en son pouvoir et qu'il meurt avant d'y avoir obéi. »*, ***D.28.2.29*** [étend enfin la notion de condition potestative au cas des enfants posthumes en rappelant que] **:** *« Gallus introduisit le fait que des neveux posthumes puissent être institués ainsi : "si mon fils meurt de mon vivant, alors si quelque petit fils ou petite fille issus de lui naissent jusqu'à dix mois après sa mort, qu'ils soient héritiers". »*

226. ***D.28.7.27 § 1* :** *« Quelqu'un ajouta une condition par codicille, à l'intention d'un héritier qu'il institua purement et simplement par testament. Je demande s'il est nécessaire qu'il y obéisse. Modestinus répondit : un héritage ne peut être enlevé par codicille... »*, ***Inst.2.25 § 2* :** *« Mais un héritage ne peut ni être donné, ni être enlevé par codicille, afin que le droit des testaments et celui des codicilles ne soit pas confondus. »* ***loi 6 du même titre du Digeste*** [D.29.7. Le même titre se trouve en fait dans le Codex (6.36 : *de codicillis*) ; le titre du Digeste étant *« Du droit des codicilles »*] **:** *« Les Divins Sévère et Antonin établirent dans un rescrit qu'une mère ne faisait rien de juridiquement valide quand elle ajoutait une condition d'émancipation par codicille alors qu'elle instituait ses enfants purement et simplement héritiers ; car on ne peut ni directement ajouter par codicille une condition à l'héritier institué, ni substituer. »*

227. **comme** [dans le cas de] **la désignation,** ***D.30.6:*** *« Que Stichus qui m'appartiendra lorsque je mourrai, soit mon héritier. »*, ***D.30.17 § 1:*** *« Si quelque fille naît de moi, que mon héritier lui donne 100. »*, ***D.32.85:*** *« Et par conséquent, il existe une distinction élégante qui veut que toutes les fois qu'un corps déterminé est légué, le terme "le mien" renvoyé au présent ne constitue pas une condition; mais que si c'est un terme incertain qui est légué, comme "mon vin", "mon vêtement", ce terme "le mien" est considéré comme une condition, afin que seuls les corps qui appartiennent au testateur, soient légués. »*, ***D.28.5 début de 2:*** *« A propos de ceux qui sont institués héritiers ainsi: "pour les parts que j'énoncerai", Marcellus n'estime pas qu'ils soient héritiers s'il n'y a aucune part énoncée, de la même manière* [qu'ils ne le seraient pas] *s'ils étaient institués héritiers ainsi: "si je leur attribue des parts". Mais si la volonté du défunt n'est pas annulée, il faut mieux considérer que chaque institution doit être interprétée ainsi: "pour les parts que j'énoncerai, et à défaut, pour des parts égales", comme si l'institution était conçue de deux façons. »*, ***D.28.5.9 § 11:*** *« Que celui de mes frères nommés ci-dessus qui épousera Séja, soit héritier. »*, ***D.28.7 début de 10:*** *« Que celui dont j'écrirai le nom dans le codicille, soit mon héritier. »*, ***D.34.2.34 § 1:*** *« Que l'héritier donne à son épouse toute la quantité d'or que j'aurai préparée à l'intention de l'épouse. »*, ***§ 2:*** *« Mais quand on léguait ainsi à la femme: "l'or que j'ai préparé à son intention", Quintus Mucius écrivait très justement que cette formulation contenait en elle-même à la fois une désignation et un argument. »*, ***D.34.5 début de 5:*** *« Si l'un de mes amis... »*, ***D.34.5.11:*** *« Celui de mes neveux qui montera le premier au Capitole. »*, **(*D.35.1.19 § 1:*** *« Cette formule: "Si Primus est héritier, qu'il soit contraint de donner", ne doit pas être entendue comme une condition. En effet, le testateur a plus désigné quand le legs est dû, qu'il n'a inséré une condition. »* **et *D.35.1.34 § 1:*** *« Entre la désignation et la condition il y a cette différence que la désignation montre une chose parfaitement réalisée, la condition, une future. »*, **s'opposent cependant à** [l'interprétation de la désignation comme une] **condition),**

[et comme dans le cas du] **terme,** ***D.30.36:*** [erreur de référence? Il s'agit du problème de l'imprécision d'une désignation et non de l'imprécision d'un terme]**:** *« Je lègue à Titia tous mes tisserands excepté ceux que j'ai légués à un autre par testament. Je lègue à Plotia tous mes esclaves de naissance excepté ceux que j'ai légués à un autre. Comme certains des esclaves étaient à la fois tisserands et esclaves de naissance, Labéon dit que du fait qu'on ne peut savoir quels sont les tisserands que le testateur n'a pas légués à Titia que si l'on sait quels sont ceux d'entre eux qu'il a légués à Plotia, et* [que l'on ne peut savoir] *quels sont les esclaves de naissance qu'il n'a pas légués à Plotia,* [que si l'on sait quels sont ceux qu'il a légués à Titia], *ceux à propos desquels on s'interroge sont réputés ne pas être le legs exclusif de l'un ou l'autre, et par conséquent sont communs aux deux. »*, ***D.30.30 § 4:*** *« Un terme incertain est appelé une condition. »*, ***D.36.1.46:*** [question soulevée à propos du cas d'un fidéicommis de restitution d'une hérédité, constitué au profit d'un fidéicommissaire impubère auquel le grevé de restitution devra rendre l'hérédité lorsqu'il aura seize ans: à qui échoit l'hérédité en cas de prédécès du fidéicommissaire, est-ce au grevé de restitution ou au plus proche parent du fidéicommissaire?]: *«Il répondit: si Séjus Oceanus à qui l'hérédité devrait être restituée en fidéicommis lorsqu'il aurait seize ans, par le grevé de restitution Valerius Maximus et en vertu du testament de Séjus Saturninus, mourait avant d'avoir vécu la totalité des années énoncées, l'hérédité transmise par fidéicommis appartiendrait à celui à qui tous les autres biens d'Oceanus échoiraient, car le* dies cedit *du fidéicommis tombe du vivant d'Oceanus, et ceci vaut s'il apparaît qu'en prolongeant le temps du paiement,* [le testateur] *a plus voulu permettre la tutelle du grevé de restitution, qu'apposer un terme incertain au fidéicommis. »*, ***D.35.1.75:*** *« Un terme incertain constitue une condition dans un testament. »*, ***D.35.1.1 § 2:*** *« Mais le terme est incertain quand il est écrit ainsi: "lorsque mon héritier mourra, qu'il soit donné 10", car* *sa mort a une date incertaine. »*, ***loi 1 dernier § de leg. nom.*** [erreur de référence ? Pas de titre correspondant dans le Corpus Juris Civilis], ***C.7.2 début de 21 :*** [erreur de référence. Pas de § 21 dans C.7.2.], ***C.7.2.8 :*** *« Lorsqu'un testateur a ordonné que la liberté soit donnée à un esclave au moment des noces de son fils ou de sa fille, il n'a pas déterminé le moment où l'on doit donner la liberté ; mais il a plutôt fait place à une condition afin qu'on ne puisse pas réclamer en droit la liberté si les noces n'ont pas suivi. »*, ***D.12.6.56 :*** *« Pour la réclamation du paiement indu, il suffit qu'il soit incertain que le défendeur puisse se défendre grâce à une exception perpétuelle ou temporaire. Car si quelqu'un convient qu'il ne réclamera pas avant que Titius soit devenu consul, on peut dire avec la plus grande raison que ce qui est payé dans l'intervalle peut être réclamé parce que l'exception qui est rapportée au moment où Titius débute son consulat, peut devenir perpétuelle du fait de la mort de Titius. »*, ***D.45.1.38 § 16 :*** *« Il apparaît que la différence entre le terme certain et le terme incertain est que ce qui est promis à un terme certain peut être donné immédiatement. En effet, tout le temps intermédiaire est laissé à la disposition du promettant pour payer. Mais celui qui a promis "si quelque chose se réalise" ou "lorsque quelque chose sera réalisé", n'est pas considéré avoir fait ce qu'il a promis, à moins d'avoir donné lorsque la chose en question a été réalisée. »*

228. **conçue conditionnellement,** ***D.35.1.17 § 3 :*** *« Et si la cause est conçue conditionnellement comme suit : "je lègue un fonds à Titius s'il s'est occupé de mes affaires", "je donne un fonds à mon fils Titius si son frère a pris 100 dans mon coffre", le legs sera utile s'il s'est occupé des affaires et si son frère a pris 100 dans le coffre. »*, ***D.35.1.12 :*** *« S'il est légué ainsi : "puisque mon fils aîné a prélevé 10 dans mon coffre, que mon fils puîné héritier prenne 10 dans l'héritage", le legs est dû car il est laissé pour que la situation des fils soit égale. Et ceci est certainement une cause, car la cause est rapportée au passé, la peine au futur. »*, ***Inst.2.20 § 31 :*** *« Sans contredit, une cause fausse ne nuit pas au legs ; ainsi lorsque quelqu'un dit ainsi : "je donne et lègue Stichus à Titius car il s'est occupé de mes affaires alors que j'étais absent", ou ainsi : "je donne et lègue Stichus à Titius parce que j'ai été disculpé d'un crime capital par son patron". En effet, même si Titius ne s'est jamais occupé des affaires du testateur ou même si ce dernier n'a pas été disculpé par son patron, le legs vaut malgré tout. Mais si la cause a été énoncée conditionnellement, il s'agit d'un autre droit, comme dans le cas suivant : "je donne et lègue un fonds à Titius s'il s'est occupé de mes affaires". »*, **voir également *D.34.4.30 dernier § :*** *« Parce que j'ai appris que mon fils Priscillianus était à la dernière extrémité, j'ai estimé très juste et très pieux que la part d'héritage que je lui donnais par testament soit léguée en parts égales à mon frère Marianus et à mon époux Januarius... »*, ***D.35.1.72 § 6*** [et non 62 § 6] **:** *« Il est très vrai qu'une cause fausse ne nuit pas à un legs, car la raison du legs ne s'attache pas au legs. »*, ***D.35.1.12 :*** [voir ci-dessus]. [La suite des références données par l'édition de l'Académie, à savoir : l. *36. R.C. l. 7. l. 14. l. 10. adim. leg. l. 13. § ult. St. L. l. 6. qu.d.l.c. l. 106. 107. C.D. l. 43. § 1. fid. lib.* est une simple répétition de la note 230 et ne concerne que cette dernière.]

229. ***D.35.1.1 § 2 :*** *« Mais le terme est incertain quand il est écrit ainsi : "lorsque mon héritier mourra, qu'il soit donné 10", car sa mort a une date incertaine. »*, ***D.35.1.75 :*** *« Un terme incertain constitue une condition dans un testament. »*, ***D.30.30 § 4 :*** *« Un terme incertain est appelé une condition. »*, ***D.36.2.4 :*** *« si on lègue "lorsque l'héritier mourra", le legs est conditionnel. »*, **(pas dans les contrats,** ***D.45.1.45 § 3 :*** *« Nous pouvons stipuler non seulement comme ceci : "lorsque tu mourras", mais encore comme cela : "si tu meurs", car de la même manière qu'il n'y a aucune différence entre "lorsque tu viendras" et "si tu viens", il n'y a aucune différence non plus ici entre "si tu meurs" et*

"lorsque tu mourras". », ***D.12.6.48 :*** *« Si celui qui a promis qu'il donnerait 10 s'il faisait quelque chose ou lorsque quelque chose serait fait, donnait ce qu'il a promis avant que cela ait été fait, on ne considérerait pas qu'il aurait fait ce qu'il avait promis et l'on pourrait ainsi répéter en justice. »* **Le terme incertain et la condition sont opposés, *C.6.51 première loi § 7 :*** *« Mais au contraire, si quelque chose est laissé sous une condition, soit casuelle, soit potestative, soit mixte, dont l'événement dépend soit du hasard, soit de la volonté d'une personne désignée, soit des deux, il convient d'attendre l'événement de la condition sous laquelle la chose fut laissée, ou la date, pour qu'alors le droit s'ouvre, soit lorsque la condition est remplie, soit lorsque la date incertaine a existé. »*, ***D.35.1 début de 1 :*** *« A propos des legs qui sont laissés, il est mentionné soit un terme incertain, soit une condition et si rien n'est dit à leur sujet, ils sont actuels, à moins qu'une condition n'y soit comprise par elle-même. »*, ***D.12.6.16 § 1 :*** *« Ce qui est dû sous condition et qui est payé par erreur alors que la condition est en suspens, peut être réclamé, mais si la condition existe, il ne peut pas être réclamé. Mais ce qui est dû sous un terme incertain* [et qui est payé par erreur alors que le terme est en suspens], *ne peut être réclamé que lorsque le terme existe. »*), **voir cependant *C.6.53.5 :*** *« Les termes suivants : "je donne, je lègue 10 à ma seconde fille Aelia Severina, legs qu'elle devra recevoir lorsqu'elle parviendra à l'âge légal", ne constituent pas une condition introduite par fidéicommis ou par legs, mais une requête qui est tenue pour retardée jusqu'au moment de l'âge légal. »*, ***D.40.4.16 :*** *« S'il était écrit ainsi : "que Stichus soit libre lorsque Titius aura trente ans et que mon héritier lui donne un fonds", et que Titius décède avant d'avoir atteint l'âge de trente ans, la liberté échoirait à Stichus, mais le legs ne lui serait pas dû. Car on admet en faveur de la liberté que le temps à l'achèvement duquel il obtient la liberté, continue à se dérouler après la mort de Titius ; mais en ce qui concerne la condition, on considère qu'elle a fait défaut. »*, ***D.40.5.18 § 2 :*** [erreur de référence, pas de § 2], ***D.40.5.23 § 3 :*** [erreur de référence ? Pas de rapport apparent au problème], ***D.40.7.19 § 3 :*** [erreur de référence, pas de § 3], **ajoutez : lorsque tu mourras, lorsque tu voudras. Le terme certain quant à son *existence*** (***D.45.1.46 :*** *« Nous stipulons de manière efficace en disant : "qu'il soit donné aux centièmes Calendes" car l'obligation est actuelle bien que le paiement soit retardé à terme. »*, ***D.46.3.70 :*** *« Ce qui est promis pour une date certaine peut être donné immédiatement ; en effet tout le temps intermédiaire est réputé disponible pour le paiement du promettant. »*, **ne constitue pas une condition dans les contrats) et quand à sa *date*, n'est pas une condition, *D.35.1 § 1*** [référence incomplète], ***D.36.2.21 :*** *« ... mais si le terme ajouté au legs, est certain bien qu'éloigné comme par exemple les centièmes Calendes de Janvier, le* dies cedit *du legs commence aussitôt, mais on ne peut réclamer avant le terme. »*, **voir cependant, *D.35.1.40 § 2 :*** *« Quelqu'un légua 100 à Titius par testament, puis disposa ensuite ainsi : "que mon héritier donne les 100 à qui je les ai légués, si ma mère meurt". Titius survécut au père de famille puis mourut alors que la mère était encore vivante. Une fois la mère décédée, Ophilius répondit que le legs était dû aux héritiers de Titius parce que le legs n'avait pas été fait sous condition, mais d'abord purement, puis avec une apposition de date de paiement. Voyons, dit Labéon, si cela n'est pas faux car il n'importe pas que l'on ait écrit ainsi : "que mon héritier donne les sommes à qui je les ai léguées, si ma mère meurt", ou ainsi : "qu'il ne donne pas à moins que ma mère meure" ; en effet, le legs est donné ou ôté dans chaque cas. J'approuve la réponse de Labéon. »*

230. ***D.12.1.36 :*** *« Tu as promis à Attius, sur mon ordre et sous condition, l'argent que tu me devais sans condition. Comme l'obligation que tu as à mon égard quand la condition est en suspens, est identique à celle qui existerait si tu m'avais promis l'argent sous la condition contraire, est-ce que je n'obtiendrais rien si je réclamais alors que la condition est en suspens ?.... »*, ***D.34.4.7 :*** *« Si ce qui est légué à quelqu'un purement et simplement*

est légué à quelqu'un d'autre sous condition, on ne considère pas que le legs fait au premier soit absolument révoqué, mais il l'est seulement quand existe la condition du second; autrement, si le testateur avait eu l'intention que le legs soit révoqué, il aurait dû dire que le legs fait au premier était supprimé. », ***D.34.4.14:*** *« ... si quelque chose donné purement et simplement était révoqué sous condition, il serait réputé donné sous la condition contraire et se confirmerait ainsi. »*, ***D.34.4.10:*** *« Si un legs donné purement et simplement à Titius est supprimé sous condition et que Titius meure alors que la condition est en suspens, le legs n'appartiendra pas à l'héritier de Titius, quoique la condition fasse défaut, car lorsqu'un legs est supprimé sous condition, c'est comme s'il était fait sous la condition contraire. »*, ***D.40.7.13 dernier §:*** *« La formulation suivante: "que Stichus soit libre lorsqu'il aura trente ans. Que Stichus ne soit pas libre s'il ne donne pas 10", a la signification suivante: "que Stichus soit libre s'il donne dix et parvient à l'âge de trente ans"...»*, ***D.36.2.6:*** *« Si ce qui est donné purement et simplement est enlevé sous condition, il est tenu pour pratiquement légué sous condition. »*, ***D.35.1.106:*** *« On doit traiter un legs tel que "si elle ne se marie pas avec Titius", comme si on léguait après la mort de Titius et par conséquent, elle ne peut prendre le legs en interposant la caution Muciana. »*, ***D.35.1.107:*** *« Il arrive parfois qu'un legs donné sous condition soit réputé donné purement et simplement, comme dans le cas de ce qui est laissé sous la même condition que celle sous laquelle l'héritier est institué ailleurs, ou dans le cas de ce qui est laissé sous la condition suivante: "s'il fait adition d'hérédité". Dans le cas contraire, le legs donné purement et simplement est considéré comme donné conditionnellement, comme par exemple celui qui est enlevé sous condition, car il est réputé donné sous la condition contraire. »*, ***D.40.5.43 § 1:*** [erreur de référence, pas de § 1].

* [*L'autre doit demander l'un et l'autre* bien que la disposition soit disjonctive, parce que le choix est le fait du prestataire et que le demandeur n'a qu'une créance indéterminée sur l'un des deux conditionnés. Il demande donc successivement les deux et n'en obtient qu'un au choix du prestataire.]

231. **argument de *D.33.1.4:*** *« Si un legs est fait par annuités à quelqu'un, Sabin dont l'opinion est correcte, dit qu'il y a des legs multiples, celui de la première année étant pur et ceux des suivantes, conditionnels; en effet, on considère que cette condition: "s'il vit", est incluse et que par conséquent le legs ne se transmet pas à son héritier s'il est mort. »*, ***D.33.1.5:*** [erreur de référence? Au contraire de la loi 4, cette loi démontre seulement que toute annuité commencée est intégralement due, et non que le défaut de prorogation systématique du droit à une pension alimentaire indique le caractère conditionnel de la disposition qui la définit.]: *« A vous les héritiers, je demande de verser à ma femme une pension alimentaire annuelle de dix pièces d'or, aussi longtemps qu'elle vivra. La femme survécut au mari cinq ans et quatre mois. Je demande si le legs de la sixième année est intégralement dû par les héritiers. Modestinus répondit qu'il l'était. »*

232. ***D.34.4.19:*** *« Modestinus répondit que si après avoir annulé le legs qu'il avait laissé à Maevius, le défunt ne voulait pas révoquer le fidéicommis laissé à sa charge, on pourrait approuver les héritiers qui réclameraient en vertu du fidéicommis. »*, ***D.34.4.24:*** *« lorsqu'un legs fait sous condition se transmet, on considère qu'il est transféré sous la même condition si elle n'est pas attachée à la première personne. »*, ***D.35.1.94:*** *« Lorsque la liberté est donnée ainsi: "s'il donne 10 à Titius" (qui n'est pas héritier), une personne déterminée est désignée et la condition peut seulement être remplie par rapport à cette personne. »*, ***D.35.1.95:*** *« Un legs qui est laissé sous condition et qui est transféré à autrui, est réputé transféré sous la même condition, si celle-ci ne s'attache pas à la personne. »*

233. ***D.40.5.47 § 3 :*** *« Lorsque la liberté est donnée à un esclave, sous condition et par un legs, celui-ci ne doit être transmis à un fidéicommissaire que si ce dernier donne caution qu'il le remettra quand la condition existera. »*

* [Il semble nécessaire de supprimer le terme *non* dans *habere non potest* pour concilier le théorème 204 et D.40.5.47 § 3. En effet, l'esclave possède le legs sous condition de réalisation d'un certain événement, tandis que le fidéicommissaire possède ce legs pendant la période intermédiaire, jusqu'à la réalisation de la condition, c'est-à-dire sous la condition contraire de celle de l'esclave.]

234. ***D.45.1.141 § 7 :*** *« Lorsque je stipule ainsi : "si un navire vient d'Asie, promets-tu de me donner ou de donner à Titius", on considère que la personne de Titius est introduite sous la même condition. »,* ***§ 8 :*** *« Il s'ensuit de cela que si une condition est apposée à mon sujet et une autre au sujet de Titius et que celle qui est apposée à mon sujet n'existe pas, la stipulation entière n'aura aucune effectivité. Mais si la condition qui me concerne existe et si celle de Titius existe également, on pourra payer à Titius, mais si celle qui le concerne fait défaut, il sera tenu pour non appelé. »*

235. [Le th. 206 s'appuie sur les lois 87 et 89 où s'exprime clairement la tendance du droit justinien à favoriser l'esclave ou le grevé de restitution en facilitant l'affranchissement du premier et en allégeant la charge du second. La condition la plus légère prévaut ainsi sur toute autre dans le cas de l'esclave et la plus récente sur la moins récente dans le cas du grevé de restitution. Mais il le fait en introduisant les idéalités mathématiques dans l'évaluation de la vertu suspensive des conditions empiriques. Leibniz considère en effet qu'une disposition pure contient en réalité une condition dont la valeur est égale à zéro et qu'elle peut pour cela faire l'objet d'un calcul semblable à celui du théorème 256. Cette position est évidemment séduisante dans sa simplicité puisqu'elle permet d'unifier la mathématisation des droits en faisant du droit pur un droit conditionnel dont la conditionnalité n'est qu'une quantité évanouissante, mais elle a également l'inconvénient de requérir une forme d'existence des entités abstraites à laquelle répugne une conception particulière du droit positif (mais qu'impliquent par ailleurs certains types de ventes conditionnelles. Voir ci-dessous à partir du th. 248 et les lois semblables à ***D.35.2.73 § 1:*** *« ... nous utilisons le Droit qui veut que l'accroissement des biens du stipulant et la diminution de ceux du promettant soient proportionnels au prix de vente de cet espoir d'obligation. »*)], ***D.35.1.87 :*** *« Il est d'usage de considérer la condition la plus récente dans les legs, il est d'usage de considérer la plus légère dans les affranchissements. »,* ***D.35.1.89 :*** *« Quand ce que l'héritier reçoit l'ordre de donner purement et simplement, ou quand ce qui est légué purement et simplement, est légué peu après sous condition, c'est la seconde disposition qui vaut. Au contraire si le legs est d'abord fait sous condition puis ensuite purement et simplement, c'est la dernière qui vaut. »,* ***D.31.52 :*** [erreur de référence ? Pas de rapport apparent au problème : *« Il ne convient pas de s'interroger sur la condition de quelqu'un, avant que l'hérédité ou le legs lui appartiennent. »*], ***D.31.81 § 7 :*** [erreur de référence, pas de § 7 dans la loi 81].

236. ***D.28.5.20 § 1 :*** [erreur de référence. Il ne s'agit pas d'un problème de validation rétroactive de la réalisation d'une condition, mais d'un problème de transfert de part : *« Si les trois quarts sont donnés à quelqu'un qui est déjà mort, le quart restant à un autre et qu'un troisième soit institué sans attribution de part, Labéon dit que celui qui est institué héritier sans attribution de part devra recevoir l'autre part, et que c'est cela l'intention du testateur. »*], ***D.35.1.24 :*** [autre erreur de référence ?] : *« Il est admis en Droit Civil, que tou-*

tes les fois que celui à qui il importe que la condition soit remplie, fait en sorte qu'elle ne le soit pas, on doit faire comme si elle avait été remplie. **», *D.35.1.55*:** « *Maevius à qui un fonds est légué s'il donne dix à Callimaque qui n'a pas la capacité de recevoir par testament, doit obéir à la condition et donner les dix pour que le fonds légué lui appartienne, bien que l'argent n'appartienne pas au gratifié. Car quelle différence y a-t-il entre le fait d'ordonner de donner à une telle personne et le fait de déposer l'argent en tel endroit ou de le jeter à la mer. En effet, ce qui échoit à une telle personne, elle ne le prend pas en vertu du testament, mais à cause de mort.* **», *D.35.1.10* ne s'y oppose pas:** « *Par cette condition "lorsque ma fille se mariera", celui qui a testé a seulement voulu signifier que la condition soit remplie et non quand elle devra être remplie. Et par conséquent, si elle se marie du vivant du testateur et après que le testament a été fait, la condition est considérée comme réalisée, principalement lorsque la condition est telle qu'elle doit n'être remplie qu'une seule fois. Mais toutes les unions ne réalisent pas la condition; en effet si elle est conduite dans la maison d'un mari alors qu'elle n'est pas encore d'âge nubile, elle n'a pas rempli la condition. Et nous dirons la même chose si elle est unie à quelqu'un à qui il lui est interdit de se marier. Mais on peut se demander si elle peut obéir à la condition en se mariant une seconde fois comme si elle ne s'était jamais mariée. Je pense que la condition fait défaut si le testateur pensait au premier lien du mariage. Mais on devra dire de manière bienveillante que la condition est plutôt non remplie que en défaut.* »

237. **comme par exemple** [ceux] **portant sur une chose en litige alors que le procès est en cours,** [voir de] **l'éminent Maître Johann Thomae:** ***Disputatio de concessa litigiosi alienatione*** [Iena, 1650]**, par exemple l'aliénation de la chose léguée alors que la condition est en suspens, voir ci-dessous.**

238. **ajouter** – [référence incomplète]**, le th. 180** [qui traite de l'inconditionnabilité de la propriété] **s'y oppose** [Mais cette opposition n'est qu'apparente puisque c'est seulement la connaissance que nous avons du droit qui est incertaine et non le droit lui-même].

239. **Maître Johann Otto Tabor:** ***Dissertatio de clausula codicillari.*** [Strasbourg, 1647].

240. **argument de *D.28.6.23*:** « *Là où quelqu'un a institué des héritiers et a écrit ainsi: "je les substitue entre eux", on considère que ceux qui sont substitués sont ceux qui devinrent héritiers.* » [On les considère donc comme substitués s'ils deviennent héritiers et la substitution est bien conditionnelle par nature.], **(le début de la loi 8 du même titre ne s'y oppose pas** [car la substitution qu'elle contient déroge à la règle générale puisqu'au lieu de succéder à une institution pure (« *que mon fils soit héritier* ») qu'elle reprendrait à titre de condition (« *que Séjus soit héritier si mon fils ne l'est pas* »), elle institue le substitué en un seul acte qui devient juridiquement pur du fait que rien ne le conditionne.]**:** « *Celui qui substitue a des enfants impubères a coutume de substituer soit purement et simplement, soit sous condition. Il le fait purement de la manière suivante: "que Séjus soit héritier si mon fils décède avant la puberté". Et il n'y aura pas de condition, que le Séjus en question soit institué héritier et substitué à un impubère, ou qu'il soit seulement substitué.* »**)**, [voir] **Jean Crespin, *Notae ad Institutiones.*** [Frankfurt, 1591]**, *début de la note 6 sur Inst.2.15.* Alciat,** [«*Commentaires* » de] **D.50.16** [in: *De verborum significatione libri* IV. Lyon, 1530]**, *loi 3, note 19*,** [et la] **dissertation de Douaren sur le chapitre 1 de D.28.7** [in: *Omnia quae quidem hactenus extant opera, nunc demum plurimis in Digesta seu pandectas et Codicem commentariis.* Lyon, 1579].

241. [En dépit des termes *praes. C* qui signifient peut-être: *présente dans le Codex* (C.8.40), cette abréviation semble avoir le sens suivant: voir dans les] ***Authentiques : Des fidéjusseurs, mandants, garants et paiement », Novelle 4:*** *« Si quelqu'un a crédité un autre et a reçu un fidéjusseur ou un mandant ou un garant, il ne s'attaque pas en premier à eux » ... « mais il s'adresse en premier à celui qui a reçu de l'or et a contracté une dette » ... « mais s'il n'est pas possible de recevoir du débiteur, soit une partie, soit le tout, il s'adresse alors au fidéjusseur ou au garant ou au mandant, du fait qu'il ne peut pas recevoir du débiteur et saisit chez lui ce qui reste dû ».*

242. **Julius van Beyma: *Commentaria in varios titulos juris quos sequentes paginae indicabunt. Item Tractatus singularis de mora. De usura. De eo quod interest. De poenali stipulatione. Et de dividuis et individuis.*** [Leewarden, 1645].

243. ***D.18.2 début de 2:*** *« Toutes les fois qu'un fonds est adjudiqué à terme, on se demande si l'achat est pur mais se résout sous condition, ou si l'achat est plutôt conditionnel. Et il me paraît très important de savoir ce qui est en jeu, car si c'est que l'achat disparaisse si une meilleure offre est faite, il s'agit d'un achat pur qui se résout sous condition. Au contraire si c'est que l'achat s'accomplisse à moins qu'une meilleure offre ne soit faite, l'achat sera conditionnel. »*, ***début de 4:*** *« Là où la vente est conditionnelle, Pomponius nie que l'acheteur puisse usucaper et que le fruit lui appartienne. »*

244. **voir le th. 148** [note 197].

245. ***La promesse*, par exemple: si le prince d'York mourait (ou ne mourait pas), promets-tu de donner? Je promets. Et chacun promet ainsi à l'autre. Voir Paris de Puteo: *Tractatus de ludo*** [in *Tractatus universi juris, duce et auspice Gregorio XIII.* Venise, 1584. t.16], ***note 36* (qui dit que** [cette promesse] **vaut) et *Carmen* de Martin Opitz: *Der Poetischen Wälder*** [in *Wetliche Poemata. Der ander Theil.* Amsterdam, 1645], ***livre 1. au début de 46.***

246. ***D.35.1.39:*** *« Nous estimons que la condition qui concerne les personnes désignées génériquement et non certaines personnes expressément désignées, porte sur tout le testament et concerne tous les héritiers institués. ».* **Cependant les conjoints par la chose et les termes ne sont pas immédiatement conjoints par la condition, *D.31.89 § 2:*** *« Je veux que soient données quinze livres d'argent à Séjus s'il n'est pas mon héritier et à sa femme Marcella, Je demande si une part égale à la moitié du legs est due à Marcella lorsque Titius est devenu héritier. On répond quelle est due d'après les termes énoncés. »*, ***D.35.1.81:*** *« ... que Stichus soit libre avec sa femme s'il rend les comptes de gestion et que l'héritier leur donne 10 » ... « s'il meurt alors qu'il lui reste encore des dettes, on considère que sa femme reçoit la liberté sous la même condition et que celle-ci fait défaut. Mais on dira de manière élégante que le Stichus en question est affranchi sous condition et que sa femme l'est purement, et que le fait de les relier fait partie de la nécessité de leur désignation et non d'une condition d'union. »*, ***C.6.51 première loi § 11:*** *« Mais là où il y a deux ou plusieurs légataires ou fidéicommissaires à qui quelque chose est laissé, si cela leur est laissé conjointement et que tous postulent pour le legs, chacun d'eux obtiendra proportionnellement à sa part. Mais si l'un d'entre eux fait défaut, nous estimons que sa part échoit à tous les autres s'ils veulent la recevoir, avec la charge afférente et proportionnellement à leurs droits respectifs. »*

* ***D.35.1.89 :*** *« Quand ce que l'héritier reçoit l'ordre de donner purement et simple-*

ment, ou quand ce qui est légué purement et simplement, est légué peu après sous condition, c'est la seconde disposition qui vaut. »

[L'originalité de la mathématisation du droit que vise Leibniz apparaît nettement dans la comparaison de ce théorème et de la loi qui l'illustre. En effet, là où le droit romain voit une succession d'institutions conditionnelles ou pures et choisit de conserver la dernière ou la plus légère en considération de la volonté présumée du testateur ou de l'intérêt du gratifié, Leibniz cherche également à réaliser un calcul. Ainsi, le droit romain interprétera la succession d'une obligation pure et d'une obligation conditionnelle, dans le sens de l'obligation conditionnelle car cela est conforme au plus grand avantage du gratifié. Leibniz de son côté, procédera en même temps à une réduction des droits par sommation. Comme un entier ajouté à une fraction donnent une fraction, le droit pur (ou la condition nulle) ajouté au droit conditionnel donneront de même un droit conditionnel. Les conclusions seront bien identiques dans les deux cas, mais les démarches différeront notablement puisque celle du droit romain est uniquement sémantique tandis que celle de Leibniz tend à être également syntaxique. Il ne faudrait cependant pas radicaliser cette opposition car les conclusions syntaxiques ne valent que conformément à un arrière-fond sémantique. En effet, quand deux conditions se succèdent, le droit romain privilégie la plus légère dans les affranchissements et la plus récente dans les legs. Or du point de vue de la mathématisation leibnizienne du Droit, la valeur de chacune est représentable par une fraction et seules des considérations purement sémantiques permettent de choisir l'une ou l'autre pour privilégier tantôt le gratifié en choisissant celle dont le poids est le plus faible et tantôt le testateur en validant à l'inverse celle dont le poids est le plus lourd. La sémantique, c'est-à-dire la faveur accordée à certaines valeurs fondamentales plutôt qu'à d'autres constitue par conséquent le socle sur lequel s'élèvent les constructions techniques et la computation juridique. Ainsi s'explique par exemple que les lois logiques soient incapables à elles seules de réfuter les antinomies engendrées par les dispositions circulaires du *De Casibus Perplexis* où s'affrontent des normes ou des autorités de même niveau (cf. chap.22 *sq.*) et qu'elles le deviennent au contraire dès qu'une norme ou une autorité supérieure est introduite. Mais il ne faudrait pas non plus tomber dans le travers inverse et subordonner la valeur de ces lois au choix de normes qui seraient indépendantes de la raison puisque Leibniz soutient en même temps le principe d'une rationalité totale de cette source du Droit positif qu'est le Droit Naturel (*id.*, chap.11)].

247. ***D.35.1.81 début et fin :*** [voir ci-dessus].

248. [Toutes les citations qui vont suivre gravitent autour d'un thème commun : éviter qu'un legs pur et simple attribué à un esclave affranchi sous condition, ne disparaisse ou n'appartienne à son maître pendant la période intermédiaire et pour cela, soit le réputer affecté de la même condition, soit l'en dispenser totalement].

D.35.1.82 : *« Voyons si la condition apposée à la liberté l'est aussi au legs lorsqu'on ordonne qu'un esclave soit libre ainsi : "s'il a rendu les comptes de gestion" et que l'héritier est condamné à lui donner un fonds. Et si nous admettons qu'elle est seulement apposée à la liberté, le problème s'arrêtera là car le legs est réputé pur et devient par conséquent inutile ; mais si la condition est également apposée au legs, ce que certains pensent à bon droit, le* dies cedit *du legs se produit utilement en même temps que la liberté. »*, **aussi longtemps qu'il est l'esclave du testateur, *D.28.5.3 § 1 :*** *« Si j'institue purement et simplement mon esclave héritier et que je l'affranchisse sous condition, l'institution est retardée jusqu'au moment de l'attribution de la liberté. »*, ***D.28.5.38 § 2 :*** *« Si quelqu'un institue un esclave héritier, purement et simplement et l'affranchit conditionnellement, puis le vend alors que la condition est en suspens, l'esclave peut faire adition d'hérédité sur l'or-*

dre de l'acheteur. », *§ 3 : « Mais s'il était aliéné après que la condition a fait défaut, il ne pourrait faire adition d'hérédité sur l'ordre de l'acheteur, parce qu'il serait devenu sa propriété à un moment où l'institution déjà éteinte devenait inutile. »*, *§ 4 : « Par conséquent lorsqu'on ordonne qu'un esclave soit libre sous condition et reçoive un legs purement et simplement, il recevrait lui-même le legs ou l'acquerrait pour son maître s'il était affranchi ou aliéné alors que la condition est en suspens, bien que la condition de liberté ait disparu au moment de la mort. Mais s'il est affranchi ou aliéné après que la condition a fait défaut, le legs disparaît. »*, ***D.35.1.47*** *: « Un testateur donna ainsi la liberté à un esclave : "que celui-là soit libre s'il m'appartient" ; il lui donna un legs ou un héritage sans condition, puis il l'aliéna. Le legs ou l'héritage sera dû au nouveau maître de l'esclave et celui-ci pourra faire adition d'hérédité sur son ordre, car le testateur déclara "s'il m'appartient" dans la donation de liberté, afin de limiter la liberté dans le futur, même si cela n'a pas été clairement exprimé. »* **(Cependant l'esclave commun est en même temps un étranger, voir *D.28.5.7*** *: « Si l'esclave commun institué héritier sous condition reçoit la liberté alors que le testateur est vivant, il peut faire adition d'hérédité alors que la condition de la liberté testamentaire est en suspens. »*) ***D.35.1.86*** **s'y oppose :** *« Notre maître Julien dit que celui qui reçoit l'ordre de donner 10 et d'être ainsi libre, ne recevra le legs qui lui a été donné avec la liberté s'il est affranchi par quelqu'un qui vit encore, que s'il obéit à la condition de la liberté. »* ; **au contraire : en matière d'affranchissement, la condition de l'héritage n'est pas réputée être *aussi longtemps qu'il est son héritier*, *D.28.5.9 § 17*** *: « Voyons si une institution vaut quand un esclave reçoit la liberté à partir d'une certaine date et l'héritage purement et simplement, et qu'il est ensuite aliéné ou affranchi. On peut certes soutenir que l'institution vaut quand il n'est pas aliéné, de telle sorte que lorsque vient la date de la liberté qui retarde l'héritage, l'esclave obtient la liberté et devient héritier nécessaire. »*, ***§ 18*** *: « Mais si la liberté est donnée à terme et que l'hérédité le soit sous condition, l'esclave sera libre et héritier si la condition a existé après l'arrivée du jour. »*, ***D.40.4.14*** *: « Lorsqu'il est écrit qu'un esclave est libre purement et simplement et héritier sous condition, on estime bon qu'il reçoive la liberté quand la condition fait défaut. »*, ***D.40.4.2*** *: « Si quelqu'un instituait ainsi un héritier : "que Titius soit héritier ; si Titius n'est pas héritier, que Stichus soit héritier ; que Stichus soit libre", Ariston dit que Stichus n'est pas libre lorsque Titius devient héritier. Il me paraît quant à moi qu'on peut dire qu'il sera libre comme s'il recevait la liberté non dans un seul des deux cas, mais dans les deux. »*, ***D.40.4.26*** *: « Le Divin Pius et les Divins frères* [Marc Aurèle et Lucius Vérus], *établirent dans un rescrit que lorsqu'un legs était fait à un esclave substitué avec octroi de liberté, la liberté qui n'était pas attribuée s'il n'était pas héritier, valait comme si elle était attribuée. »*, ***D.40.5.42*** *: « Afin que la volonté dernière de ses militaires soit pleinement suivie d'effet, notre Empereur Antoninus Augustus Pius décida que lorsque l'héritier institué et le substitué mouraient avant d'avoir fait adition d'hérédité, les esclaves au profit de qui le militaire donnait aux précédents la charge de transmettre la liberté et l'héritage par fidéicommis étaient tenus pour libres et héritiers comme s'ils avaient reçus directement les deux gratifications… »*, ***D.40.7.2 § per*** [erreur de référence ? Il s'agit peut-être simplement de D.40.7.2 : *« Celui qui rentre dans la catégorie du* statuliber *est dans une situation telle que s'il est vendu, il est aliéné avec conservation de son espérance de liberté, s'il est pris par usucapion, il l'est en conservant sa situation juridique, s'il est affranchi, il ne perd pas l'espoir de l'affranchi par testament. »*], ***D.42.5.4*** *: « Si un esclave est institué héritier sous condition de telle sorte qu'on se demande s'il sera à la fois héritier et libre, il n'est pas injuste de décider sur requête des créanciers que ce serait comme s'il n'était pas institué héritier s'il ne devenait pas héritier avant une certaine date. Et c'est cela qui se produit lorsqu'il est institué héritier sous la condition de donner de l'argent à quelqu'un et qu'il n'y a pas de date apposée. Mais ceci doit être respecté en matière de* *biens, car dans les autres cas la liberté lui échoit et elle doit être protégée par le Préteur, même s'il est certain qu'il ne sera ni héritier, ni possesseur des biens héréditaires. »*, ***D.28.5.21 § 1 ne s'y oppose pas:*** *« J'estime qu'il est très vrai que la liberté peut être donnée à un esclave purement et simplement et l'héritage sous condition, de telle sorte que chacun des deux est cependant suspendu à l'accomplissement de la condition »*. ***Réponse, chacun des deux cas est suspendu à l'accomplissement de la condition, autrement dit, est retardé par elle, car avant que la condition n'existe, il n'est pas certain que l'esclave soit son propre affranchi ou soit un*** **orcinus** [un affranchi par testament].

249. ***D.35.1.70:*** *« Une mère institua deux fils héritiers pour certaines parties de l'hérédité sous une condition d'émancipation et leur donna plusieurs choses en préciput purement et simplement. Ils reçurent l'héritage. Le fait d'avoir émancipé les fils suivant la volonté de sa femme afin que son désir ultime soit accompli, doit écarter le père du bénéfice des legs. »*, ***D.35.1.77:*** *« Une grand-mère qui instituait un neveu héritier sous condition d'émancipation et pour une partie de l'héritage, ajouta ensuite ainsi par codicille: "je lègue en outre tels biens à mon neveu que j'ai institué héritier". On convient de considérer que la condition d'émancipation est répétée. »*, ***D.28.7.18:*** *« Le Divin Pius décréta que lorsqu'un esclave était affranchi par testament purement et simplement, qu'il était également institué héritier sous condition et qu'il recevait enfin un legs s'il n'était pas devenu héritier, la condition serait considérée comme répétée dans le legs. »*, ***D.40.4.26:*** *« Le Divin Pius et les Divins frères* [Marc Aurèle et Lucius Vérus], *établirent dans un rescrit que lorsqu'un legs était fait à un esclave substitué avec octroi de liberté, la liberté qui n'était pas attribuée s'il n'était pas héritier, valait comme si elle était attribuée. »* [En d'autres termes, la liberté qui est dans ce cas une condition implicite de la nomination du substitué au titre d'héritier, est sous-entendue dans le « non-legs » qui lui est fait s'il n'est pas héritier.]

250. **comme dans un second testament à partir d'un premier, Leandro Galganetto:** ***De Conditionibus et demonstrationibus, modo, causa et poena tractatus… Leandri Galganetti… nunc primum in lucem editus.*** [Venise, 1609], ***2e partie, chapitre 1, question 14.***

251. **cependant si quelqu'un veut posséder l'héritage** [ab intestat] **en refusant l'hérédité testamentaire, il doit néanmoins remplir la condition potestative,** ***loi 1 § 8 de D.29.4*** [dont le titre est: *« Si quelqu'un possédait l'héritage ab intestat ou d'une autre manière, en refusant d'hériter testamentairement »*]: *« Si celui qui est institué héritier sous condition a pu réaliser la condition et ne l'a pas fait parce que c'est une condition dont la réalisation dépend du jugement de l'héritier institué, et s'il possède ensuite l'héritage ab intestat, il devra être contraint par l'édit du Préteur* [qui protège les volontés du défunt contre ceux qui font tomber les legs grevant l'hérédité en la refusant pour l'obtenir ensuite *ab intestat*], *car une condition de ce type doit être tenue pour pure. »* [Dans ce cas par conséquent, on déroge au théorème 228 puisque l'édit du Préteur reconduit la condition potestative en dépit du fait qu'on soit passé d'un acte tel que la transmission testamentaire, à cet acte entièrement différent qu'est la transmission ab intestat.]

252. ***C.6.51 première loi § 9:*** *« Mais si la conception des termes et la nature du fait* [imposé à titre de condition] *sont telles que ce qui est laissé à titre de condition ne peut être rempli par quelqu'un d'autre, alors, bien que le bénéfice échoie à quelqu'un, la charge* [imposée à titre de condition] *ne s'ensuit pas car la nature des choses ne le concède pas et le testateur ne l'a pas voulu. »*

253. ***D.45.1.134 § 1:*** *« ... d'ordinaire les choses qu'on a accepté de convenir dans les préambules sont réputées répétées dans les stipulations, mais de telle manière que la stipulation ne devienne pas inutile du fait de cette répétition. »,* ***D.2.14.4 § final:*** *« Consulté sur le fait qu'on ait convenu que le capital ne serait pas réclamé avant que les intérêts ne soient payés, il répondit que la condition était implicite dans la stipulation comme si elle avait été énoncée expressément bien que la stipulation ait été conçue purement et simplement. »,* ***D.19.2.6:*** *« Celui qui a loué une chose, n'est pas contraint de restituer ce qu'il a obtenu de la chose au titre de l'*actio furti. » [Autrement dit, la condition de restitution énoncée lors de la location et qui porte sur le corps principal de la chose, est seulement répétée lors de la restitution à propos de la partie du corps principal qui n'a pas été cédée en dédommagement.]

254. ***D.32.63:*** *« Sabinus répondit que dans les legs qui se répètent, les termes "de même, qu'il soit contraint de donner" qui ont l'habitude d'être écrits, se réfèrent aux répétitions des conditions et des dates de legs. »,* ***D.32.54:*** *« Si je t'ai légué purement et simplement et que j'aie écrit ensuite ainsi: "en outre, que mon héritier lui donne un fonds si un navire vient d'Asie", il est très vrai que la première institution est répétée par le terme "en outre". »,* ***D.30.104 avant dernier §:*** *« Quelqu'un institua un héritier pour le moment où la mère de celui-ci décéderait; il institua ensuite un second héritier et des legs furent laissés à la charge de ce dernier à l'intention de celui qui était institué héritier sous condition; le premier héritier mourut du vivant de la mère mais après que le* dies cedit *du legs fut arrivé. On demande si les legs sont dus à son héritier. Il est très vrai que les legs sont dus à son héritier, soit qu'ils soient donnés au premier héritier par le substitué, soit qu'ils soient donnés sous la condition suivante: "s'il n'est pas héritier", car la condition est remplie par le fait qu'il meurt. »* [Dans ce cas également, la particule de liaison implicite que traduit la succession de l'institution et de la substitution a pour effet de lier la transmission du legs par l'intermédiaire du substitué, à l'institution conditionnelle. Par conséquent le legs sera dû à l'héritier de l'héritier si l'on considère que le prédécès de ce dernier après le *dies cedit* du legs lui ouvre le droit au legs.], ***D.35.1.82:*** *« Voyons si la condition apposée à la liberté l'est aussi au legs, lorsqu'on ordonne qu'un esclave soit libre ainsi: "s'il a rendu les comptes de gestion", et que l'héritier est condamné à lui donner un fonds. Et si nous admettons qu'elle est seulement apposée à la liberté, le problème s'arrêtera là car le legs est réputé pur et devient par conséquent inutile; mais si la condition est également apposée au legs, ce que certains pensent à bon droit, le* dies cedit *du legs se produit utilement en même temps que la liberté. »,* ***D.35.1.108:*** [Un testateur] *« légua un domaine à tous ses esclaves et ajouta ces termes: "afin que les esclaves y habitent et que le domaine ne sorte pas de la famille, et afin qu'il revienne au dernier survivant. En outre je veux que le fonds Sosianus soit donné à ces mêmes esclaves". On demanda si la condition apposée, à savoir de ne pas sortir de la famille, concernait également le legs suivant. Il répondit qu'elle le concernait. »,* ***D.35.1.77:*** *« Une grand-mère qui instituait un neveu héritier sous condition d'émancipation et pour une partie de l'héritage, ajouta ensuite ainsi par codicille: "je lègue en outre tels biens à mon neveu que j'ai institué héritier". On convient de considérer que la condition d'émancipation est répétée... »,* ***D.28.7.18:*** *« Le Divin Pius décréta que lorsqu'un esclave était affranchi par testament purement et simplement, qu'il était également institué héritier sous condition, et qu'il recevait enfin un legs s'il n'était pas devenu héritier, la condition serait considérée comme répétée dans le legs. »,* **voir cependant** ***D.35.1.47*** [qui limite le principe de diffusion de la condition en présence d'une particule de liaison, afin de favoriser la liberté.]**:** *« Un testateur donna ainsi la liberté à un esclave: "que celui-là soit libre s'il m'appartient"; il lui donna un legs ou un héritage sans condition, puis il l'aliéna. Le legs ou l'héritage sera dû au nouveau maître de l'es-*

clave et celui-ci pourra faire adition d'hérédité sur son ordre car le testateur déclara « s'il m'appartient » dans la donation de liberté, afin de limiter la liberté dans le futur, même si cela n'a pas été clairement exprimé. »

255. ***D.31.89 § 2 :*** *« Il légua ainsi à Séjus qu'il avait substitué à l'héritier : "je veux que soient données quinze livres d'argent à Séjus s'il n'est pas mon héritier et à sa femme Marcella", Je demande si une part égale à la moitié du legs est due à Marcella lorsque Titius est devenu héritier. On répond quelle est due d'après les termes énoncés. »*

256. ***D.28.5.29 :*** *« Cette particule "chacun" signifie "tous" et par conséquent Labéon dit que s'il est écrit ainsi : "Que Titius et Séjus soient héritiers pour des parts égales à celles que chacun d'eux aura dit que je recevrai en héritage", aucun d'eux ne peut être héritier si tous n'ont pas institué le testateur héritier, car la phrase est rapportée à l'acte de tous, et c'est en cela que doit être recherchée, à mon avis, l'intention du testateur. Mais il est plus humain que celui qui a institué le testateur héritier, devienne héritier pour une part proportionnelle et que celui qui ne l'a pas institué ne soit pas admis à hériter de lui. »*, ***D.28.5.73 :*** *« Si nous donnons un substitué à un héritier institué sous condition, nous comprenons que nous substituons un héritier pur et simple, à moins que nous répétions la même condition. »* [En d'autres termes, il est plus humain que la condition de l'institution qui exigeait l'acte de tous, ne soit pas répétée dans ce qui servira de substitution afin de permettre à celui qui obéit d'obtenir seul sa part d'héritage.], ***D.40.5.56 :*** *« Lucius Titius disposa ainsi par testament : "si un garçon ou une fille naissent de moi et de Pauma qui fut ma femme, jusqu'à dix mois après ma mort, qu'ils héritent de la moitié. Que Gaius Séjus hérite de* [l'autre] *moitié. A titre de fidéicommis, je demande à mes héritiers lorsqu'ils seront pubères, d'affranchir mes esclaves Stichus, Pamphile, Eros et Diphile". Puis il disposa ainsi dans une partie suivante : "si des enfants ne naissent pas de moi ou s'ils meurent avant la puberté, alors, que Mucius et Maevius soient héritiers à parts égales". Je demande si l'on doit remettre immédiatement le fidéicommis de liberté aux esclaves Stichus, Pamphile, Eros et Diphile alors que des enfants ne sont pas nés de Lucius Titius. Marcellus répond que la condition qui est apposée relativement à la liberté de ceux dont on parle et qui est que des enfants héritiers aient existé, n'est pas considérée comme répétée et qu'en conséquence, la liberté doit leur être immédiatement attribuée par les premiers héritiers ou les substitués. »*

257. ***D.23.3.21 :*** *» Il est évident qu'une stipulation qui naît à cause d'une dot contient en elle-même la condition "si le mariage a suivi". »*, ***D.23.3.41 :*** [erreur de référence ? Rapport lointain au problème] : *« Toute personne est obligée par le fait d'avoir promis une dot, quels que soient son sexe ou la condition. »*, **excepté *C.3.28.32 :*** *« Comme nous avons disposé dans les premières sanctions que si quelque chose d'inférieur à la part légitime était laissé par ceux qui pourraient exercer une action en vertu des anciennes lois relatives au testament imparfait, on le compléterait afin que le testament ne soit pas annulé du fait qu'il est l'occasion d'une détermination de part inférieure, nous considérons qu'on doit ajouter de nos jours que si les droits de ceux qui sont appelés à l'exercice de quelque action déterminée, étaient considérés comme diminués par quelque condition, ou délai, ou quelque disposition introduisant un retard, ou un mode, ou quelque autre aggravation, cette condition même, ou ce délai, ou cette disposition introduisant un retard ou quelque charge que ce soit, seraient supprimés, et les choses s'ensuivraient comme si aucun d'eux n'était ajouté au testament. »*

258. ***D.30.126 § 1 :*** *« Quand on lègue ainsi à la charge d'un enfant posthume : "s'il*

est héritier" et que, l'enfant posthume n'étant pas né, les substitués font adition d'hérédité, on doit estimer que ces derniers doivent le legs que devrait l'enfant posthume s'il vivait ». **Cependant c'est plutôt une condition extrinsèque en *D.30.3*:** *« Les termes suivants prononcés par un testateur: « celui qui sera héritier en vertu des termes énoncés ci-dessus » ou "si Séjus est héritier", ou encore "s'il fait adition d'hérédité", ne rendent pas conditionnels un legs ou un fidéicommis auquel ils sont apposés. »,* ***D.35.1.19 § 1:*** *« Cette expression: "si Primus est héritier, qu'il soit obligé de donner", ne doit pas être tenue pour une condition, car le testateur a plutôt voulu montrer quand le legs est dû, qu'insérer une condition. »,* ***D.36.2.21 § 1:*** *« Si un legs est fait à Titius avec la même condition sous laquelle tu es institué héritier, Pomponius estime que le* dies cedit *de ce legs se produit comme si le legs était fait purement et simplement parce qu'il est certain qu'il sera dû lorsque l'héritier existera. En effet le legs ne deviendra pas incertain du fait de la condition de l'héritier, et ce legs ne diffère pas beaucoup du suivant: "que telle chose soit donnée s'il est héritier". »,* ***§ 2:*** [erreur de référence, pas de § 2], ***D.36.2.22:*** [imprécision de la référence, il s'agit du § 1]: *Cependant certaines conditions sont superflues, comme par exemple quand on écrit: "que Titius soit héritier. Si Titius hérite de mes biens, que Maevius reçoive 10", car cette condition sera tenue pour non écrite puisque le legs passera de toute façon à l'héritier de Maevius, même si Maevius meurt avant l'adition d'hérédité. »*

259. **argument de *D.5.1.28*:** [imprécision de la référence, il s'agit du § 5]: *« Si un père de famille mourait en laissant un fils et sa propre femme enceinte, le fils ne pourrait réclamer à bon droit aux débiteurs la moitié du crédit quoiqu'un seul fils soit né ensuite et qu'il soit certain en vertu de la nature des choses qu'un seul naîtrait, car plusieurs auraient pu naître. Mais Sabinus et Cassius disent qu'il doit demander une quarte réservataire car il n'est pas certain qu'il n'en naisse pas trois et qu'on ne doit pas considérer la nature des choses, où toutes sont nécessaires quand ce qui est futur devient actuel, mais que l'on doit considérer notre ignorance .»* [(Bien voir l'origine stoïcienne de ce thème de la nécessité des futurs contingents et la continuité qui se révèle ainsi entre le stoïcisme, le droit justinien et certains aspects de la philosophie leibnizienne.)]

260. ***argument de D.35.1.46:*** *« Si un* statuliber *reçoit l'ordre de donner de l'argent, par exemple avant cent jours, et qu'il ne soit pas précisé quel est le début de ce délai futur, il commencera à partir du moment où l'adition d'hérédité sera faite car il est manifestement absurde qu'il s'écoule avant qu'existe celui qui doit recevoir. »,* [car c'est à partir du moment où la disposition est parfaite que le décompte de la condition temporaire peut commencer]***: th. 93, D.40.7.2 § 1:*** *« Mais si la liberté est inscrite dans les tablettes testamentaires* [qui prévoient une substitution en cas de prédécès] *d'un impubère et au bénéfice d'un esclave, est-ce que cet esclave est* statuliber *du vivant du pupille et après l'adition de l'héritage paternel? Cassius le nie, mais Julianus estime le contraire et cet avis est tenu pour plus exact. »,* ***D.40.7.9 § 3:*** *« La condition du* statuliber *est immuable seulement lorsqu'il y a eu adition d'hérédité. Car avant l'adition d'hérédité, celui qui usucape l'esclave en fait sa propriété et l'espoir de liberté est perdu. Mais quand l'adition d'hérédité a été faite ensuite, l'espoir de liberté est reconstitué en sa faveur. »,* ***D.40.7.33:*** *« Les droits des* statuliberi *ne peuvent être diminués du fait de l'héritier. »,* ***Inst.2.19 § final*** [cette loi étend le registre des critères déterminant la transmission du droit distingué à l'ensemble des actes qu'un postulant peut réaliser comme futur maître de la chose et qui ont signification de maîtrise.]**:** *« De même l'étranger qui est institué héritier par testament ou qui est appelé a une hérédité légitime* ab intestat, *peut devenir héritier soit par le fait de gérer les biens comme un héritier, soit par la volonté nue de recevoir l'héritage. Quelqu'un est considéré comme agissant à titre d'héritier quand il se sert des choses héréditaires comme un héri-*

tier, ou quand il vend des choses héréditaires, ou quand il habite ou loue des propriétés et s'il déclare de quelque manière que ce soit, par des actes ou des paroles, sa volonté de faire adition d'hérédité. »

261. ***D.35.1.65*** **:** *« Quand un legs est laissé sous la condition que meure l'héritier par qui le legs conditionnel est laissé, son héritier reste obligé ».* [Il s'agit en réalité dans ce cas, du grevé de restitution.]

262. **il n'est pas contenu dans la cession de tous les droits,** [voir dans le *Tractatus de pactis*, in: *Tractatus universi juris, duce et auspice Gregorio XIII.* Venise, 1584, le commentaire] **de Balde de Ubaldia à propos de la *loi 6 de C.4.10*** [*«Si ton débiteur t'a donné le nom de son propre débiteur à titre de paiement et s'il t'a rendu procurateur de ta chose,* [tu peux] *réclamer en justice les gages que tu as constitués soit spécialement soit généralement.* » (in: *Commentaria in Codicis libros XI.* Venise, 1572-1577)], **à moins que ne soit ajouté: *dans la mesure où nous le pouvons*, Aimone Cravetta: *Consilia sive Responsa.*** [Frankfurt, 1593] ***Volume 2 Conseil 227.***

263. **voir le th. 259** [qui traite de l'évaluation du prix de la chose] **(dans ce cas il n'y a pas lieu d'y avoir bénéfice, *C.4.44.2*:** *« Si vous avez vendu, toi ou ton père, une chose de grande valeur à un prix inférieur à ce qu'elle vaut, il est humain, soit que tu récupères le fonds vendu grâce à l'intervention de l'autorité du juge et en restituant le prix aux acheteurs, soit si l'acheteur le préfère, que tu reçoives ce qui manque au juste prix. Cependant on considère qu'il y a moindre prix si la chose n'est pas vendue au moins la moitié de sa valeur. »*, **argument de *C.4.44 fin de la loi 8*:** *« ... et l'on ne concédera nullement que le contrat sera annulé, soit immédiatement, soit après la convention d'un certain prix, à moins que ne soit donnée une somme inférieure à la moitié de ce qu'était le juste prix au moment de la vente... »*), **ajouter *D.18.4.17*:** *« Nous incluons d'habitude dans ce qu'on peut acheter ou vendre, ce que certains doivent sous condition ou à terme. En effet cela même peut être acheté et vendu. »*, ***D.18.4.19*:** *« Il importe beaucoup de savoir si l'on vend quelque obligation* [pure et simple] *sous condition, ou si l'on vend purement et simplement une obligation qui est sous condition. Dans le premier cas la vente est nulle lorsque la condition fait défaut, dans le second, la vente est immédiatement exécutoire. Car si Titius te doit 10 sous condition et que je t'achète cette dette, je pourrai exercer immédiatement un action* ex vendito *pour que tu le tiennes quitte »* [de la dette qu'il a à ton égard].

264. **argument de *C.8.53.3*:** *« On a convenu que l'espoir d'une action future peut être transmis à juste titre, lorsqu'une volonté pleine du donateur intervient. »*, ***D.50.16.54*:** *« Sont appelés créditeurs conditionnels, ceux qui ne peuvent pas encore exercer une action mais qui le pourront, ou qui ont l'espoir de l'exercer ».* ***Inst.3.15 § 4*:** *« Une stipulation est conditionnelle lorsque l'obligation est suspendue à quelque hasard, de telle sorte que si quelque chose est ou n'est pas, la stipulation est exécutoire... L'espoir lié à une stipulation conditionnelle est que la chose sera due et nous transmettons cet espoir à notre héritier si la mort nous enlève avant que la condition n'existe. »*

265. [voir de] **l'éminent Maître Quirinus Schacher: *De actionum cessione.*** [Leipzig, 1637]. ***dissertation 7, th. 28.***

266. ***D.20.1.28*:** *« Si un père de famille reçoit d'un héritier comme garantie pour un legs conditionnel laissé à son fils, une chose appartenant à l'héritier... »*, ***D.46.1.6 § 1*:** *« Et il importe peu de savoir si j'oblige le fidéjusseur de manière pure et simple, ou à par-*

tir d'une date, ou sous condition. », ***D.36.3.1 § 14:*** [erreur de référence? Pas de rapport apparent au problème des cautions], ***D.36.3.5 § 2:*** *« Si l'on dit que la date ou la condition d'un legs ou d'un fidéicommis diffère l'action ou la pétition et que l'on désire pour cela obtenir une garantie, mais que l'héritier affirme qu'on réclame de manière injustifiée et nie devoir quelque chose, on ne devra écouter celui qui demande une garantie que s'il a montré le texte qui laisse quelque chose. »*, ***D.36.3.15:*** [(loi 14 § 1)]: *« Le Divin Pius établit dans un rescrit que toutes les fois qu'il est manifeste qu'il n'y a aucun fidéicommis,* [la garantie de restitution n'est pas demandée] *car il serait injuste de grever l'héritier d'une caution inutile. »* [(loi 15)]: *« Et cette garantie est demandée même pour le legs déjà exigible car l'action judiciaire a parfois du retard. »*

267. ***D.46.3.16:*** *« Si l'on porte au crédit d'un débiteur sous condition et que la condition existe ensuite, il est réputé déjà libéré antérieurement de sa dette. »*, ***D.46.4.12:*** *« Ce qui est dû à partir d'une date ou sous une condition peut être porté au crédit du débiteur, mais il apparaîtra que ceci est fait si la condition de la stipulation a existé, ou si la date est venue. »*, ***D.46.4.21:*** *« Si je stipule par novation un legs qui m'est fait sous condition et si je remet la dette avant que la condition n'existe, Nerva déclare que même si la condition a existé, l'action* ex testamento *ne sera pas exécutable car il y a eu novation et l'action* ex stipulatu *ne le sera pas non plus car elle a été éteinte du fait de la remise de dette. »*, ***D.50.17.77:*** *« Les actes légitimes qui ne supportent pas de terme ou de condition, comme l'émancipation, l'*acceptilatio [la remise de dette], *l'adition d'hérédité, le choix de l'esclave, l'imposition d'un tuteur, sont intégralement viciés par l'ajout d'un temps ou d'une condition, mais les actes ci-dessus énoncés, les acceptent parfois de manière tacite. »*

268. ***D.50.16.213:*** *« Quand quelqu'un stipule sous condition, ni le* dies cedit, *ni le* dies venit [et les actions qui en résultent], *ne se produisent tant que la condition est en suspens. »*, ***D.42.4.7 § 14:*** *« Si un débiteur se protège grâce à un terme ou sous une condition, ses biens ne peuvent être vendus* [au moyen d'une action exercée par le créancier] *avant que le terme ou la condition n'existe. »*, **voir cependant *D.44.7.42:*** [qui donne un droit au stipulant sous condition et lui permet par conséquent de défendre sa créance au moyen d'une action, même quand son droit est en suspens] *« Celui à qui quelque chose est légué sous condition, n'est pas créditeur quand la condition est en suspens, mais seulement quand la condition a existé, tandis qu'on a jugé bon que celui qui stipule sous condition, soit créditeur, même quand la condition est en suspens. »*, **et *D.44.7.44 § 2:*** *« La condition efficace est celle qui est insérée afin d'engendrer une obligation, et non celle qui est établie après que l'obligation a été constituée, comme par exemple: "promets-tu de donner 100 à moins qu'un navire ne vienne d'Asie", mais dans ce cas, lorsque la condition existera, une exception de pacte convenu ou de dol existera. »*, **où le Jurisconsulte dit que le conditionnaire est repoussé par une exception** [que le stipulant utilise contre lui et qui naît du pacte convenu. Là encore par conséquent, le droit conditionnel produit une action].

269. ***D.46.5.8:*** *« Au moment de la prise de possession des biens, celui qui a été institué sous condition, est contraint de donner garantie au substitué avec un délai suffisamment long. »* [Ce qui signifie qu'il peut s'emparer des biens légués sous condition lorsque celle-ci est en suspens, s'il donne garantie de restitution au substitué au cas où la condition se réaliserait.], ***D.42.4.14 § 1:*** *« Mais si celui qui détient un legs afin de le conserver en bon état n'est pas autorisé à le détenir si la condition du legs est en suspens parce qu'il est possible qu'elle fasse défaut, on doit cependant estimer ce qui est légué car il importe d'en donner garantie. »*, ***D.42.4.6:*** *« Il est d'usage qu'un créditeur se voie attribuer la possession de l'argent s'il lui est promis sous condition. »* **La loi *14 § 2* du même titre s'y**

oppose : *« Mais un créditeur conditionnel ne se voit pas attribuer la possession d'un fonds car seul celui qui peut vendre le bien en vertu d'un édit se voit attribuer cette possession. »* **Réponse : la possession lui est seulement donnée en vertu du premier décret.** [Girard cite ces deux lois à la p. 507, note 1, en soulignant que D.42.4.6 *« est d'ailleurs dans une antinomie connue avec D.42.4.14.2 »*. En effet, la loi 6 repose sur les décrets d'Ulpien (D.44.7.42 : *« On convient que celui qui a stipulé sous condition est créditeur quand la condition est en suspens »*), et de Paul (D.45.3.26 : *« La stipulation* [conditionnelle] *reçoit ses forces du présent bien que la réclamation qui en émane soit suspendue »*), tandis que la loi 14 § 2 résulte d'un autre décret de Paul qui déclare : *« L'acheteur n'a pas l'usage de la chose quand la condition est en suspens. »* (D.41.4.2.2). La raison d'une telle divergence des textes provient naturellement de l'intention des parties qui tantôt considèrent que l'obligation n'existe pas avant l'événement de la condition et tantôt affirment le contraire pour mieux défendre tel ou tel intérêt du cédant ou du cessionnaire. C'est en renvoyant finalement à cette intention par delà l'outil législatif qui la sert, que Leibniz tente de résoudre la contradiction].

* [Le terme conferre signifie aussi bien conférer, imputer à un particulier (*conferendum est*) que partager entre parties (cf. le titre de D.37.6 : *de collatione bonorum* (« du partage des biens »). Cependant l'ensemble des lois de ce titre et les commentaires que Girard en donne, montrent nettement que Leibniz vise ici la mise en commun d'une hérédité entre successibles et non l'attribution de sa totalité à un seul.]

270. [Le th. 254 et la note qui l'accompagne, résument de manière très abstraite une des propriétés de la théorie de la *collatio*, autrement dit, du partage d'une hérédité testamentaire entre tous les successibles, *alieni juris*, *sui juris* ou simplement émancipés. Cette propriété, dont le droit prétorien donne l'expression la plus achevée, est résumée ainsi par Girard : *« L'introduction de la* collatio bonorum *a été une conséquence du droit à la succession du* paterfamilias *accordée par le Préteur aux descendants sortis de puissance qui n'appartiennent pas le jour de la mort du père à une nouvelle famille, en particulier aux émancipés. Le Préteur les appelle à la succession de leur père en concours avec les enfants restés en puissance, avec les* sui, *par la* Bonorum possessio unde liberi, *si le père est mort intestat, par la* Bonorum possessio contra tabulas, *s'il a fait un testament dans lequel il ne les a ni institués ni exhérédés. Mais tandis que les* heredes sui *restés en puissance n'ont pas de biens propres, n'ont acquis que pour le* paterfamilias, *ces descendants sortis de puissance ont pu, depuis qu'ils sont* sui juris, *acquérir pour eux-mêmes. Il serait injuste qu'ils eussent le droit de participer aux acquisitions des descendants restés en puissance sans les faire participer aux leurs. Afin d'empêcher cela le Préteur » ... « les oblige » ... « à faire profiter leurs cohéritiers restés en puissance de leurs acquisitions, à remettre dans la masse ce qu'ils ont acquis »*. (p. 949). L'application de cette règle au th. 254 donne de ce fait la conséquence suivante : le droit conditionnel qui procède des dernières volontés doit être mis en commun, y compris dans le cas d'un émancipé, puisque la *collatio bonorum* s'applique à lui, soit en vertu de l'édit du Préteur s'il est émancipé à la mort de son père, soit en vertu du partage habituel d'une hérédité s'il ne l'est pas, car tout ce qu'il acquiert alors entre dans la masse des biens du père]. ***D.37.6.1 § 18 :*** *« Si un legs était fait à un émancipé, on devrait le mettre en commun lorsque le père viendrait à mourir. »*, ***D.37.6.2 § 3 :*** *« Ce qui est dû sous condition à un émancipé en vertu d'un stipulation, doit être mis en commun. »*

* [Le texte appelé ici est : ***C.6.53.5*** : *« Les termes suivants : "je donne, je lègue 10 à ma seconde fille Aelia Severina, legs qu'elle devra recevoir lorsqu'elle parviendra à l'âge*

légal", ne constituent pas une condition introduite par fidéicommis ou par legs, mais une requête qui est tenue pour retardée jusqu'au moment de l'âge légal. »]

271. **le droit conditionnel est un fœtus,** [le droit] **pur** [est] **comme un nouveau-né. Car par exemple, celui qui devient esclave est réputé mourir, *D.50.17.209:*** *« Nous comparons d'ordinaire la servitude à la mort. »* **Par conséquent, celui qui** [devient] **libre,** [est réputé] **naître ; par conséquent le *statuliber* est comme un fœtus.**

272. **cependant ce qui est testé conditionnellement n'est pas en partie intestat, *D.28.5.56:*** *« Quelqu'un peut instituer ainsi un héritier : "que celui-là soit mon héritier si je meurs avant mes soixante-dix ans" ; en effet on ne doit pas réputer qu'il a testé en partie, mais sous condition ».* **Le droit conditionnel est différent du pur, *D.50.17.169:*** *« Ce qui est en suspens ne vaut pas comme s'il était. »*, **de même une de ses parties, d'où il s'ensuit que celui qui possède purement, ne fait rien en acquérant conditionnellement, *D.18.5.7:*** *« Si j'achète sous condition ce que j'ai acheté purement, rien n'est réalisé par le second achat. »*

273. **Par conséquent il n'est pas compensable par un droit pur, argument du *début* de *D.16.2.7:*** *« Ce qui est dû à terme n'est pas compensable avant que le terme ne soit venu, bien qu'il convienne de donner. »*

274. ***D.42.4.14 § 1:*** *« Mais si celui qui détient un legs afin de le conserver en bon état, n'est pas autorisé à le détenir si la condition du legs est en suspens parce qu'il est possible qu'elle fasse défaut, on doit cependant estimer ce qui est légué parce qu'il importe d'en donner garantie. »*, ***D.35.2.73 § 1:*** *« On s'interroge beaucoup sur ce dont la condition est en suspens au moment de la mort, autrement dit, on cherche à savoir si ce qui est dû sous condition est ajouté au nombre des biens du stipulant et retranché des biens du promettant. Mais nous utilisons le Droit qui veut que l'accroissement des biens du stipulant et la diminution de ceux du promettant soient proportionnels au prix de vente de cet espoir d'obligation. »*, ***D.10.2.12 § 1:*** [erreur de référence ? Pas de rapport apparent au problème.], **voir avant tout *D.35.2.55:*** *« Quand dix sont légués à Titius chaque année et que le juge calcule le décompte de la loi Falcidia entre les héritiers et les autres légataires, si Titius vit, on doit estimer le montant du litige à la valeur que peut prendre le legs... »*

275. **ce qu'il a l'habitude** [d'être vendu], ***D.10.3.16:*** *« Lorsque des associés démembrent une société, ils ont l'habitude d'introduire des cautions concernant ce qui est dû sous condition. »*

* [Bien voir l'ambiguïté du terme *venire* qui peut aussi bien correspondre à *veneo, venii, ire* (être vendu), qu'à *venio, veni, ire* (venir). Leibniz joue de cette identité pour insister sur l'effet du temps dans l'évaluation d'un legs conditionnel puisque la valeur à laquelle on peut le vendre est celle à laquelle il peut parvenir.]

276. **ainsi** [le pensait] **Sabinus. Proculus jugeait qu'il devait être évalué, *D.35.2.45:*** *« Ce qui est laissé à terme, n'est pas considéré du point de vue de la loi Falcidia, comme pur ; en effet on prend en considération le bénéfice produit dans l'intervalle ». § 1 : « Lorsqu'on s'interrogeait à propos de l'application de la loi Falcidia, Proculus pensait que le montant des legs qui étaient laissés sous condition était égal au prix qu'ils pouvaient être vendus. »*

277. ***D.10.4.9 § 4:*** *« Marcellus écrit que si 10 pièces te sont léguées sous condition et que l'usufruit des 10 me soit légué purement et simplement, puis que l'héritier paye les 10 à l'usufruitier alors que la condition est en suspens et sans demander de caution, il est tenu par l'action* ad exhibendum [qui *« sanctionne l'obligation mise à la charge de celui qui a une chose entre les mains, de la présenter, de l'exhiber sur la demande de quiconque veut intenter une action relativement à cette chose. »* Girard p. 670-671], *comme s'il avait fait en sorte qu'on ne possède pas. En effet le dol est dans ce cas de s'être dispensé d'exiger une caution de l'usufruitier et l'effet qui en résulte est que ton legs disparaît quand tu ne peux réclamer l'argent. »*, ***D.7.9.5 § 1:*** *« Mais si l'usage de la chose est légué sans le fruit de la chose, le Préteur ordonne qu'on donne caution après avoir enlevé la mention du fruit, et ceci à juste titre, afin de donner seulement garantie de l'usage et non du fruit. »*, ***D.14.4 fin de 9:*** *« Labéon dit que si un pécule est légué à un esclave affranchi par testament, l'héritier ne doit pas être contraint par l'*actio tributoria [grâce à laquelle celui qui tient en puissance un *alieni juris*, devient débiteur des dettes que celui-ci contracte, *"dans la mesure de son enrichissement et du montant du pécule"* (Girard p. 707)], *parce qu'il n'a rien obtenu et n'a rien fait. Mais Pomponius écrivit au livre soixante que l'héritier était contraint par cette action, à moins qu'il ne prenne la précaution de faire en sorte que l'esclave lui donne garantie, ou qu'il ne prélève sur le pécule ce qui devait être garanti. »*, ***D.35.2.14:*** [erreur de référence ? Pas de rapport apparent au problème de la caution.], **le calcul de la loi Falcidia est en suspens dans l'intervalle, *loi 53 du même titre*** [(D.35.2)]**:** *« Si le calcul de la loi Falcidia est en suspens parce que ce qui est légué l'est sous condition, les choses données pour le moment présent ne seront pas toutes réclamées. »*

278. **arguments de *D.16.2.8:*** *« On introduit dans la compensation, ce grâce à quoi la réclamation en justice est faite par l'intermédiaire d'un représentant, afin que la situation du premier à réclamer ne devienne pas pire si on lui refusait la compensation. »*, ***D.16.2.16 § 1:*** *« Lorsque celui qui a été condamné en faveur de Titius, agit en justice dans le délai accordé pour l'exécution du jugement, contre ce même Titius qui a été condamné auparavant en sa faveur, on admet la compensation »* [de ces condamnations réciproques].

279. [elle est d'autant] **plus importante qu'elle** [est] **simple, argument de *D.34.4.11:*** *« Celui qui lègue un homme en général et supprime* [le legs de] *Stichus, n'a pas éteint le legs, mais l'a diminué. »* [En d'autres termes, la condition de léguer un homme est d'autant plus importante qu'elle est moins déterminée. Elle est donc plus simple à réaliser que celle qui consiste à donner Stichus et elle n'est pas annulée par la suppression de cette dernière.]

280. **argument de *D.34.4.11:*** [voir ci-dessus].

281. **que l'intérêt de la période intermédiaire** [est important]**, début de *D.35.2.66:*** *« Si dix sont laissés à quelqu'un sous condition et que cette condition existe par exemple au bout de dix ans, on considère que ce ne sont pas les dix en question qui sont légués, mais moins de dix car l'intervalle de temps et l'escompte de cette période les diminuent. »*, ***D.36.1.58 § 5:*** *« Le fruit et l'usufruit antérieurs au* dies cedit *du fidéicommis que les débiteurs payèrent à l'héritier lorsque le* dies cedit *se produisit après, tout comme les intérêts des biens perçus par l'héritier, seront décomptés dans la quarte réservataire »* [de l'héritier].

282. **par lui, quelqu'un est créancier, mais** [créancier] **conditionnel, *D.44.7.42:*** *« Celui à qui quelque chose est légué sous condition, n'est pas créancier quand la condi-*

tion est en suspens, mais seulement quand la condition a existé, tandis qu'on a jugé bon que celui qui stipule sous condition, soit créancier même quand la condition est en suspens. »**, *D.50.16.54* ne s'y oppose pas:** *« Sont appelés créanciers conditionnels, ceux qui ne peuvent pas encore exercer une action mais qui le pourront, ou qui ont l'espoir de l'exercer. »*

283. **celui-ci établit quelque chose, voir le th. 248, ajouter *D.50.17.77*:** *« Les actes légitimes qui ne supportent pas de terme ou de condition, comme l'émancipation, l'*acceptilatio [la remise de dette], *l'adition d'hérédité, le choix de l'esclave, l'imposition d'un tuteur, sont intégralement viciés par l'ajout d'un temps ou d'une condition, mais les actes ci-dessus énoncés, les acceptent parfois de manière tacite. »*, ***D.45.1.78*:** *« Si un fils de famille a stipulé sous condition, puis a été émancipé et que la condition existe ensuite, l'action en réclamation est accordée au père parce que nous considérons dans les stipulations le moment même où nous avons contracté. »*, ***D.45.3.26* dans les contrats:** *« Un usufruit ne peut exister sans une personne et par conséquent un esclave héréditaire stipule inutilement un usufruit. Mais on dit qu'un usufruit peut lui être légué parce que le* dies cedit [du legs] *ne se produit pas immédiatement... »*

284. ***C.6.51* première loi *§ 9*:** *« Si la personne gratifiée reçoit l'ordre de construire une maison isolée, ou un monument, ou quelque chose de semblable avec ses propres deniers »... «il n'importe pas de savoir si la condition sera remplie par celui dont a parlé la conditionnateur, ou par un successeur dans le même bénéfice. »*, ***D.35.1.60 § 1*:** *« Le fisc doit obéir aux mêmes conditions que celles auxquelles doivent obéir les personnes par l'intermédiaire desquelles les biens lui parviennent, en effet ces biens peuvent être réclamés, mais avec leurs servitudes. »*, ***C.6.35.9*:** *« Puisque tu affirmes que ton frère est mort empoisonné, il est nécessaire que tu venges sa mort afin que l'effet de sa succession ne te soit pas enlevé. »*, ***D.34.1.2 § 1*:** *« Même quand des biens sont dévolus au fisc, ceux qui sont dus à titre de pension alimentaire doivent être fournis comme s'ils passaient à un successeur ordinaire. »*, ***D.49.14.6*:** *« Lorsque le fisc prend la succession juridique d'un particulier, il utilise le droit du particulier pour toutes les périodes antérieures de la succession »*. **Le *statuliber*** [se transmet] **avec son droit, *D.40.7 début de 2*:** *« Celui qui rentre dans la catégorie du* statuliber *est dans une situation telle que s'il est vendu, il est aliéné avec conservation de son espérance de liberté, s'il est pris par usucapion, il l'est en conservant sa situation juridique, s'il est affranchi, il ne perd pas l'espoir de l'affranchi par testament. »*, ***D.35.1.66*:** *« Un héritier affranchit un* statuliber *à qui on lui demande de restituer un fidéicommis si une condition se réalise; je demande s'il doit lui fournir le fidéicommis. Herennius Modestinus répond: bien que l'héritier affranchisse le* statuliber, *il est contraint de lui remettre le fidéicommis qu'il doit lui laisser sous certaines conditions si on montre qu'elles sont réalisées ou si l'héritier fait en sorte qu'elles ne soient pas remplies. »*, ***C.7.2.13*:** *« Il est certain que la liberté donnée à un* statuliber *ne peut être enlevée par l'héritier; il est également certain qu'il ne peut nuire au* statuliber, *ni par aliénation, ni par usucapion, et faire en sorte que la liberté ne suive pas l'existence de la condition. »*, ***D.40.7.30* ne s'oppose pas:** *« Si un esclave reçoit l'ordre de devenir libre ainsi: « que Stichus soit libre si l'héritier ne l'a pas aliéné », il peut être aliéné même si c'est un* statuliber. »**, en effet dans ce cas la condition fait défaut précisément au moment où il est aliéné**.

285. ***Inst.3.15 § 4*:** *« La nature d'une stipulation conditionnelle est seulement qu'elle sera due, et nous transmettons à l'héritier ce même espoir si la mort nous enlève avant que la condition n'existe. »*

286. [La longue suite de références qui va suivre gravite autour du problème classique de l'existence problématique du droit conditionnel avant l'événement de la condition. Leibniz y examinera successivement les différentes situations juridiques où la doctrine conclut tantôt à l'inexistence de ce droit et tantôt au contraire.]

autrement dit, le conditionné fait défaut à la mort du conditionnaire, ***D.28.5.31*:** [erreur de référence ? Pas de rapport apparent au texte], ***D.28.5.59 § 6*:** *« Que Titius et Maevius soient héritiers chacun de $^4/_{12es}$; que Titius hérite du reste si un navire vient d'Asie avant les troisièmes Calendes », voyons si Titius n'hérite pas immédiatement de $^6/_{12es}$, car il y a deux héritiers institués et Titius est soit héritier de $^6/_{12es}$, soit de $^8/1_{12es}$; par conséquent $^2/_{12es}$ sont en suspens et si la condition existe, il hérite de ces $^2/_{12es}$ et si elle n'existe pas, ces $^2/_{12es}$ s'ajoutent à la part de Maevius. Mais si Titius meurt avant que la condition existe et que la condition existe ensuite, ces $^2/_{12es}$ s'ajouteront à la part de Maevius et non à celle de l'héritier de Titius, car puisque Titius meurt alors qu'il y a doute sur le fait de savoir si ces $^2/_{12es}$ sont donnés soit à Titius soit à Maevius, on ne peut pas comprendre que la part soit donnée à celui qui n'existait pas au moment où l'on donnait. »*, [L'application de ce principe conduit en conséquence à la transmission du conditionné dans tous les cas où la condition a existé réellement ou fictivement du vivant du conditionnaire et à sa non transmission dans le cas contraire.] ***D.30.65 § 1*:** *« Je donne Stichus à celui-ci, s'il le veut », le legs est conditionnel et ne se transmet à l'héritier du légataire que si le légataire veut accepter... »),* ***D.30.52 § 1*** [et non simplement D.30.52]*: « Si un legs est fait sous condition à un fils impubère et si ce dernier est devenu héritier puis est décédé, on peut dire que le père qui a légué à son fils sous condition puis a légué ensuite purement et simplement à un substitué, a voulu qu'il soit immédiatement donné au substitué si le fils mourait alors que la condition est en suspens. »*, ***D.30.104*:** *« Un legs était laissé ainsi à la charge de tous les héritiers : "que celui qui sera mon héritier soit contraint de donner 100 à Titius", puis il était prévu ensuite que l'un des héritiers ne donnerait pas. On demande si les autres héritiers devraient donner la totalité des 100 ou s'il ne devraient donner qu'une somme à laquelle aurait été enlevée la part de l'autre. Il répondit qu'il était plus exact de dire que les héritiers restants devraient donner les 100 parce que la signification des termes ne s'oppose pas à cette interprétation et que la volonté du testateur y consent. »* [En d'autres termes, la condition de non-paiement reste attachée à la personne du gratifié et n'a pas d'effet sur la condition de paiement des autres légataires. »], ***D.30.49 § 3*:** [§.2: *«Quand un legs est fait ainsi : "qu'il reçoive une somme en trois annuités lorsqu'il aura quatorze ans" et qu'il a dix-sept ans à la mort du testateur, le legs est immédiatement exigible » ... « Mais ce legs est à la fois conditionnel et à terme, conditionnel jusqu'à ce que les quatorze ans se soient écoulés, et ensuite à terme.* § 3] : *« Et par conséquent si quelqu'un meurt avant sa quatorzième année, le legs ne passe pas à son héritier. »*, ***D.35.1.31*:** *« ... lorsqu'un legs fait à une partie est constitué ainsi : "que mon héritier donne 100 à Titius s'il épouse Séja", si par hasard Séja décède, on comprend que la condition a fait défaut et si lui-même décède, il ne transmet rien à son propre héritier car on considère que la condition fait défaut en raison de sa mort ; et si tous les deux vivent et qu'il ne veuille pas épouser la femme, il n'obtiendra par le legs car la condition fait défaut par sa faute, mais si c'est la femme qui ne veut pas se marier alors qu'il est disposé à le faire, le legs lui est dû. »*, ***D.35.1.59 § 1*** [et non simplement D.35.1.59] : *« Un legs tombe si la personne à qui le legs est fait sous condition, meurt. Mais que se passe-t-il si elle ne meurt pas mais perd la citoyenneté, comme par exemple si un legs est fait à quelqu'un "s'il devient consul" et qu'il soit déporté sur une île. N'est il pas vrai que le legs ne s'éteint pas du fait qu'il peut obtenir à nouveau la citoyenneté ? C'est ce que je juge plus probable. »*, ***D.35.1.69*:** *« S'il est écrit ainsi : "je donne et lègue à Titius s'il le veut", Proculus note à propos de Labéon, que le legs n'appartient à l'héritier du légataire que si le légataire a* *voulu lui-même le posséder, car on considère que la condition est attachée à la personne. »,* ***D.35.1.40 § 2****: « Quelqu'un légua 100 à Titius par testament, puis disposa ensuite ainsi: "que mon héritier donne les 100 à qui je les ai légués, si ma mère meurt". Titius survécut au père de famille puis mourut alors que la mère était encore vivante. Une fois la mère décédée, Ophilius répondit que le legs était dû aux héritiers de Titius parce que le legs n'avait pas été fait sous condition, mais d'abord purement, puis avec une apposition de date de paiement. Voyons, dit Labéon, si ceci n'est pas faux car il n'importe pas que l'on ait écrit ainsi: "que mon héritier donne les sommes à qui je les ai léguées, si ma mère meurt", ou ainsi: "qu'il ne donne pas à moins que ma mère meure"; en effet, le legs est donné ou ôté dans chaque cas. »,* ***D.32.11 § 6****: « Mais ces termes: "lorsqu'il le voudra", valent aussi longtemps que vit celui par qui le fidéicommis est laissé et s'il meurt avant d'avoir donné, son héritier le remplace. Mais si le fidéicommissaire meurt avant que l'héritier se déclare, on considère qu'il ne transmet rien à son propre héritier; en effet personne ne doute que le legs est conditionnel et on considère que le fidéicommissaire décède alors que la condition du legs est en suspens. »,* ***D.44.7.42****: « Celui à qui quelque chose est légué sous condition n'est pas créditeur quand la condition est en suspens, mais seulement quand la condition a existé, tandis qu'on a jugé bon que celui qui stipule sous condition, soit créditeur, même quand la condition est en suspens. »,* ***C.6.51 première loi § 7****: « Mais au contraire, si quelque chose est laissé sous une condition, soit casuelle, soit potestative, soit mixte, dont l'événement dépend soit du hasard, soit de la volonté d'une personne désignée, soit des deux, soit d'un terme incertain* [dies incertus], *il convient d'attendre l'événement de la condition sous laquelle la chose fut laissée, ou le terme, pour qu'alors le droit s'ouvre* [ut tunc cedat], *soit lorsque la condition est remplie, soit lorsque le terme incertain a existé. »,* **voir le th. 179** [où le principe de l'inconditionnabilité de la possession est formulé, mais surtout le] **th. 197** [qui rappelle qu'un terme incertain quant à sa date constitue une condition dans les dernières volontés et par conséquent, que toute disposition testamentaire contenant un terme obéit au th. 285.]**; il se transmet dans les contrats,** ***Inst.3.15 § 4:*** *« La nature d'une stipulation conditionnelle est seulement qu'elle sera due, et nous transmettons à l'héritier ce même espoir si la mort nous enlève avant que la condition existe »,* ***Inst.3.19 § 25****: « Lorsque quelqu'un stipule sous quelque condition et qu'il meurt avant que la condition n'existe, son héritier peut agir après l'existence de la condition. Il en est de même du côté du promettant. »,* ***D.18.6.8****: « Il faut nécessairement savoir à quel moment l'achat est parfait, car nous saurons alors à qui incombe le risque; en effet lorsque l'achat est parfait, le risque incombe à l'acheteur, et si à propos de ce qui est vendu, il apparaît ce que c'est, lequel c'est et en quelle quantité* [quid quale quantum], *et qu'il existe et qu'il est vendu, alors l'achat est parfait; mais que si l'on vend la chose sous condition et que la condition fasse par hasard défaut, l'achat est nul tout comme la stipulation; et si elle a existé, Proculus et Octavus disent que le risque incombe à l'acheteur et Pomponius approuve la même chose au livre 9. Mais si l'acheteur ou le vendeur mourraient alors que la condition est en suspens, il apparaîtrait que si elle venait à exister, les héritiers seraient obligés comme si l'achat avait été déjà contracté dans le passé... »,* ***D.45.1.57****: « Si quelqu'un promet en disant de "donner 10 si Titius devient consul", l'héritier du promettant demeure obligé si le promettant meurt alors que la condition est en suspens. »*

287. **voir le th. 197**.

288. ***D.41.4.2 § 3****: « Sabinus dit que si une chose est achetée de telle manière qu'elle n'est pas achetée si une somme n'est pas versée avant une date déterminée, l'acheteur ne pourra l'usucaper s'il n'a pas versé toute la somme. »,* ***D.18.6 début de 2****:* [erreur de référence ? Il ne s'agit pas d'usucapion mais de condition implicite de vente].

289. **si** [le testateur] **a donné sciemment avec l'intention de transmettre, il donne purement et simplement,** ***D.40.4.12 § 3:*** *« Et j'estime qu'il faudra dire la même chose* [à savoir qu'on doit dispenser de la condition], *si une condition est apposée à l'affranchissement, mais que le testateur a affranchi l'esclave de son vivant. »*

290. ***D.45.1.38 § 16:*** *« La différence entre un terme certain et un terme incertain vient en quelque sorte du fait que quelque chose de promis peut être donné immédiatement ou à un terme certain; en effet toute la période intermédiaire est laissée au promettant pour fournir l'esclave. Et celui qui a promis: "si quelque chose s'est réalisé", ou "lorsque quelque chose sera réalisé",* [c'est-à-dire à un terme incertain], *n'est considéré comme ayant fait ce qu'il a promis que s'il a donné quand l'événement s'est réalisé. »*

291. ***D.44.4.5:*** *« Tu me dois purement et simplement 10; je te les ai légués sous condition. Si l'héritier les réclame dans l'intervalle, il ne devra pas être écarté par une exception de dol puisqu'il est possible que la condition fasse défaut. »*

292. ***D.12.6.16:*** *« Si ce qui est dû sous condition, est payé par erreur alors que la condition est en suspens, il peut être réclamé par condiction... »,* ***D.12.6.56:*** *« Pour la réclamation du paiement indu, il suffit qu'il soit incertain que le défendeur puisse se défendre grâce à une exception perpétuelle ou temporaire. Car si quelqu'un convient qu'il ne réclamera pas avant que Titius soit devenu consul, on peut dire avec la plus grande raison que ce qui est payé dans l'intervalle peut être réclamé parce que l'exception qui est rapportée au moment où Titius débute son consulat, peut devenir perpétuelle du fait de la mort de Titius. »*

293. ***D.40.7.3 § 5:*** *« Si un esclave reçoit l'ordre de donner 10 et d'être libre et qu'il ne donne que 5, il ne deviendra pas libre tant qu'il ne donnera pas tout. Par conséquent le maître peut revendiquer les 5 comme siens dans l'intervalle. Mais si le reste était payé, alors cela même dont la propriété n'était pas transférée auparavant, serait considéré comme transmis. De cette manière l'aliénation de la première somme sera en suspens, mais de telle manière que l'argent ne deviendra pas rétroactivement celui de l'acceptant, mais le deviendra seulement lorsque la somme restante aura été payée. »*

294. [tel celui de] **la liberté, argument de** ***D.40.4.11:*** *« Si la liberté fidéicommissaire est laissée par legs à un esclave, l'héritier ou le légataire sont contraints de l'affranchir. »,* [ou celui de] **l'hérédité, excepté en** ***D.29.1.15 § 4:*** *« Un militaire peut instituer un héritier jusqu'à une date et un autre après une date ou à partir d'une condition ou jusqu'à une condition. »,* [et en] ***D.29.1.41:*** *« Un militaire peut instituer un héritier ainsi: "que Titius soit mon héritier tant qu'il vit, après sa mort, que Septicius le soit..." »*

295 ***D.40.4.44:*** *« En décédant, Maevia laissa la liberté sous condition à ses esclaves nommés Sacchus, Eutychia et Irène, en ces termes: "que mon esclave Sacchus et mes servantes Eutychia et Irène soient libres à condition qu'ils allument une lampe tous les deux mois sur ma tombe et y pratiquent les rites funéraires". Je demande s'ils peuvent être libres alors que Sacchus et Eutychia se rendent assidûment sur la tombe de Maevia et qu'Irène ne le fait pas. Modestinus répondit que ni le contexte de toutes les expressions, ni l'intention de la testatrice, est que la liberté soit suspendue à une condition lorsqu'elle a voulu qu'ils se rendent sur sa tombe; cependant le devoir du juge est de les contraindre à obéir à l'ordre de la testatrice ».* [Dans cette loi, la condition potestative d'affranchissement: *« s'ils entretiennent ma tombe »,* (autrement dit: *« jusqu'à ce qu'ils n'entretiennent plus*

ma tombe »), qui équivaut au mode *« pour qu'ils entretiennent ma tombe »*, est transformée par le Préteur en une simple obligation dont le refus d'accomplissement n'est pas susceptible d'annuler la gratification, mais qu'il veille à faire exécuter par les gratifiés sous peine de contrainte (*« caution, intervention de l'autorité, etc. »*, cf. Girard p. 970 note 5)].

296. **en vertu même du droit, la propriété ne disparaît pas sous condition de manière régulière,** [car *« la propriété est de sa nature un droit perpétuel »* (Girard p. 357)]. Mais il faut alors concilier le caractère inconditionnable de la propriété et la présence de conditions résolutoires dans certains contrats. Leibniz s'efforce de réaliser l'accord de ces deux extrêmes en montrant que dans tous les cas, le transfert conditionnel d'une propriété revient en fait, soit à un transfert pur et simple prévu par contrat quand la condition de restitution n'existe pas, soit dans le cas contraire, au rappel du droit originel par son détenteur initial, au moyen d'une action réipersécutoire. Il va ainsi montrer que le système classique de la dot exposé dans] **l'argument de *D.23.3.7 § 3*** [est conforme au caractère inconditionnable de la propriété puisque le mari détient purement et simplement la dot tant qu'un divorce ne vient pas interrompre le mariage, et qu'il doit la restituer à la femme dans le cas contraire, comme si elle ne l'avait jamais abandonnée, grâce à un transfert pur et simple de droit, prévu soit de manière littérale et sanctionné dans ce cas par l'action *ex stipulatu* que la femme exerce contre lui, soit de manière verbale quand il y a eu constitution initiale d'une caution garantissant la rétrocession donnant lieu à l'action *rei uxoriae.*] : *« Si des choses sont données à titre de dot, j'estime qu'elles font partie des biens du mari... Cependant elles appartiennent au mari si elles sont données au sein d'un mariage ininterrompu. Mais que se passe-t-il si elles sont données avant le mariage ? Si la femme a donné les choses pour qu'elles appartiennent immédiatement au mari, elles lui appartiennent ainsi ; mais si elle les a données sous la condition qu'elles appartiennent au mari quand elle l'épousera, nous dirons sans aucun doute qu'elles lui appartiendront quand les noces auront été célébrées. Par conséquent, si les noces ont été rompues du fait de l'envoi d'une lettre de rupture et si la femme avait donné les choses afin qu'elles appartiennent immédiatement au mari, elle devra les réclamer par* condictio *une fois la lettre envoyée. Mais si elle les avait données pour qu'elles lui appartiennent après les noces, elle les réclamera par* vindicatio *aussitôt qu'elle aura envoyé la lettre. »* [Leibniz va également montrer que les divers cas de vente sous condition résolutoire] **ne s'opposent pas** [non plus au caractère inconditionnable de la propriété car ils peuvent toujours se ramener soit à un transfert pur et simple de droit, soit au rappel pur et simple du droit initial] **: *D.6.1.41 :*** *« Si quelqu'un achète sous la convention suivante : "qu'il se séparerait de l'achat si quelqu'un d'autre faisait une meilleure offre", il ne peut utiliser l'action réelle une fois que l'offre est faite. Mais celui à qui le fonds est adjugé à terme, peut utiliser l'action réelle avant que l'adjudication soit faite ; après il ne le peut pas. »*, ***D.18.2.4 § 3 :*** *« Mais Marcellus écrivit au livre 5 des Digestes à propos d'un fonds vendu purement et simplement et adjudiqué à terme si une meilleure offre était proposée, que la chose cesserait d'être en gage si l'acheteur donnait ce fonds à titre de gage, d'où l'on conclut que l'acheteur est le maître dans l'intervalle car autrement il n'y aurait pas de gage. »*, ***C.4.54.1 :*** *« Si tu as vendu un bien sous la convention suivante : « que l'acheteur perdrait le bien et que la propriété te reviendrait à moins que le prix ne soit versé avant une certaine date », on doit respecter l'engagement du contrat. »*, ***C.4.54.4 :*** *« Celui qui après le jour fixé pour le paiement du prix, n'a pas choisi la revendication* [rei vindicatio], *mais a préféré suivre la voie de la réclamation des intérêts du prix, ne peut exercer la* lex commissoria *à propos de la vente. »*, **voir Ferdinandus Vasquez Menchaca : *Controversiarum illustrium, aliarumque usu frequentium libri III.*** [Barcelona, 1563], ***chapitre 69, à propos de la loi 3 du titre déjà cité du Codex.***

297. **en fraude des lois, *D.35.1.37* :** *« Si quelqu'un lègue un esclave pour que le légataire l'affranchisse alors qu'il ne peut lui-même l'affranchir, le légataire n'est pas obligé de l'affranchir, bien qu'il ne soit pas non plus écarté du legs ; car il n'est contraint d'agir conformément à la volonté du testateur que dans la mesure où rien ne s'ensuivra de contraire à la loi. »*

298. ***D.35.1.71 § 1* :** *« 100 sont laissés à Titius pour qu'il épouse Maevia qui est veuve. On ne dispense pas de la condition et par conséquent, de la caution. Le fait que le Préteur ne délivre pas d'action si quelqu'un promet de l'argent si untel n'épouse pas Maevia, ne s'oppose pas à cette décision, en effet c'est une chose que la liberté de choisir le mariage soit enlevée par crainte d'une peine, et c'en est une autre d'être invité à recevoir par testament du fait d'une certaine décision. »*, ***argument de C.8.8.2* :** [erreur de référence ? Pas de rapport apparent au problème].

299. ***D.40.4.44* :** *« En décédant, Maevia laissa la liberté sous condition à ses esclaves nommés Sacchus, Eutychia et Irène, en ces termes : "que mon esclave Sacchus et mes servantes Eutychia et Irène soient libres à condition qu'ils allument une lampe tous les deux mois sur ma tombe et y pratiquent les rites funéraires. Je demande s'ils peuvent être libres alors que Sacchus et Eutychia se rendent assidûment sur la tombe de Maevia et qu'Irène ne le fait pas". Modestinus répondit que ni le contexte de toutes les expressions, ni l'intention de la testatrice, est que la liberté soit suspendue à une condition lorsqu'elle a voulu qu'ils se rendent sur sa tombe ; cependant le devoir du juge est de les contraindre à obéir à l'ordre de la testatrice. »*

300. ***D.35.1.71* :** *« 100 sont laissés à Titius pour qu'il s'achète un fonds. Sextus Caecilius estime que Titius n'est pas contraint de garantir parce que le bénéfice échoira à lui seul. »* [Le mode dont la réalisation n'intéresse que celui qui reçoit en l'absence de cohéritier ou de substitué, peut donc bien être tenu pour non apposé].

301. **argument de *D.6.1.66* :** *« Par conséquent nous ne réclamerons pas moins à bon droit comme nôtre, ce dont quelqu'un espère que nous en perdrons la propriété si la condition du legs ou de la liberté existe. »* **L'héritier est le propriétaire de la chose léguée, *D.40.9.29 § 1* :** *« L'esclave légué sous condition appartient de plein droit à l'héritier quand la condition est en suspens... »*, [erreur de référence, il s'agit de] ***D.29.5*** [(*De Senatusconsulto Silianano...*) et non de C.6.35.1 § 4 *(Ad Senatusconsultum Silianum)*] : *« Sont compris sous le terme d'esclaves, ceux qui sont légués sous condition, car ils appartiennent à l'héritier pendant la période intermédiaire, et le fait qu'ils cessent de lui appartenir lorsque la condition existe ne fait pas en sorte qu'ils soient considérés comme ne lui appartenant pas dans l'intervalle. »*, ***D.36.2.5 § 2* :** *« Mais si un legs est fait sous condition, le* dies cedit *du legs ne se produit pas avant que la condition soit remplie. »* [et le conditionné appartient en conséquence à l'héritier dans l'intervalle.], ***D.7.1.12 dernier §* :** *« ... à l'exemple de la chose léguée sous condition qui appartient à l'héritier dans l'intervalle et qui passe au légataire lorsqu'elle existe. »*, ***D.10.2.12 § 2* :** *« La chose qui est léguée sous condition, appartient dans l'intervalle aux héritiers et par conséquent est comprise dans le jugement de partage du patrimoine et peut être adjugée, bien sûr avec sa raison d'être, de sorte que si la condition existe, elle quitte celui à qui elle est adjugée et si elle fait défaut, elle revient à ceux à qui elle est laissée. »*, **le *statuliber* est esclave de l'héritier, voir cidessus, *D.35.2.38* :** *« Le* statuliber *n'augmente pas la famille de l'héritier. »* **ne s'y oppose pas** [car il est esclave jusqu'à la condition et ne fait donc pas définitivement partie de sa famille].

302. ***D.31.32*** *: « Toutes les choses qui sont inscrites sans date et sans condition dans les testaments, sont attribuées à partir de la date d'adition d'hérédité. »*, ***D.44.4.5*** *: « Tu me dois 10 purement et simplement. Je t'ai légué cette somme sous condition. Si l'héritier réclame dans l'intervalle, il ne doit pas être écarté par une exception de dol puisque la condition peut faire défaut. C'est pourquoi on devra interposer la stipulation des legs ; mais si l'héritier ne garantit pas restitution, il sera écarté par une exception de dol. »*

* [Le sens général du théorème et les lois citées en référence impose de traduire *ad conditionem* par *à partir de* et non par *jusqu'à*, comme s'il était écrit *ab conditionem* ; En effet, même dans le cas de D.44.4.5, le droit du conditionnaire qu'est l'esclave, n'est incontestable qu'à partir du moment où la condition est effectivement réalisée.]

303. **dans le droit de Justinien,** ***C.6.43.3 § 2*** *: « Car il est particulièrement absurde et déraisonnable qu'il puisse transmettre à d'autres, ou grever d'une hypothèque ou d'un gage, ou affranchir, une chose qu'il ne détient pas purement et simplement. »*, **excepté en cas de hasard,** ***Novelle Authentique « res quae subjacent », même chose à partir de la Novelle 39 chapitre 1*** *:* [erreur de référence ? Il n'y a pas de novelle authentique contenant le titre *res quae subjacent* et la Nov. 39.1 traite de la règle qu'on doit appliquer dans la redistribution des parts d'héritage]. **Il le pouvait en droit ancien, mais jusqu'à une condition, voit le théorème suivant.**

304. **le droit du donataire se résout lorsque le droit du donateur est résolu,** ***D.35.1.105*** *: « Si un héritier lègue à un tiers, alors que la condition est en suspens, un fonds déjà légué à quelqu'un d'autre par un testateur et sous condition, la propriété du premier légataire ne disparaît pas après l'existence de la condition qui fut apposée dans le premier testament et l'héritier ne peut ni construire un édifice religieux sur ce fonds, ni imposer une servitude ; et si une servitude a été imposée, elle s'éteint lorsqu'existe la condition. »*, ***D.20.6.3*** *: « Si une chose a été vendue sous réserve qu'une meilleure offre ne soit pas faite avant un certain terme et si elle a été emportée par l'acheteur et si celui-ci l'a donnée à titre de gage avant que le délai accordé pour trouver une meilleure offre soit écoulé, Marcellus dit au livre 5 des Digestes, que le gage est annulé si une meilleure offre est faite... »* **Ainsi les actes nuisibles de l'héritier se résolvent,** ***D.30.41*** *:* [erreur de référence ? Pas de rapport apparent au problème.], ***D.30.81*** *: « Si un héritier léguait à quelqu'un sous condition, un fonds légué à quelqu'un d'autre sous une autre condition et alors que cette condition est en suspens, et que la condition sous laquelle l'héritier a légué vienne à exister après que l'autre condition qui était énoncée par le premier testament a existé, la propriété ne quitterait pas le premier légataire. »*, ***D.35.1.105*** *:* [voir ci-dessus], ***D.8.6.11 § 1*** *: « Alors qu'un fonds était légué sous condition, l'héritier lui imposa des servitudes. Elle s'éteignent si la condition du legs se réalise. »*, ***D.7.4.16*** *: « Si un usufruit m'est légué sous condition et qu'il soit dans l'intervalle en possession de l'héritier, l'héritier peut léguer l'usufruit à un tiers. Ce qui fait que si la condition de mon legs a été remplie, l'usufruit laissé par l'héritier disparaît. »*, ***C.6.43.3 § 3*** *: « Mais si un legs ou le fidéicommis d'un ensemble de choses ou d'une chose particulière, est fait sous condition ou sous une date incertaine ou est associé à une substitution ou une restitution » ... « dans tous ces cas il convient de donner toute licence au légataire ou au fidéicommissaire pour réclamer... »*, **ajouter le th. 373** [où l'on rappelle que le légataire est le maître de la chose léguée quand la condition du legs existe] **(voir tout le** ***titre D.44.6*** [qui traite des litiges naissant entre parties par voie de contrat ou de succession] **; si une controverse est soulevée contre l'héritier à propos de l'hérédité, il fournit les legs jusqu'à la condition, autrement dit, à ceux qui garantissent,** ***D.35.1.44 § 3*** *:* [erreur de référence, il s'agit du § 6] : *« Mais si, alors que je suis insti-*

tué héritier, une contestation est soulevée par un légataire conditionnel à mes dépens et à propos de l'héritage et qu'il me garantisse la restitution du legs s'il est débouté, je dois dans ce cas lui garantir en retour la restitution de ce qu'il a donné. »), **les actes favorables demeurent, en effet l'héritier est considéré comme gérant les affaires du légataire, argument de *D.3.5.39*:** « *Il est permis qu'en payant, quelqu'un libère quelqu'un d'autre en l'ignorant ou en ne le voulant pas. Mais quelqu'un ne peut pas exiger en vertu du Droit, ce qui est dû à quelqu'un d'autre sans la volonté de ce dernier. Car les raisons naturelles et civiles permettent que nous puissions améliorer quelque condition étrangère, même en l'ignorant ou en ne le voulant pas, mais elles ne permettent pas que nous la détériorions.* », **d'où il s'ensuit que l'exception de chose jugée relativement à l'héritier, lui profite, s'il le veut et ne lui nuit pas, *D.10.2.7*:** « *Si un héritier ayant un cohéritier sous condition ou prisonnier des ennemis, était déclaré l'héritier par jugement et recevait les actions de pétition d'hérédité, et qu'ensuite la condition du cohéritier se mette à exister ou qu'il soit rétabli dans ses prérogatives grâce au droit de rentrée, est-ce que la déclaration favorable à l'autre devrait lui être communiquée, car indubitablement l'action de chose jugée lui est attribuée solidairement? Et le choix doit être donné au cohéritier, ce qui veut dire que la sentence est étendue à celui qui devînt héritier après le succès de l'héritier, ou à celui qui revînt dans sa patrie, ou qu'on doit lui donner le pouvoir de réclamer.* »

305. [et le versement d'une caution garantit la restitution en cas d'existence du mode contraire] ***D.34.4.3 § 4*:** « *Si quelqu'un lègue ainsi: "que mon héritier donne un fonds à Titius et si Titius aliène ce fonds, que mon héritier donne le même fonds à Séjus", l'héritier est grevé; en effet le fidéicommis n'est pas laissé à la charge de Titius s'il aliène le fonds, car c'est par l'héritier qu'est légué à Séjus. Par conséquent l'héritier devra obtenir au moyen de l'exception de dol, que Titius garantisse par caution qu'il n'aliénera pas le fonds.* », ***D.35.1.67*:** « *Si un fonds est légué ainsi à quelqu'un: "s'il n'affranchit pas l'esclave", le legs pourra être reçu par l'héritier dès qu'une garantie aura été versée...* », **(si l'un est *statuliber*, l'autre le possède jusqu'à la condition, *D.40.4.15*:** « *"Je donne et lègue Stichus à Sempronius, si Sempronius n'affranchit pas Stichus dans l'année, alors que Stichus soit libre". On demande ce qu'il en est juridiquement. On répond que si Sempronius n'affranchit pas Stichus, il n'aura aucun droit sur lui du fait que la liberté est donnée sous le mode: "que Stichus soit libre si Sempronius ne l'affranchit pas", et que Stichus sera libre.* », ***D.40.5.11*:** [erreur de référence? Simple précision sur la faculté conditionnelle d'affranchissement du pupille: « *Un pupille ne peut donner la liberté à un esclave en raison d'un fidéicommis, sans l'autorité du tuteur.* »], ***D.40.5.21*:** « *"Je te demande de faire en sorte que Stichus ne devienne plus l'esclave d'un autre". Il a plu aux autorités de considérer que la liberté fidéicommissaire était effectivement donnée de cette manière. En effet, qu'il y a-t-il de plus contraire à la servitude que la liberté? Cependant on considère qu'elle ne lui est pas donnée en quelque sorte après la mort de l'héritier, ce qui a pour intention de faire en sorte que la liberté soit immédiatement réclamée s'il l'aliène de son vivant et que le fait de racheter celui dont la condition d'affranchissement a déjà existé, ne serve pas à empêcher la réclamation de la liberté. On devra approuver la même chose si une aliénation non volontaire est réalisée par l'héritier; et le fait que l'aliénation n'ait pas été réalisée par lui ne s'y opposera pas. En effet l'esclave était en quelque sorte un* statuliber *et la condition est accomplie de toute façon.* »), **ajouter *D.29.7 début de 4*:** [erreur de référence? Pas de rapport apparent au problème].

306. **Hermann Vultejus: *Consilia sive responsa doctorum et professorum facultatis juridicas in Academia Marpurgensi.*** [Marburg, 1606], ***livre 1. conseil 18. note 36. p. 175*, ajouter Grotius: *Du droit de la guerre et de la paix, III.19.14*:** « *Car les articles d'un*

seul et même contrat paraissent être contenus chacun les uns dans les autres par formes de conditions, comme s'il avait été exprimé: je ferai ces choses si l'autre partie fait ce qu'elle a promis. »; **cependant tout contrat n'est pas sous condition, voir Balde de Ubaldia: *Tractatus de pactis.*** [in: *Tractatus universi juris, duce et auspice Gregorio XIII.* Venise, 1584], ***note 20*, cependant le prix a l'habitude d'être promis purement et simplement, la chose, sous condition, *D.19.1.11 § 18:*** *« ... tout comme il est admis que le vendeur reçoive l'argent bien que la marchandise n'appartienne pas à l'acheteur, comme cela se passe lorsque nous achetons à un pêcheur le contenu futur du filet » ... « En effet, l'acheteur devrait nécessairement donner le prix même si le pêcheur n'attrapait rien. »*

307. **Grotius:** [*Du droit de la guerre et de la paix*]**: *II.6.9:*** *« C'est pourquoi nous voyons que plusieurs peuples regardent comme nulles, à l'exemple des aliénations, les inféodations de royaumes consenties par les rois sans la participation des peuples » ... « une partie de l'Etat ne pourra pas même être affectée en gage, à moins d'un semblable consentement. »*

308. **bien sûr le conditionnaire est immédiatement admis** [à la possession de la chose] **s'il garantit qu'il ne fera rien contre la condition, *D.35.1.7:*** *« L'utilité de la caution Muciana concerne les conditions dont la nature est de ne pas faire, comme par exemple: "s'il ne monte pas au Capitole". »*, ***D.35.1.67:*** *« Si un fonds est légué ainsi à quelqu'un: "s'il n'affranchit pas l'esclave", le legs pourra être reçu par l'héritier dès qu'une garantie aura été versée... »*, ***D.35.1.73:*** *« Un fonds est légué à Titius s'il ne va pas en Asie, et s'il y parvient, ce fonds est légué à Sempronius. Comme on admet que la caution Muciana est interposée dans toutes les conditions qui s'achèvent à la mort du légataire, l'héritier reçoit la caution de Titius et lui donne le legs. »*, ***D.35.1.18:*** *« Celui à qui quelque chose est laissé sous la condition de ne pas faire, doit donner garantie par la caution Muciana, à celui à qui ce legs ou cet héritage pourrait échoir en vertu du droit civil, si la caution faisait défaut. »*, ***D.35.1.107:*** *« Il arrive parfois qu'un legs donné sous condition soit réputé donné purement et simplement, comme dans le cas de ce qui est laissé sous la même condition que celle sous laquelle l'héritier est institué ailleurs, ou dans le cas de ce qui est laissé sous la condition suivante: "s'il fait adition d'hérédité". »*, ***D.35.1.79 § 2:*** *« Si celui qui reçoit un legs après avoir versé la caution Muciana, fait quelque chose de contraire à la caution, il restituera même les fruits à l'héritier, en vertu de la stipulation prévue. »*, ***D.28.7.4 § 1:*** *« De même Julianus écrit que celui qui est institué héritier s'il n'aliène pas l'esclave héréditaire, est réputé remplir la condition s'il garantit au cohéritier* [de ne pas l'aliéner], *et il est réputé institué sous une condition impossible s'il est le seul héritier. »*, ***D.35.1.37:*** *« Si quelqu'un lègue un esclave afin que le légataire l'affranchisse, alors qu'il ne peut lui-même l'affranchir, le légataire n'est pas contraint de l'affranchir, bien qu'il ne soit pas non plus écarté du legs; car il n'est contraint d'agir conformément à la volonté du testateur que dans la mesure où rien ne s'ensuivra de contraire à la loi. »*, ***C.8.56.4:*** [erreur de référence? Rapport lointain au problème]. **Car autrement elle équivaut à: *lorsqu'il mourra* et le conditionnaire ne bénéficie pas de l'avantage** [prévu par la disposition], ***Inst.3.15 § 4:*** *« Si quelqu'un stipulait ainsi: "si je ne monte pas au Capitole, promets-tu de donner? C'est comme s'il stipulait qu'on lui donnerait lorsqu'il décéderait. »*,

ce n'est pas [le cas] **si elle peut exister** [(*faire défaut* semble être une erreur car le propre des conditions potestatives négatives est de ne pouvoir exister qu'à la mort du conditionnaire.)] **autrement qu'à la mort du conditionnaire,** [ce qui se réalise, soit quand une autre condition que la potestative négative est proposée, soit quand le mécanisme de la caution Muciana est interposé]**: *D.35.1.72:*** *« Lorsque le legs suivant était laissé à Titia: "si* *elle ne se séparait pas de ses enfants", on niait qu'elle puisse donner correctement la caution* [Muciana qui permet d'obtenir un legs suspendu à une condition potestative négative] *parce que la condition du legs pouvait même exister avec la mort des enfants.* »**, *D.35.1.77 § 2:*** *« "Que l'héritier donne 100 à Titius si ma femme ne se remarie pas",* [et] *Titius est prié de restituer cette somme à la femme. Même si la femme se marie quand le* dies cedit *du legs* [fait à Titius] *se présente, elle réclamera le fidéicommis* [en versant la caution Muciana], *mais si elle ne le réclame pas, le légataire ne pourra exiger d'elle la caution Muciana.* »**, *D.35.1.101 avant dernier §:*** *« Une belle-mère laissa ainsi un fidéicommis à sa bru : "si elle reste mariée à mon fils". On répond que » ... « le* dies cedit *du fidéicommis ne se produit pas avant que la mariée ou le mari ait commencé à mourir, et par conséquent qu'il n'y a pas lieu d'appliquer la caution Muciana parce que la condition peut exister avec la mort de l'homme.* »**, *D.35.1.106:*** *« On doit traiter un legs tel que "si elle ne se marie pas avec Titius", comme si on léguait après la mort de Titius et par conséquent, elle ne peut prendre le legs en interposant la caution Muciana.* »**, voir cependant *D.28.7.4 § 1:*** *« De même Julianus écrit que celui qui est institué héritier s'il n'aliène pas l'esclave héréditaire, est réputé remplir la condition s'il garantit au cohéritier »* [de ne pas l'aliéner.], ***D.35.1.7:*** *« L'utilité de la caution Muciana concerne les conditions dont la nature est de ne pas faire, comme par exemple : "s'il ne monte pas au Capitole".* »**, *D.35.1.67:*** *« Si un fonds est légué ainsi à quelqu'un : "s'il n'affranchit pas l'esclave", le legs pourra être reçu par l'héritier dès qu'une garantie aura été versée... »*,

ce n'est pas [non plus le cas] **dans les contrats** [puisqu'on y fait en sorte de toujours privilégier le conditionnaire], ***Inst.3.15 § 4:*** [voir ci-dessus], ***D.45.1.109:*** *« Si je stipule ainsi : "promets-tu de donner 10 ou 15 ?", 10 seront dus. De même si je stipule ainsi : « promets-tu de donner après un an ou après deux ans ? », on doit après deux ans, car on doit faire en sorte dans les stipulations, que ce soit la charge la moins contraignante et le délai le plus long qui soient réputés introduits dans l'obligation.* »**, *D.45.1.99:*** *« Tout ce qui vise à rendre l'obligation plus contraignante est réputé omis sauf s'il est exprimé par des termes exprès, et nous interprétons presque toujours en faveur du promettant car le stipulant était libre de concevoir des termes plus précis.* »**, *D.45.1.115*** [énonce la raison commune de toutes ces lois : l'interprétation restrictive des indicateurs temporels imprécis contenus dans les contrats et les stipulations, aboutirait à la multiplication des conditions potestatives négatives et des retards qu'elles entraînent. Il faut donc choisir la voie contraire et favoriser les gratifiés.]: *« J'ai stipulé ainsi : "tu comparaîtras dans un lieu déterminé. Si tu ne comparais pas, promets-tu de donner 50 pièces d'or ?" Si la date avait été omise par erreur dans la stipulation alors qu'il s'agissait que tu comparaisses à une certaine date, la stipulation serait imparfaite de la même manière que si je stipulais » ... « de construire un bâtiment sans désigner l'endroit » ... « Parce que s'il s'agissait depuis le début que tu comparaisses à n'importe quel moment et que tu donnes l'argent si tu ne comparaissais pas, la stipulation aurait l'effet de n'importe quelle stipulation conditionnelle conçue sous condition et ne serait pas exécutoire avant qu'il ne soit certain que la partie qui promet ne pourrait comparaître.* »**, *D.2.14.39:*** *« Les Anciens admettent qu'un pacte obscur ou ambigu nuit au vendeur et à celui qui loue, et qui avaient le pouvoir d'écrire une clause plus évidente.* »**, *D.46.1.44:*** *« Tu as stipulé qu'une tâche serait réalisée conformément à tes directives avant une certaine date, et tu as pris des garanties proportionnelles à ce que coûterait le fait de confier la réalisation de la tâche à un autre au cas où elle ne serait pas réalisée, et tu l'as confiée à un autre parce que la tâche n'était pas réalisée, et tu as réalisé toi-même la tâche du fait que le second ne donnait pas de garantie. Je demande si le fidéjusseur est tenu. On répond que d'après les termes de la stipulation qui te sont proposés, le fidéjusseur n'est pas tenu. En effet tu n'as pas fait ce qui était convenu dans la stipulation, autrement dit, tu n'as pas confié la tâche à un autre, bien que* *si tu l'avais ensuite confiée, cette convention qui aurait suivi vaudrait comme si elle n'existait pas et comme si tu avais voulu réaliser toi-même immédiatement la tâche. »*

309. [En d'autres termes, les conditions continuées indéfinies telles que *s'il ne va pas en Asie* (D.35.1.73), *s'il demeure sous la puissance du père* (D.35.1.42), équivalent à *tant qu'il n'ira pas en Asie*, ou *tant qu'il demeurera sous la puissance du père*, et le conditionné qu'elles suspendent est de ce fait exigible par le conditionnaire ou son représentant, sous réserve du versement de la caution Muciana.] : ***D.35.1.73*** *: « Un fonds est légué à Titius s'il ne va pas en Asie, et s'il y parvient, ce fonds est légué à Sempronius. Comme on admet que la caution Muciana est interposée dans toutes les conditions qui s'achèvent à la mort du légataire, l'héritier reçoit la caution de Titius et lui donne le legs. »*, **voir cependant D.35.1.42 :** *« Un legs est fait à un fils de famille sous la condition : "s'il demeure sous la puissance du père". On dit que le legs est considéré comme fait plutôt au père et que le père peut réclamer le legs en son nom. Et il en est de même en droit si un legs est fait de la même manière à un esclave. L'argument utilisé est que si de la nourriture est léguée aux esclaves de Titius, le legs appartient sans aucun doute au maître et non aux esclaves. »*

310. **dans** [le cas des conditions] **négatives la caution est appelée notamment *Muciana*, de Mucius Scaevola, *D.35.1.77 § 1*** [et non D.35.1.77] *: « Il n'y a pas lieu d'appliquer la caution Muciana si l'action en réclamation du legs peut être différée par une autre condition. »*, ***Novelle 22 chapitre 43 :*** *« En effet la loi antique et vétuste qui est appelée Julia Miscella permettait aux femmes qui désiraient vraiment avoir des enfants, de se remarier même si le mari l'interdisait et laissait un legs à condition que sa femme ne se remarie pas, à condition de jurer de ne le faire que pour avoir des enfants. Et elle donnait ainsi aux femmes l'autorisation de le faire pendant un an. Mais si l'année était passée et qu'une femme veuille recevoir ce qui était laissé à titre de legs, elle ne lui permettait pas de le recevoir avant d'avoir versé une caution garantissant qu'elle ne se remarierait pas. Cependant ce n'est pas Julius Miscellus qui découvrit cette clause mais c'est Quintus Mucius Scaevola qui en eut l'idée. »* ; **elle donne une garantie à ceux à qui quelque chose échoirait si la condition faisait défaut, *D.35.1.18 :*** *« Celui à qui quelque chose est laissé sous la condition de ne pas faire, doit donner garantie par la caution Muciana, à celui à qui ce legs ou cet héritage pourrait échoir en vertu du droit civil, si la caution faisait défaut. »*, ***D.36.1.65 § 1 :*** *« Si un testateur demande que l'héritier restitue l'héritage à une femme si elle ne se remarie pas, on doit dire qu'il sera contraint de faire adition d'hérédité s'il déclare que l'héritage est suspect et de restituer l'héritage à la femme même si elle se remarie. Et Julianus approuve la même chose dans les autres conditions qui ne peuvent être remplies qu'avec la mort. En conséquence de quoi, il restituera l'héritage une fois que les cautions auront été versées à ceux à qui il importe qu'elles le soient, et par ceux à qui il a été prié de restituer l'héritage sous les conditions en question. »*, **(les lois *D.28.7.4 § 1 :*** *« De même Julianus écrit que celui qui est institué héritier s'il n'aliène pas l'esclave héréditaire est réputé remplir la condition s'il garantit au cohéritier* [de ne pas l'aliéner] *et il est réputé institué sous une condition impossible s'il est le seul héritier. »*, **et *D.28.7.7 :*** *« Si quelqu'un instituait des héritiers sous la condition qu'ils se garantissent mutuellement de se rendre les legs faits dans le testament, on conviendrait de les dispenser de la condition car on considère qu'elle va à l'encontre des lois qui interdisent à certains de recevoir des legs. »*, **en vertu desquelles Reinhard Bachoff von Echt nie dans : *Notae et animadversiones ad Hieronymi Treutleri disputationes.*** [Heidelberg, 1617-1618], ***II, 13. fin de 60,*** **qu'on doive donner garantie aux successeurs d'un intestat, s'y opposent), grâce à une caution, *D.35.1.67 :*** *« Si un fonds est légué ainsi à quelqu'un : "s'il n'affranchit pas l'esclave", le legs pourra être reçu par l'héritier dès qu'une caution aura été versée… »*,

D.35.1.106:** « On doit traiter un legs tel que "si elle ne se marie pas avec Titius", comme si on léguait après la mort de Titius et par conséquent, elle ne peut prendre le legs en interposant la caution Muciana. »*, [grâce] **à des fidéjusseurs,** ***D.35.1.97:** « Un legs est fait à des citoyens d'une ville gérée par une municipalité, s'ils jurent. Cette condition n'est pas impossible. Paul demande: de quelle manière peut-elle être réalisée par eux? ils jureront par l'intermédiaire de ceux qui gèrent les affaires de la municipalité. »*, [voir la] ***Novelle Authentique [*«Du mariage »*, § *« ce qui s'ensuit maintenant »*, reprise dans la Novelle 22, chapitre 43 et citée en] ***C.6.40:** « Celui à qui quelque chose est laissé par le conjoint ou par quelque autre personne à condition qu'il ne se remarie pas et qu'il ne réclame pas la chose avant un an à moins de perdre l'espoir de se remarier, s'en saisit au bout d'un an en garantissant de restituer la chose avec ses fruits s'il fait le contraire* [de ce qu'il a promis]. *En matière immobilière, une caution juratoire avec hypothèque est exigée, en matière mobilière la même caution est exigée si la personne peut la fournir, autrement on exige un fidéjusseur si on peut en fournir un. »*, **et portant sur l'usage de la chose et ses fruits et au prix auquel elle sera estimée,** ***D.35.1.67:** « ... celui à qui un legs est fait "s'il n'affranchit pas l'esclave" peut recevoir le legs des mains de l'héritier après avoir donné une garantie et s'il affranchit ensuite l'esclave, la stipulation devenant exécutoire, il restituera à l'héritier, soit le fonds, soit le prix auquel la chose sera estimée... »*, ***D.35.1.79 § 2:** « Si celui qui reçoit un legs après avoir versé la caution Muciana, fait quelque chose de contraire à la caution, il restituera même les fruits à l'héritier, en vertu de la stipulation prévue. »*, ***D.31.67 § 2:*** [erreur de référence? Pas de rapport apparent au problème]. **Une action est donnée si** [la garantie] **est rendue exécutoire, et la *rei vindicatio*** [l'est] **en vertu de la stipulation,** ***Novelle 22 chapitre 44:*** [allusion au sens général du chapitre 44 et non citation d'un passage particulier]. **Elle peut être remise par le testateur,** ***Novelle 22 fin du chapitre 44:** « ... à moins que le testateur ne prescrive cela en disant que celui à qui il laisse, soit par une institution particulière, soit par testament, soit par legs ou fidéicommis, soit par donation à cause de mort, a la liberté de recevoir ce qui est laissé et de ne donner aucune caution. »*, ***D.35.1.72 § 2:** « Titius demanda à celui qu'il avait institué héritier de restituer l'héritage après sa mort si la caution du fidéicommis ne lui était pas demandée... »*, ***§ 3:** « S'il est écrit ainsi: "je demande que tu restitues l'héritage après ta mort afin qu'on ne demande pas de caution de fidéicommis et qu'on n'exige pas de comptes", on considère qu'il est manifeste par ces termes qu'on n'introduit pas la moindre mention d'une condition de garantie. »*, ***D.35.1.77 dernier §:** « La caution des legs ou des fidéicommis peut être remise par toute indication de la volonté »* [du testateur.], ***C.6.54.2:** « Nous avons reconnu par la pratique même des affaires, qu'il est d'utilité publique que les garanties introduites dans les legs et dans les fidéicommis du fait de la volonté des défunts à respecter, puissent être remises. »*, ***C.6.54.4:*** [erreur de référence? Il ne s'agit pas de la dispense de la garantie mais de l'impossibilité faite à certains pupilles d'exercer une action en réclamation d'hérédité à l'encontre de celui qui doit leur restituer un héritage lorsqu'il mourra.], ***C.6.54.7:** « Vous devez savoir que le Divin Marc et le Divin Commode ont établi que la garantie du legs ou du fidéicommis pouvait être remise. »*, ***C.6.46.2:** « Lorsque tu proposes qu'un père de famille prescrive à titre de fidéicommis qu'il laisse pour une date certaine, de donner caution "qu'elle ne se séparera pas de son mari", il est juste de considérer les sources de la juridiction comme si rien n'était écrit à ce propos. »*, ***D.36.3.12:** « Afin qu'on ne demande pas de caution, la condition qui est écrite dans le testament n'est pas tenue pour une condition. »*, ***Novelle 15:*** [référence imprécise]. **S'il ne veut pas garantir, il est repoussé par une exception de dol,** ***D.34.4.3 § 4:** « Si quelqu'un lègue ainsi: "que mon héritier donne un fonds à Titius et si Titius aliène ce fonds, que mon héritier donne le même fonds à Séjus", l'héritier est grevé; en effet le fidéicommis n'est pas laissé à la charge de Titius s'il aliène le fonds, car c'est par l'héritier qu'est légué à*

Séjus. Par conséquent l'héritier devra obtenir au moyen de l'exception de dol, que Titius garantisse par caution qu'il n'aliénera pas le fonds. », ***D.44.4.5*** : « *Si l'héritier ne garantit pas, il sera exclu par une exception de dol.* »

311. ***argument de D.40.7.10*** : « *Si l'héritier vendait l'esclave qui a reçu l'ordre de donner 10 et d'être libre, et l'aliénait en disant que la liberté lui est donnée à condition de donner 20, une action* ex vendito *pourrait être exercée contre le vendeur.* » [En d'autres termes, le droit de l'esclave est d'autant plus important que la condition résolutoire est aisée et le droit de l'acheteur est d'autant plus important qu'elle est difficile. Par conséquent le vendeur trompe l'acheteur sur la valeur du droit conditionnel qu'il lui cède, en prétendant que la difficulté de la condition résolutoire de l'achat est supérieure à son importance réelle. L'acheteur peut donc exercer une action *ex vendito* en réclamation du trop-perçu.]

* [Il s'agit en fait du th. 372.]

312. **argument de *D.35.1.92*** : « *Si un legs est laissé à quelqu'un et qu'il soit prié d'émanciper ses enfants, est-ce qu'il est contraint de le faire ?* » ... « *j'estime que l'on doit établir de manière extraordinaire que celui qui accepta ce qui lui était laissé afin de le faire émanciper ses enfants, devait être contraint de les émanciper ; en effet on ne doit pas circonvenir la volonté de ceux qui testent. Par conséquent l'institution doit être entendue comme si le legs lui était fait sous la condition de l'émancipation des enfants, ou comme s'il lui était fait pour qu'il les émancipe* » [et les enfants disposeront par conséquent de l'action *ex testamento* pour le contraindre à obéissance].

313. **ou même l'action *civilis incerti*, autrement dit** [celle des] ***Praescriptis Verbis*** [contrats innommés], ***D.2.14.7 § 2*** : « *Même si la chose ne se transmet pas dans un contrat, l'idée demeure et Ariston répond très élégamment à Celse qu'il y a une obligation. Ainsi par exemple je t'ai donné une chose pour que tu m'en donnes une autre ; je t'ai donné pour que tu fasses quelque chose. Ceci constitue un contrat et une obligation civile en naît, et je pense par conséquent que Julianus a été repris à bon droit par Mauricianus* [dans le cas suivant] : *Je t'ai donné Stichus pour que tu affranchisses Pamphile. Tu l'as affranchi. Tu es évincé de la possession de Stichus. Julianus écrit qu'une action* in factum *doit être donnée par le Préteur. Mauricianus dit qu'une action* civilis incerti *suffit, c'est-à-dire une action* praescriptis verbis. *En effet il s'agit d'un contrat, ce qu'Ariston appelle un συνάλλαγμα, dont naît une action.* », **et *D.19.5.16*** [*d.l.* est l'abréviation qu'utilise habituellement Leibniz pour : « la loi déjà citée ». Mais il ne peut s'agir de D.19.5.16 car cette loi n'a jamais été citée et le terme *l* est répété. Il y a sans doute ici, soit une erreur d'écriture, soit une indication incomplète d'un passage traitant de l'action *civilis incerti*] : « *Tu m'as permis d'extraire la craie de ton champ sous la condition que je remblaie l'endroit d'où je l'ai extraite. Je l'ai extraite et je n'ai pas remblayé. On demande quelle est l'action dont tu disposes. Il est évident que l'action* civilis incerti *convient. Mais si tu m'as vendu la craie, tu utiliseras l'action* ex vendito. »

314. ***D.35.1.79 § 2*** : « *Si celui qui reçoit un legs après versement de la caution Muciana, fait quelque chose de contraire à la caution, la stipulation étant exécutoire, il doit rendre même les fruits à l'héritier.* » [En effet, la condition initiale était une potestative négative du type « *s'il ne fait pas* », qui devient « *tant qu'il ne fera pas* » une fois transformée en mode. Par conséquent le droit que le légataire détenait « *tant qu'il ne ferait pas* », devient celui de l'héritier, comme s'il ne l'avait jamais détenu et porte sur la chose

et les fruits qu'elle a produit depuis l'adition d'hérédité.], ***D.18.2.2 § 1 ne s'y oppose pas :*** *« Par conséquent là où conformément à ce que nous avons distingué, la vente est pure, Julianus écrit que celui à qui la chose est adjudiquée à terme, peut usucaper et bénéficier des fruits et des accessoires et que le risque lui incombe si la chose disparaît. »*, **en effet il fait siens les fruits,** [mais] **il n'en jouit pas, autrement dit il doit restituer, argument de la loi 6 Codex même titre** [erreur de référence : *eod.* ne renvoie ni au titre de D.18.2.2 qui n'existe pas dans le Codex, ni à l'équivalent dans le Codex de celui de D.18.3 (*De lege commissoria*) puisqu'il n'y a pas de loi 6 en C.8.34, ni enfin à C.6.43 (*Communia de legatis...* ») qui ne contient pas non plus de loi 6.], [et] ***D.18.3.5 :*** *« Lorsqu'un fonds est vendu avec la convention que la chose ne soit pas achetée si le prix n'est pas payé avant une certaine date, on devra faire en sorte qu'il soit réputé que les fruits que l'acheteur a obtenus dans l'intervalle, lui appartiennent de plein droit. Mais si le fonds revenait au vendeur, Ariston estime qu'un jugement les concernant serait donné au profit du vendeur et à l'encontre de l'acheteur, car il convient qu'il ne garde rien d'une chose pour laquelle il a manqué à sa parole. »*

315. ***D.35.1.80 :*** *« Dans les fidéicommis, il ne convient pas de considérer comme conditionnelles les raisons qui excluent immédiatement un demandeur. Mais nous admettons celles qui entraînent un retard et des dépenses une fois qu'une caution est fournie. En effet nous ne disons pas que celui à qui quelque chose est donné s'il construit un monument, est identique à celui à qui quelque chose est donné pour qu'il fasse un monument. »*, **D.18.2 début de 2 :** *« On discute du fait de savoir si toutes les fois qu'un fonds est acheté à terme, l'achat est pur mais se résout sous condition, ou si au contraire l'achat est plutôt conditionnel, et je considère qu'il importe extrêmement de savoir ce qui est en vue, car si c'est que l'achat disparaisse si une meilleure condition est offerte, il s'agira alors d'un achat pur et simple qui se résout sous condition ; au contraire, si c'est que l'achat devienne parfait à moins qu'une meilleure condition soit offerte, l'achat sera conditionnel. »*, ***D.18.3.1 :*** *« Si un fonds est vendu avec la clause de* lex commissoria*, il vaut mieux considérer que l'achat se résout sous condition plutôt qu'il n'est contracté sous condition. »*, ***D.18.3.2 :*** *« Lorsque le vendeur d'un fonds énonça la clause suivante : "que le fonds ne soit pas acheté si l'argent n'est pas versé à temps", on estime que le fonds n'est pas vendu si le vendeur veut qu'il ne le soit pas, car cette garantie a été prise en considération du vendeur. Car si on le concevait autrement et que brûle une maison de campagne, il serait au pouvoir du vendeur de faire en sorte en ne donnant pas l'argent, que le fonds qu'il gardait à ses risques et périls soit tenu pour non vendu. »*, ***C.6.43.3 § 3 :*** *« Mais si le legs, ou le fidéicommis d'un ensemble de choses était fait sous condition, ou sous une date incertaine, ou de manière particulière, ou par substitution ou restitution, l'acquéreur agirait au mieux en se garantissant dans tous ces cas de ne pas être soumis en cas d'éviction à de plus lourdes charges du fait de quelque vente ou hypothèque. Mais s'il se presse de vendre ou de contracter une hypothèque par désir de richesse et en espérant une condition moins pénible à remplir, il sait que la condition étant remplie, l'affaire sera annulée depuis le début et qu'elle devra être réputée non écrite et inachevée. »*

316. **si une** [condition] **parmi plusieurs conjointes est tenue pour non ajoutée, elle ne nuit pas à l'autre, *D.28.7.8 § 8 :*** [erreur de référence. Pas de rapport au problème]. **La condition de celui qui remplit n'est pas meilleure que celle de celui qui est estimé remplir, *D.35.1.74 :*** *« Un usufruit est laissé à la femme et à Titius si la femme ne se marie pas. Si la femme se marie, tant que Titius vit et demeurera dans le même état juridique, elle recevra une partie de l'usufruit ; en effet on doit comprendre qu'il a été concédé à la femme, en vertu du legs et au bénéfice de la loi, autant qu'elle aurait si elle avait obéi à la*

condition. Et si Titius qui est affecté par la condition, refuse le legs, ce fait ne profitera pas à la femme. »**, *D.40.7.4 § 2:*** *« On ordonne à un esclave de servir Titius pendant une année et d'être libre ensuite. Si Titius meurt, l'esclave n'est pas immédiatement libre, mais seulement quand l'année se sera écoulée car on considère que la liberté est plus donnée à partir d'une date qu'elle ne l'est sous une condition; en effet il serait absurde qu'il devienne libre plus rapidement en ne remplissant pas la condition qu'en l'ayant remplie.* »**, *D.40.7.18:*** *« Si un esclave ayant reçu l'ordre de donner 10 en trois ans, avait offert de donner 20 la première année, il ne serait pas libre si l'héritier n'acceptait pas, car si l'héritier acceptait il ne serait toujours pas libre.* »**, **en vertu du droit Prétorien lui-même, D.28.7.8 dernier §:*** *« ... et à propos de l'héritier du légataire, on approuve à juste titre que si le légataire meurt après que le jour du legs est échu, son héritier doive utiliser une action en réclamation pour le legs qui appartenait au légataire, comme si le legs était fait purement et simplement à l'héritier qui vivrait. »*

317. ***D.28.5.9 § 5:*** *« ... mais si l'on a ajouté une condition qu'on ne désirait pas, l'héritier désigné le deviendra une fois qu'elle sera enlevée et l'on ne considérera pas qu'est institué ce qui a été écrit contre la volonté. »*

318. ***D.45.1.7:*** *« Lorsqu'une condition impossible consiste dans le fait de réaliser positivement quelque chose, elle est incompatible avec les stipulations; il en est autrement lorsqu'une condition comme "s'il ne monte pas au ciel" est insérée dans une stipulation, car la stipulation est utile, actuelle et porte sur une somme déterminée. »***, *D.35.1.56:*** [erreur de référence. Il s'agit d'un problème de division de condition.]**, *Inst.2.14 § 10:*** [il s'agit en fait de la condition impossible qui est définie ici afin d'introduire l'autre loi des Institutes où la condition impossible sera distinguée de celle qui est nécessaire en elle-même]: *« La condition impossible n'est tenue pour apposée, ni dans les institutions et dans les legs, ni dans les fidéicommis et les affranchissements. »***, *Inst.3.19 § 11:*** *« Si une condition impossible est ajoutée à des obligations, la stipulation ne vaut rien. Est cependant tenue pour condition impossible, celle qui par nature est empêchée d'exister, comme par exemple si quelqu'un disait: "promets-tu de donner si je touche le ciel du doigt". Mais si l'on stipule ainsi: "promets-tu de donner si je ne touche pas le ciel du doigt", l'obligation est réputée constituée purement et simplement, et l'on peut réclamer par conséquent immédiatement. »***, *D.45.1.17:*** [erreur de référence. Il s'agit de la condition du jugement qui n'est pas nécessaire en elle-même: *« Une stipulation soumise par condition au jugement de la partie qui promet, ne vaut rien. »*]**, *D.28.5.50 § 1*** [et non D.28.5.50]: *« Si la condition exprimée pour l'institution d'un héritier consiste dans le fait de ne pas faire quelque chose d'impossible, de l'avis de tous il sera héritier, comme s'il était institué purement et simplement. »*

319. **La condition extrinsèque, qui est par elle-même comprise dans le conditionné, est tenue pour non ajoutée, *D.35.1.99:*** *« Les conditions extrinsèques ne provenant pas du testament, c'est-à-dire qui sont considérées comme s'impliquant d'elles-mêmes, ne rendent pas les legs conditionnels. »***, *D.35.1.107:*** *« Il arrive parfois qu'un legs donné sous condition soit réputé donné purement et simplement, comme dans le cas de ce qui est laissé sous la même condition que celle sous laquelle l'héritier est institué ailleurs, ou dans le cas de ce qui est laissé sous la condition suivante: "s'il fait adition d'hérédité". »***, *D.30.3:*** *« Les termes suivants du testateur: "qui que ce soit qui sera mon héritier en vertu des termes ci-dessus", ou "si Séjus est héritier", ou "s'il fait adition d'hérédité", ne rendent pas conditionnels le legs ou le fidéicommis. »***, *D.36.2.6.1*** [et non D.36.2.6]: *« Si un legs est suspendu à quelque chose d'extrinsèque et non en vertu du testament, nous pou-*

vons dire que le legs se transmet à l'héritier du légataire, même si ce dernier décède avant la réalisation de l'événement suspensif » ... *« Et Julianus répond à ce propos qu'on estime que ce qui est ajouté au legs est plus un retard qu'une condition. »*, ***D.36.2.25 § 1:*** *« ... si l'on disait: "que soit donné à Titius ce que le pupille paiera", ou si on léguait ce qui naîtra de l'esclave Arescusa, ou les fruits qui seront produits sur tel fonds »* ... *« l'héritier du légataire pourrait réclamer si le légataire mourait pendant la période intermédiaire et que l'enfant naisse ensuite, ou que les fruits soient attribués ou l'argent payé au pupille, car le* dies cedit *du legs auquel une condition n'est pas apposée se produit, bien qu'il dépende d'un événement extrinsèque. »*, **(à moins que le testateur ne le veuille autrement, *D.35.1.19 § 1:*** *« Cette expression: "si Primus est héritier, qu'il soit obligé de donner", ne doit pas être tenue pour une condition, car le testateur a plutôt voulu montrer quand le legs est dû, qu'insérer une condition. »*, ***D.35.1.12:*** *« S'il est légué ainsi: "puisque mon fils aîné a prélevé 10 dans mon coffre, que mon fils puîné héritier prenne 10 dans l'héritage", le legs est dû car il est laissé pour que la situation des fils soit égale. Et ceci est certainement une cause, car la cause est rapportée au passé, la peine au futur. »*, ***D.28.6* début de *8:*** *« Celui qui nomme un substitué pour ses enfants impubères, peut substituer, soit purement, soit sous condition.* [Il le fait] *purement de la manière suivante: "si mon fils décède avant la puberté, que Séjus soit héritier" »* ... *« mais il l'institue sous condition s'il substitue, c'est-à-dire* [s'il déclare:] *"si mon fils est héritier* [et qu'il décède avant la puberté], *alors que Séjus soit héritier" »*). ***D.35.1.1 dernier §* s'y oppose:** *« La condition du legs est comprise* [dans le legs] *comme dans: "que l'héritier donne ce qui naîtra d'Arescusa", ou dans: "que l'héritier donne les fruits qui seront obtenus sur ce fonds", ou dans: "qu'il donne à Séjus l'esclave que je n'ai pas donné à un autre". »*, **parce que c'est l'efficacité même qui y est comprise. Car ce qui est compris** [dans le conditionné] **est exprimé en vain, *D.40.5.6 § 2:*** [erreur de référence, pas de § 2.], ***D.35.1.19 § 1:*** [voir ci-dessus], ***D.35.1.52:*** *« Il arrive parfois que quelques expressions nuisent quand elles sont expressément énoncées, alors que si elles sont omises, elles peuvent être comprises tacitement et ne pas nuire. Ce qui se produit quand on lègue ainsi à quelqu'un: "je donne et lègue 10 à Titius si Maevius monte au Capitole", en effet, bien qu'il dépende du jugement de Maevius de monter au Capitole et de vouloir faire en sorte que le legs soit dû à Titius, on ne peut cependant léguer efficacement avec des termes tels que: "je donne 10 à Titius si Maevius le veut", car un legs ne peut dépendre d'une volonté étrangère. »*, ***D.36.2.21 § 1:*** *« Si un legs est fait à Titius sous la condition sous laquelle je t'ai institué héritier, Pomponius pense que le* dies cedit *de ce legs se produira comme si le legs était pur et simple, du fait qu'il est certain qu'il sera dû lorsque l'héritier existera. »*, ***D.36.2.22 § 1:*** *« Certaines conditions sont superflues, comme par exemple si l'on écrivait ainsi: "que Titius soit héritier. Si Titius recueille mon héritage, qu'il donne 10 à Maevius", car cette condition devra être tenue pour non ajoutée. »*, ***C.8.40.3:*** *« Lorsque tu proposes que deux fidéjusseurs soient admis à ton profit »* ... *« même si tu indiques qu'il est ajouté dans l'obligation que chacun d'eux est tenu au tout, ce fait ne change en rien la condition de droit et la constitution* [de l'obligation]. *Car même si cela n'est pas ajouté, chacun d'eux est cependant tenu au tout. »*, ***C.8.55.7:*** [erreur de référence? Pas de rapport apparent au problème.], ***D.30.4:*** *« Si quelqu'un se trompe dans le vocabulaire désignant un fonds et nomme le fonds Cornelien à la place du fonds Sempronien, il devra le fonds Sempronien; mais s'il se trompe pour un objet, il ne le devra pas. Car Pomponius écrit que si quelqu'un écrivait "le mobilier" alors qu'il voulait léguer les vêtements et en pensant que les habits sont contenus dans le terme de "mobilier", il ne devrait pas les vêtements »* ... *« En effet les termes de choses sont immuables, les termes de personnes sont muables »*. [Autrement dit, le caractère exprès ou non-exprès d'une condition dépend de sa nature. La règle] **les conditions expresses nuisent, les non-expresses ne nuisent pas, s'y oppose, *D.28.5.51 § 1:***

« Si quelqu'un écrivait ainsi : "que Stichus soit libre et mon héritier s'il m'appartient lorsque je mourrai", l'esclave ne pourrait faire adition d'hérédité sur l'ordre de l'acheteur après avoir été aliéné » ... « Mais si le testateur l'affranchissait de son vivant, Celse écrit au livre 15 des Digestes, qu'il deviendrait alors héritier. En effet il est évident que le testateur n'a pas voulu exclure ce cas et que les termes n'y répugnent pas, car bien qu'il ne soit pas son esclave, il est assurément son esclave affranchi. », ***D.28.5.68 :*** *« ... en effet certaines expressions n'ont aucun effet quand elles sont exprimées dans un testament, alors que cachées, elles ont la même signification que celle qu'elles auraient si elles étaient exprimées et elles ont un effet. »*, ***D.30.65 § 1 :*** *« En effet le droit qui contient quelque chose de tacite, est différent de celui qui exprime les termes. »*, ***D.17.1.47 :*** [erreur de référence ? Pas de rapport apparent au problème.], ***D.17.1.56 :*** [erreur de référence ? Le problème traité est celui de l'intérêt d'une expression claire des clauses d'un contrat : *« Les précisions qui sont insérées dans les contrats afin de supprimer les doutes, ne lèsent pas le droit commun. »*], ***D.50.17.77 :*** *« Les actes légitimes qui ne supportent pas de terme ou de condition, comme l'émancipation, l'*acceptilatio [la remise de dette], *l'adition d'hérédité, le choix de l'esclave, l'imposition d'un tuteur, sont intégralement viciés par l'ajout d'un temps ou d'une condition, mais les actes ci-dessus énoncés, les acceptent parfois de manière tacite. »*, ***D.50.17.195 :*** *« Les termes exprès nuisent, les termes non exprès ne nuisent pas. »* **Réponse : si celles qui sont comprises** [dans le conditionné] **sont superflues, autrement dit, ne contiennent rien d'autre que ce qui y est compris, même les expresses ne nuisent pas,** ***D.45.1.65 :*** *« Si l'on ajoute à la stipulation quelque chose d'extrinsèque et qui n'a aucun rapport avec l'acte en présence, cela est tenu pour superflu et ne vicie pas l'obligation. »*, ***D.50.17.94 :*** *« Les écrits qui sont pléthoriques ne vicient pas d'ordinaire. »*, ***C.6.23.17 :*** *« Un testament ne devra pas être infirmé parce qu'on a désigné sous diverses appellations ce qui n'existe pas, car les termes superflus ne nuisent pas. »*

320. **Jacopo Menochio :** ***De praesumtionibus, conjecturis, signis et indiciis commentaria*** [Venise, 1587-1590], ***6. présomption. 4.***

321. ***D.35.1.3 :*** *« On a convenu que les conditions impossibles écrites par testament devaient être tenues pour nulles. »*, ***D.35.1.6 § 1 :*** *« Quelqu'un était institué héritier "s'il affranchissait des esclaves déterminés" dont certains étaient morts auparavant. Neratius répondit qu'il était en défaut du point de vue de la condition, et il n'estimait pas qu'il était possible d'obéir à la condition. Mais Servius répondit que la condition ne faisait pas défaut lorsqu'il était écrit ainsi : "si ma fille et ma mère vivent" et que l'une d'elles soit déjà morte. Et c'est la même chose qui est écrite chez Labéon. Et Sabinus et Cassius tiennent ces conditions pratiquement impossibles qui sont énoncées dans un testament, pour non écrites. »*, ***D.28.7.1 :*** *« On convient qu'une institution faite sous une condition impossible ou contenant une autre imperfection, n'est pas viciée. »*, ***D.28.7.4 :*** *« Si des personnes étaient instituées ainsi : "qu'ils soient héritiers s'ils demeurent dans la société de mes biens pendant seize ans", Marcellus dit que l'institution est inutile d'après la signification des termes* [car cette société n'existe pas], *mais Julianus dit que l'institution vaut parce que la société peut être commencée avant que l'hérédité soit acquise, comme si c'était une société portant sur une chose future. »*, ***D.28.7.20 :*** *« ... la condition ἀδύνατος, autrement dit, impossible, est tenue pour non écrite. »*, ***D.28.7.6 :*** *« Si quelqu'un est institué héritier s'il construit une tombe dans les trois premiers jours qui suivent la mort du testateur, comme il ne peut achever la tombe en trois jours, on devra dire que la condition disparaît en tant qu'impossible. »*, ***D.28.5.45 :*** *« Ce qui est écrit dans un testament et qui est impossible, n'a aucun effet. »*, ***D.28.5.50 § 1 :*** [D.28.5.50 est une erreur de référence] : *« Si la condition exprimée pour l'institution d'un héritier consiste dans le fait de ne pas faire*

quelque chose d'impossible, de l'avis de tous il sera héritier, comme s'il était institué purement et simplement. », **D.28.3.16**: *« Les conditions qui dépendent du futur, pourront exister si elles sont possibles (même si elles n'existent pas), et ont pour effet d'annuler un testament antérieur même si elles n'existent pas; mais si elles sont impossibles, comme par exemple: "que Titius soit héritier s'il touche le ciel du doigt", on convient qu'elles valent comme si elles n'étaient pas écrites. »*, **D.30.12 § 1**: *« Si quelqu'un me lègue les esclaves "qu'il possède à Gadès" par le testament qu'il fait à Rome en mourant et pour que je les obtienne trois jours après sa mort, l'héritier est contraint de les donner car le legs est ratifié et l'étroitesse du temps accordé ne nuit pas au legs. »*, **D.33.4.12**: *« Celui qui reçut à titre de dot une certaine somme d'argent et un certain nombre de choses, légua ainsi à sa femme: "je veux que la somme donnée par son père, à l'intention de ma femme Séja et à titre de dot, lui soit versée si elle présente et entretient tous les biens que le registre dotal mentionne". Plusieurs choses données à titre de dot ayant disparu du fait de l'usage qu'on en a fait et n'existant plus au moment où le mari est décédé, on demande si le legs donné pratiquement sous une condition impossible, est dû. On répond qu'on considère que la condition est remplie si les choses données en dot et qui subsistent, parviennent entre les mains de l'héritier. »*, **D.30.104 § 1**: *« "Qu'il soit donné 100 à Lucius Titius s'il donne à mon héritier les tablettes où je lui promets de l'argent". Titius meurt ensuite avant d'avoir rendu les tablettes de l'héritier. » ... « Julianus note que que s'il n'existe aucune tablette testamentaire au moment de la rédaction du testament, on peut dire avec raison que le legs est dû à Titius car une condition ἀδύνατος, autrement dit, impossible, est tenue pour non écrite. »*, (**D.28.7.16 ne s'y oppose pas**: *« Si Titius est héritier, que Séjus soit héritier, si Séjus est héritier, que Titius soit héritier. Julien écrit que l'institution est inutile car la condition ne peut exister. »*), [elle est également pure] **dans les donations à cause de mort, argument de *D.28.7.8 § 3*:** *« Dans les donations à cause de mort, on doit dire que l'Edit du Préteur* [qui réprouve ce qui est laissé sous la condition de jurer] *s'applique si quelqu'un garantissait qu'il restituerait ce qu'il a reçu s'il ne jurait pas de faire quelque chose. En effet il conviendra de dispenser de la caution. »*

322. [voir] ***tout le titre: « Des conditions apposées dans les fiançailles ou dans les autres contrats », Extra.4.5.1*; même** [celle qui est] **impossible en droit, *D.28.7.9*:** *« On doit dispenser des conditions qui sont introduites contre les bonnes mœurs, comme par exemple: "s'il ne rachète pas son père détenu par les ennemis", "s'il ne nourrit pas ses parents ou son patron". »*, **D.29.1.29 § 2**: *« L'édit du Préteur en vertu duquel on dispense de la condition de jurer imposée aux héritiers et aux légataires, s'applique même dans les testaments des militaires, tout comme il s'applique aussi dans les fidéicommis, et c'est la même chose si la condition est malhonnête. »*, **D.38.17.2 § 44**: *« ... quand un legs important est fait à un pupille sous la condition qu'il n'ait pas de tuteur » ... « je pense qu'on doit dispenser de cette condition comme contraire à l'utilité publique... »*, **D.28.7.14**: *« Les conditions qui sont contre les Edits des Empereurs, ou contre les lois, ou contre les écrits qui ont force de loi, ou qui sont contre les bonnes mœurs, ou qui sont dérisoires, ou qui sont du genre de celles que les Préteurs désapprouvent, doivent être tenues pour non ajoutées et l'héritage ou le legs est obtenu, comme si la condition n'était pas ajoutée à l'héritage ou au legs. »*, **D.28.7.15**: *« Si un fils qui est sous la puissance d'un père est institué héritier sous une condition que le Sénat et le Prince désapprouvent, cela infirme le testament du père comme si la condition n'était pas au pouvoir du fils, car on doit croire que nous ne pouvons faire les choses dont la réalisation lèse notre piété, notre estime et notre pudeur et pour le dire de manière générale, qui sont contre les bonnes mœurs. »*, **D.35.2.88**: *« Quelqu'un qui avait quatre cents pièces d'or, légua trois cents pièces, puis te légua 100 pièces d'or sous la condition suivante: si la loi Falcidia* [qui limite les possibi-

lités de legs afin de préserver les droits de l'héritier] *ne s'appliquait pas à son testament. On demande ce qu'il en est du point de vue du Droit. J'ai dit que cette question était* των ἀπορων, *c'est-à-dire perplexe » ... « En effet tout ce que nous établirons comme vrai, se révélera faux; car si nous disons que le legs qui t'est donné vaut, il faudra appliquer la loi Falcidia, et par conséquent le legs ne sera pas dû puisque la condition fera défaut. De plus, si le legs ne vaut pas du fait que la condition fait défaut, il n'y aura pas lieu d'appliquer la loi Falcidia et s'il n'y a pas lieu d'appliquer la loi, le legs te sera dû à l'existence de la condition. Mais comme il apparaît que la volonté du testateur n'est pas de vouloir que les legs des autres soient diminués du fait de ton legs, il vaut mieux que nous établissions que la condition de ton legs fait défaut. »*, [et celle qui est apposée] **en fraude des lois, *D.35.1.64 § 1:*** *« Il importe de savoir s'il y a fraude vis-à-vis des lois lorsqu'on écrit ainsi: "si elle ne se marie pas en Aricie", car si c'est une femme qui ne peut pas facilement contracter mariage ailleurs, la condition doit être interprétée en vertu du droit dans le sens de la suppression, car elle a été écrite afin de commettre une fraude vis-à-vis de la loi. En effet une interprétation doit être ajoutée en faveur d'une loi utile à la chose publique, c'est-à-dire en faveur d'une loi donnée à fin de procréation. »*, ***D.35.1.79 § 4:*** *« Ce qui est écrit en fraude des lois afin d'empêcher le mariage, n'a aucune force, comme par exemple: "que l'héritier donne 100 à Titius si la fille qui dépend de lui, ne se marie pas", ou encore: "que l'héritier donne au fils de famille, si son père ne se marie pas". »*, ***D.28.7.7:*** *« Si quelqu'un instituait des héritiers sous la condition qu'ils se garantissent mutuellement de se rendre les legs faits dans le testament, on conviendrait de les dispenser de la condition car on considère qu'elle va à l'encontre des lois qui interdisent à certains de recevoir des legs. »*, ***D.34.9.10:*** *« S'oblige en fraude des lois, celui qui promet tacitement de restituer cela même qui lui est laissé par testament, ou autre chose, à une personne que les lois empêche de recevoir par testament... »*, ***Inst.2.23 § 1* s'y oppose:** *« Par conséquent il faut savoir qu'à l'origine, tous les fidéicommis étaient invalides parce que personne n'était contraint de donner malgré lui ce qu'on le priait de donner. Si les testateurs laissaient à ceux à qui ils ne pouvaient laisser par héritage ou legs, ils le faisaient en se reposant sur la bonne foi de ceux qui pouvaient recevoir par testament. Et ainsi on appela « fidéicommis » ces transmissions parce que ceux qui étaient priés d'agir n'étaient contraints par aucun mécanisme juridique, mais seulement par leur honnêteté. Ensuite le Divin Auguste ordonna aux consuls d'interposer leur autorité »* [pour légaliser cette pratique.], **Réponse: certaines lois sont utiles à l'Etat et sont étendues, *D.35.1.64 § 1:*** [voir ci-dessus], **et d'autres sont subtiles et peuvent être abandonnées, *C.6.51 début de la première loi, voir « en trouvant de nombreuses »*** [façons]**:** *« Et de la même manière que dans de nombreux chapitres la loi Papia fut amendée par les anciens Princes et abolie pour raison de désuétude, l'observation de son caractère néfaste en dehors des clauses de caducité, fait que nous lui enlevons la vigueur que des hommes très prudents ont voulu lui conserver en trouvant de nombreuses façons de ne pas la rendre caduque. »*

323. **comme** [la condition] **du divorce, *C.6.25.5:*** *« Si tu te sépares de ton mari. »*, ***C.6.46.2:*** [il s'agit plutôt ici de la condition de non-divorce]: *« si elle ne se sépare pas de son mari ».*

[Comme également la condition] **si elle ne se marie pas, *D.35.1.22:*** *« Chaque fois que quelque chose est légué à une femme sous la condition "si elle ne se marie pas" et qu'on lui impose le fidéicommis de restituer à Titius si elle se marie, on admet qu'elle peut réclamer le legs et qu'elle n'est pas contrainte d'accomplir le fidéicommis. »*, ***D.35.1.62* dernier *§:*** *« Quand un homme lègue quelque chose par annuités à sa femme en disant "si elle ne se marie pas tant qu'elle a des enfants", qu'en est-il du point de vue juridique? Julien répond que la femme peut se marier et obtenir le legs. Mais s'il est écrit ainsi: "si* *elle ne se marie pas tant qu'elle a des enfants impubères", il n'y a pas lieu d'appliquer la loi* [qui interdit la condition de viduité], *car* [la disposition] *vise plus* [l'intérêt] *des enfants que la viduité. »*, ***D.35.1.72 § 5:*** *« "Qu'un fonds soit légué à Maevia lorsque je mourrai, si elle ne se marie pas". On peut dire qu'elle est immédiatement admise à la possession du legs si elle se marie. On ne décide pas la même chose si un terme certain ou quelque chose d'incertain est adjoint au legs. »*, ***D.35.1.63:*** *« Lorsqu'on a légué ainsi: "si elle ne se marie pas à Titius", ou ainsi: "si elle n'épouse ni Titius, ni Séjus, ni Maevius", ou si plusieurs personnes ont été désignées, on a trouvé bon que le legs soit perdu si elle se mariait à n'importe lequel d'entre eux et qu'une telle condition de viduité ne soit pas considérée comme ajoutée puisqu'elle peut se marier aisément à n'importe quel autre. »*, ***D.35.1.79 dernier §:*** [§.4]: *«Ce qui est écrit en fraude des lois afin d'empêcher le mariage, n'a aucune force, comme par exemple: "que l'héritier donne 100 à Titius si la fille qui dépend de lui, ne se marie pas", ou encore: "que l'héritier donne au fils de famille, si son père ne se marie pas". »*, ***D.45.1.134:*** *« Titia qui avait un fils d'un autre lit, se maria avec Gaius Séjus qui avait une fille. Ils s'entendirent au moment du mariage sur le fait que la fille de Gaius Séjus épouse le fils de Titia, et prévirent les documents officiels et une peine si l'un d'eux faisait obstacle au mariage. Gaius décéda ensuite au cours du mariage et sa fille refusa de se marier. Je demande si les héritiers de Gaius Séjus sont tenus en vertu de la stipulation. On répondit qu'une exception de dol s'opposerait à ceux qui réclameraient car la stipulation qui est présentée n'est pas introduite en considération des bonnes mœurs, puisqu'il est perçu comme malhonnête de s'opposer à un mariage soit futur, soit déjà contracté, au moyen d'un stipulation de peine. »*, **(si elle se marie selon le jugement de Titius, voir *D.35.1.72 § 4:*** *« "Si Séja se marie conformément au jugement de Titius, que mon héritier lui donne un fonds". On doit répondre qu'elle reçoit le legs du vivant de Titius si elle se marie sans son jugement et cette opinion est soutenue afin qu'il n'y ait aucun empêchement au mariage. »*, ***C.4.32.4:*** [erreur de référence ? Pas de rapport au problème]), ***C.6.40.3:*** *« ... lorsque quelque chose est laissé à des femmes avec les termes suivants: "si elle est veuve", ou "tant qu'elle restera veuve", ou "lorsqu'elle sera veuve"; soit au contraire à des hommes: "s'ils se séparent de leurs femmes" ou "quand ils deviendront célibataires", on ne leur interdira pas de réclamer ou de saisir d'une manière légale, ce qui leur est laissé. »*, **et *tout le titre de C.6.40.* En effet la veuve est contrainte de verser la caution Muciana ou d'abandonner ce qui est laissé, à moins de se marier dans l'année; voir Antoine Hotmann: *Observationum quae ad veterem nuptiarum ritum pertinent liber singularis.*** [Paris, 1585], ***chap.22*, ajouter Marcus Vertranius Maurus: *Marci Vertrani Mauri de jure liberorum liber singularis.*** [Lyon, 1558].

[La condition] **si elle se marie à Titius est valide, *C.6.25.1:*** *« Il est évident que lorsque tu proposes que le grand-père maternel institue ta fille héritière sous la condition "si elle se marie avec le fils d'Anthylle", celle-ci ne devient pas héritière avant d'avoir obéi à la condition, ou qu'il devienne manifeste que le mariage est empêché par le refus du fils d'Anthylle. »*, ***C.6.25.2:*** *« Si tu n'as pas obéi à la condition sous laquelle tu es instituée par testament, héritière de ta mère, la substitution* [d'héritier] *aura lieu. En effet, la viduité qui t'a été imposée lorsqu'elle a voulu que tu contractes mariage avec le fils de sa sœur qui est ton cousin germain, ne peut être considérée comme appartenant au genre des noces infâmes. »*, ***D.35.1.64:*** *« Julianus disait qu'un legs donné sous le mode suivant: "si elle ne se marie pas avec Lucius Titius" ne donnait pas lieu à l'application de la loi* [Julia et Papia rendue *« sous Auguste dans le but de combattre le célibat et de relever la natalité. »* (Girard p. 928)], ***D.35.1.71 § 1:*** *« 100 sont laissés à Titius pour qu'il épouse Maevia qui est veuve. On ne dispense pas de la condition et par conséquent, de la caution. »*, **ajouter *D.35.1.10:*** *« Par cette condition "lorsque ma fille se mariera", celui qui a testé a seulement voulu signifier que la condition soit remplie et non quand elle devra être rem-*

plie. », ***D.35.1.68:*** « *Lorsqu'on lègue ainsi: "quand elle se mariera", si elle est déjà mariée et que le testateur le sait, il faudra attendre un autre mariage et cela ne changera rien qu'elle se marie pour la seconde fois du vivant du testateur ou après sa mort.* », ***D.35.1.72 § 4:*** [voir ci-dessus], ***§ 5:*** [voir ci-dessus], ***D.35.1.79 § 4:*** [voir ci-dessus], ***C.4.32.4:*** [erreur de référence? Pas de rapport apparent au problème]; **dans le droit des Novelles, la condition: si elle ne se marie pas, est parfaitement valide, l'amour de la vie monacale se renforçant alors, voir Paganinus Gaudentius:** ***Paganini Gaudentii... liber de justinianaei seculi moribus nonnullis. Cum ejusdem dissertatione de successione foeminarum, juxta editionem florentinam.*** [Strasbourg, 1654].

La condition du serment est tenue pour non-ajoutée, ***D.35.1.20:*** « *Nous ne doutons pas qu'on doit dispenser des conditions infâmes, parmi lesquelles il y a même de nombreuses conditions de jurer.* », ***D.29.1.29 § 2:*** « *L'édit du Préteur en vertu duquel on dispense de la condition de jurer imposée aux héritiers et aux légataires, s'applique même dans les testaments des militaires, tout comme il s'applique aussi dans les fidéicommis, et c'est la même chose si la condition est malhonnête.* », ***D.28.7.8:*** « *Les dispositions qui laissent sous la condition de jurer sont annulées par le Préteur, en effet il veille à ce que celui qui reçoit quelque chose sous la condition de jurer, ne perde pas l'héritage ou le legs en omettant la condition ou ne soit pas honteusement contraint d'accepter la condition de jurer.* », **(l'objet** [du serment] **doit cependant être rempli, th. 316** [puisque la transformation de la condition en mode retarde seulement la réalisation de cet objet et ne la supprime pas], ***D.35.1 début de 26:*** « *C'est pourquoi si quelqu'un est institué héritier sous la condition "s'il jure de donner 10", ou "de construire un monument", bien qu'il soit admis à l'héritage ou au legs en raison des termes énoncés, il est cependant contraint à faire ce qu'il lui a été ordonné de jurer de faire, car il est seulement dispensé du serment.* », ***D.28.7.8 § 6:*** « *Toutes les fois que l'héritier a reçu l'ordre de jurer de donner ou de faire quelque chose qui n'est pas malhonnête, il ne disposera pas plus des actions héréditaires, que s'il donne ou fait ce qu'il lui est ordonné de jurer de donner ou de faire* »). ***D.35.1.97*** **s'oppose** [au fait que la condition du serment soit tenue pour non-ajoutée]: « *Un legs est fait à des citoyens d'une ville gérée par une municipalité, s'ils jurent. Cette condition n'est pas impossible. Paul demande: de quelle manière peut-elle être réalisée par eux? ils jureront par l'intermédiaire de ceux qui gèrent les affaires de la municipalité* ». **Réponse: il n'est pas impossible que des municipes jurent (l'esclave doit jurer,** ***D.40.4.12:*** « *Si quelqu'un laisse la liberté sous la condition de jurer, il n'y aura pas lieu d'appliquer l'édit du Préteur afin de dispenser de la condition de jurer.* », ***D.40.4.36:*** « *A propos d'un esclave affranchi ainsi par testament: "qu'il soit héritier s'il jure de donner 10 de ses services à mon fils Cornélius", on demande ce qu'il en est en droit. Et l'on doit savoir que l'esclave doit remplir la condition de jurer, mais qu'il n'est pas tenu au travail, car il n'est pas obligé à moins qu'il ne jure après l'affranchissement.* », ***D.38.1.7 début du § 2:*** « *Mais après l'affranchissement, il doit jurer* [d'effectuer le travail prévu à titre de condition] *afin d'être obligé et il est obligé, soit qu'il jure aussitôt, soit après un certain temps.* », ***D.40.7.36:*** [erreur de référence. Pas de rapport au problème.], ***D.40.7.13:*** [erreur de référence. Il s'agit sans doute de D.40.7.13 § 3]: « *Celui qui reçoit ainsi l'ordre de devenir libre: "s'il jure qu'il montera au Capitole", est libre dès qu'il jure, bien qu'il ne monte pas au Capitole.* »). ***D.29.2.62*** **s'y oppose:** « *Antistius Labéon dit que si quelqu'un est institué ainsi: "qu'il soit héritier, s'il a juré", il ne sera pas immédiatement héritier bien qu'il jure, avant d'avoir effectué quelque acte à titre d'héritier, car on considère qu'en jurant, il a seulement déclaré sa volonté...* ». **Réponse: il n'est pas interdit de jurer.**

[De même la condition] **de porter un nom** [est tenue pour non-ajoutée dans certains cas], ***D.36.1.63 § 10:*** « *Mais si la condition est de porter un certain nom et que le Préteur l'exige, on estimera que quelqu'un agira convenablement s'il l'accomplit; en effet il n'y a* *rien de mal à porter le nom d'un homme honnête car le Préteur n'exige pas la réalisation de cette condition quand elle consiste à porter des noms infâmes et sans honneur. Cependant s'il refuse de porter le nom, il est dispensé de la condition. »*, ***D.36.1.7*** : *« Mais il faut prendre en considération la sécurité et la dignité du conditionnaire ; en effet, que se passerait-il si on ordonnait à un malade de faire adition d'hérédité à Alexandrie ou de porter le nom d'un testateur croque-mort des pauvres ? »* ; ***D.35.1.108*** **ne s'y oppose pas :** [Un testateur] *« légua un domaine à tous ses esclaves et ajouta ces termes : « afin que les esclaves y habitent et que le domaine ne perde pas le nom de la famille et afin qu'il revienne au dernier survivant. »*

[Enfin sont également tenues pour non-apposées, la condition] **du changement de religion, voir *Maître* Caspar Ziegler : *De conditionibus diatribe juridica.*** [Iena, 1655] ***note 75.*** [Et la condition] **inepte, *D.30.113 dernier §*** : *« Papinianus écrit au livre 3 des Réponses, que les volontés ineptes des défunts concernant la sépulture (comme le fait de dépenser des vêtements ou d'autres choses du même genre, dans les funérailles), sont sans valeur. »*, ***D.11.7.14 § 5*** : *« Il ne convient pas d'enterrer les bijoux avec les corps, ni de réaliser le genre de choses que font les hommes frustes. »*, ***D.28.7.27*** : *« Dans son testament, quelqu'un institua un héritier sous la condition suivante : "s'il jette ma dépouille à la mer" ; on demande si l'héritier institué est exclu de l'héritage s'il n'a pas obéi à la condition. Modestinus répond : on doit plus louer que condamner un héritier qui ne jette pas la dépouille du testateur conformément aux volontés de ce dernier… »*

324. ***D.28.7.8 § 5*** : *« Mais si quelqu'un est institué à condition de jurer ou de donner 10, autrement dit sous une condition alternée, afin qu'il jure ou qu'il donne, on doit examiner si on ne doit pas le dispenser de la condition parce qu'il peut être certain* [d'être héritier] *en obéissant à l'autre condition. Mais il est plus exact de dire qu'il doit être dispensé de la condition* [de jurer] *afin que l'autre condition ne le pousse d'aucune façon à jurer. »*, **ajouter *D.45.1.83 § 5*** : *« Je stipule inutilement une chose sacrée ou appartenant à la religion ou laissée à l'usage public perpétuel (comme un forum ou une église), ou un homme libre, quoique la chose sacrée puisse devenir profane, l'usage public, devenir privé, et l'homme libre, esclave. Mais lorsque quelqu'un a promis de donner une chose profane ou Stichus, il est libéré si la chose profane commence à devenir sacrée sans action de sa part, ou si Stichus devient libre. »*, **ne s'y opposent pas : *D.45.1.16*** : *« Si tu me dois Stichus ou Pamphile et que l'un d'eux devienne mien pour quelque raison, tu me dois l'autre. »*, ***D.41.1.97*** : *« Si je stipulais ainsi : "promets-tu de comparaître et si tu ne comparaissais pas, promets-tu de donner un hippocentaure", ce serait comme si je stipulais seulement que tu comparaîtrais. »*, ***D.45.1.126 § 1*** : *Titius a stipulé avec Maevius un fonds privé de son usufruit et a stipulé avec le même, l'usufruit de ce fonds. Il y a deux stipulations et l'usufruit que quelqu'un promit seul est moindre que celui qui accompagne la propriété. C'est pourquoi s'il donnait cet usufruit et que le stipulant le perde par défaut d'usage, il serait libéré en livrant ensuite le fonds privé de l'usufruit. Il n'en serait pas de même dans le cas de celui qui a promis un fonds en pleine propriété et qui a donné l'usufruit, puis qui a vendu la propriété sans l'usufruit après avoir perdu l'usufruit. Le premier est libéré en donnant l'usufruit ; le second n'est dispensé d'aucune partie de l'obligation tant que le fonds n'appartient pas au stipulant de plein droit. »* [En d'autres termes, le versement de l'usufruit dans le cas du premier, équivaut à une condition existante qui n'a plus à être recommencée.], ***§ 3*** : *« Si je stipulais ainsi : "promets-tu de comparaître et si tu ne comparaissais pas, promets-tu de me donner" ce qu'il est impossible qu'un promettant* [donne], *une fois la seconde stipulation enlevée, la première resterait utile et ce serait comme si je stipulais que tu comparaîtrais »*. [Réciproquement, si aucune des conditions disjointes ne vaut comme non apposée, la disposition reste conditionnelle et l'obligation

s'étend aux deux termes disjoints.] ***D.45.1.128*** *: « Celui qui stipule Stichus ou Pamphile, n'est pas correctement payé si l'obligation a porté sur un seul du fait que le second appartenait au stipulant, même s'il cessait de lui appartenir, car les deux sont concernés par l'obligation et non simplement par le paiement. »*

325. [L'intention générale des textes que cite Leibniz est de montrer qu'une stipulation conditionnelle contenant une disjonction de termes conditionnés, équivaut à la pure disjonction de ces termes et que la condition peut être supprimée, quelle que soit la formule utilisée. En effet, s'ils sont énoncés de manière générique et avec une condition implicite (cf. D.40.9.3), la disposition équivaut à une simple disjonction. S'ils sont énoncés au moyen d'une stipulation de peine à forme archaïque telle que : *« promets-tu de donner 100 si tu ne donnes pas Pamphile »*, la promesse qui semblerait subordonnée à la réalisation préalable d'une condition négative potestative dont l'événement peut être retardé jusqu'à la mort du promettant, équivaut en fait à une pure disjonction car la règle veut dans ce cas qu'on utilise la caution Muciana, ou qu'on répute inexistant le terme à fonction suspensive dès que la promettant a pu le réaliser et ne l'a pas fait. Il en est enfin de même si ces termes sont énoncés dans une stipulation de peine classique où l'institution pure est suivie d'une substitution conditionnelle (cf. loi 115 § 2).]

ajouter *D.45.1.115 § 2* *: « De même lorsque quelqu'un stipulait ainsi : "si tu ne donnes pas Pamphile, promets-tu de donner 100", Pegasus répondait que la stipulation ne devenait pas exécutoire avant qu'il ait cessé d'être possible de donner Pamphile. Mais Sabinus pensait qu'en vertu des termes des contractants, on pouvait agir aussitôt après que l'homme avait pu être donné et qu'on ne pouvait agir en vertu de la stipulation, aussi longtemps qu'il n'avait pas dépendu du promettant qu'il ne donnât pas l'homme et il défendait ceci avec l'exemple du legs de provision. En effet Mucius écrivit que l'héritier était tenu de verser l'argent légué s'il avait pu verser les provisions et ne l'avait pas fait ; et ceci est admis pour cause d'utilité en vertu de la volonté du défunt et de la nature de la chose même. C'est pourquoi l'avis de Sabinus peut être admis si la stipulation ne commence pas par une condition, comme dans le cas de : "si tu ne donnes pas Pamphile, promets-tu de donner tant ?", mais consiste en : "promets-tu de donner Pamphile ? Si tu ne le donnes pas, promets-tu de donner tant ?", ce qui sera sans nul doute vrai lorsqu'on aura prouvé qu'il était convenu que l'homme et l'argent étaient dus si l'homme n'était pas donné. Mais si l'on a disposé que "seul l'argent sera dû si l'homme n'est pas donné", il faudra défendre la même chose puisqu'on a prouvé que la volonté était que l'homme soit donné ou l'argent réclamé. »*, **la dissertation d'Alciat : *Tractatus de stipulationum divisionibus.*** [In *Opera*, Basel, 1558, t.3, p. 820-841], ***note 16* sur l'argument de *D.40.9.3*** *: « Si le choix de l'homme est donné ou si un homme est légué sans autre précision, l'héritier ne peut augmenter ou diminuer le droit de choix* [du légataire] *en affranchissant certains esclaves ou tous, car l'option ou le choix de l'esclave est donné, comme si chacun d'eux était légué d'une certaine manière sous condition. »*, ***D.33.5.9*** *: « Lorsqu'on lègue ainsi : "je donne et lègue Stichus à Titius, s'il ne choisit pas Pamphile", c'est la même chose que si on léguait ainsi : "je donne et lègue à Titius, Stichus ou Pamphile, celui des deux qu'il voudra". »*

326. ***D.35.1.53*** *: « Si quelqu'un ordonnait qu'un esclave soit libre "s'il rendait des comptes à l'héritier" et lui défendait ensuite de rendre les comptes comme si la liberté devenait pratiquement pure, il l'obtiendrait en vertu du testament. »* [Car on a dans cas une condition telle que « rendre des comptes » dont la valeur est un demi, que l'héritier soustrait d'une institution conditionnelle plus générale qui la contient et dont la valeur est trois demis, afin d'empêcher l'affranchissement. L'institution de l'esclave équivaut de ce fait à

une institution pure.], ***D.34.4.3 § 9:*** *« Papinien écrivit au livre 17 des questions, que la condition ne peut pas en général être enlevée ; en effet, il affirme que la condition n'est pas donnée, mais inscrite, or ce qui est inscrit ne peut être enlevé car seul ce qui est donné* [peut l'être]. *Mais il vaut mieux élargir le sens que les termes, et de la même manière que les conditions peuvent être inscrites, elles peuvent aussi être enlevées. »*

327. **début de *D.12.6.60:*** *Julianus niait que le débiteur effectif puisse réclamer ce qui est payé après la* litis contestatio *et alors que le jugement est en suspens ; en effet, il ne peut réclamer ni en tant qu'absous, ni en tant que condamné, car même s'il est absous, sa nature de débiteur demeure. Et il dit qu'il est semblable à celui qui promit ainsi : "si un navire vient d'Asie ou s'il ne vient pas", car chaque solution est à l'origine d'un paiement. »* [Il est donc dans ce cas purement et simplement débiteur.], ***D.28.2.10:*** *« Celui qui n'est pas encore né peut très facilement être institué ainsi : "qu'il soit héritier s'il naît de mon vivant ou après ma mort", ou purement et simplement sans aucune mention de l'un ou l'autre temps. »*, ***D.18.6.8 § 1:*** *« Si l'on vendait ainsi : "que cet esclave soit acheté si un navire vient ou ne vient pas d'Asie", Julianus estime que la vente est immédiatement parfaite puisqu'il est certain qu'elle est contractée. »*, ***D.36.2.13:*** *« Un legs du type suivant : "je lui donne et lègue, si tel événement se réalise ou ne se réalise pas", ne se transmet à l'héritier* [du légataire], *que si l'un des événements existe du vivant du légataire, car la raison pour laquelle il est dû, doit toujours précéder. Et il n'est pas dû de toute façon parce qu'il est certain qu'un des événements sera, car il est certain qu'un legs comme : "que l'héritier donne lorsque je mourrai", sera dû et pourtant il ne passe pas à l'héritier du légataire, si ce dernier meurt du vivant de l'héritier. »*, ***D.40.7.37:*** *« S'il est écrit ainsi : "je donne Stichus à Titius afin qu'il l'affranchisse ; s'il ne l'affranchit pas, qu'il soit libre", Stichus est immédiatement libre. »*, ***D.35.2.87 § 3:*** *« Si Titius et toi êtes institués héritiers, toi pour un quart, lui pour un quart, et qu'ensuite tu sois institué héritier pour la moitié et que des legs et des affranchissements soient donnés, les libertés sont effectives et tous les legs sont fournis quand la condition est en suspens, car soit la condition a existé et tous sont valides lorsque tu es héritier, soit la condition fait défaut et toi et Titius êtes héritiers. »*

328. ***D.28.5.33:*** *« Si quelqu'un a écrit ainsi : "que Titius hérite de la moitié, de même, que Titius hérite de l'autre moitié si un navire vient d'Asie", comme l'héritier hérite en vertu d'une institution pure quoique la condition de l'autre institution soit en suspens, il hérite du tout et cela même si la condition fait défaut ; car l'existence de la condition ne lui sert à rien puisqu'il ne fait aucun doute que si quelqu'un est institué héritier pour une moitié et qu'il n'y ait pas d'autre institué, on considère qu'il est institué pour le tout. »*, ***D.29.2.52 § 1:*** *« Celui qui est seul institué purement et simplement pour une part de l'hérédité et sous condition pour l'autre part, hérite du tout s'il fait adition d'hérédité, même si la condition est en suspens. Car il sera de toute façon le seul héritier, à moins qu'il n'ait un substitué pour une partie conditionnelle. »*, ***D.29.2.53:*** *« Si celui qui a été institué héritier pour deux parts, purement et simplement pour l'une et sous condition pour l'autre, faisait adition d'hérédité pour l'institution pure, puis mourait, et qu'ensuite la condition vînt à exister, la part conditionnelle reviendrait à son héritier. »* [Ce qui prouve qu'il héritait donc bien du tout.], ***D.29.2.56:*** *Marcellus dit que si celui qui s'est occupé d'une hérédité meurt et qu'ensuite un autre s'abstienne de s'en occuper, on doit appliquer à son héritier la même condition qu'on lui appliquait. »* [En d'autres termes, son droit se transmet intégralement à son propre héritier du fait qu'il n'avait pas de concurrent].

329. ***D.28.5.27 § 1*** [et non § 2] : *« Si je t'institue héritier purement et simplement et que je t'institue ensuite sous condition, la seconde institution ne vaut rien, car la première*

est suffisamment complète. », ***D.28.5.33**: « Si quelqu'un écrivait ainsi: "que Titius soit héritier de la moitié; de même, que Titius soit héritier de l'autre moitié si un navire vient d'Asie", comme l'héritier fait adition d'hérédité en vertu d'une institution pure, il hérite du tout bien que la condition de l'autre institution soit en suspens. »*, ***D.28.5.67**: « S'il est ainsi écrit: "que Tithasus soit héritier s'il monte au Capitole; que Tithasus soit héritier", la seconde formulation est plus forte; en effet elle est plus générale que la première. »*, **ajouter que si quelque chose est légué sous condition par un premier, puis purement et simplement** [par un second], **la condition est tenue pour supprimée, *D.30.1.52 § 1*:** *« Si quelque chose est légué sous condition par un fils impubère et que le fils soit héritier et qu'il meure ensuite, on peut dire que le père de famille qui a légué sous condition par l'intermédiaire de son fils et a recommencé purement et simplement par l'intermédiaire d'un substitué, a voulu donner dès le début grâce au substitué si le fils est mort alors que la condition était en suspens. »*, ***D.30.1.81 § 7**: « Si un legs est laissé purement et simplement par l'intermédiaire d'un fils, et sous condition par l'intermédiaire d'un substitué, on devra tout interpréter comme si le legs était fait uniquement par l'intermédiaire du fils. »*, ***D.30.1.113 § 4**: « Si un legs était fait par l'intermédiaire d'un impubère et sous la condition: "s'il devient pubère" et qu'il ait été répété pour le substitué, le legs serait dû par le substitué. Car la condition qui rend un legs inutile n'est pas considérée comme répétée. »*, ***D.35.1.89**: « Quand ce que l'héritier reçoit l'ordre de donner purement et simplement, ou quand ce qui est légué purement et simplement, est légué peu après sous condition, c'est la seconde disposition qui vaut. Au contraire si le legs est d'abord fait sous condition puis ensuite purement et simplement, c'est la dernière qui vaut. »*, **voir cependant *D.32.63*:** *« Sabinus répondit que dans les legs qui doivent être répétés, les termes suivants qu'on a l'habitude d'ajouter: "de même, qu'il soit contraint de donner", devaient être rapportés aux mêmes conditions et aux mêmes dates des legs. »*

330. ***D.45.1.9**: « Si Titius et Séjus stipulent ainsi séparément: "si tu ne lui donnes pas ce fonds, promets-tu de me le donner ?", la fin du délai accordé pour donner à l'autre sera le moment où l'un obtiendra un jugement* [le confirmant dans son droit] *et par conséquent il sera* [défini] *par l'action du premier occupant. »*

331. ***C.6.27.6**: « ... si quelqu'un institue son esclave héritier purement et simplement, mais lui donne la liberté sous condition et si la condition est ainsi faite qu'elle soit au pouvoir de l'esclave, il est privé de l'héritage et de la liberté par sa faute s'il la néglige et ne la réalise pas. Au contraire, si la condition est casuelle et fait défaut par l'effet du hasard, alors la liberté lui est attribuée de toute façon en considération de l'humanité. »*

332. **autrement dit, il n'est ni suspendu ni différé, *D.35.1.41*:** *« Les legs laissés sous condition commencent à être dus quand la condition a existé et non dès le début. »*, ***D.35.1.44*** [erreur de référence? Pas de rapport au problème], ***D.36.1.63 § 1*:** [erreur de référence? Pas de rapport apparent au problème.],

[Sous leur diversité apparente, les lois qui suivent ont un facteur commun: le droit en suspens est immédiatement attribué au gratifié dès que la réalisation de la condition est certaine, ou dès qu'une fiction remplace cette certitude matérielle lorsqu'un tiers ou un cas de force majeure empêchent le gratifié d'obtempérer.] ***D.40.5.14**: « En faisant son testament, Lucius Titius institua héritières à parts égales, sa femme Séja et leur fille Titia, puis dans un autre chapitre il déclara: "Je veux que mon esclave Eros soit libre si cela convient à ma sœur". Comme Séja, la sœur de Lucius Titius, s'abstenait de concourir pour l'héritage et que sa part était attribuée à sa fille Titia en vertu de la substitution, je demande si Eros postulait pour la liberté en vertu des termes ci-dessus mentionnés. Modestinus répondit* *qu'Eros n'était pas privé de la liberté parce que la femme du testateur renonçait au bénéfice du testament. »*, ***D.45.1.10:*** *« Nous utilisons un Droit qui veut que nous considérions à propos de cette stipulation: "si Lucius Titius ne vient pas en Italie avant les Calendes de Mars, promets-tu de donner 10?", qu'on ne peut réclamer quelque chose avant qu'il soit très certain que Titius ne peut venir, ni n'est venu avant cette date en Italie; et ceci vaut, qu'il soit mort ou vif. »*, ***D.24.3.58:*** *« L'esclave dotal qui est institué héritier par quelqu'un, doit faire adition d'hérédité ou la refuser sur l'ordre du mari. Mais afin que le mari ne soit pas mis en accusation par le jugement de dot de sa femme pour avoir rejeté inconsidérément ou avoir accepté avec témérité une succession inconnue, il est tenu de demander à sa femme en présence de témoins, si elle veut accepter ou refuser l'héritage; et si elle dit qu'elle veut le refuser, il sera facile au mari de le refuser sur son ordre. Et si elle préfère accepter l'héritage, le mari devra rendre l'esclave à la femme sous la condition qu'il soit ensuite restitué au mari dès qu'il aura fait adition d'hérédité sur l'ordre de la femme. »*, ***D.28.5 dernière loi § 1:*** [erreur de référence, pas de § 1.], ***D.28.7.2 début du § 1:*** *« Si deux esclaves sont institués ainsi: "que Primus et Secundus soient libres et héritiers s'ils m'appartiennent à ma mort" et que l'un d'eux soit aliéné, Celse pense à bon droit que cela doit être entendu comme si chacun d'eux était institué héritier séparément, sous la même condition. »*, ***D.28.7.8 § 7:*** *« Si un testateur instituait quelqu'un héritier s'il jurait d'affranchir Stichus et que Stichus fût mort ou affranchi du vivant du testateur, on ne considérerait pas que l'héritier ne réaliserait pas la condition bien qu'il soit vrai qu'il serait forcé de l'affranchir s'il vivait. »*, ***D.28.7 dernière loi:*** *« Si un fils est héritier sous condition et que les neveux soient nommés ses substitués, comme il ne suffit pas que le fils soit institué sous n'importe quelle condition et que le testament n'est valide que si la condition est au pouvoir du fils, nous examinons en quoi il importe de savoir quelle condition a été écrite et si c'est une condition qu'il ne peut remplir au moment de mourir, comme: "qu'il soit héritier s'il se rend à Alexandrie" et qu'il meure à Rome, ou si c'est une qu'il peut remplir au dernier moment de la vie, comme: "si mon fils donne 10 à Titius, qu'il soit héritier", ce qui représente une condition qui peut être remplie par un autre au nom du fils. »* **; il suffit qu'elle ait existé une fois,** ***C.6.25.1:*** *« lorsque tu proposes que l'oncle maternel institue ta fille héritière sous la condition suivante: "si elle épouse le fils d'Anthylle, elle n'est pas héritière avant d'avoir obéi à la condition ou avant qu'il devienne manifeste que le mariage est impossible du fait du refus d'Anthylle". »*, ***D.35.1.11 § 1:*** *« De même il faut savoir qu'il convient de remplir les conditions immédiatement réalisables après la mort du testateur, si de cette manière elles font en sorte qu'on obéisse au testament, comme par exemple la condition: "s'il monte au Capitole" et les semblables; mais les non immédiatement réalisables peuvent exister du vivant du testateur, comme par exemple: "si Titius est fait consul". »*

333. ***Extra.4.1.30:*** *« Des fiançailles promises se transforment en mariage actuel par l'union charnelle qui les suit » ...« Si celui qui a promis à une femme qu'il l'épouserait et qui a couché avec elle, en épousait religieusement une autre et couchait avec elle, on le forcerait à revenir avec la première car on convient de présumer que le premier mariage a eu lieu. »*

334. ***Inst.3.19 § 14:*** *« Si quelqu'un stipulait ainsi: "promets-tu de donner aujourd'hui si un navire vient* [un jour] *d'Asie", la stipulation est inutile car elle est conçue de manière prépostère. Mais puisque Léon d'illustre mémoire a estimé que la même stipulation que l'on appelle prépostère ne devait pas être rejetée dans les affaires de dot, nous avons trouvé bon d'adapter cette décision parfaite à notre objet, de telle manière que la conception de ce type de stipulation vaille non seulement en matière de dot, mais égale-*

ment partout ailleurs. », ***D.45.1.20:*** *« Les stipulations du type suivant ne sont pas inutiles : « promets-tu de donner ce que Titius te doit, lorsqu'il cessera d'être débiteur », car la stipulation vaut comme si elle était conçue sous quelque autre condition. »*, ***D.45.1.64:*** *« On introduit une stipulation du genre suivant : "si Titius est fait consul, promets-tu de donner de l'argent chaque année à partir de maintenant ?" La condition a existé au bout de trois ans ; on ne doute pas sans raison qu'on puisse réclamer pour le temps passé. Julianus répond que cette stipulation est utile en ce que le versement d'argent correspondant aux années qui se sont écoulées avant que la condition ne soit remplie, est réputé introduit en elle, de telle sorte que la décision qu'elle contient est la suivante : dès que Titius sera consul, l'argent sera versé chaque année, y compris pour les années passées. »*, ***C.6.23.25:*** *« Nous avons supprimé dans toutes les affaires de contrats ou d'héritages, la critique de la stipulation prépostère qu'une nouvelle constitution du Divin Léon reconnaît être annulée dans les affaires dotales, afin que par la disparition de cette exception, la volonté du testateur, la stipulation et les autres contrats* [affectés d'une telle condition], *soient incontestablement valides. »*

* [Le sens général du passage qui correspond à la stipulation prépostère, indique qu'il faut lire *pridie* à la place de *postridie*.]

335. ***D.35.1.4:*** [erreur de référence, il s'agit du § 1] : *« S'il est écrit ainsi : "si un fils ne naît pas de Titius dans les cinq ans à venir, alors que l'héritier donne 10 à Séja", si Titius meurt avant les cinq ans, les dix ne sont pas immédiatement dus à Séja, car le mot "alors" signifie le moment de la fin du quinquennat. »*, ***D.40.7.4 § 2:*** *« On ordonne à un esclave de servir Titius pendant une année et d'être libre ensuite. Si Titius meurt, l'esclave n'est pas immédiatement libre, mais seulement quand l'année se sera écoulée, car on considère que la liberté est plus donnée à partir d'une date qu'elle ne l'est sous une condition ; en effet il serait absurde qu'il devienne libre plus rapidement en ne remplissant pas la condition qu'en l'ayant remplie. »*, ***D.40.7.3 § 14:*** *« Que se passe-t-il dans le cas de l'esclave qui reçoit l'ordre de donner de l'argent le troisième jour de la deuxième année et qui propose toute la somme à l'héritier, à une date non prévue, ou qui propose 20 la seconde année après avoir donné 10 la première année* [alors qu'il doit donner 10 chaque année pendant trois ans] *? On doit considérer d'une manière qui lui est très favorable, qu'il devient libre. »* [et donc que le terme apposé à la condition n'est pas présumé apposé au conditionné en matière d'affranchissement car il faut favoriser ce dernier.], ***D.44.7.6:*** *« Dans toutes les actions temporelles, l'obligation ne s'achève que si le dernier jour s'est écoulé dans son intégralité. »*, ***D.50.17.101:*** *« Là où la loi a fait mention de deux mois, on doit faire attention à ce qui se produit le soixantième et unième jour. »*, ***D.45.1.27 § 1:*** *« Si je stipulais de la façon suivante : "promets-tu de donner si tu ne montais pas au Capitole avant deux ans", je ne réclamerais à juste titre qu'une fois les deux ans écoulés. »*, ***D.45.1.72 § 1:*** *« Si quelqu'un stipule ainsi : "Si le travail n'est pas achevé avant les premières Calendes de Mars, promets-tu de donner la valeur de la chose ?", le* dies cedit *de la promesse ne se produit pas à partir du moment où le travail est défini, mais après les Calendes de Mars... »*, ***Codex, de Verborum Obligationibus, loi 11:*** [erreur de référence. Ce titre n'existe que dans le Digeste et la loi 11 de D.45.1 est étrangère au problème actuel. Il ne s'agit pas non plus du *De verborum obligatione* (3.15) des Institutes car on n'y trouve pas de loi 11.], ***C.4.11 première loi:*** [erreur de référence ? Il n'y a qu'une seule loi et elle ne semble pas avoir de rapport direct avec le problème en question.], ***D.45.1.8:*** *« Dans cette stipulation : "si tu ne donnes pas Stichus aux Calendes, promets-tu de donner 10", on demande si l'on peut agir immédiatement avant les Calendes lorsque le promettant est mort. Sabinus et Proculus pensent qu'il faut attendre le moment d'agir* [le terme],

ce qui est très vrai ; en effet toute l'obligation est sous une condition et soumise à un terme [moment], *et même si elle est considérée comme exécutoire à partir de la* [réalisation de la] *condition, le terme persiste cependant. Mais dans le cas où quelqu'un a promis ainsi : "s'il ne touche pas le ciel du doigt avant les Calendes, on peut immédiatement réclamer. »*, **auquel s'oppose *D.45.1.10*:** *« Nous utilisons un droit qui veut que nous considérions à propos de cette stipulation : "si Lucius Titius ne vient pas en Italie avant les Calendes de Mars, promets-tu de donner 10 ?", qu'on ne peut réclamer quelque chose avant qu'il soit très certain que Titius ne peut venir, ni n'est venu avant cette date en Italie ; et ceci vaut, qu'il soit mort ou vif »*. **Réponse : dans la loi 10 la condition est mise au pouvoir du débiteur.** [Autrement dit, la condition ne porte par sur le fait que Titius ne vienne pas ou ne soit pas venu, mais sur la certitude qu'on peut avoir du fait qu'il ne viendra pas ou n'est pas venu. Et c'est dans ce remplacement du factuel par l'épistémique que se manifeste le plus clairement l'originalité de l'approche leibnizienne du Droit puisque c'est là que s'articulent les éléments stoïciens du droit justinien, la rationalité des institutions positives, l'ouverture de l'actuel sur le potentiel et la computation des conditions.]

336. **d'où il s'ensuit qu'il est permis de changer le libellé lorsque la *litis contestatio* éventuelle est en suspens. Moller : *Commentarius in Ordinationem et Constitutionem Augusti Electoris Saxonicae,*** [Leipzig, 1599], ***1re partie, chap. 3, p. 11.***

337. **autrement dit, il n'est pas antériorisé, *D.45.3.28 dernier §*:** *« On demande si l'esclave héréditaire peut être stipulé au profit d'un héritier futur. Proculus le nie car ce dernier est un étranger au moment de la stipulation. Cassius répond qu'on le peut car celui qui deviendra ensuite héritier sera considéré comme succédant au défunt dès le moment de sa mort. »*, ***D.10.2.12 § 2*:** [D.10.2.12 est une erreur de référence] : *« La chose qui est léguée sous condition, appartient dans l'intervalle aux héritiers et par conséquent est comprise dans le jugement de partage du patrimoine et peut être adjugée, bien sûr avec sa raison d'être, de sorte que si la condition existe, elle quitte celui à qui elle est adjugée et si elle fait défaut, elle revient à ceux à qui elle est laissée. »*, ***D.6.1.66*:** *« Nous ne réclamerons pas moins correctement comme nôtre, ce dont nous nous attendons à perdre la propriété quand la condition du legs ou de la liberté existera. »*, ***D.29.5.1 § 4*:** *« Ceux qui sont légués sous condition, sont compris sous l'appellation d'esclaves, car ils appartiennent à l'héritier dans l'intervalle et la présence d'une condition dont l'existence fait qu'ils cessent d'appartenir à l'héritier, n'implique pas qu'on ne les considère pas comme lui appartenant dans l'intervalle. »*, ***D.8.6.11 § 1*** [D.8.6.11 est une erreur de référence] : *« Alors qu'un fonds était légué sous condition, un héritier lui imposa des servitudes. Elles s'éteignent si la condition du legs existe. »*, ***D.44.2.11 dernier §*:** *« Si Titius a donné en gage à Séjus une chose qu'il te réclamait en justice et qu'ensuite Séjus exerce contre toi l'action en réclamation d'hypothèque, il faudra distinguer quand Titius a donné la chose en gage. Et si c'était avant qu'il réclame, il ne conviendrait pas que l'exception de chose jugée lui soit opposable » … « Mais s'il l'a donné en gage après avoir réclamé en justice, il est préférable que l'action de chose jugée lui soit opposable. »*, ***D.20.4.9 § 2* s'y oppose :** *« Julianus estime que l'on devrait protéger* [le légataire] *à qui le gage a été donné en premier, si l'héritier convenait à propos de ces legs qui sont laissés sous condition* [à des tiers], *de donner ses biens en gage* [pour obtenir les legs] *et donnait ensuite le même gage contre le crédit d'une certaine somme et que la condition des legs vienne ensuite à exister. »*

338. ***D.27.1.45 § 1*** [*«De excusationibus » (excus. tut.* n'existe pas)] : *« S'il était écrit ainsi dans un testament : "que Titius soit tuteur, qu'il ne soit pas tuteur lorsqu'il s'absentera pour raison d'affaires publiques, qu'il soit tuteur lorsqu'il reviendra", voyons ce qu'il*

convient de dire de l'excuse pour raison d'affaires publiques ou pour toute autre raison qui peut survenir. Cependant une autre question se présente avant : est-ce que les tuteurs nommés par testament à partir d'une date ou sous condition, doivent nécessairement s'excuser avant la date ou la condition ? Et doivent-ils le faire dans les premiers jours ou disposent-ils d'un délai de cinquante jours à l'intérieur desquels ils doivent présenter les raisons de l'excuse ? Mais il est vrai qu'on n'est pas tuteur avant que le terme arrive, car l'adition d'hérédité n'est pas faite avant. Par conséquent du fait que la tutelle a déjà été exercée en vertu du même testament et que celui qui s'est absenté pour cause d'utilité publique a déjà été excusé, il hérite à son retour et sans discontinuité des tutelles commencées auparavant, y compris dans le courant de l'année. Et comme il cesse d'être tuteur en vertu même du testament, il peut par conséquent se dispenser de la seconde tutelle. »

339. ***D.45.3.28 dernier §*** : *« On demande si l'esclave héréditaire peut être stipulé au profit d'un héritier futur. Proculus le nie car ce dernier est un étranger au moment de la stipulation. Cassius répond qu'on le peut car celui qui deviendra ensuite héritier sera considéré comme succédant au défunt dès le moment de sa mort. »,* ***D.29.2.54*** : *« Quel que soit le moment où l'héritier fait adition d'hérédité, il est réputé succéder au défunt dès sa mort. »,* ***D.50.17.138*** : *« Toute hérédité, est réputée transmise au moment de la mort, même si l'adition d'hérédité est faite après. »,* ***D.50.17.139*** : *« Toutes les actions qui disparaissent pour cause de mort ou du fait du temps, demeure inchangées une fois qu'elles sont incluses dans un jugement. »*

340. ***D.18.2 fin de 2*** : *« Par conséquent Julianus écrit que là où la vente est pure conformément à ce que nous avons distingué, celui à qui la chose est adjudiquée à terme, peut usucaper et bénéficier des fruits et accessoires et que le risque lui incombe si la chose disparaît. »,* ***D.18.2.6*** : *« De même ce qui est affirmé, à savoir que les fruits saisis dans l'intervalle appartiennent au premier acheteur, est vrai chaque fois qu'il n'y a pas d'acheteur qui propose une meilleure offre, ou si un faux acheteur s'est manifesté ; mais si un second acheteur a existé, il est évident que le premier devra restituer. »,* ***D.12.1.36*** : *« Tu as promis à Attius, sur mon ordre et sous condition, l'argent que tu me devais sans condition. Comme l'obligation que tu as à mon égard quand la condition est en suspens, est identique à celle qui existerait si tu m'avais promis l'argent sous la condition contraire, est-ce que je n'obtiendrais rien si je réclamais alors que la condition est en suspens ? Il répond : je ne doute pas que cet argent que j'ai stipulé sans condition, reste prêté, même si la condition relative à la personne d'Attius qui a stipulé la même somme sous condition et de par ma volonté, n'existe pas (en effet, c'est comme si aucune autre stipulation n'intervenait). Mais tant que la condition est en suspens, je ne peux pas réclamer cette même somme car on considère que je réclame avant le terme puisqu'il n'est pas certain que quelque chose soit dû en vertu de cette stipulation. »,* ***D.41.4.2 § 4*** : *« Si l'*addictio *est faite à terme (autrement dit, à moins que quelqu'un d'autre ne présente une meilleure offre), l'achat est parfait et les fruits appartiennent à l'acheteur... »,* ***D.20.4.11*** : *« Celui qui crédita le premier de l'argent et reçu une hypothèque, est préférentiel dans le gage, même si le débiteur avait convenu auparavant avec un autre, que s'il recevait de l'argent de lui, la chose serait due et qu'il l'ait reçu ensuite : en effet, il est possible qu'il ne reçoive pas d'argent de cette personne, bien qu'il l'ait convenu auparavant. »*, **d'où il s'ensuit que pour le contrat conditionnel, lorsque la condition a existé, la gabelle doit être payée au gabeleur en activité au moment où le contrat fut passé, Giovanni Bertachini : *Tractatus de Gabellis*.** [Lyon, 1533]. ***P.V.I. n.1*** [référence incompréhensible ?].

341. ***D.40.4.7*** : *« Neratius écrit que la liberté de celui à qui la liberté est donnée ainsi :*

"que Stichus soit libre si je n'ai aucun fils lorsque je mourrai", est empêchée par la naissance d'un enfant posthume. Mais pendant qu'on attend qu'il naisse, est-ce que nous dirons qu'il demeure en état de servitude, ou au contraire, est-ce que nous ne répondrons pas après coup qu'il est libre rétroactivement lorsqu'aucun fils ne sera né ? J'estime que c'est plutôt cela qu'il faut approuver. »

342. ***D.20.4.9 § 1 :*** *« Bien plus, il pensait que le créditeur sous condition devrait se protéger contre celui à qui quelque chose serait dû par la suite, si cette condition n'était pas du genre de celles qui ne peuvent être remplies malgré le débiteur. »*, ***D.45.1.10 :*** *« Nous utilisons un Droit qui veut que nous considérions à propos de cette stipulation : "si Lucius Titius ne vient pas en Italie avant les Calendes de Mars, promets-tu de donner 10 ?", qu'on ne peut réclamer quelque chose avant qu'il soit très certain que Titius ne peut venir, ni n'est venu avant cette date en Italie ; et ceci vaut, qu'il soit mort ou vif. »*, **ajouter Moller :** ***Commentarius in Ordinationem et Constitutionem Augusti Electoris Saxonicae,*** [Leipzig, 1599], ***1re partie, chap. 28, note 72*** **; certains discutent du fait suivant : est-ce que le mariage est retardé jusqu'à ce que la condition existe, si elle est certaine ? Thomas et Bonaventure le nient dans** ***Magistr. IV.*** [?] ***sentences, décision 20.*** **Johannes Brunellus l'affirme dans :** ***Tractatus insignis de sponsalibus et matrimoniis.*** [In : *Tractatus universi juris, duce et auspice Gregorio XIII.* Venise, 1584.], ***conclusion 36, note 2.***

343. ***D.35.1.103 :*** *« Si un legs est fait ainsi : "qu'il soit donné à Titius après 10 ans, s'il n'a pas quitté l'héritier", et que Titius meure avant les 10 ans, il transmet le legs à son propre héritier, car la condition a existé au moment où il est mort. »*

344. ***D.40.7.13 :*** *« Si quelqu'un donnait la liberté ainsi : "que Stichus soit libre si mon héritier ne l'affranchissait pas par testament", on considérerait que ceci signifie conformément à la volonté du défunt : "si l'héritier ne lui attribuait pas la liberté dans son testament" ; c'est pourquoi si quelque héritier donnait la liberté à l'esclave dans son testament, on considérerait que la condition fait défaut. Et s'il ne la donnait pas, l'esclave obtiendrait la liberté lorsque la condition s'accomplirait au dernier moment de la vie de l'héritier. »*, ***D.35.1.103 :*** [voir ci-dessus].

345. ***D.29.2 début de 74 :*** *« Si celui qui pensait devoir donner 10, alors qu'il devait donner 5, donnait 10, il deviendrait héritier en faisant adition d'hérédité. »*

* [***D.50.17.120 :*** *« Personne ne laisse plus à son héritier par commodat, qu'il ne possède lui-même. »*]

346. ***D.39.6.8 :*** *« Tout ce qui échoit à quelqu'un du fait de la mort de quelqu'un d'autre, est saisi à cause de mort. »*, ***D.35.2.30 § 7 :*** *« ... en raison de la loi Falcidia, ce qui est donné à l'héritier afin de remplir la condition n'est pas décompté dans sa quarte réservataire »* [car il est saisi à cause de mort], ***D.35.2 début de 76 :*** *« Ce qui est donné par un cohéritier, ou un légataire, ou un* statuliber, *afin de remplir une condition, n'est pas décompté au titre de la loi Falcidia car il est saisi à cause de mort. »*, **ce qui est donné à l'héritier n'est pas décompté au titre de la** [loi] **Falcidia, mais au titre de la** [lex] **Trebellianica,** [c'est-à-dire au titre du sénatus-consulte Trébellien, qui permet au fidéicommissaire de réclamer son fidéicommis au fiduciaire, y compris quand celui-ci est l'héritier, comme s'il agissait lui-même en tant qu'héritier. cf. Girard p. 969], ***loi 91, même titre*** [D.35.2] **:** *« Dans le décompte de la quarte héréditaire que l'héritier doit recevoir en vertu de la loi Falcidia, on doit imputer les choses qu'il reçoit par transmission héréditaire et*

non celles qu'il saisit par le droit issu du legs, du fidéicommis, ou de la condition accomplie » … « Mais si l'héritier reçoit quelque chose du légataire afin de remplir la condition, il ne faudra pas le décompter au titre de la loi Falcidia. »

347. ***D.20.4.9:*** *« Quelqu'un qui louait un établissement de bains à partir des prochaines Calendes* [de Juillet], *convint "que l'esclave Eros serait gagé pour la location jusqu'à ce que les échéances soient payées". Il donna également avant les Calendes de Juillet, le même esclave Eros, à titre de gage contre une somme d'argent. Consulté sur le point de savoir si le Préteur devait protéger le loueur contre ce créancier qui réclamait l'esclave Eros,* [Julianus] *répondit qu'il le devait. En effet, même si l'homme avait été donné en gage à un moment où rien n'était encore dû pour la location, du fait cependant que l'esclave Eros était déjà possédé par le loueur de telle manière que le droit du gage que celui-ci avait sur l'esclave ne pouvait être cédé malgré le loueur, la position de ce dernier devait être tenue pour préférentielle. »* ***et 11 déjà cités :*** *« Celui qui crédita le premier de l'argent et reçu une hypothèque, est préférentiel dans le gage, même si le débiteur avait convenu auparavant avec un autre, que s'il recevait de l'argent de lui, la chose serait due et qu'il l'ait reçu ensuite : en effet, il est possible qu'il ne reçoive pas d'argent de cette personne, bien qu'il l'ait convenu auparavant. »*

348. [Mais la disposition n'est purifiée que lorsque la condition a existé d'une manière ou d'une autre. Il importe donc de savoir quand elle peut exister et quand la certitude de son existence suffit à purifier la disposition.] ***D.28.7.28:*** *« Si un fils est héritier sous condition et que les neveux soient nommés ses substitués, comme il ne suffit pas que le fils soit institué sous n'importe quelle condition et que le testament n'est valide que si la condition est au pouvoir du fils, nous examinons en quoi il importe de savoir quelle condition a été écrite et si c'est une condition qu'il ne peut remplir au moment de mourir, comme : "qu'il soit héritier s'il se rend à Alexandrie" et qu'il décède à Rome, ou si c'en est une qu'il peut remplir au dernier moment de la vie, comme : "si mon fils donne 10 à Titius, qu'il soit héritier", ce qui représente une condition qui peut être remplie par un autre au nom du fils. »,* ***D.36.2.13:*** *« Un legs ainsi conçu : "je lui donne et lègue, si tel événement se réalise ou ne se réalise pas", ne se transmet pas à l'héritier* [du légataire], *si un des événements n'existe pas du vivant du légataire, car la raison pour laquelle il est dû, doit toujours précéder. Et il n'est pas dû de toute façon parce qu'il est certain qu'un des événements sera, car il est certain qu'un legs comme : "que l'héritier donne lorsque je mourrai", sera dû et pourtant il ne passe pas à l'héritier du légataire, si ce dernier meurt du vivant de l'héritier ».*

349. ***D.31.80:*** *« Le legs confère au légataire la propriété de la chose de la même manière que l'hérédité attribue à l'héritier les choses particulières qui lui appartiennent, en sorte que si une chose est laissée purement et simplement et que le légataire n'ait pas répudié la volonté du défunt, la propriété qui fit partie de l'hérédité, passe directement au légataire sans aucun acte de l'héritier. »*, **il peut réclamer,** ***D.30.81 § 5:*** *« "Je donne et lègue un fonds à Titius s'il a donné 10 à mon héritier" ; si l'héritier doit 10 à Titius et que Titius lui donne quitus de cette somme, il peut réclamer le fonds. »*, ***§ 6:*** *« Si Titius à qui Stichus a été légué, mourait avant de savoir que le legs lui appartenait et s'il avait légué le même Stichus à Séjus et que l'héritier de Titius ne répudiât pas le legs, Séjus réclamerait Stichus. »*, **ajouter** ***C.6.43.3 § 3:*** *« Mais si un legs, ou le fidéicommis d'un ensemble de choses ou d'une chose particulière, est fait sous condition ou sous une date incertaine ou est associé à une substitution ou une restitution » … « dans tous ces cas il convient de donner toute licence au légataire ou au fidéicommissaire pour réclamer… »*, ***D.34.5.15:*** *« Il existe certains cas où les choses sont douteuses, mais où on les rétablit rétroactivement*

après coup et où ce qui a été fait apparaît. Comme par exemple si une chose était léguée et que l'héritier l'ait transférée par tradition à un autre alors que le légataire réfléchissait sur le fait de savoir s'il l'accepterait ou non; car si le légataire voulait par hasard obtenir le legs, la tradition serait nulle et s'il la refusait, elle serait valide. », **car le *dies cedit* de ce qui est laissé par testament se produit alors, *D.28.7.8 § 8*:** *« ... et à propos de l'héritier du légataire, on approuve à juste titre que si le légataire meurt après que le jour du legs est échu, son héritier doive utiliser une action en réclamation pour le legs qui appartenait au légataire, comme si le legs était fait purement et simplement à l'héritier qui vivrait. »*, ***D.28.7.28*:** [voir ci-dessus la distinction des moments d'échéance du *dies cedit.*], ***C.6.51* première loi *§ 7*:** *« Mais au contraire, si quelque chose est laissé sous une condition, soit casuelle, soit potestative, soit mixte, dont l'événement dépend soit du hasard, soit de la volonté d'une personne désignée, soit des deux, il convient d'attendre l'événement de la condition sous laquelle la chose fut laissée, ou la date, pour qu'alors le droit s'ouvre, soit lorsque la condition est remplie, soit lorsque la date incertaine a existé. »*

350. **argument de *D.18.7.3*:** *« Si quelqu'un vend un esclave sous la condition "qu'il soit affranchi avant une certaine date", l'esclave devient libre s'il n'est pas affranchi; cependant si celui qui a vendu persévère dans sa volonté, on ne doit pas examiner la volonté de l'héritier. »*, ***D.18.7.9*:** *« Si le premier acheteur d'une esclave la vend avec la condition "quelle soit libérée si elle était prostituée", et qu'un second la vende* [pour être prostituée] *avec la condition "quelle fasse l'objet d'une saisie par* manus injectio [si elle habitait Rome], *la liberté l'emporterait sur la* manus injectio [au cas où elle serait prostituée à Rome]. *Et il est clair que si la première règle contenait la* manus injectio *et la seconde, la liberté, on dirait de manière plus favorable qu'elle deviendrait libre... »*, [et le conditionné lui] **échoit, *D.35.1.49*:** *« Si l'héritier est contraint de donner, ou si un esclave est affranchi après un délai de dix ans, le legs sera dû et l'esclave obtiendra la liberté au dernier jour de ce délai. »*, **l'héritier n'est cependant pas contraint de faire adition d'hérédité, *D.28.7.13*:** *« Une hérédité ou un legs ne peuvent être acquis au profit de celui qui reçoit une hérédité ou un legs "s'il donne 10", que si l'héritier institué ou le légataire par qui l'hérédité ou le legs doivent être reçus, choisissent de le recevoir une fois que la condition a été remplie. »*, ***D.12.4.1 § 1*:** *« Si je t'ai donné 10 afin d'obéir à la condition et que je renonce ensuite à l'héritage ou au legs, je peux réclamer par condiction. »*, ***D.29.2.67 § 1*:** [erreur de référence, pas de § 1].

351. [La traduction littérale de l'abréviation *arg. l. 18 ubi DD. de usur.* est] : **argument de la loi 18 où les docteurs *C.4.32*** [Une remise en ordre possible de ce texte, donnerait: *voir l'argument de la loi 18 de C.4.32 où les Docteurs.* Cette remise en ordre n'est cependant pas satisfaisante car elle ne permet pas de connaître l'argument des Docteurs et elle correspond à un texte qui n'a qu'un rapport lointain avec l'objet du th. 375: *(« A la suite d'un examen attentif, il se confirme après avoir rejeté les divergences du Droit ancien, que même si les intérêts indus n'avaient pas été payés avant le capital et ne pouvaient pour cette raison le diminuer, ils pouvaient être réclamés même s'ils étaient donnés au créancier après qu'on a rendu le capital. »)* En revanche] ***C.8.37.12*** [illustre bien ce théorème puisqu'il déclare] : *« Si quelqu'un a promis qu'il ferait quelque chose à un certain moment, ou a stipulé qu'il donnerait, ou a promis ce que le stipulant a voulu, et a ajouté qu'il donnerait une chose déterminée à titre de peine si ce qu'il a promis n'était nullement réalisé après un certain temps, il sait que le débiteur ne peut rien ajouter pour éviter la peine sous prétexte que personne ne le prévient; mais avant le moindre avertissement, il sera soumis à ce que prévoit cette peine définie par stipulation, car puisqu'il doit garder lui-même en mémoire ce qu'il a promis, il ne doit pas demander que d'autres le lui manifestent. »*

TABLE DES MATIÈRES

AVERTISSEMENT 7

PRÉSENTATION 9

ANNEXE I 67

ANNEXE II 68

AVERTISSEMENT DU *DE CONDITIONIBUS* 75

PREMIÈRE DISSERTATION DU *DE CONDITIONIBUS*
(texte latin et texte français) 78

DEUXIÈME DISSERTATION DU *DE CONDITIONIBUS*
(texte latin et texte français) 140

NOTES DE L'AVERTISSSEMENT 195

NOTES DE LA TRADUCTION FRANÇAISE 197

TABLE DES MATIÈRES 331

ACHEVÉ D'IMPRIMER
EN DÉCEMBRE 2002
PAR L'IMPRIMERIE
DE LA MANUTENTION
A MAYENNE
FRANCE
N° 322-02

Dépôt légal : 4e trimestre 2002